insel taschenbuch 4124
Bärbel Reetz
Hesses Frauen

Bärbel Reetz
Hesses Frauen

Insel Verlag

4. Auflage 2012

Erste Auflage 2012
insel taschenbuch 4124
Originalausgabe
© Insel Verlag Berlin 2012
Alle Rechte vorbehalten, insbesondere das der Übersetzung,
des öffentlichen Vortrags sowie der Übertragung durch
Rundfunk und Fernsehen, auch einzelner Teile.
Kein Teil des Werkes darf in irgendeiner Form
(durch Fotografie, Mikrofilm oder andere Verfahren)
ohne schriftliche Genehmigung des Verlages
reproduziert, vervielfältigt oder verbreitet werden.
Vertrieb durch den Suhrkamp Taschenbuch Verlag
Umschlag: Anke Rosenlöcher
Druck: CPI – Ebner & Spiegel, Ulm
Printed in Germany
ISBN 978-3-458-35824-4

Was im Denken und in der Kunst mein Vorzug ist, das macht mir im Leben, besonders bei den Frauen, oft Beschwerden: daß ich meine Liebe nicht fixieren kann, daß ich nicht Eines und Eine lieben kann, sondern das Leben und die Liebe überhaupt lieben muß.

Hermann Hesse

Vorwort

Man kennt ihn: Hermann Hesse. Auch ich glaubte, ihn zu kennen: den alten Weisen von Montagnola, den Einsiedler-Asketen, gelassen den östlichen Lehren zugeneigt. Den jugendlichen Camenzind, suchenden Sinclair, verzweifelt-wüsten Steppenwolf. Den Dichter von, wie er selbst sagt, »zahlreichen, eher schonungslosen Selbstanalysen«. Sein Werk: in aller Welt. Millionen lasen und lesen seine Gedichte, Erzählungen, Romane und Briefe, Tausende von Seiten an die Familie, Freunde, Fremde, Frauen. Hesses Briefe ersetzen Tagebücher, sind tägliche Mitteilungen über seine Arbeit, Gefühle, Pläne, Probleme, geschrieben in dem Bewußtsein, daß diese eines Tages nicht nur von den Adressaten, sondern auch von einer breiten Öffentlichkeit gelesen werden. Manche publizierte er schon zu Lebzeiten, andere wurden für viele Jahre gesperrt.

Nach Hesses Tod begann seine Frau Ninon, die Dokumente aus seiner Kindheit und Jugend herauszugeben, Briefwechsel mit bedeutenden Zeitgenossen und *Gesammelte Briefe* folgten. In diesen lese ich über Hesses Frauen, seine Ehen, Konflikte und Scheidungen, zunehmend verwirrt über seine Befindlichkeiten, rückhaltlosen Bekenntnisse, verstört von der Schroffheit seiner Urteile über die Frauen, die sich entschlossen hatten, ihr Leben mit ihm zu teilen, während er nicht müde wird zu betonen, daß er nie habe heiraten wollen, und dennoch dreimal eine Ehe schließt: 1904 mit Maria Bernoulli, 1924 mit Ruth Wenger und 1931 mit Ninon Dolbin.

Nur eine der Frauen, Ruth Wenger, hat, fast ein halbes Jahrhundert nach der Scheidung, auf wenigen Seiten ihre Erinnerungen notiert. Verbitterung klingt aus ihren einleitenden Worten darüber, »dass die

Bedeutung, die ich in Hermann Hesses Leben hatte, in allen Biographien verschwiegen, verwischt, tot geschwiegen wurde«.

Warum, fragte ich mich, warum wissen wir so wenig von Hesses Frauen? Kein Thema, befand Hesse, als sein Freund Hugo Ball sich im Herbst 1926 im Auftrag von Samuel Fischer anschickte, die Biographie des Dichters zu schreiben, die im Sommer 1927 zum 50. Geburtstag erscheinen sollte. Am 13. Oktober 1926 erklärt er Ball: »Meine erste Ehe steht fern genug, um, wenn nötig, kurz gezeigt werden zu können. Meine zweite dagegen ist noch nicht diskutabel.« Ein Wunsch, den Ball widerspruchslos respektiert; kein Wort zu Ruth Wenger, nur ein versteckter Hinweis, wenn er über die realen Personen in *Klingsors letzter Sommer* schreibt: »Von den andern greifbaren Figuren der Erzählung ist die ›Königin der Gebirge‹ und ihr Papageienhaus in Careno auch in Wirklichkeit vorhanden; ich habe mich öfters davon überzeugt.«

Ball kennt auch Maria Bernoulli und die drei Söhne des Paares, analysiert diese erste Ehe des Freundes scharfsichtig, wenn auch diskret und mit großer Zugeneigtheit. Keine einfache Aufgabe, sollte doch Hesses Neubeginn im Tessin 1919 mit Mias »schwerer Gemütskrankheit« gerechtfertigt werden, die »des Dichters letzte Bindungen an Familie und Gesellschaft« gelöst hatte. Dieser Satz bleibt haften. Mias Rolle in Hesses Biographie ist fortan festgeschrieben: geisteskrank, schizophren, psychotisch, eine »Wahnsinnsfrau«, weggesperrt im Irrenhaus. Daß dieses nicht mehr auf Mias Situation zur Zeit der Entstehung seines Manuskripts zutraf, wußte Ball, aber er entsprach Hesses Wunsch und ließ ihr weiteres Schicksal unerwähnt. Schließlich gesteht er dem Freund: »Nicht daß ich die Arbeit unterschätzt hätte; ich wußte, daß es nicht einfach sein würde, sich in Deinen Klingsorgarten hineinzubegeben und mit einer Topographie für Nachfolger wieder herauszukommen.«

Nach Hugo Balls frühem Tod wurde die Biographie mit Hesses Einverständnis nicht nur fortgeschrieben, sondern auch verändert, denn der Dichter befand: »Balls Betrachtung meines Lebens ist vielleicht ein klein wenig zu sehr Krankengeschichte, ich glaube, er würde selbst heute anders fühlen, und die sogenannte Neurose weniger im Centrum finden.« Eine widersprüchliche Anmerkung, hatte er doch den Freund 1926 gemahnt: »Soweit meine Biographie einen Sinn hat, ist es wohl der, daß die persönliche unheilbare, doch notdürftig bemeisterte Neurose eines geistigen Menschen zugleich Symptom ist für die Zeitseele.« Und nachdem das Buch erschienen war, beteuerte er, trotz einiger Einwände, »wie wohl es mir tut, von einem der Wenigen, denen ich in dieser Kunst mich als Bruder fühle (…) verstanden worden zu sein«.

So mögen Ball einerseits diese freundschaftlich-brüderlichen Gefühle abgehalten haben, mehr über Mia und Ruth zu schreiben, andererseits lagen ihm weder die Korrespondenzen der Paare vor, noch lernte er vor seinem frühen Tod Ninon Dolbin genau kennen, die 1952, nach 20jähriger Ehe mit Hesse, klagte, daß anläßlich des 75. Geburtstages ihres Mannes viel über den »einsamen« Hesse geschrieben worden sei, über sein »Einsiedler-«, sein »Eremitenleben«, und daß eine gerade erschienene Biographie nur die Namen der ersten und zweiten Frau (wenn auch falsch) benennt, sie selbst jedoch keine Erwähnung findet.

Heute sind uns die Lebenszeugnisse aller Beteiligten zugänglich und geben den Blick frei auf ungewöhnliche Frauen, ermöglichen narrative Nahaufnahmen, in denen nichts fiktiv ist, sondern alles belegt und nachzulesen. Dennoch gilt auch hier: *das Beschriebene ist etwas anderes als die Wahrheit* (Thomas Bernhard).

Maria Bernoulli
um 1903/04

Mia

1.

Juni 1904. Maria Bernoulli hat sich entschieden:
hier will sie leben, und ihr scheint, als habe das
alte Haus mit den niedrigen Stuben nur auf sie
gewartet. Sie sitzt auf dem Rand des Brunnens, der zwischen Haus
und Kapelle plätschert, und sieht dem Bauern nach, der davongeht,
ohne sich noch einmal nach seinem ungebetenen Gast umzuschauen.
Ein griesgrämiger Alter, dieser Josef Hepfer, der sie stumm gemustert
hat, die Fremde mit dem Basler Dialekt und den staubigen Stiefeln.
Von Öhningen ist sie am Morgen aufgebrochen, hat in Hemmenhofen ein prächtiges, leeres Pfarrhaus entdeckt. Aber das gehört der Kirche und ist nicht zu vermieten. So wanderte sie weiter, müde von der
beginnenden Sommerhitze und der vergeblichen Suche.
Ende Mai hatte sie im »Überlinger Seeboten« ein Inserat aufgegeben.
Sie sucht – ohne genaue Ortsangabe – eine Wohnung am badischen
Ufer des Bodensees. Ungeduldig wartete sie in Basel auf Zuschriften
und machte sich, als die ersten eingetroffen waren, auf den Weg, be-
sichtigte eine kleine Villa in Überlingen – jedoch ohne Seeblick, ein
verwunschenes Haus in einem verwahrlosten Garten – zu teuer. Meersburg gefiel ihr nicht: »lauter Weinberge und das Seeufer ziemlich langweilig«. Das Angebot in Wangen nahe Öhningen stellte sich als »eine
enge Baracke« heraus.
Entzückt war sie von Uhldingen. Aber wo immer sie dort nachfragte,
begegnete man der jungen Frau, die für sich und ihren abwesenden
Verlobten ein Heim suchte, mit ablehnendem Kopfschütteln. Ent-

mutigt war sie zu Emil Strauß gefahren, der einen Hof in Bernrain bei Emmishofen bewirtschaftete und sie bei ihrer Suche beriet. Jetzt, da ihr Vater endlich der Verlobung zugestimmt hatte und die Anzeigen verschickt waren, durfte die Wohnungssuche nicht mißlingen, die Heirat nicht mehr scheitern. Versuchen Sie es in Gaienhofen, hatte Strauß vorgeschlagen, dort steht das Schlößchen zum Vermieten.

Und so ist sie erneut aufgebrochen, zur Höri, der Halbinsel zwischen Zeller- und Untersee, ist von Öhningen über Hemmenhofen nach Gaienhofen gewandert, den See im Blick und die schilfbewachsenen Ufer. Sie schaute hinüber auf die Berge und Dörfer der Schweizer Seite, nach Eschenz, nach Steckborn und hoffte, in Gaienhofen endlich das Richtige zu finden. Aber auch hier Enttäuschung: ins Schlößchen war bereits im April ein Mädchenpensionat eingezogen.

Da ist sie, auf der Suche nach einem Gasthaus, hügelan gewandert, zur Kapelle, die dem heiligen Mauritius geweiht ist, zum Dorfbrunnen unter der mächtigen Linde – und ist fündig geworden: ein altes Gehöft, von dem nur Stall und Scheune genutzt werden. Im Haus jedoch stehen fünf Zimmer und eine Kammer leer: unten eine geräumige Stube mit einem mächtigen Eßtisch, daneben ein kleineres Zimmer und oben drei Räume mit niedrigen, dunklen Balkendecken sowie »ein prächtig kühler Keller«. Wasser würde sie am Brunnen holen, abends Lichter anzünden und im Winter Öfen heizen. Rund um das Haus könnte sie Blumen pflanzen, vielleicht auch Gemüse. Und von den vorderen Kammern im oberen Stock kann man den See sehen. Hier soll er sein Arbeitszimmer bekommen, der Mann, dessen Namen sie beim Einzug tragen wird: Hermann Hesse.

Bauer Hepfer jedoch ließ sich nicht zum Überlassen des Hauses bewegen. Vielleicht war er befremdet von der selbstbewußten Frau, die allein auf Haussuche ging. Fragte sich, wer der Mann ist, mit dem sie vorgibt, einziehen zu wollen. Ein Schriftsteller, sagte sie, und sie selbst führe mit ihrer Schwester ein »Atelier für Kunst-Photographie« in Basel. Der Alte zuckte die Schultern und schüttelte verständnislos den Kopf. Aber Maria Bernoulli gibt nicht auf.

»Ich will ihm jetzt noch ein paar Leute auf den Hals schicken, vielleicht kriege ich ihn mürbe«, schreibt sie bei ihrer Rückkehr nach Basel am 21. Juni 1904 an Hesse. »Mir wäre solch ein altes, ›tolles‹ Bauernhaus, wo nicht jeder Winkel abgezirkelt ist, schon das Liebste,
aber grad das ist sehr schwer zu kriegen. Doch hoffe ich jetzt immer,
der grätige Gaienhofer Bauer lasse sich schließlich doch herum bringen.« Und es gelingt. Am 3. Juli, einen Tag nach Hesses 27. Geburtstag, den er bei seiner Familie in Calw verbringt, jubelt sie: »Jetzt haben wir ein Nestchen!«
Gemeinsam mit dem befreundeten Architekten Hans Hindermann
und dessen Bekannten, die im nahen Horn wohnen, ist es gelungen,
den hartnäckigen Bauern umzustimmen. »Er war diesmal ganz trak-
tabel«, teilt sie Hesse mit. »Der Mietvertrag ist bereits aufgesetzt u(nd)
unterschrieben, wir bezahlen also die schöne Summe von 150 Mark
JÄHRLICH.« Ein Betrag, der sich aus dem Zustand des Hauses erklärt,
dessen Dach und Fenster abgedichtet, die Stuben gestrichen werden
müssen. Aber Maria ist geschickt, scheut vor keiner Arbeit zurück
und setzt hoffnungsvoll hinzu: »Ich glaube, das Häuschen wird Dir
ziemlich behagen.«
Angesehen hat sich Hermann Hesse das Haus erst nach der Hochzeit.
Da zog er die verbogenen Nägel aus den Umzugskisten, klopfte sie
auf den Steinen zurecht und begann, die Schäden auszubessern.

*

Für das Kommende ist sie voller Zuversicht, auch wenn sie sich hätte
eingestehen müssen, daß sie ihren Verlobten kaum kennt. Zu oft waren sie getrennt gewesen, zu kurz waren die Stunden des Miteinanders.
Aber das will sie nicht sehen. Sie weiß nur eines: Diesen Mann will
sie heiraten.
Nach landläufiger Meinung ist Maria Bernoulli, als sie Hermann Hesse 1902 kennenlernt, mit 34 Jahren ein »spätes Mädchen«, das sich erfolgreich der Familientradition der arrangierten Ehe widersetzt hat.
Während die älteren Schwestern, Bertha und Anna, seit Jahren verheiratet sind, Bertha mit Friedrich Albert von Brunn und Anna mit

Das Hepfer-Haus, das Familie Hesse von 1904 bis 1907 bewohnte

dem Pfarrer und Dekan des Tübinger Stifts, Eduard Ludwig Gmelin, beharrt Maria auf einer Ausbildung. Studieren will sie nicht, obwohl auch das für Frauen in Zürich, Bern und Genf bereits möglich gewesen wäre. Maria Bernoulli interessiert das neue Medium der Fotografie. Die will sie erlernen, und sie hat herausgefunden, daß sich in München und Berlin auch Frauen in diesem Beruf ausbilden lassen können.

In Berlin gründete Wilhelm Adolf Lette bereits 1866 einen *Verein zur Erwerbstätigkeit des weiblichen Geschlechts*, und nachdem in den ersten Jahrzehnten die Ausbildung für Berufe in Handel und textilem Gewerbe den Schwerpunkt des »Lette-Vereins« gebildet hatten, kam 1890 unter der Leitung von Dankmar Schultz-Hencke die »Photographische Lehranstalt« hinzu. Hier konnten sich Frauen auf wissenschaftlicher Grundlage mit allen fotografischen Verfahren vertraut machen. Daß Maria und ihre jüngste Schwester Mathilde Bernoulli, die sich Tuccia nannte, in Berlin ihr Handwerk gelernt haben, ist in der Familie bekannt, nachweisen läßt es sich nicht, denn das Archiv des »Lette-Vereins« wurde bei der Bombardierung des Gebäudes im Zweiten Weltkrieg vernichtet.

Fest steht jedoch, daß die beiden Schwestern nach Abschluß ihrer Ausbildung um 1900 nach Basel zurückkehrten und ein Fotoatelier in der Bäumleingasse 14 eröffneten. Sie waren die ersten Berufsfotografinnen der Schweiz, lehnten das übliche starre Posieren ab und fotografierten die Personen in ihrem gewohnten Umfeld. Sie zeigten ihre Fotos auf den jährlichen Verkaufsausstellungen in der Kunsthalle und bestanden darauf, auch die Fotografie als Kunst anzusehen. Eine damals ungewöhnliche und heftig diskutierte Position.

In ihrem Atelier sammelte sich bald ein Kreis junger Leute, um vorzulesen, zu musizieren und zu diskutieren. Hans Hindermann, der Architekt, und der Ingenieur Rudolf Böhringer, in den sich Tuccia verliebt hatte, nahmen an diesen »Jours« teil. Maler und Musiker waren regelmäßige Gäste. Und eines Abends erschien ein hagerer junger Mann mit kurzgeschnittenem Haar und runden Brillengläsern, der Buchhandelsgehilfe Hermann Hesse aus dem Antiquariat von Wattenwyl, der bereits Gedichte und Erzählungen veröffentlicht hatte. Er ist, schreibt Hesses Freund und Biograf Hugo Ball mehr als zwei Jahrzehnte später, »zu dieser Zeit noch der Dépressé mit allen Anzeichen psychischer Überlastung und äußerer Unbeholfenheit. Er hat vom Vater Gewissensstrenge und von der Mutter Choräle gelernt. Vom Schwarzwaldstädtchen haftet ihm eine gewisse Überbetonung der Manieren an; eine Vernachläßigung der Krawatte, eine linkische Scheu, ein Mangel an Beweglichkeit. Er kann nicht tanzen, nicht plaudern, keine Verbeugung machen. Er weiß nicht, die Hand einer jungen Dame zu küssen, ein rasches Billett zu schreiben; jede Geste bekommt ein Zentnergewicht. Die Weltferne der schwäbischen Kleinstadt hängt ihm an, und das Autodidaktentum, das alle Zeit frißt ...«

Möglich, daß die Schwestern Bernoulli gehört hatten, daß ihr linkischer Besucher seit seiner Ankunft in Basel vor drei Jahren beim Stadtarchivar Dr. Rudolf Wackernagel und der Pfarrerswitwe Esther La Roche-Stockmeyer verkehrte. Beide Familien waren mit Hesses Eltern seit jener Zeit befreundet, als Johannes Hesse mit Frau und Kindern in der Stadt lebte und bei der Basler Missionsgesellschaft tätig war. Damals hatte man gemeinsam den Sommer 1883 nahe Bretzwil auf dem Landgut Rechtenberg des Ratsherrn Sarasin verbracht. Kam daher Hermann Hesses Interesse an den Schwestern La Roche? könnte sich Maria Bernoulli gefragt haben. Und welche mag er lieber? Marie, die Malerin? Oder Elisabeth, die Pianistin, die bei den Hausmusikabenden der Mutter am Flügel sitzt?

Auch Maria spielt Klavier, manchmal begleitet sie einen Gast auf der Geige. Sie liebt Chopin, und auch Hesse gesteht: »Wenn nicht Chopin wäre, der so unbegreiflich mir aus der innersten Seele redet, so wüßte ich neben Beethoven wenig Klaviermusik zu ertragen.« Das gefällt ihm an der lebhaften, kleinen Fotografin: ihr Klavierspiel. Das ist ihre Gemeinsamkeit: die Liebe zur Musik. Immer wieder lädt Maria ihn ins Atelier ein: »Ein paar Freunde und Freundinnen werden am Donnerstag zum Tee bei mir sein. Bitte kommen Sie auch …«

In seinem Roman *Peter Camenzind*, der zu dieser Zeit entsteht, trifft sich eine »kleine Künstlerkolonie« im Atelier der Malerin Aglietti: »Es waren fast lauter Unberühmte, Vergessene, Erfolglose, was für mich etwas Rührendes hatte, obwohl alle ganz zufrieden und fidel schienen. Man bekam Tee, Butterbrot, Schinken und Salat.«

Damit jedoch sind weder Camenzind noch sein Autor Hesse im Fotoatelier der Bernoulli-Schwestern zufrieden, aber beide zieht es immer wieder in diese Kreise. Während jedoch Camenzind sich löst und sein unruhiges Wanderleben fortsetzt, folgt Hesse den undatierten, schnell hingeschriebenen Billetten und Einladungen Marias, sie im Atelier zu besuchen, zum Spargelessen, zum Spaziergang. Sie ist »furchtbar neugierig wie's Ihnen geht«. Schnell werden ihre Mitteilungen ausführlicher, wechseln ins vertraute Du, drängen: »Lieber, komm heut um 12 Uhr zu mir, wir haben dann noch ein Viertelstündchen für uns.«

Hesses Antworten kennen wir nicht, denn bis auf wenige Briefe sind sie im November 1942 bei einem Hausbrand in Ascona in Flammen aufgegangen.

Elisabeth La Roche; Hermann Hesse (Zeichnungen von Marie La Roche);
Mia Bernoulli ca. 1903

Stimmen

Hermann Hesse:

*Seit Jahren war ich nicht mehr verliebt und hatte keine Liaison mehr.
(...) Seit kurzem aber halte ich allabendlich einen entzückenden, kleinen,
schwarzen, wilden Schatz im Arm (...) meine ganze Freizeit gehört dem
kleinen Mädchen, das mir nur bis an den Bart reicht und so gewaltsam
küssen kann, daß ich fast ersticke. Nach mehr mußt Du nicht fragen.
Heirat usw. ist natürlich ausgeschlossen, dafür habe ich eben keinerlei Talent. Dagegen frische ich meine eingerosteten Liebeskünste mit
Erfolg wieder auf.*

HH an Cesco Como am 4. Juni 1903 aus Basel, in: *Gesammelte Briefe.* Erster Band
1895-1921. In Zusammenarbeit mit Heiner Hesse herausgegeben von Ursula und
Volker Michels, Frankfurt am Main 1973, S. 104.

Maria Bernoulli:

*Weißt Du, ich fühle halt immer mehr, daß ich eigentlich niemand HABE
ALS DICH, der wirklich u(nd) ganz zu mir gehört – u(nd) die Folge ist,*

daß ich eben schrecklich allein bin, wenn Du weg bist. Aber denke nicht,
ich wolle Dir damit vorjammern, es sind einfach Tatsachen, die nun
einmal nicht zu leugnen sind!

Maria Bernoulli an HH am 15. September 1903 aus Basel. Hesse Editionsarchiv. Volker Michels, Offenbach.

Hermann Hesse:

In letzter Zeit kam ich in die seltsame Lage, die Möglichkeit einer Heirat
zu überlegen. Ein mir schon länger befreundetes Mädchen, das mich
lieb hat, ziemlich älter als ich ist und wohl zu mir passen würde. Ich
kann aber in dieser Sache mich einstweilen zu nichts entschließen, da
ich zunächst noch zu arm an Gelde bin und auch vor dem Heiraten ein
unbestimmtes Grauen habe. (...) Ich bitte Dich natürlich, dies nur als
ganz persönlichste Mitteilung an Dich zu betrachten und nicht darüber
zu reden. Ich fürchte fast, es wird am Ende doch nichts daraus, da ich
zu lang warten müßte und das Mädchen nimmer jung ist.

HH an Johannes Hesse im Juni 1903 aus Basel, in: *Gesammelte Briefe.* Erster Band, S. 105.

Maria Bernoulli:

... jetzt hat Papa plötzlich wieder ganz andere Bedenken. Er hat den
Camenzind zu Ende gelesen u(nd) da sagte er mir neulich, er habe da-
durch solch schlechten Eindruck von Dir bekommen, dass er seine Ein-
willigung zu unserer Verbindung nicht geben würde. (...) Ich kann nur
zuwarten u(nd) hoffe im Stillen, irgendwo zeige sich doch ein Weg für
uns.

Maria Bernoulli an HH am 19. September 1903 aus Basel. Hesse Editionsarchiv.

Hermann Hesse:

Ich fand hier, was ich suchte – völlige Stille und Einsamkeit. (...) Nur bin ich leider von meinem Schatz getrennt und brauche viel Briefporto. Ich hoffe diesen Winter zu heiraten, aber der Vater sagte sehr ruppig nein, und Geld war keines da, darum muß ich jetzt arbeiten und was verdienen, denn sobald ich das Nötige im Sack habe, wird natürlich der alte Dummkopf nimmer gefragt.

HH an Stefan Zweig am 11. Oktober 1903 aus Calw, in: *Gesammelte Briefe.* Erster Band, S. 108.

Maria Bernoulli:

Ich kann mir nie denken, dass es zwischen uns zu solchen Kleinlichkeiten, Nörgeleien, Spelzigkeiten kommen könnte, wie man sie in so vielen, auch GUTEN Ehen trifft. Dazu haben wir uns zu schwer erkämpfen müssen. (...) Wir werden jede Stunde, die wir zusammen genießen, als ein Geschenk ansehen, u(nd) all die Stunden u(nd) Tage, die wir einander fern sein müssen, werden Gewichte sein, durch die unsere Liebe nur stärker u(nd) fester wird.

Maria Bernoulli an HH undatiert aus Basel. Hesse Editionsarchiv.

Hermann Hesse:

Übrigens hat mein Schwiegervater, ein biederer und frommer Mann, genau die umgekehrte Moral, daß ich seine Tochter liebe, findet er begreiflich und verzeihlich, daß ich mich verloben und heiraten will, ohne daß ich weiß, woher das Brot nehmen, findet er unrecht – (...) Für mich kommt alles darauf an, wie mein Roman aufgenommen wird. Wenn er keinen Erfolg hat, kann ich nicht heiraten.

HH an Cesco Como am 26. Oktober 1903 aus Calw, in: *Gesammelte Briefe.* Erster Band, S. 110.

Maria Bernoulli:

Ich bin voll guter Zuversicht, dass wir nimmer zu lang warten müssen. Das Geschäft geht jetzt doch besser als Anfang des Winters, das kann doch den Strick etwas verstärken! Für den Anfang muß ich's doch beibehalten, es wäre leichtsinnig es gleich abzugeben. Vielleicht gibt's irgend einen Modus, daß ich drin bleibe, ohne beständig selber mitzuarbeiten. – Nun, wir werden sehen! Aber sorg u(nd) quäl Dich nicht ab, lieb Herz, es muß schon gehen.

Maria Bernoulli an HH undatiert aus Basel. Hesse Editionsarchiv.

Hermann Hesse:

Mein Schatz ist kein liebes dummes Gretchen, sondern mir an Lebenserfahrung, Bildung und Intelligenz mindestens ebenbürtig, älter als ich und in jeder Hinsicht eine selbständige und tüchtige Persönlichkeit.

HH an Cesco Como am 21. Juni 1903 aus Basel, in: *Gesammelte Briefe*, Erster Band, S. 106.

Maria Bernoulli:

Weißt, ich freu mich halt auf unser gemeinsames Leben, schön muß es werden. Ich bilde mir immer ein, wir müßten besonders viel Talent haben zu einem vollen, ganzen, harmonischen Leben, das nicht durch Kleinkram erstickt u(nd) erdrückt wird.

Maria Bernoulli an HH am 31. Dezember 1903 aus Basel. Hesse Editionsarchiv.

Hermann Hesse:

Ja, und nun steht meine Heirat nahe bevor, die Freunde wünschen Glück und die Braut kratzt ihre Siebensachen zusammen, und mir ist ganz sonderbar dabei zumut. Denn im Grunde kommt es mir oft vor, ich sei eigentlich noch ein Knabe, so wie ich mit zwölf Jahren war, und wundere mich häufig, dass die Leute mich ernst nehmen, (...) daß ich näch-

stens eine Frau und einen Haushalt haben und wie alle ernsthaften
Männer und Bürger leben und dastehen soll. (...) Vielleicht ist es riskant,
aber mein Mädchen ist sehr geschickt und hat eine glückliche Hand,
da wird es schon gut gehen und gut werden.

HH an Helene Voigt-Diederichs am 26. Juni 1904 aus Calw, in: *Gesammelte Briefe.*
Erster Band, S. 121 f.

Hugo Ball:

*Im Sommer 1904 heiratet er Maria Bernoulli (...) Sie ist neun Jahre älter
als der Dichter und steht bei der Heirat fast in demselben Alter, in dem
Hesses Mutter Maria stand, da der Dichter geboren wurde. Auch in der
Statur, im Temperament, in der leidenschaftlichen Neigung zur Musik
erinnert Maria Bernoulli an des Dichters Mutter.*

Hugo Ball. *Hermann Hesse. Sein Leben und Werk.* Frankfurt am Main 1977, S. 89.

Marie u. Johannes Hesse mit Marulla, Hans, Hermann u. Adele in Calw 1899

2.

Über seine Mutter weiß sie wenig. Fragt Maria nach ihr, wird Hesse
einsilbig. Marie Hesse ist tot. Gestorben im April, bevor er zum ersten
Mal ins Atelier Bernoulli gekommen ist. Schon lange war sie krank
gewesen: Osteomalazie, eine Knochenerweichung, die ihr zuerst das
Gehen schwergemacht und sie schließlich für fast zwei Jahre ins Bett
gezwungen hatte. Danach ein quälendes Nierenleiden. Im Oktober
1902 wäre sie 60 geworden. Er war nicht zur Beerdigung gefahren,
denn es gab da ein Nichtverstehen, eine tiefe Kränkung. Das war beim
Erscheinen seiner *Romantischen Lieder* gewesen. Da schrieb sie ihm,
daß ihr einige Gedichte »weh tun, weil sie Verdacht wecken, als sei
die Liebe nicht immer keusch und rein«. Einen »Mißton« hatte sie aus
seinen Versen herausgehört und die Mahnung seiner Kinder- und
Jugendjahre wiederholt: »Gott hat dir Talent gegeben, wenn Du einmal Ihn gefunden hast und Ihm diese schöne Gabe weihst, dann erst
wird dein altes Mutterle (…) glückselig sein.«
Wieder dieses verzweifelte Gefühl, diese Ohnmacht angesichts der
Erkenntnis: Die Mutter liebt den HERRN mehr als ihren Sohn. Er

hatte mit heftigem Kopfschmerz reagiert und im Antwortbrief eine Rechtfertigung versucht. Und hatte in *Hinterlassene Schriften und Gedichte von Hermann Lauscher* die »andere« Mutter beschworen: »Ich sehe dich noch, meine Mutter mit dem schönen Haupt zu mir geneigt, schlank, schmiegsam und geduldig, mit den unvergleichlichen Braunaugen!« Diese Mutter ist eine begnadete Erzählerin. Ihre Worte bauen eine Brücke aus der Wirklichkeit ins Reich der Träume, der Märchen und Legenden, »zu den lichten, goldgründigen Jesusgeschichten«.

Als Maria Bernoulli das liest, ahnt sie wohl, daß diese Ambivalenz als Schatten der toten Mutter nicht nur dunkel über dem Sohn, sondern auch über ihrer Verbindung liegen wird.

Der Vater, Johannes Hesse, jedoch lebt. Der stets Kränkelnde, der Mann der depressiven Verstimmungen, den die Mutter geschont und umsorgt hatte, wohnt noch immer in Calw, gibt das Missionsblatt heraus und schreibt an seinem Buch *Vom Segensgang der Bibel durch die Heidenwelt*. Auf diesen Vater galt es, immer Rücksicht zu nehmen, denn er ertrug keine lauten Gespräche, kein munteres Kinderlachen, kein gemeinsames Essen. »Nervenstürme« quälten ihn, »Weinkrämpfe«, die seine Kinder verstörten.

In seiner Jugend war Johannes Hesse als Missionar in Indien gewesen, aber schon nach drei Jahren mußte er das Land wieder verlassen, weil Klima und Lebensumstände ihm zusetzten. Er kehrte nach Europa zurück, und die Basler Mission schickte ihn nach Calw zu Dr. Hermann Gundert. Er sollte dem alten Gelehrten, der mehr als zwei Jahrzehnte in Indien gelebt hatte, bei der Herausgabe der Missionsschriften helfen. Dort begegnete er Gunderts Tochter, Marie Isenberg. In Indien geboren, in Schwaben und der Schweiz erzogen, hatte sie mit ihrem Mann, Charles Isenberg, in Indien in der Mission gearbeitet. Nach dessen frühem Tod lebte sie mit ihren beiden kleinen Söhnen bei den Eltern und unterstützte den Vater bei seiner Redaktionsarbeit. Ein Jahr nach seiner Ankunft 1874 hatten Johannes Hesse und Marie Isenberg geheiratet. Er war 27, seine Frau fünf Jahre älter.

In schneller Abfolge wurden Adele, Hermann, Marulla und Hans geboren, sowie Paul und Gertrud, deren früher Tod die Kindheit der Geschwister ebenso überschattete wie die Nervosität und die Kopfschmerzen des Vaters. Geprägt von pietistischer Strenge, Gebet und Gehorsam wuchsen sie auf. Und mit den »indischen« Erzählungen der Eltern, den Sanskritstudien des gelehrten Großvaters, seinen Übersetzungen, der Arbeit an einer Grammatik des Malayalam und dem zugehörigen indisch-englischen Wörterbuch. Hermann Gunderts große Bibliothek stand den Kindern offen, und sie erlebten im Verlag das Entstehen von Büchern und Broschüren, »der Geruch von frischer Fahnenkorrektur, von Leinwand, Karton und Kleister« waren ihnen vertraut. Fasziniert lauschten sie den Erzählungen der Besucher, die aus den Missionsstationen in aller Welt ins Haus des Calwer Verlagsvereins kamen. »Calw, das ländliche Städtchen an der Nagold, auf der in jenen Jahren noch Flöße mit Schwarzwälder Tannenstämmen bis nach England und Holland befördert wurden, mit dem nahen Wald, den Mühlen und Schilfufern, den Flößern, Landstreichern und Sesshaften war ein in sich geschlossener Mikrokosmos, ebenso schwäbisch wie international …«

Dorthin reist am 6. September 1903 Hermann Hesse mit Maria Bernoulli, um sie dem Vater, seinen Schwestern Adele und Marulla und dem Bruder Hans vorzustellen. Seit Ostern wußte die Familie von ihr. Da hatte Hesse am 8. April aus Florenz geschrieben: »Eine mir befreundete Malerin (…) verließ neulich Basel, um für immer nach Italien zu gehen, und lud allerlei Bekannte und Freunde ein, sie für die Ostertage nach Florenz zu begleiten. Ich dachte nicht daran mitzugehen, bis am letzten Tag Frl. Bernoulli, eine andere Künstlerin, sich dafür begeisterte und mich zum Mitgehen überredete.«

Als er »Frl. Bernoulli« vorstellt, sagt er: Mia, meine Braut. Die Familie ist überrascht. Selbst Adele, seiner Lieblingsschwester und Vertrauten, gestand er erst kurz vor der Ankunft, daß er nicht allein nach Hause kommt, und dem Vater hatte er noch ein paar Wochen zuvor seine Zweifel mitgeteilt, sein Zögern, sich zu binden. Wie wurde Mia aufgenommen? Mit Neugier von den Schwestern? Mit freundlicher Güte vom Vater? Keine Einwände zumindest, und so hält Hermann

Hesse bei dem Basler Notar Fritz Bernoulli schriftlich um die Hand seiner Tochter Maria an und bekommt am 23. September eine lapidare Antwort: »Ihren Beruf als Schriftsteller kann ich nicht anerkennen. (…) zu einer Verbindung mit meiner Tochter kann ich meine Zustimmung nicht erteilen.«

*

Die Bernoullis akzeptieren ihn nicht. Hesse reagiert verletzt und mit Trotz darauf, daß man ihn ablehnt in dieser Familie, deren Name in Basel mit Hochachtung ausgesprochen wird: Bernoulli. Vermutlich wird er wenig mit dem Namen verbunden haben, war ihm doch die Mathematik zu Schulzeiten unwichtig gewesen. Schwerpunkte in Maulbronn, das der junge Hesse nach bestandenem Landexamen besuchte, waren, in Vorbereitung auf das Theologiestudium, das Lesen von lateinischen und griechischen Texten, das Lernen der hebräischen Sprache und Schrift. In Hesses Stube »Hellas« paukten die Jungen Vokabeln, Grammatik, übten sich im Übersetzen. Und auch auf dem Cannstätter Gymnasium kannten die Schüler die Bernoullische Differentialgleichung, Integrale, Wahrscheinlichkeiten, Reihen, Infinitesimalrechnung oder die Berechnung der Summe reziproker Quadrate vermutlich nicht.

Sie sind eine ungewöhnliche Familie, diese Bernoullis, die sich weit zurückverfolgen läßt. Eine Spur führt ins 15. Jahrhundert nach Flandern, eine andere ins kastilische Burgos, woher ein »juif de race« zu Beginn des 16. Jahrhunderts nach Toulouse übersiedelte. Als gesicherter Stammvater gilt jedoch der Arzt Leon Bernoulli, ein Antwerpener Protestant, dessen Sohn Jacob 1570 aus Glaubensgründen nach Frankfurt am Main zog. Im 17. Jahrhundert wechselte Jacobs Sohn, Nicolaus, nach Basel, ließ sich als Spezereienhändler nieder, war bald ein angesehener Ratsherr und heiratete eine Basler Patriziertochter. Bei zwei Söhnen dieses Paares zeigte sich eine außergewöhnliche mathematisch-naturwissenschaftliche Begabung, die sich auch in den beiden folgenden Generationen fand und eine Reihe bedeutender Gelehrter hervorbrachte. Die Bernoullis wirkten nicht nur an der

Universität des heimatlichen Basel, sondern auch an denen in Padua und Bern, in Petersburg und Berlin, stellten sich in den Diskussionen um Leibniz und Newton auf die Seite der Leibniz-Anhänger. Ihrer Forschung verdankt die moderne Physik wichtige Anstöße in Hydro- und Aerodynamik, Elastizitätsdynamik sowie grundlegende Erkenntnisse zur Polarisation des Lichts und transversalen Wellenoptik. Die Bernoullis verkehrten am Zarenhof und mit Friedrich dem Großen, korrespondierten mit den wichtigsten Gelehrten des 18. Jahrhunderts. In der Wissenschaft fügte man ihren Namen, wie bei weltlichen oder kirchlichen Fürsten, römische Ziffern hinzu.

So begründete Johann II. den Zweig der Bernoullis, aus dem Mia stammt. Er lehrte als Jurist, Mathematiker und Physiker in Basel. Einer seiner Söhne, Johann III., ein passionierter Reisender, war königlicher Astronom in Berlin, führte eine immense Korrespondenz und verfaßte zahlreiche Reiseberichte. Der andere Sohn, Jacob II., lehrte als Mathematiker und Physiker in St. Petersburg und heiratete eine Enkelin des Mathematikers Leonhard Euler. Auch wenn in den folgenden Generationen diese überragenden Begabungen ausblieben, gingen aus der Familie weitere Naturwissenschaftler, aber auch Künstler, Architekten und Juristen hervor. Mias Großvater war Kriminalgerichtspräsident, ihr Vater Fritz Bernoulli war Notar, hatte jedoch zuvor in Salzburg Musik studiert und war ein kenntnisreicher Musikaliensammler.

Fritz Bernoulli wird geahnt haben, daß es wohl kaum einen größeren Unterschied geben konnte als den zwischen Mias Familie und der Hermann Hesses. Waren für die Gunderts und Hesses die Heilige Schrift, ihre Auslegung und Verbreitung lebensbestimmend, ihr Streben nach der Erkenntnis des HERRN und die Erlösung im Jenseits, so versuchten Mias Vorfahren mit akribischem Beobachten, Experimentieren und Analysieren die Gesetze der Natur zu entschlüsseln.

Mias Korrespondenz und der kurze schriftliche Rückblick auf ihre Kindheit geben keinen Hinweis auf ihre Einstellung zur Religion. Ihre Familie ist protestantisch, sie wurde in der Basler Kirche St. Alban getauft. Ihrem ein Jahr jüngeren Bruder Fritz, der Theologie studiert hat, den jedoch Glaubenszweifel hindern, den Beruf des Pfarrers zu ergreifen, begegnet sie mit liebevoller Zuneigung. Hingegen fordern die Humorlosigkeit und Strenge ihres Schwagers, des Tübinger Theologen Eduard Ludwig Gmelin, sie zu leisem Spott heraus. Daß sie mit Hesse nur standesamtlich getraut wurde, hat sie ganz offensichtlich nicht als Mangel empfunden. Die gemeinsamen Söhne wurden nicht getauft.

In ihren Äußerungen zeigt sich Mia bis ins hohe Alter als ganz im Diesseits wurzelnde Persönlichkeit mit Freude an der Natur, neugierig gegenüber neuen Techniken. So interessiert sie das theoretische Erlernen und praktische Umsetzen der Fotografie ebenso wie der künstlerische Umgang mit diesem Medium. Körperliche Herausforderungen sucht sie: unternimmt mehrtägige Bergtouren im Berner Oberland, schwimmt im See, ist eine wagemutige Rodlerin und begeistert sich für die damals neue Wintersportart, den Skilauf. Sie hat die Musikalität der Bernoullis geerbt. In schwieriger finanzieller Lage wird sie später Klavierunterricht erteilen, im Hotel zum Five-o'clock-Tea oder abends im Salon spielen, im Kino Stummfilme und in einem anthroposophischen Kurheim Eurythmiekurse am Klavier begleiten.

Als sie Hermann Hesse kennenlernt, ist sie sicher, das Leben an der Seite des so ungleichen Freundes erfolgreich gestalten zu können.

*

Mit dem kategorischen Widerstand des Vaters hat Mia jedoch nicht gerechnet. In Calw war die Aufnahme freundlich gewesen. Hesses Vater und die Schwestern schienen erleichtert, Hermann künftig umsorgt zu wissen. Vorsichtig hatten sie durchblicken lassen, daß der eigenwillige »Hemmer« das Sorgenkind der Familie gewesen war: Schwierigkeiten in der Schule, das Fortlaufen aus Maulbronn, der Abbruch einer Lehre. Das ist Mia nicht neu. Hesse hat ihr gesagt, daß er darüber schreiben will, über die Vergangenheit, die Krisen seiner Jugend. Er plant eine »Schülergeschichte«, wie *Freund Hein*, der Roman des von ihm bewunderten Emil Strauß, mit dem er im Sommer am Bodensee gewandert ist.

Mia fotografiert: den Vater, die Schwestern Adele und Marulla, den Bruder Hans. Dann fährt sie nach Basel zurück, und Hermann Hesse bleibt in Calw. Er hat im Antiquariat gekündigt, will sich erholen und dann seinen Roman um den Schüler Hans Giebenrath beginnen. Er wird ihn *Unterm Rad* nennen.

Als Mia in Basel ankommt, ist sie noch voller Hoffnung. Aber der Vater läßt sie wissen, daß er Hesses Werbebrief ungehörig fand und einer Heirat nicht zustimmen wird. Auch die anderen Familienmitglieder reagieren ablehnend. »Meine beiden Schwestern haben zu wenig Sympathie für Dich, als daß sie mich verstehen könnten«, teilt sie Hesse mit. »Zum Überfluß schreibt auch meine Dekansschwester, der ich die Mitteilung glaubte schuldig zu sein, einen ganz schrecklich warnenden Brief!« Drei Schwestern in Ablehnung vereint: Bertha von Brunn, Anna Gmelin und Emma Bernoulli. Bertha, die, nach kurzer Ehe verwitwet, mit ihren Kindern in Basel lebt, und die unverheiratete Emma, die den Eltern den Haushalt führt, kennen Hesse von den »Jours«. Ob auch Anna, die in Tübingen wohnt, ihn zu dieser Zeit schon getroffen hat oder ob sich ihre Warnung auf die Berichte der Familie bezieht, wissen wir nicht.

Mia jedoch läßt sich nicht beirren, hat in Tuccia eine Verbündete und bald auch in ihrem Bruder Adolf, einem Weinhändler, der mit seiner spanischen Frau Theresia nach Basel gezogen ist. Schließlich gelingt es, Bertha zu überzeugen: »ich habe gestern abend lang mit meiner ältesten Schwester (v. Brunn) gesprochen u(nd) die war lieb u(nd) gut zu mir u(nd) versteht mich. Sie meinte auch, es werde bei Papa auch eine Umstimmung möglich sein.« Um Anna auf ihre Seite zu bringen, fährt sie im Oktober nach Baden-Baden, wo die Schwester sich zur Kur aufhält, und schlägt Hesse vor, sie in Karlsruhe zu treffen. Sie schreibt ihm eine Karte auf französisch, da klingt der Plan fast konspirativ. Und es gelingt. Anna kann umgestimmt werden, und Hesse kommt nach Karlsruhe. Sie übernachten im »Grünen Hof«, in der Nähe des Bahnhofs. In einem euphorisch-zärtlichen

Brief vom 20. Oktober spricht sie von »unserem Hotelzimmer«. Jetzt ist sie sicher, daß nichts und niemand sie mehr von dem Geliebten trennen kann.

Anna allerdings, so teilt sie Hesse mit, »hatte immer Sorge, ich könne am Ende Deine Dichterseele gar nicht verstehen u(nd) dachte wohl so im Stillen, all die Poesie sei ein wenig verschwendet für mich«. Aber: »Du mußt doch spüren wie ich Dir überall nah sein möchte u(nd) leise u(nd) behutsam auf Deinen geheimsten Gängen Dir nachschleichen möchte u(nd) mit scheuer Hand all das betasten möchte, was Du mir Zartes u(nd) Schönes zeigst.«

Inzwischen gibt es die ersten lobenden Stimmen zu *Peter Camenzind*, der bei Fischer in Berlin erschienen ist. Wird der Roman ein Erfolg, können sie heiraten. Mias Briefe sind voller Hoffnung. Sie übt Chopin, um ihm besser vorspielen zu können, geht zum Häflimarkt der Basler Herbstmesse und schreibt: »Ich habe schon eine Menge der entzückendsten Tassen, Töpfchen u(nd) Tellerchen gekauft, mit echten Bauernblumen, köstlich anzuschauen. Natürlich alles in Hinblick auf unsere Haushaltung (...) dann haben wir doch schon einen kleinen Vorrat, wenn wir wirklich anfangen, unser Nestlein zu bauen.«

In kurzen Abständen wandern Briefe von Basel nach Calw, aber – wir sehen es aus Mias Schreiben – auch von Calw nach Basel. Mia plaudert von Geschwistern und Freunden, von Treffen im Atelier, von Konzerten, Ausflügen mit Freunden, von Fotoaufträgen und Ausstellungen, aber auch der Abreise von Emma und dem Vater nach Spiez am Thuner See, wo sich Mias depressive Mutter in einem Sanatorium aufhält. Und: »Letzte Nacht träumte ich in einer Tour von Dir, aber Du hattest viel mit Büchern zu tun u(nd) gönntest mir kaum hin u(nd) wieder einen Seitenblick. Das muß anders werden!«

Wieder sucht Mia die Möglichkeit eines Treffens. Mitte Dezember wird Hesse in Zürich aus dem *Camenzind* lesen, und sie schlägt ihm vor, über Basel zu fahren. Dort wären sie im Atelier ungestört. Aber Hesse lehnt ab, klagt über Kopf- und Augenschmerzen. Mia bemitleidet ihn, hofft auf Besserung bis zu seiner Reise. Sie ist entschlossen: kommt er nicht nach Basel, wird sie nach Zürich fahren. Und sie verspricht: »Ich tu Dir auch ganz gewiß nichts, u(nd) weiß schon, wie ich in solchen Zeiten die Hände aus dem Spiel zu lassen habe!« Sie borgt sich das Reisegeld, findet eine Ausrede für den Vater, in dessen Haus am Schützengraben sie mit Emma und Tuccia lebt, trifft Hesse bei seiner Lesung in Zürich. Wieder in Basel, teilt sie mit: »Von Zürich bin ich gut heimgekommen, ohne Verdacht zu erregen.« Aber zugleich zeigt sie sich beunruhigt: »Mein Lieber, warum erfahre ich eigentlich gar nichts von Dir? Ich hab ja nicht einmal eine Ahnung, ob Du nun wieder zu Haus bist oder noch auf Reisen!« Wenn er wegen seines schlechten Befindens nicht schreiben kann, schlägt sie vor: »laß mich durch Deine Schwestern wissen wie's geht.« Und sie plaudert weiter, von den Weihnachtsvorbereitungen und dem Fest in der Familie, von Silvester und ihren Hoffnungen für 1904: »ich bin voll guter Zuversicht, dass wir nimmer zu lang warten müssen.«

Als noch immer keine Antwort kommt, drängt sie am 7. Januar: »Ich hab so Sehnsucht nach Dir, daß ich wenigstens zu Dir kommen muß, wenn gar nichts von Dir zu mir kommt!« Doch zugleich spürt sie, daß da etwas Ungesagtes ist, und fragt besorgt: »Hat irgendwas in meinem Brief Dich verstimmt, daß Du nicht schreibst oder ist Dein Auge wieder schlimmer? Bitte laß mich doch bald was hören!« Einen Tag später hält sie seinen Brief in Händen.

Sie ist verzweifelt, antwortet am 9. Januar 1904: »Liebster, verzeih, daß ich Dich so deutlich werden ließ u(nd) nicht eher verstand! Ich ahnte ja schon etwas, aber ich redete mir immer vor, das sei Einbildung. Jetzt weiß ich also, dass ich Dir nur Fessel und Hindernis gewesen bin, und das darf nicht sein, Du hast mir nie ein feierliches Wort gegeben, ich habe Dir also nichts zurück zu geben, aber ich will auch nichts mehr tun, um Dich bei mir zu halten. Ich verstehe, daß es für Deine künstlerische Entfaltung eben so sein muß, daß Du da keine Rücksichten nehmen darfst. Also denk nicht mehr an mich, denke nur noch an Dein Fortkommen u(nd) das was Dir zuträglich ist. Ich habe geglaubt, mit meiner Liebe Dir zu dienen u(nd) Dein Leben verschönern zu können, nun ist es zum Gegenteil ausgeschlagen.«

Es ist ein Brief der Entschuldigungen, eine Mischung aus Demut und

Resignation, der mit den Worten endet, die Mias Verhältnis zu Hesse künftig bestimmen werden: »Du kannst mit mir tun was Du willst, ich werde nie anders als in Liebe an Dich denken.«

*

Womit hat Hesse gerechnet? Offensichtlich nicht mit Mias Lösung der Verbindung. »Du sollst frei sein«, hat sie geschrieben. Das will er. Und will es nicht. So sehr er Calw liebt, das Leben mit der Familie engt ihn ein. Die Depressionen und Kopfschmerzen des Vaters verdüstern die Stimmung im Haus. Ist er für den Sohn nicht eine ständige Mahnung, ein Spiegel seiner eigenen Reizbarkeit und Schmerzen? Schließlich begleitet Marulla den Vater in das Heim »Palmenwald«, ein pietistisches Versammlungshaus in Freudenstadt, in dem Johannes Hesse seit Jahren in Begleitung seiner Frau oder einer seiner Töchter Erholung und Erbauung gesucht hat. Adele bleibt beim Bruder in Calw zurück.

Ist in dieser Situation die Aussicht, mit der munter plaudernden, tatkräftigen Mia zu leben, nicht verlockend? Haben sie nicht davon geträumt, draußen auf dem Land ein einfaches Leben zu führen? Fern der großen Städte. Nah an der Natur. So wie er es bereits im *Camenzind* beschrieben und wie er es bei dem verehrten Emil Strauß gerade wieder erlebt hat. Seine Antwort läßt Mia jubeln: »Dank tausendmal, dass Du nicht allein bleiben willst u(nd) ich bei Dir bleiben darf.«

Mia fährt nach Calw, um Hesse zu sehen, Pläne für ein gemeinsames Leben zu entwerfen. In diesem Jahr 1904 muß geheiratet werden! In Basel müht sie sich erneut, die Zustimmung ihres Vaters zu erlangen, während Hesse mit der Geschichte Hans Giebenraths sein Maulbronner Trauma zu bewältigen sucht. Und Mia genießt den schneereichen Winter, berichtet dem Freund von Ausflügen und Schlittenpartien, träumt davon, mit ihm »einen Berghang runterzusausen«, hat von der neuen Mode des Skilaufs gehört und schlägt vor, das im nächsten Winter miteinander zu probieren. Auch als sie sich beim Rodeln den Fuß verstaucht, behält sie ihre gute Laune, ist voller Energie und Lebensfreude. Sie bietet Hesse an, künftig seine Manuskripte abzuschreiben, um ihn zu entlasten.

Anfang März findet eine Ausstellung ihrer Arbeiten im Atelier statt, auch in Wiesbaden und Dresden sollen die Fotos der Bernoulli-Schwestern gezeigt werden. Lebhaft berichtet Mia von den Besuchern. Hat sie gehofft, daß auch Hesse kommt? In ihren Briefen findet sich nichts Drängendes mehr. Sie überläßt ihm die Entscheidung für ein Wiedersehen. Weiß ihn im Februar in Stuttgart, wo er mit Wilhelm Schäfer über die Möglichkeit einer Stelle bei der *Frankfurter Zeitung* verhandelt, in Tübingen und Urach. Er schlägt ihr vor, auf die Schwäbische Alp zu ziehen. Oder nach München. Dort besucht er die Künstlerfreunde Hermann Haas und Max Bucherer. Auch Mia fährt Anfang April dorthin, aber sie ist enttäuscht, fühlt sich Hesse doch im Kreis seiner Freunde offensichtlich wohler als mit ihr. Und zu allem Überfluß schlägt er vor, in München mit seinem Freund Haas zusammenzuziehen.

Sie wagt nicht, sofort abzulehnen, antwortet erst am 20. April aus Basel und setzt ihm vorsichtig auseinander, warum sie mit seinem Plan nicht einverstanden ist: »Sodann scheint mir ein Leben zu dritt auch auf die Länge ziemlich unmöglich. Ich glaube keiner von allen käme dabei auf seine Rechnung. Haas müsste immer ein Gefühl der Überflüssigkeit verwinden, u(nd) wenn ER es nicht hätte, so weiss ich bestimmt, dass ICH damit zu tun hätte!« Und sie erinnert ihn daran, daß sie nicht in der Stadt, sondern auf dem Land leben wollen, und schlägt, um die bei der Entfernung entstehenden Meinungsverschiedenheiten zu vermeiden, vor, »daß wir sehen müssen, sobald als möglich heiraten zu können«. Ausführlich legt sie ihm dar, daß Tuccia und Emma gerade den Vater im gemeinsamen Urlaub in Lugano »bearbeiten«, schreibt von einer Aussteuer über 5 000 Franken, die auch Bertha und Anna erhalten haben, und 1 000 Franken, die Fritz Bernoulli seinen Kindern jährlich zahlt.

Eine Woche später präzisiert sie ihre Vorstellungen: »Offen gestanden würde ich mich nicht gerne zum Schwabenlande entschließen. (...) Zudem wäre mir die Schwäbische Alp zu wasserarm, ich finde, wenn man mal aufs Land zieht, darf man doch auch drauf sehen, dass man im Sommer nicht bloß in der WANNE baden muß, sondern wenigstens etwas Bach zur Verfügung hat.« Sie schlägt den badischen Schwarzwald vor, das Markgräfler Land, den Bodensee oder das Schweizerische Stein am Rhein, »das soll entzückend u(nd) billig zum Leben sein«. Und es ist in der Nähe Basels. Fahrtzeit mit der Schweizerischen Bundesbahn: 40 Minuten.

Hesse zögert erneut, schützt Unwohlsein vor, fühlt sich überfordert von der Freundin, die endlich die Einwilligung des Vaters hat, die Zusage der Aussteuer. Jetzt, fordert sie, sollen Verwandte und Freunde von ihrer Verbindung wissen. Sie möchte Anzeigen drucken lassen. Als Hesse vorschlägt, noch zu warten, erst im Herbst zu heiraten, auch die Anzeigen ablehnt, entgegnet sie am 9. Mai: »Mit den Anzeigen will ich mir's noch überlegen. Die Erwägung, daß man sich damit ins Gut-Bürgerliche begebe u(nd) sich allerhand Verpflichtungen aufhalse, ist mir auch schon gekommen, doch glaube ich, daß man sich ganz schön drum drücken kann. Schließlich ist das ›Heiraten‹ ja auch gut-bürgerlich, nicht?« Zu Pfingsten fährt sie nach Calw, erreicht Hesses Einwilligung, ihre Verlobung offiziell bekanntzugeben.

Wieder in Basel, bestellt Mia am 27. Mai die Anzeigen und bittet Hesse, sich die für die Heirat notwendigen Papiere zu besorgen: »Geburtsschein, Militärpaß (od. so ähnlich), ein Eheversprechen deinerseits, d. h. eine Erklärung, daß Du mich heiraten willst, das beglaubigt sein muß.« Während Mia Gratulanten empfängt, Blumen und Geschenke entgegennimmt und ihre Aussteuer zusammenstellt, ihren Verlobten nach der Länge des Bettdecks befragt und ob er »auf Federn oder Roßhaar schlafen will«, schreibt Hesse an seinen Vetter Paul Gundert: »Danke für Deine Glückwünsche! Ich glaube schon, daß das Verheiratetsein Gräten haben wird, hoffe aber, damit fertig zu werden.«

*

Dann geht alles sehr schnell. Mia intensiviert die Wohnungssuche, spannt Freunde ein, fährt mit der Bahn nach Schaffhausen, von dort mit dem Dampfschiff nach Konstanz, Meersburg, Stein am Rhein. Besichtigt, verwirft, bis sie endlich in Gaienhofen fündig wird. Sie bestellt Möbel; »ich glaube, es wird sehr hübsch, hell, eichen, naturfarbig, bloß gewachst«. Hermann Haas in München fertigt einen Schreibtisch nach Hesses eigenem Entwurf. Mia wird ihr Klavier und ihre Fotoausrüstung mitnehmen. Sie kümmert sich um die Formalitäten beim Standesamt. Ihre Briefe klingen glücklich, atemlos. Hesse, noch immer in Calw, hat *Unterm Rad* beendet, schreibt an zwei Auftragsarbeiten über Boccaccio und Franz von Assisi. Er läßt Mia freie Hand.

Während sie immer in Bewegung ist, quälen ihn erneut Kopf- und Augenschmerzen, auch ein lästiger Ausschlag. Sie bittet ihn, einen Spezialisten zu konsultieren, sich zu schonen, fragt: »ob Du jetzt wohl im Garten oder unter der Veranda sitzest« – und fährt fort: »ich käm so gern zu Dir u(nd) tät Dir erzählen – u(nd) dann würde ich Dir ganz leise was in's Ohr sagen, was ich noch lange nicht laut sagen kann: ratest Du wohl was? Es ist nur ein Schimmer von einer ganz leisen Ahnung, die ich habe – aber Du mußt's doch wissen – wenn's auch noch gar nichts greifbar Gewisses ist!« Und im selben Brief: »Zwischenein hatte ich noch Sitzung beim Zahnarzt, wobei mir nämlich das Unerhörte passierte, ohnmächtig zu werden! Zum ersten Mal im Leben – das ist doch was!« Sonst jedoch gehe es ihr »säuisch gut«.

Aber auch diese Mitteilung kann den Verlobten nicht bewegen, nach Basel zu kommen, um Mia bei ihren Vorbereitungen zu unterstützen. Und dann ist da noch diese ärgerliche Forderung, er möge sich gut mit ihrem Vater stellen und sich für den Antragsbrief im Herbst entschuldigen. »Er behauptete, der Brief sei unartig gewesen u(nd) nicht so, wie ein junger Mann einem alten begegnen sollte.«

Fritz Bernoulli wird bei der Hochzeit seiner Tochter mit dem »unartigen« jungen Mann nicht zugegen sein. Er hat, wie in jedem Jahr, ein Haus in Spiez gemietet, in dem die Familie den Sommer verbringt.

Nur Mia fehlt. Sie fährt noch einmal nach Gaienhofen, um den Maler zu treffen, der die Zimmer streichen soll, verhandelt mit dem Spediteur und packt, denn »fertig zum Mitnehmen muß alles sein, sonst geht's nicht mehr als Aussteuer zollfrei rüber«.

Am 2. August heiraten Hermann Hesse und Maria Bernoulli in Basel. Adolf Bernoulli hatte sich als Trauzeuge angeboten. Tuccia hilft, ein Essen nach der standesamtlichen Trauung im Atelier zu arrangieren. Von der Familie des Bräutigams ist niemand anwesend. »Meine Hochzeit ging im Galopp, da der Schwiegervater nicht einverstanden ist«, schreibt Hesse an seinen Kollegen Stefan Zweig nach Wien. »Nun grollt der Alte von ferne, scheint sich aber allmählich zu beruhigen. Und nun bin ich ein verheirateter Mann, und mit dem Zigeunern hat es einstweilen ein Ende.«

Noch am Abend ihres Hochzeitstages reist das Brautpaar ab, um das gemeinsame Leben in der Abgeschiedenheit Gaienhofens zu beginnen. »Vielleicht«, mutmaßt Hugo Ball, »hätte er, statt zu heiraten, nach Paris fahren und sich in alle Strudel der Weltstadt stürzen sollen. (…) Es ist längst nicht ausgemacht, daß der Romantiker eine idyllische Umgebung braucht, um bestehen und sich entfalten zu können.«

3.

»Ihr Lieben, nur in Eile viel schöne Grüße und die Mitteilung, daß wir also am Dienstag getraut wurden«, teilt Hermann Hesse seiner Familie am 5. August 1904 aus Steckborn im Thurgau mit, wo das Paar am Ende einer kurzen Hochzeitsreise nach Schaffhausen, zu einer Freundin Mias in Rheineck und nach Konstanz (»wo wir noch viele Besorgungen hatten«) gerade im Hotel angekommen ist. »Morgen wollen wir anfangen, in Gaienhofen nach unseren Sachen zu sehen, freilich wird sich noch wenig tun lassen, denn die Möbel sind noch nicht da.« Das scheint jedoch die Stimmung nicht zu trüben. Hesses Schilderungen ihrer Ausflüge am See klingen entspannt und froh, auch Mias Rückenbeschwerden beim Gehen machen dem jungen Ehemann keine Sorgen. Der Konstanzer Arzt hat das als Folge ihrer »vielen Arbeit und Springerei« diagnostiziert, Einreibungen empfohlen. Als Hesse diesen Brief schreibt »sitzen wir im Hotel am See und freuen uns über diesen köstlichen Winkel, der nun uns gehören soll«.

Am nächsten Tag fahren sie über den See und beginnen ihr Leben »ohne Tisch und Stuhl in unserm leeren Bauernhäuschen«. Hesse flickt das schadhafte Dach, bessert die Böden aus. Er rudert nach Steckborn, um Lebensmittel und Handwerkszeug einzukaufen, denn im Dorf gibt es nur einen Bäcker. Rudert er zurück, »wird der Zoll passiert, und ich kann schon den ganzen Zolltarif für Küchensachen usw. auswendig, ziehe aber natürlich wo möglich das Schmuggeln vor«. Er plant, ein eigenes Boot zu erwerben, hofft auch, bald Zeit zum Fischen zu finden, wie früher als Schulbube. »Das Herz klopfte ihm vor heimlicher Wonne und Jägerlust«, hatte er gerade noch in *Unterm Rad* seinem in der Nagold angelnden Hans Giebenrath zugeschrieben. Schon wenige Wochen später hat sich sein Wunsch erfüllt: »Am See habe ich ein kleines leichtes Ruderboot, ein Geschenk von Freunden, mit dem bin ich viel unterwegs, nehme auch zuweilen eine Hechtangel mit und setze ein primitives kleines Dreieckssegel auf (…)«

Auch wenn nur auf der Schweizer Seite die Eisenbahn, auf der deutschen die Pferdepost verkehrt, wenn das Dampfschiff einmal am Tag und im Winter gar nicht anlegt, fühlt sich Hesse in Gaienhofen wohl. In einem Brief an Stefan Zweig schwärmt er am 11. September 1904 von dem »lustigen Bauernhäuschen«, der Stille und guten Luft, dem schönen Vieh, famosen Obst und den braven Leuten. Außer seiner Frau und seiner Katze habe er keine weitere Gesellschaft, schreibt er und lädt den Kollegen ein, ihn zu besuchen. ›Denn Wien kommt mir, seit ich nun völlig auf dem Land sitze, immer ferner und unmöglicher vor.«

Das Paar macht sich mit Eifer ans Herrichten des Hausstandes: »Wir strichen das rohe Dachgebälk in den Stuben des oberen Stockwerks dunkelrot, die beiden unteren Stuben, die hübschesten des Hauses, hatten alte Wandverkleidungen von unbemaltem Tannenholz, und neben dem gediegenen Ofen war eine sogenannte ›Kunst‹: ein Stück Wand war dort, oberhalb einer rohen Sitzbank, mit grünen alten Kacheln bekleidet, die vom Herdfeuer der Küche her erwärmt wurden. Hier war der Lieblingsplatz unserer ersten Katze (…).« Endlich sind die Möbel eingetroffen, die Bücher aufgestellt. Mia hat im Dorf ein Mädchen gefunden, Karline, das ihr zur Hand geht. Nun wollen sie beginnen, »ein ländliches, einfach-aufrichtiges, natürliches, unstädtisches und unmodisches Leben zu führen«. So wie es ihre Vorbilder Ruskin, Morris und Tolstoi vorgegeben hatten.

Mitte September verläßt Mia noch einmal Gaienhofen. Hesse rudert seine Frau über den See nach Steckborn, dort besteigt sie den Dampfer nach Schaffhausen und fährt mit der Bahn weiter nach Basel. Sie hat beim Spediteur und einigen Lieferanten Reklamationen zu erledigen und Einkäufe zu machen, geht zur Schneiderin und schreibt am 20. eine Postkarte an Hesse: »Meine Besorgungen mache ich ganz con amore, verspreche Dir's! (…) Ich komme wahrscheinlich nicht vor Donnerstag. Dann aber mit ganzen Ladungen, die ich mir im Haus herum noch zusammensuche.« Und am 21. September: »Mir geht's ganz nach Kräften, ich tue nicht zuviel (…)« Aber sie hat offensichtlich eine solche Menge Hausrat zusammengesucht, daß Tuccia sie nach Gaienhofen begleiten muß, um beim Transport zu helfen. Am 27. September ist sie bereits wieder im Elternhaus, hat am Ankunftsabend einen »langen Besuch« bei einer Freundin gemacht, »sie zahlt mir's dann heim, wenn ich nicht mehr mobil bin! Auf's Liegen freu ich mich keineswegs, aber da das Gehen auch nicht erfreulich ist, muß ich mich wohl schicken!«

Beim Lesen der wenigen folgenden Mitteilungen, bis die Korrespondenz Mitte Oktober wieder ausführlicher einsetzt, entsteht Verwirrung: Mia ist noch immer im Elternhaus, von jenem seit dem Sommer beschworenen Geheimnis jedoch schreibt sie nicht mehr, berichtet nur noch von »Unwohlsein« und von ihrer »Kur«, bei der sie massiert wird und Fango-Wickel bekommt. Hesse hat sie in Basel besucht. Am 15. Oktober teilt er Stefan Zweig lapidar mit: »Verzeihen Sie meine heutige Kürze – ich denke herzlich an Sie, aber meine Zeit und Stimmung ist durch Kranksein meiner Frau und durch Überhäufung mit Arbeit momentan ziemlich verdorben.« Mia schlägt vor, er solle nach Basel kommen, bietet bei Freunden ein Zimmer mit »Ruhe u(nd) Schreibtisch« an, »auch den Hausschlüssel«. Aber ihr Mann lehnt ab, bleibt in Gaienhofen. Auch dem 80. Geburtstag des Schwiegervaters am 25. Oktober bleibt er fern, »obwohl natürlich die ganze Familie da« (ist): Bertha von Brunn und ihre Kinder, Anna und Eduard Ludwig Gmelin, Adolf Bernoulli und Theresia Bernoulli-Comas, Emma und Tuccia Bernoulli. Auch Mias jüngerer Bruder Fritz ist dabei, der einige Zeit im Sanatorium in Préfargier wegen einer Depression behandelt worden war und der jetzt Tuccia im Atelier unterstützt.

Mia darf bereits drei Stunden auf sein. Ende Oktober geht sie mit Fritz im Botanischen Garten spazieren und kündigt an, bald heimzukommen. Aber der Arzt lehnt ab, behandelt ihre Rückenschmerzen mit Bädern und Injektionen. Mia sorgt sich um ihren Mann, gibt Anweisungen für das Mädchen Karline, läßt sich Hesses »zerrissene Socken« schicken: »Mama würde sie gern für Dich aufstricken.« Am 20. November mahnt sie: »Du bist doch vorsichtig und gehst bei diesem Wetter nicht ins kleine Schiffchen? Ich bin ja sonst nicht über-

ängstlich, aber der Untersee ist wirklich kein Spaß.« Sie ist voll Sehnsucht, aber der Doktor verordnet noch »Heißluftbäder«, elektrisiert die schmerzenden Stellen und warnt vor der kalten Nebelfeuchte am See. Sie bittet Hesse, eine Bettflasche zu besorgen, wenn er nach Konstanz fährt, näht sich Hosen aus Katzenfellen und verlegt sich wieder aufs Plaudern, lädt ihn nach Basel ins Konzert ein. Aber er antwortet nicht. Besorgt schreibt sie am 6. Dezember: »ich fürchte immer es geht Dir sehr schlecht, u(nd) es ist mir umso gräßlicher, nicht bei Dir sein zu können.« Beunruhigt berichtet sie von einem Angsttraum, in dem sie ihm durch ein Haus nachläuft, sich durch enge Fenster zwängt, über schmale Bretter balanciert und ihn schließlich unter dem Dach bei einer Predigerversammlung, theologische Fragen diskutierend, findet. Sie wartet, aber er beachtet sie nicht, sie schleicht ihm nach, »bis ich merkte, dass ich Dir ganz gleichgültig sei u(nd) da setzte ich mich tieftraurig auf eine Treppenstufe u(nd) erwachte«. Sie ist verzweifelt, weint. Tuccia muß sie trösten. Entschlossen bricht sie die Behandlung ab, kündigt am 11. Dezember ihr Kommen an: »Ich kann Dir nicht sagen wie ich mich auf Dich und unser stilles Nestchen freue.«
In diesem Winter 1904/1905 beginnt das vielleicht beste Jahr des Paares. Er schreibt, und sie umsorgt ihn. Abends lesen sie vor, er raucht eine Zigarre, trinkt Wein. Mia spielt Klavier, »kleine, verwehende Stücke von Schumann. Die feinen leis gleitenden Töne kommen, zusammen mit dem schwachen rötlichen Kerzenlicht, durch die weit offene Tür herein.« Hesses Gedanken schweifen: welches war sein frohester Tag? Ist es ihm wohl in diesem behaglichen Leben? Einem Leben, wie er es bisher als bürgerlich verachtet hat. In kleinen Feuilletons, die vornehmlich in Wiener Blättern erscheinen, umkreist er Dorf und See, die Landschaft im Wechsel der Jahreszeiten. Er erzählt von den Bauern und Fischern, von Landboten und Tippelbrüdern und – von seiner Frau, seiner Hausfrau, die das Essen bereitet, sich sorgt, wenn er sich auf einer Wanderung oder dem Fischfang verspätet, die verständnisvoll lächelt, vorliest und Klavier spielt. Gaienhofen, der Kirchplatz, das alte Haus: eine Idylle. Nur manchmal klei-

ne Fluchten für ihn: eine Reise nach Zürich Mitte Januar 1905, ein paar Tage im Gebirge, in Göschenen. Fürsorglich schickt Mia ihm wärmere Stiefel, Frostsalbe und eine Schneebrille. Kleine Abwechslungen auch für sie: Besuch von Emma und Fritz in Gaienhofen, Wanderungen am verschneiten See, dann ein paar Tage in Basel bei der Familie. Inzwischen akzeptieren die Eltern Mias Entscheidung. Zum Schwiegersohn bleibt die Distanz. Im April 1905 weiß Mia, daß sie schwanger ist. Das Kind soll im Dezember geboren werden.

Hesse reist mit Mia und den »Kunstfreunden der Länder am Rhein« nach Mainz. Auf einem Gruppenfoto tragen vier Damen breitkrempige, üppig dekorierte Hüte, Mia hingegen hat einen schlichten hellen Hut aufgesetzt, etwas schräg nach hinten, der ihr Gesicht freiläßt. Sie trägt ein helles, in sich gestreiftes, schlichtes Jackenkleid, einen langen dunklen Schal, lächelt in die Kamera, sieht glücklich aus. Neben ihr steht Hesse, sehr ernst, mit Hut, Anzug, steifem Kragen und Mantel über dem Arm. Noch ist Mias Schwangerschaft nicht zu sehen. Zurück in Gaienhofen, beginnt jenes Landleben, das sich das

Paar erhofft hat: Wanderungen in den Wäldern, Schwimmen im See, Bootsfahrten, Gärtnern auf dem schmalen Streifen Land um ihr Haus. Sie treffen alte Freunde und gewinnen neue.

Ausflug mit den »Kunstfreunden« nach Mainz 1905

4.

Wichtig für die Entscheidung, an den Bodensee zu ziehen, war der von Hesse bewunderte, ein Jahrzehnt ältere Schriftsteller Emil Strauß aus Pforzheim. Er hatte nach Abbruch seines Studiums, abgestoßen vom städtisch-bürgerlichen Leben, von Geld- und Karrierestreben, mit Gleichgesinnten am Oberrhein eine Siedlung auf Gemeinschaftsgrundlage errichtet. Als dieses lebensreformerische Projekt sehr schnell scheiterte, wandte er Deutschland den Rücken, reiste durch die Schweiz und Italien, schiffte sich schließlich 1892 nach Brasilien ein. Ein Land, das den Tübinger Buchhandelslehrling Hesse bereits fasziniert und zu Auswanderungsphantasien angeregt hatte.

Als Strauß 1902 aus Südamerika zurückkommt und in Bernrain bei Emmishofen auf einem Hof seßhaft wird, sucht Hesse 1903 seine Bekanntschaft, Mia vertraut seinem Rat bei der Wohnungssuche. Für ihren Mann mag Strauß' Herkunft aus dem österreichischen Musikergeschlecht ebenso interessant gewesen sein wie seine Erfahrungen als Kolonist in Brasilien und als Mitglied avantgardistischer Zirkel, wie dem Friedrichshagener Kreis und der Künstlergruppe in Dresden-Hellerau. Hatte doch auch Hesse kurzfristig erwogen, nach Hellerau zu ziehen, bevor Mia sich für den Bodensee entschieden hatte.

Zu den Kollegen aus dem alemannischen Sprachraum gehört auch der Arzt Ludwig Finckh, genannt Ugel, enger Freund aus Tübinger Tagen. Er folgte Hesse 1905 an den Untersee und ließ sich für immer in Gaienhofen nieder. Auf der gegenüberliegenden Seeseite im Schweizerischen Ermatingen lebt Karl-Heinrich Maurer, Journalist und Wirt des Gasthofes »Adler«.

Schnell werden Mia und Hermann Hesse mit Karl Huck aus Singen bekannt, dem späteren Hausarzt der Familie. Mit dessen Frau Ida Huck-Guldenschuh, einer Mundart-Dichterin, wird Mia eine lebenslange Freundschaft verbinden. Besonders interessant für das musikliebende Paar ist jedoch die Begegnung mit Alfred Schlenker, dem Zahnarzt und Komponisten aus Konstanz, für den Hesse das Libretto zu einer Oper schrieb. Durch ihn lernen sie Othmar Schoeck, den jungen Schweizer Liederkomponisten kennen, der für den Dichter zum engen Freund und Wandergefährten wird. Er hat nicht nur zahlreiche Hesse-Gedichte kongenial vertont, sondern das Paar auch mit bedeutenden Musikern zusammengebracht, die zu lebenslangen Freunden werden.

Zahlreiche Besucher finden sich in Gaienhofen ein: Aus Basel kommen der Schriftsteller Jakob Schaffner, der Holzschneider Max Bucherer und Hans Hindermann, der 1907 Hesses Haus »Am Erlenloh« bauen sollte. Aus München stellen sich die Verleger Albert Langen und Georg Müller sowie Ludwig Thoma ein. Andere Kollegen folgen: Jakob Wassermann, Carl Hauptmann, Stefan Zweig und Wilhelm Schäfer, der Herausgeber der tonangebenden Kunstzeitschrift *Die Rheinlande*, für die Hesse Beiträge schreibt. Bekannte Besucher wechseln sich ab mit jenen, die den schnell berühmt gewordenen Dichter des *Peter Camenzind* sehen möchten. Um diese ungebetenen Gäste abzuwehren, nagelt er einen Zettel an seine Haustür: *Besucher, die weder eingeladen noch angemeldet sind, werden ersucht, wieder umzukehren.*

Nicht verhindern kann er jedoch, daß ihm seine Leser und Verehrer schreiben. Und so muß er schon Ende 1904 beim zuständigen Bezirksamt des Großherzogtums Baden eine eigene Poststelle für Gaienhofen beantragen. Sechs Jahre später, im Februar 1910, findet sich unter den Briefen auch einer aus dem galizischen Czernowitz. Geschrieben hat ihn eine 15jährige Gymnasiastin nach der Lektüre des *Peter Camenzind*: Ninon Ausländer. 16 Jahre werden vergehen, bis Hesse seine hartnäckige Verehrerin kennenlernt. 1931 wird er sie heiraten.

Hermann und Mia Hesse in Gaienhofen um 1905

Stimmen

Wilhelm Schäfer:

So ist es keine Laune, daß er in Gaienhofen mit dem Rücken zu seiner Heimat diesseits des Wassers wohnt und jenseits die blauen Hügel seiner Sehnsucht ragen sieht, dahinter die Schweiz mit ihren Bergen und weiter sein Italien liegt. Erinnerungen an die Kinderzeiten und Sehnsucht in die Welt (...) haben diesen Wohnsitz bestimmt.

Wilhelm Schäfer, in: *Hermann Hesse in Augenzeugenberichten,* herausgegeben von Volker Michels, Frankfurt am Main 1987, S. 61.

Jakob Schaffner:

Er bewohnt (...) ein Bauernhäuschen. Ein paar Obstbäume grünen dabei. Gegenüber steht ein Kirchlein, vor dem wir, er, seine Frau und ich, Abends Boccia spielten. (...) Nachts tranken wir Wein und Frau Hesse spielte Chopin und Chuman dazu. (...) Frau Hesse ist ein einfaches, gutartiges Weib ohne besondere Charakteristika, als daß sie sich gänzlich nach ihrem Mann eingerichtet hat, was allerdings mehr ist, als tausend andere mit allem Witz aufbringen.

Jakob Schaffner an Luise Hesseling am 11. Juni 1906 aus Dresden, in: Christof Wamister (Hg.), *Es ging am Anfang nicht leicht mit uns. Der Briefwechsel Jakob Schaffner – Hermann Hesse,* Chronos Verlag, Zürich 2009, S. 114 f.

Mia Hesse:

Emma ist heut abend angekommen, ich habe sie in Steckborn abgeholt. Sie hat mir ganze Mengen von guten Sachen gebracht, Trauben, Feigen, Nougat, Linzertorte, kalte Pastete – kurz was sich nur in einen Koffer packen u(nd) schmuggeln läßt.

Mia Hesse an HH am 9. November 1905 aus Gaienhofen. Hesse Editionsarchiv.

Ludwig Finckh:

War es nicht doch die schönste Zeit unseres Lebens gewesen, die glück-
lichste? Hesse hatte mit dem Peter Camenzind den großen Wurf getan
und konnte sich im jungen Dichterruhm sonnen. (...) Ich hatte mir ein
kleines Häuschen gekauft, das leerstand (...) wir lebten im Gaienhofe-
ner Paradies und kümmerten uns um keine Welt, in lauter Sonne und
Freundschaft.

Ludwig Finckh, *Begegnungen mit Hermann Hesse*, in: Hermann Hesse in Augenzeugenberichten, S. 49.

Hermann Hesse:

Dies ist das eine Bild, das mir bei dem alten Hause einfällt (...): ein
warmer strahlender Sommermorgen, der Morgen meines achtundzwan-
zigsten Geburtstages. Da wachte ich früh auf, von wunderlichen Tönen
geweckt und beinah erschreckt, lief im Hemd ans Fenster, und unterm
Fenster stand, von meinem Freund Ludwig Finckh aus den paar Nach-
bardörfern zusammengeholt, eine ländliche Blasmusik, die spielte ei-
nen Marsch und einen Choral, und die Hörner und die Klarinettenklap-
pen funkelten in der Morgensonne.

Hermann Hesse, *Beim Einzug in ein neues Haus*, in: *Jahre am Bodensee*, Erinnerungen, Betrachtungen, Briefe und Gedichte, herausgegeben von Volker Michels
mit Bildern von Katharina und Siegfried Lauterwasser, Berlin 2010, S. 37 f.

Hugo Ball:

Nun, dieser liebe Ludwig Finckh, der seinen Bernhardinerhund »Isolda«
nennt und seinen Esel »Lump« und den man nahezu zum Brettldichter
gestempelt hätte, er ist Hesse von Tübingen her verbunden, und sie
finden sich am Bodensee wieder (...) und angeln und segeln und treiben
Gartenbau und Kinderzucht. (...) Sie haben es ziemlich indianerhaft;
der ganze Untersee gehört ihnen: von Stein am Rhein bis Konstanz und
von Radolfzell bis nach Steckborn hinüber. (...) Sie haben da ihre Segel-

boote und obliegen der Natur und dem Schmetterlingsfang. Sie führen
ein Jäger- und Fischerleben (...) Hesse mehr der Zuschauer und Mitma-
cher, der scheue Prinz, dem der schwäbische Dialekt und die Kraftwor-
te nicht ohne weiteres über die Zunge wollen.
Hugo Ball, *Hermann Hesse*, S. 97.

Ludwig Finckh:

Es sind wenig Bilder aus dieser frühen Zeit aufbewahrt (...) Da ruht mein
altes Häuschen im Schnee und Frau Hesse, Maria, steht auf Skiern da-
vor – wir hatten in diesem Winter so viel Schnee, daß man mich fast
herausschaufeln mußte. So holten wir uns gleich in Konstanz Schnee-
schuhe –, damals noch eine Rarität.
Ludwig Finck, *Begegnungen mit Hermann Hesse*, in: *Hermann Hesse in Augen-*
zeugenberichten, S. 51.

Hermann Hesse:

Ich weiß nicht mehr genau, was ich damals unter dem Wort »Bauer« ver-
stand. Heute jedenfalls glaube ich nichts gewisser zu wissen, als daß
ich das genaue Gegenteil eines Bauern bin, nämlich (dem angeborenen
Typus nach) ein Nomade, ein Jäger, ein Unseßhafter, ein Einzelgänger.
(...) Der Fehler meines Gaienhofener Lebens war denn auch nicht der,
daß ich falsche Gedanken über Bauerntum und so weiter hegte, son-
dern daß ich zum Teil mit meinem Bewußtsein etwas ganz andres woll-
te und anstrebte, als meine wirklichen Triebe meinten. Wie weit ich da-
bei Ideen und Wünsche meiner Frau Mia über mich herrschen ließ, kann
ich nicht sagen, ihr Einfluß in jenen ersten Jahren war aber, wie ich erst
im Zurückblicken sehe, stärker als ich zugegeben hätte.
Hermann Hesse, *Beim Einzug in ein neues Haus*, in: *Jahre am Bodensee*, S. 39.

5.

»Kinder habe ich erst ein halbes (es wird um Neujahr erwartet)«, schreibt Hermann Hesse am 28. August 1905 aus Gaienhofen an Alexander von Bernus. »Mein Befinden ist gut, doch wurde mir dieser Sommer ziemlich verdorben durch eine Masse Besuche. Zur Entschädigung tat ich eine schöne Reise (großenteils zu Fuß) durch Engadin, Bergell und übern Gotthard heim. Mit Arbeiten war es nichts (…) Im Winter solls Deo volente wieder losgehen.«

Da ist sie wieder, diese Ambivalenz: er schreibt nach Basel, Wien, München, Stuttgart, Berlin und lädt seine Briefpartner nach Gaienhofen ein; kommen sie jedoch, wird es ihm schnell lästig, er wird schroff und überläßt Mia, sich um seine Besucher zu kümmern. Und er flieht: im Sommer 1905 zur Wanderung in Graubünden, im Herbst nach München, Wien und Prag. Und im Dezember, als Mia den ersten Sohn Bruno zur Welt bringt, zur Erholung nach Klosters. Mia schreibt ihm lange Briefe, ist voll Freude über ihr »Goldkäferli«, berichtet von Besuchern und Geschenken und sorgt sich um Hesses Ergehen: »Nun hoffe ich nur, das Schlitteln tue Dir recht gut, laß Dir's nur schmekken u(nd) sorge Dich nicht um den Hotelpreis – Deine Nerven sind schon 9 fr. am Tag wert!« Erst zu Silvester fahren Mia und Hesse mit Bruno nach Gaienhofen.

Und dort beginnt ein neues Miteinander: die durch Hesses Befindlichkeiten schwierige Zweisamkeit wird noch schwieriger durch das Kind, das jetzt Mias Aufmerksamkeit und Fürsorge beansprucht. Folge davon ist eine vermehrte Reisetätigkeit Hesses zur Familie nach Calw und nach München, wo er an der satirischen Zeitschrift *Simplicissimus* mitarbeitet und 1906 gemeinsam mit Albert Langen, Ludwig Thoma und Conrad Haußmann die Zeitschrift *März* begründet, deren literarische Leitung er übernimmt.

Beide Blätter richteten sich »ganz besonders gegen das Berlinertum, gegen die Einseitigkeit und den Hochmut des preußischen Militarismus und gegen die Person des Kaisers Wilhelm«. Hesse fühlt sich wohl in diesem Kreis, dessen Bestreben »das Bedürfnis süddeutscher

Selbstbehauptung gegen preußische Vorherrschaft war«. Und er findet neue Freunde: Reinhold Geheeb, den Herausgeber des *Simplicissimus*, den Karikaturisten Olaf Gulbransson und Theodor Heuss, der sein Nachfolger als Herausgeber des *März* werden sollte.

Und Mia? Sie sorgt in diesem Jahr 1906 für das Kind, den Haushalt, Hesses Gäste. Sie fotografiert: ihren Mann mit Baby Bruno, Freunde am See, die Landschaft. Und sie versucht, Verständnis für Hesses Launen und Ausbrüche aufzubringen. Während er im Juni nach München fährt und von dort mit seinen Redaktionskollegen ins Oberbayerische, besucht sie mit Bruno ihre Familie im Sommerhaus in Spiez, macht Bergwanderungen mit Tuccia, schwimmt im Thuner See. Bruno wird vom Kindermädchen Guste betreut, und Mia genießt ihre Ausflüge nach Thun und Merligen, schwärmt von »den wunderbaren alten Häusern«. Vielleicht mag ihre Erinnerung daran sechs Jahre später zu dem Entschluß beitragen, das Haus des Malers Albert Welti im Berner Melchenbühlweg zu mieten.

Aber das liegt in diesem Sommer 1906 noch in der Zukunft, und es scheint, als sich das Paar im Juli wieder in Gaienhofen trifft, daß noch einmal eine Zeit des entspannten Miteinanders begonnen hat.

Am 23. Juli teilt Hesse Paul Gundert aus Gaienhofen mit: »Ich bleibe jetzt für den Sommer hier. (…) Wir liegen viel im See und in der Sonne, der Kleine ist gesund und dick.«

Aber als der Herbst kommt, die Seenebel die Landschaft in feuchten Dunst hüllen, nehmen die Spannungen zu. Auch die Freunde Ludwig Finckh und Max Bucherer, die nahe dem alten Bauernhaus wohnen, können Hesses Stimmung nicht heben. Mehr und mehr beginnt er unter der Enge und Primitivität des Hauses zu leiden, wünscht sich fließendes Wasser, ein Badezimmer, einen richtigen Garten. Aber die Einkünfte aus seinen Büchern, auch *Unterm Rad* ist inzwischen erschienen, machen wohl den Erwerb eines Grundstücks, jedoch nicht den Bau eines Hauses möglich.

Wieder ist es Mia, die die Initiative ergreift, nach Basel fährt und ihren Vater bittet, ihr die Bausumme zinslos zu überlassen. Fritz Bernoulli, milder gestimmt durch das Enkelkind, willigt ein. Das hebt

Hermann Hesse mit Bruno in Gaienhofen 1906

Hesses Stimmung. Er kauft das Grundstück »Am Erlenloh«, plant, skizziert, meldet Jakob Schaffner am 24. Januar 1907: »Das Neueste ist, dass ich im Frühling hier ein Häuschen baue.« Und seine Familie läßt er wissen: »Übrigens wird Vater Bernoulli uns den größten Teil der Bausumme zinslos vorschießen, so daß wir das Haus gewissermaßen als ein vorzeitig erhaltenes Erbe betrachten können. Einige Tausend werde ich immerhin zulegen müssen, doch werden sämtliche Kosten wohl höchstens 20.000 Mark betragen. Für den Bau sind 16.000 veranschlagt, dann kommen noch einige Möbel, Zaun, Herrichten des Gartens dazu. Die Lage ist sehr schön, Quellwasser ganz nahe, das Ganze drei Minuten vom Dorf, mit weiter Seeaussicht nach zwei Seiten.«

Gute Aussichten, die Hesse den Winter am See genießen lassen: Schlittschuhlaufen, Schneemann-Bauen und den Schlitten mit einem Segel ausrüsten, um damit, getrieben vom Wind, »auf dem See mit Eisenbahngeschwindigkeit und vielen Katastrophen« herumzusausen. Ein Nachteil dieser Winterfreuden ist jedoch der späte Baubeginn im Frühjahr, der Hesse verärgert. Hindermanns Pläne sind fertig, die Handwerker bestellt, aber der Baubeginn verzögert sich immer wieder.

Hesse reist nach München, und Mia teilt ihm am 10. März 1907 mit: »Schade, daß bisher nichts am Land gemacht werden konnte, jetzt ist's wieder ein Sauwetter. So verleidet war mir der Winter noch nie!« Und erstmals äußert auch sie Unmut: »Wenn ich könnte, würd ich stracks aufpacken und südwärts reisen.« Und: »Am Donnerstag Abend bin ich mir so einsam vorgekommen wie noch nie.« Ihm wünscht sie eine gute Zeit in München »und erhol Dich nur recht schön«.

Doch das will nicht mehr glücken. Als Hesse nach Gaienhofen zurückkommt, sich mit dem schlechten Wetter sowie den Planungen des Hausbaus konfrontiert sieht, flieht er Anfang April ins Tessin und mietet sich im »Kurhaus Monti« von Dr. Betz in Locarno ein. Mia bleibt zunächst in Gaienhofen, kümmert sich um die begonnenen Bauarbeiten, besorgt Hesses Korrespondenz, sagt Termine und Einladungen ab: »Alles mit der Formel: da mein Mann ... etc, aber ganz nett u(nd) anständig.« Bruno quengelt, bekommt Zähne, und Hindermann fragt an, welche Schindeln bestellt, welche Farbe die Ofenkacheln haben sollen. Für ein paar Tage flieht auch Mia, reist mit Bruno und dem Kindermädchen nach Basel, um sich auszuruhen.

Aber es gelingt nicht, denn von Hesse kommen Klagen, weil es auch im Tessin regnet und ihm die Diät des Dr. Betz nicht bekommt. Wieder zurück in Gaienhofen, konsultiert Mia den Hausarzt Dr. Huck in Singen, bittet ihn um Rat, schlägt Hesse umgehend Hucks Diätanweisungen vor: Milch morgens und abends, wenig Fleisch, viel Gemüse und Nüsse. Und Wärme, viel Wärme. Sie fragt an, ob Bucherer kommen und ihm Gesellschaft leisten soll. Und schlägt ihm die baldige Rückkehr vor: »Wir kochen Dir dann wieder so schöne Sauerampferpuddings u(nd) wollen schon für Dich sorgen.«

Aber er kommt nicht, hat kurz entschlossen das Kurheim verlassen und ist ins nahe Ascona gezogen, um in der »Naturheilanstalt Monte Verità« des belgischen Industriellensohnes Henri Oedenkoven und dessen Freundin Ida Hofmann seine Kur fortzusetzen. »Hierher solltest Du auch kommen«, schreibt er an Max Bucherer, »da wäre eine

Ernte für Dich: Alpen, Seen, Inseln, ein wilder Felsenberg, Akte im Freien usw. Unser Luft- und Sonnenbadplatz, wo man nackt geht (…) Ich bleibe jedenfalls noch eine Weile (…) bewohne eine eigene Holzhütte allein, ganz im Grünen und habe Ruhe und Freiheit genug. Dabei lebe ich streng abstinent und vegetarisch, was mir hier ganz leicht fällt. Ich hatte den unentbehrlichen instinktiven Glauben an die Willensfreiheit nahezu verloren und genese nun hier langsam und recht wohlig in einen sanskülottischen Urzustand zurück.«

Hermann Hesse auf dem Monte Verità

Mia beaufsichtigt inzwischen den Bau, verhandelt mit Architekt und Handwerkern, sucht Möbel, Öfen und Tapeten aus, kümmert sich um Bruno, um Hesses Post, die sie nachsendet oder beantwortet, verschickt Freiexemplare von den gerade erschienenen Erzählungen *Diesseits* an Familie, Freunde und Bekannte. Als Hesse im Mai heimkommt, ist er ungehalten über den zögerlichen Baufortschritt. Seinen 30. Geburtstag feiert er am 2. Juli noch im alten Bauernhaus und schreibt wenige Tage später an Josef Viktor Widmann: »Das dreißigste Jahr, in dem ich jetzt stehe, hat mir eine heftige Krise gebracht, zunächst körperlich mit Kranksein, Kur und langsamer Heilung, dann aber auch innerlich. Wenn ein bis dahin sinnenfroher junger Mensch auf Tafel und Becher, Zigarren und Kaffee verzichtet, will er das nicht gezwungen tun, sondern macht sich eine entsprechende Philosophie dazu. Damit bin ich seit Monaten beschäftigt.«

Der Umzug ins neue Haus im Herbst ändert nur wenig an Hesses Befinden. Mia fährt im November für 10 Tage mit Bruno nach Basel zu den Eltern, um Besorgungen für den Haushalt zu machen, Konzerte zu hören. Nach langer Zeit nimmt sie wieder an Zusammenkünften im Atelier teil und besucht Freunde. Hesse lehnt noch immer ab, sie in ihr Elternhaus am Schützengraben zu begleiten. Er hat die erste Fassung eines Romans vorgenommen, den er bereits ein Jahr zuvor begonnen und unvollendet abgebrochen hatte, *Gertrud*. Wieder quält ihn in diesem Winter 1907 / 1908 die Erinnerung an seine unerwiderte Liebe zu Elisabeth La Roche, ein Erlebnis, das er nicht vergessen kann, das er verarbeiten und durch die literarische Darstellung objektivieren muß. Auch als Mia Anfang Dezember mit Bruno heimkommt, bessert sich seine Stimmung nicht, und er schreibt am 8. Dezember an seinen ehemaligen Basler Gastgeber Rudolf Wackernagel-Burckhardt: »Es geht der Familie gut, mir selber aber meistens schlecht, woran ich schon ziemlich gewöhnt bin. Was von Gehirn- und Augenkraft bleibt, geht fast alles für Arbeiten drauf, an deren Wert ich häufig grimmig zweifle. Wenn ich nicht zu eitel und verständig wär, ließe ich eines Tages den ganzen Kram im Stich und verschwände spurlos in einem umbrischen Kloster.«

Haus am Erlenloh

Stimmen

Hugo Ball:

Er wird immer Außenseiter und Gast sein, auch zu Hause bei sich. Er ist wenig geeignet für Momentaufnahmen im Kreise der Kindertrompeten und in der Hecke bei sanft anlehnender Gattin. Er hat seine Launen und Marotten, seine Kopfschmerzen und sein geistiges Fieber, und die Familie kommt ihm dann in die Quere, wird ihm lästig. Die Steuerzettel und Katasterämter, das tägliche Plätschern der Gespräche verstimmen ihn; ja machen ihn krank.

Hugo Ball, *Hermann Hesse*, S. 99.

Jakob Schaffner:

Hesse ist ein Stimmungsmensch in stärkster Ausbildung. Er lebt ein Vierteljahr völlig in sich selber, so sehr, daß er seine Frau neben sich vergißt. Dann liest er und arbeitet, treibt ferne, stille, entlegene Dinge (...) Auf einmal kommt eine andere Stimmung. Er packt auf und reist ins Schwabenland zu seinen frommen Tanten (...) Darauf reist er plötzlich ab und taucht in München auf – mit einem großen Hunger nach feinen geschmackvollen Gotteslästerungen. Er (...) begeht Bubenstücke im Land herum, treibt allen möglichen Unfug (...) und ist eines Tages ohne Abschied verschwunden. Von Gaienhofen schreibt er dann: Schickt mir bitte meine Sachen, ich bin wieder daheim.

Jakob Schaffner an Luise Hesseling am 11. Juni 1906 aus Dresden, in: Christof Wamister (Hg.), S. 114 f.

Ludwig Finckh:

Als Hermann Hesse einmal einen schlechten Tag hatte, lief er, – um nie mehr heimzukehren – wie sein Freund Knulp, auf der Landstraße in die Welt hinein. Dabei stieß er auf einen Kumpan, der als Zechbruder bekannt war, eine lustige Haut aus dem Nachbardorf, und so zogen sie

miteinander (...) Spät in der Nacht schrieb Hesse noch eine Ansichtspost-
karte nach Hause: »Auf meiner Reise durch die europäischen Kultur-
länder bin ich in Iznang gelandet und schicke euch diesen Gruß.«
Iznang ist das übernächste Dorf am Untersee radolfzellwärts. – Als Hes-
se anderen Tags schon lange wieder unter seinem Dache am Schreib-
pult stand (...), kam der Briefträger den Hügel herauf und überreichte
seiner Frau die Ansichtspostkarte.

Ludwig Finckh, *Begegnungen mit Hermann Hesse*, in: *Hermann Hesse in Augen-*
zeugenberichten, S. 52.

Mia Hesse:

(...) heut war so ein Sonntagnachmittag, wo ich mir vorkam wie auf ei-
nem Inselchen im Weltraum – die Vorstellung, daß es außer (...) mir
auch noch andere Menschen geben könnte, wollte mir gar nimmer ein-
gehen.

Mia Hesse an HH am 25. Oktober 1909 aus Gaienhofen. Hesse Editionsarchiv.

Hugo Ball:

Ein Verlangen nach Ruhe und Stille, nach Harmonie und marmorner
Glätte bestrickt ihn; und dies Verlangen trifft mit der Wesensart seiner
Gattin, dieser seltsamen Bernoulli zusammen, in der er die geliebte und
doch auch gefürchtete Stimme seiner Mutter zu vernehmen glaubt. (...)
Er muckt gegen die ihn umgebende neue Atmosphäre auf (...) Und er
nimmt leise Mantel, Hut und Stock und verschwindet in die Nacht.

Hugo Ball, *Hermann Hesse*, S. 93 f.

6.

Im neuen Haus, errichtet im Schweizer Heimatstil, sollte das »einfache, ländliche, gesunde und möglichst bedürfnislose Leben«, das sich das Paar bei der Eheschließung vorgenommen hatte, fortgesetzt werden. Mias »Ideal war das halb bäurische, halb herrschaftliche Landhaus, mit moosigem Dach, unter uralten Bäumen«, und diesem entsprach ihr neues Heim. Bedürfnislos waren die Bewohner jedoch nicht mehr, war doch dieses Haus sehr viel größer und bequemer als das alte Bauernhaus, »es war Raum darin für Kinder, Magd, Gäste, Schränke und Truhen wurden eingebaut, und wir brauchten das Wasser nicht mehr wie bisher vom Brunnen herzutragen, es gab eine Wasserleitung im Haus, und unterm Boden einen Wein- und Obstkeller und eine Dunkelkammer für die Photographien meiner Frau«, erinnert Hesse viele Jahre später. Er schreibt von Hübschem und Angenehmem, einem Badezimmer, aber auch von der verstopften Senkgrube und vom explodierenden Ofen in seinem Studierzimmer. Als dieses Unglück im Winter 1907/1908 passierte, »packte ich die Handtasche, lief weg, bestellte in Radolfzell den Hafner und fuhr von da nach München ...«

Mia bleibt zurück, kümmert sich um die Reparatur, um den Haushalt, das Kind. Die eigens eingerichtete Dunkelkammer wird in den folgenden Jahren jedoch immer weniger benutzt. Das Haus und der große Garten, den Hesse im Frühjahr anlegt, fordern Mias Arbeitskraft, die Hausmädchen müssen angeleitet, Gäste versorgt werden.

Hesse arbeitet im Frühjahr im Garten, legt Wege und Beete an, pflanzt Bäume, eine Buchenhecke, Beerensträucher, setzt Erdbeeren, sät Gemüse und Blumen. Er beginnt eine Dahlienzucht, sät »einige hundert Sonnenblumen« und »Tausende von Kapuzinern in allen Tönen von Rot und Gelb«. Und er rühmt sich in der Erinnerung, »allein und eigenhändig meine Gemüse und Blumen gepflanzt, meine Beete gedüngt und begossen, die Wege von Unkraut befreit« zu haben. Mias Briefe aus den ersten Jahren im neuen Haus lesen sich jedoch anders.

Am 15. Mai 1908 schreibt sie an Hesse, der den Maler Albert Welti in Bern besucht: »Der Garten lechzt noch nicht nach Dir, da es von Zeit zu Zeit ein wenig regnet.« Anfang Oktober 1908 läßt sie Hesse in Wien wissen: »Die Dahlien hab ich heut alle heruntergeschnitten, sie sind in einer Nacht ganz welk und schwarz geworden.« Und sie erkundigt sich am 13. Oktober: »Soll ich die ausgegrabenen Dahlien in eine Sandkiste tun?« Im September hat sie von der Apfelernte berichtet, im Oktober meldet sie, daß das Obst eingekellert ist, bestellt am 25. Oktober Gemüsesamen fürs Frühjahr und holt sich bei dem Samenhändler Ratschläge, wie das von ihr und der Magd Trine geerntete Gemüse eingelagert werden muß. Während dieser Wochen besucht Hesse seine Familie, die von Calw nach Korntal gezogen ist, fährt im Oktober nach München, dann über Salzburg nach Wien. Nach einigen Tagen auf dem Semmering ist er wieder in München und kommt erst im November nach Gaienhofen zurück.

Auch 1909 – in diesem Jahr ist Hesse insgesamt fünf Monate unterwegs – sorgt Mia für den Garten, schreibt am Ostersonntag, dem 11. April an ihren Mann nach Zell: »Gestern hab ich noch ein halbes Beet Zwiebeln gesteckt (…) es pressiert scheint's damit.« Und als er im Juni und Juli wegen einer Nervenkrise in der »Villa Hedwig« von Professor Fraenkel in Badenweiler kurt, teilt sie ihm am 11. Juli mit: »Vetters haben neulich das untere Stück Garten umgepflügt u(nd) mit Gras ausgesät. Alle drei haben dran geschafft (…) Unserm Salat werden wir kaum mehr Meister, soviel wir auch essen – die Köpfe wachsen uns über den Kopf. Erbsen haben wir heut auch wieder gehabt, u(nd) dazu die ersten Kartoffeln.«

Erntezeit. Mia pflückt Obst, kocht Marmelade, schickt ihrem Mann Erdbeeren nach Badenweiler: »Ich hab sie sogleich nach dem Pflükken auf die 10 Uhr Post geschickt.« Unkraut muß gejätet werden. Immer dabei die beiden Kinder: der fast vierjährige Bruno und im Kinderwagen Heiner, der am 1. März 1909 in Basel geboren wurde. Am 3. März teilte Mia ihrem Mann, der sich auf einer Lesereise in Frankfurt befand, mit: »Nun jetzt ist ja alles gut vorüber u(nd) ich hab schon beinah vergessen wie gräulich es war.« Nur langsam erholt sie sich, wagt jedoch Hesse nicht zu belasten, der in diesem Frühling wieder überaus nervös und reizbar ist. Erst am 21. Juli gesteht Mia in einem Brief nach Badenweiler: »Nun fange ich endlich an den Sommer zu genießen. Bisher hab ich's vor lauter Plackerei und Arbeit nicht können.«

Ist Hesse in der Zeit der Schwangerschaft und nach Heiners Geburt unterwegs, kommen ihre Schwestern, um Mia zu unterstützen. Bruder Fritz hilft in Haus und Garten. Als Hesse im Herbst eine Vortragsreise nach Göttingen, Bremen und Osnabrück unternimmt, in Braunschweig Wilhelm Raabe, in Barmen seinen Vetter Gundert besucht und nach Frankfurt weiterreist, kümmert sich Mia gemeinsam mit Fritz um die Herbstarbeiten im Garten. »Deine Bäume sind schon vorgestern angekommen«, schreibt sie am 9. November nach Frankfurt, »zum Glück kam grad vorher eine Anweisung von Fischer (150 Mark), sonst hätte ich die Nachnahme gar nicht zahlen können.« Sie wird einen Bauern bitten, Fritz beim Pflanzen zu helfen. »Fritz sagt mir eben, er habe die Bäume eingeschlagen u(nd) sie könnten sogar 14 Tage so bleiben, ohne daß es was macht. Die Dahlien hat er gestern gehäufelt und abgeschnitten. Wir hatten noch eine prächtige Ernte.«

Mias Briefe sind ohne jede Klage. Immer ermutigt sie Hesse, sich zu erholen, nicht zu sorgen, versichert, daß sie seine Korrespondenz überwacht, beantwortet oder nachsendet. Sie schickt ihm saubere Hemden und Socken, packt Körbe mit Gemüse, bringt sie zur Post, erzählt in ihren Briefen von den beiden Kindern, wieviel Freude sie machen und – daß sie hin und wieder eines zu sich ins Bett holt.

Im November fährt Mia nach Frankfurt, weil Hesse dort wegen einer akuten Blinddarmreizung operiert werden mußte. Erst Anfang Dezember kann er reisen. Aber die Heimkehr nach Gaienhofen, in das neue Haus, zu seinen Kindern, die er seit mehr als zwei Monaten nicht gesehen hat, freut ihn nicht.

»Ich bin ganz ›gesund‹ wieder daheim«, schreibt er am 15. Dezember 1909 an den schwäbischen Freund Wilhelm Frick. »Nur sind die sogenannten Nerven eben immer im alten Stadium, und Unzufriedenheit, Einsamkeit und Schwermut werden immer drückender und körperlicher, so daß die meisten Tage schwer zu ertragen sind. (...) Der Wein hilft mir nicht, ich müßte ihn allein trinken.«

Mia versucht, ihren Mann, der »den drekkigen Punkt im eigenen verpfuschten Leben nicht findet«, der räsonniert und mißlaunig ist, mit den Vorbereitungen zum Weihnachtsfest aufzuheitern. Am 21. Dezember stapft er durch tiefen nassen Schnee in den Wald, um einen Weihnachtsbaum zu holen, schaut über das eingeschneite Land, den dunklen See und teilt Wilhelm Raabe resigniert mit: »Die letzte Zeit war ich an Leib und Gemüt nicht munter.«

Hermann Hesse mit Bruno u. Heiner
in Gaienhofen 1909

*

Wie weiter? mag sich Mia in diesem Winter 1909 / 1910 fragen. Seit mehr als fünf Jahren ist sie mit Hesse verheiratet, hat zwei Kinder, lebt, so wie erträumt, in »schöner Landschaft, mit schöner Aussicht«, in einem schönen Haus. Ihr Mann hat Erfolg, ist bekannt, gefragt. Aber das Zusammenleben wird immer schwieriger. Schon wenige Wochen nach der Hochzeit hatte Hesse in dem Feuilleton *Herbstnächte* für die Wiener *Neue Freie Presse* die Erinnerung an die Frauen seiner Jugend beschworen: »Wie schön du warst, wenn Du Dein feines, tröstendes Frauengesicht über meine fiebrigen Augen beugtest! Wenn du mit mir der Erinnerung eines alten Liedes lauschtest, still vorgebeugt, das tiefe Auge in die Nacht gewendet, die helle, vergeistigte Stirn von einer losen Locke märchenblonden Haares überhangen.« Und hatte sich am Ende dieser Träumerei gemahnt: »Genug, genug! (...) In meinen Jugendgedichten kann ich morgen weiterlesen, dann ist meine Frau dabei und liest mit, und wenn mir wieder solche Fragen und Sorgen kommen, wird sie auch dafür eine Antwort wissen.«

Zunächst mag nicht nur Hesse, sondern auch Mia das geglaubt haben. Vielleicht hatte er ihr die »Frauenbilder«, vor denen er »in Jünglingsjahren gekniet war, bereit, ihnen mein Liebstes und Bestes zu schenken«, anvertraut.

Vermutlich wußte sie von Elise, seiner ersten Liebe, der er 1892 in Bad Boll begegnete. Damals war er fünfzehn Jahre alt, ein verwirrter Junge, gerade der Strenge Maulbronns verwiesen, wo er auf das Theologiestudium vorbereitet werden sollte. In Boll hatten die besorgten Eltern ihren Sohn in die Obhut des Pfarrers Blumhardt gegeben, der durch Handauflegen wundersame Heilungen bewirken konnte. Aber der Einfluß des frommen Mannes konnte nicht verhindern, daß Hesse die sieben Jahre ältere Elise traf und sich in sie verliebte. Er verfaßte schwärmerische Gedichte, war ihr Ritter, der das Mädchen auf sein Schloß entführt, schrieb: »Vom Wald nur das schönste Röslein klein / Darf mein Geschenk und mein Bote sein.«

Zehn Jahre später läßt Hesse seinen Peter Camenzind einem angebeteten Mädchen im Gebirge unter Gefahr Alpenrosen pflücken und vor die Tür legen. Während sich jedoch Camenzind nicht zu erkennen gibt, gestand Hesse der jungen Frau seine Liebe – und wurde abgelehnt. Tiefgekränkt versuchte er, sich das Leben zu nehmen.

»Es war eine Liebesgeschichte«, bekennt er Mitte Mai 1895. »Damals geriet ich in die haltlose, revolutionäre, düstere Stimmung, abwechselnd mit Zeiten der ausgelassensten Lustigkeit, den grausten Weltschmerz.« Die Eltern ließen ihn in die Anstalt nach Stetten bringen, wo er sich wie ein Zuchthäusler fühlte. Und er bestürmte sie, ihn dort fortzunehmen, schrieb verzweifelt und trotzig: »wer sagt, ich sei verrückt, der ist selber verrückt«, und bat, in Cannstatt das Gymnasium besuchen zu dürfen, »wo ich bei Kolbs Anschluß fände, die mir Mutter und Schwester geworden«.

Diese Kolbs, eine Pfarrerswitwe und ihre Tochter Eugenie, hatte er kennengelernt, als er seinen Halbbruder Theodor Isenberg besuchte, der als Student bei der Familie zur Untermiete wohnte. Eugenie Kolb, 20 Jahre älter als Hesse, kannte die Elise-Geschichte, wußte von dem Selbstmordversuch und hatte ihm tröstende Briefe nach Stetten geschrieben.

Als die Eltern dem Wunsch ihres Sohnes nachgegeben hatten und er in Cannstatt das Gymnasium besuchte, war er sicher, daß Eugenie seine während ihres Briefwechsels entstandene Zuneigung erwidern würde. Aber auch sie wies ihn zurück. Das war unerwartet, und er hat diese Kränkung lange nicht verwinden können. Und so war es wieder »Elis'chen, das Kind«, dem sich seine Sehnsucht zuwandte, dem er seine Verse in den *Notturni* widmete: »Ein Kindermündlein lieb und lind, / Ein golden blondes Haargewind, / Ein weißes Kleid, ein weißes Händepaar, / Ein Auge mild und dennoch ernst und klar. / Um dieses Bild im Früheglanz / Ein leichter Heiderosenkranz: / So steht mein erstes Lieben / Mir schlicht ins Herz geschrieben.«

Eine Jugendschwärmerei. Wie das Erlebnis mit der »schönen Lulu«, der Nichte des Kronenwirtes in Kirchheim a. d. Teck. Diese Julie Hellmann lernten Hesse und seine Freunde des Tübinger »Petit cénacle« 1899 anläßlich einer Wanderung kennen. Noch in Gaienhofen erzählt Ludwig Finckh davon, wie sie sich in das junge Mädchen verliebt haben, wie der auf zwei Tage berechnete Besuch auf zehn ausgedehnt wurde und der Abschied vom »Lulumädele« schwerfiel. Hesse hat in den folgenden Monaten übermütig-schwärmerische, »närrische« Briefe an Lulu geschrieben, ihr in den *Notturni* ein Gedicht, im *Lauscher* das Kapitel *Ein Kranz für die schöne Lulu* gewidmet.

Mia weiß davon wie auch von seiner Schwärmerei für Elisabeth La Roche, kennt die Verse seines Gedichts: »Wie eine weiße Wolke / Am blauen Himmel steht, / So still und schön und helle / Bist du, Elisabeth.«

Aber Elisabeth hatte ihrem linkischen Verehrer Hermann Hesse wenig Beachtung geschenkt. Seine *Briefe an Elisabeth* wurden nie abgeschickt, sondern fanden Eingang in den *Hermann Lauscher* und in *Der Dichter – Ein Buch der Sehnsucht*. Elisabeth La Roche war, als Hesse ihr in Basel begegnete, unglücklich in einen Geiger verliebt, mit dem sie bei den Hauskonzerten musizierte. Aber der Musiker war jung verheiratet, »böse Mäuler« verbreiteten Gerüchte, und Elisabeth mußte die Stadt verlassen. »Es war dies sehr grausam«, erinnert sie. »Damals, um die Jahrhundertwende, war man noch nicht so weit (…), dass ein 24jähriges Mädchen sein Schicksal selbst in die Hände nehmen konnte. Ich war immer noch abhängig von meiner Mutter und den älteren Geschwistern, die auch jetzt über mich bestimmten.« Um den Basler Klatsch zu beenden, wurde sie nach England geschickt, lebte dort drei Jahre als Gesellschafterin reicher Damen, als Musiklehrerin in einem Internat und als Erzieherin einer jungen Aristokratin. Bei ihrer Rückkehr nach Basel hört Elisabeth, daß Hesse mit Maria Bernoulli verheiratet ist und wieder in Deutschland lebt.

Aber auch Elisabeth bleibt nicht in Basel, sondern folgt ihrer Schwester Marie, der Malerin, nach München. Dort sieht sie Isadora Duncan – und weiß plötzlich ihren Weg: Sie will Tänzerin werden. Mit Begeisterung und Energie beginnt sie ein Studium des Ausdruckstanzes in München, geht dann nach Florenz, wo sie von 1909 bis 1919 eine eigene Tanzschule leitet, als Choreographin für die Festspiele in Fiesole tätig ist. Nach zwei Spielzeiten am Basler Stadttheater 1920/1921 kehrt sie nach Italien zurück. Erst 1927, nach der Lektüre von Hugo Balls Hesse-Biographie, ist ihr die Zuneigung des jungen Dichters bewußt geworden.

*

Als Maria Bernoulli 1902 Hesse begegnete, schien seine Schwärmerei für Elisabeth vergangen, zu Literatur geworden. Für Mia war sie eine Figur wie Hermann Lauscher, hinter dem sich sein Autor Hesse verbarg. Aber ihn lassen die Erinnerungen nicht los. Hatte er vor seiner Heirat in *Unterm Rad* bei der Begegnung Hans Giebenraths mit Emma, dem Mädchen mit den »dunklen warm blickenden Augen« und dem »hübschen, küssigen Mund«, die Verwirrungen seiner eigenen Jugend festgehalten, so beginnt er im Winter 1906/1907 mit der Niederschrift des Romans *Gertrud*, in dem er seine Zuneigung zu Elisabeth La Roche noch einmal thematisiert. Nur der französische Nachname Gertrud Chevaliers erinnert an Elisabeth, der gewählte Vorname jedoch taucht schon früher in seinem Gedichtband *Romantische Lieder* auf, der auch ein Gedicht an *Frau Gertrud* enthält und seine Mutter am 1. Dezember 1898 fragen läßt: »Wer die ›Frau Gertrud‹ und die ›Maria‹ sind, würde mich natürlich sehr freuen, einmal von dir zu hören, aber nur, wenn du selbst gerne mir davon erzählst.«

Vor die erste der drei Fassungen dieses Romans stellt Hesse selbst eine Erklärung zur Wahl des Namens: »Über diese Blätter setze ich den Namen Gertrud, und indem ich ihn schreibe und leise mitspreche, umfängt und nennt er mir alles Unvergeßliche und Heilige meines Lebens.« Als er das schreibt, im Spätherbst 1906, ist Mia mit dem kleinen Bruno nach Basel gefahren, er bleibt allein mit der Magd in Gaienhofen. Fast will es scheinen, als könne er seine Geschichte nicht erzählen, solange Mia in der Nähe ist.

Hesse läßt seinen Ich-Erzähler, einen Ingenieur und erfolglosen Erfinder, aus einer Basler Mansardenstube die Begegnung mit Gertrud Chevalier erinnern. So wie der Buchhandelsgehilfe Hesse einst zu den Einladungen Dr. Wackernagels ging, so folgt der Erzähler der Einladung in das Haus von Dr. Nagelschmidt, wo er Gertrud kennenlernt, »ein feines zartes Mädchen, wohl so groß wie ich oder noch größer, von beinahe gebrechlichen Formen und einem schmalen, schönen Gesicht«. Er begleitet sie zu ihrem Haus, wo sie mit ihrer verwitweten Mutter lebt, erfährt nur wenig von ihr, kennt ihre Liebe zur Musik, zum Klavierspiel und ihre zahlreichen Verehrer. Er wird krank, gesundet, sehnt sich nach Gertrud, erkrankt erneut, bemüht sich um berufliche Erfolge, vergeblich: »meine Anläufe dazu dauerten nie lange, da Gertrud meine Gedanken allzu sehr gefangen hielt.« Er müht sich, seine Schüchternheit abzulegen, sie zu unterhalten. Doch plötzlich stirbt Gertruds Mutter, und sie verläßt Basel, zieht nach London. Bleibt beim Abschied schön, kühl und unnahbar, so als habe sie die Gefühle ihres Verehrers nicht wahrgenommen. Wie einst Elisabeth La Roche. Als der unglücklich Liebende endlich

Erfolg mit einer seiner Erfindungen hat, bricht Hesse die Geschichte ab – weiß nicht, wie weiter, flüchtet sich in Aktivitäten: Er kauft das Grundstück »Am Erlenloh«, macht im Frühjahr 1907 Pläne zum Bau des neuen Hauses. Aber die Unruhe bleibt, das Unwohlsein. Er reist nach München zu den Redaktionsfreunden des *März*, fährt nach Locarno zur Kur, auf den Monte Verità, wartet ungeduldig auf den Einzug in das neue Haus.

Und als endlich am Ende dieses Jahres 1907 das Haus bezogen, sein Studierzimmer eingerichtet, der Schreibtisch aufgestellt ist, ringt er erneut um die Gestaltung der Elisabeth-Episode. Wieder ist Basel der Ort des Geschehens. Jetzt verbirgt sich Hesse hinter dem jungen Architekten Adolf Beyer, der die Malerin Gertrud liebt. In dieser zweiten Fassung ändert der Autor den Nachnamen in Flachsland, der, so Volker Michels, an den Mädchennamen von Herders Braut, Caroline Flachsland, erinnert.

Beyer freundet sich mit Rudolf Haueisen an, der nach einem Architektenwettbewerb den Auftrag bekommen hat, in Basel eine Festhalle zu bauen. Hier findet sich ein Nachklang zu Hesses Freundschaft mit dem Architekten Heinrich Jennen, mit dem er zu Beginn seiner Basler Zeit zusammen gewohnt hatte. Im Roman verlieben sich beide Männer in Gertrud Flachsland, die Beyer im Atelier der Malerin Mia Wendel kennenlernt. Diese Mia ist »in den Dreißigern, eine hagere, fast spitzige Figur mit einem etwas müden besorgten Gesicht«. Gertrud hingegen ist zweiundzwanzig, schön, sorglos, verwöhnt und umschwärmt.

Als Beyer nach einer Teestunde im Kreis der Künstlerinnen mit Gertrud das Atelier verläßt, bemerkt eine der Freundinnen, daß »die zwei gut zueinander passen«. Der Widerspruch Mias ist unerwartet heftig: »Die Gertrud und der Beyer? Na, dazu gehört wirklich Phantasie. Ein müder, übergescheiter Mensch und so ein frisches Kind!« Als die Freundin insistiert, bricht »das kleine alte Mädchen in Tränen aus«, und die Freundin erkennt, daß Mia den Architekten liebt. Sie versucht zu trösten, und »es tat ihr doch weh und wunderte sie, wie nah die Kleine noch den Jugendhoffnungen und Träumen stand ...«

Auch wenn man in Mia Wendel die Malerin Marie La Roche vermutet, die ältere Schwester Elisabeths, die sich in Hesse verliebt haben soll, so erscheint es nicht abwegig, daß in dem »kleinen alten Mädchen« auch etwas von Maria Bernoulli steckt, in deren Paß ihre Körpergröße mit 154 cm angegeben ist und die Hesse »nur bis an den Bart« reichte.

In der zweiten Fassung des Romans läßt Hesse die beiden Architektenfreunde vergeblich um Gertrud werben. Während Beyer sich tiefenttäuscht das Leben nimmt, versucht Haueisen erneut, Gertrud zu gewinnen. Da er jedoch ihr Talent als Malerin nicht zu würdigen weiß, wendet sie sich einem Maler zu, der ihre Arbeit versteht und sie ermutigt, »zu sich und ihrer Begabung Vertrauen zu haben«. Mit diesen Worten endet die zweite Fassung. Gertrud bleibt auch 1908 unvollendet.

*

Erst nach einem weiteren Jahr gelingt es Hesse, mit seiner dritten Fassung den Roman zu beenden, gewinnt er Abstand zu den autobiographischen Konstellationen der Vorgängerfragmente.

Wieder ist es ein Ich-Erzähler, der nach einem Rodelunfall verkrüppelte Musiker Gottfried Kuhn, der kurz vor Abschluß seiner Studien am Konservatorium den berühmten Sänger Heinrich Muoth kennenlernt. Gutaussehend und nicht nur in der Oper, sondern auch bei den Frauen erfolgreich, verkörpert er den Gegenentwurf zu Kuhn, der sich, seiner Behinderung bewußt, resigniert zurückgezogen hat und sich ausschließlich seinen Kompositionen widmet. Nach einem Konzert, bei dem ein Geigenduo Kuhns gespielt wird, erhält er die Einladung des reichen Fabrikanten Imthor zu einem Hausmusikabend. Hier begegnet er dessen Tochter Gertrud, »kaum über zwanzig Jahre alt, schlank und gesund wie ein junger feiner Baum«, sensibel und voller Verständnis für Kuhns Kompositionen.

Der Komponist liebt Gertrud, wirbt mit zarter Zurückhaltung um sie. Als er jedoch seinen Freund Muoth im Hause Imthor einführt, sieht er seine Hoffnungen zerstört. Gertrud heiratet Muoth und folgt ihm nach München, wo er seine steile Karriere fortsetzt. Als Kuhn Jahre später zur Aufführung einer seiner Opern dem Paar wieder begegnet, muß er erkennen, daß beide unglücklich sind: der Freund trinkt, Gertrud ist hilflos-verzweifelt. Als sich der Sänger das Leben nimmt und Gertrud in das Haus ihres Vaters zurückkehrt, spürt Kuhn jedoch, »daß an meinem und ihrem Leben nichts mehr zu korrigieren war. Sie ist mein Freund, und wenn ich nach unruhig einsamen Zeiten aus meiner Stille hervortrete und ein Lied oder eine Sonate habe, gehört es zuerst uns beiden.«

In der ersten und zweiten Fassung stehen die jungen Männer und ihre Unfähigkeit, sich Gertrud zu nähern, im Mittelpunkt der Erzählung. Sie waren, wie Hesse in seiner Jugend, »hagestolz, in Träume versunken, narzistisch, weltfremd« und von provinzieller Unbeholfenheit. »Sie stellen Frauen auf das Piedestal von Heiligen und unnahbaren Göttinnen«, bemerkt Ball. »Diese Jünglinge wollen von ihren Freundinnen getröstet, geleitet, betreut, genommen sein, und empfinden das verliebte Wesen doch als Absurdität und Irrtum. Sie haben Hemmungen und versagen, die Liebe gelingt ihnen nicht.«

Die jungen Frauen jedoch entziehen sich diesem Anspruch, gehen andere Wege, werden für ihre Verehrer unerreichbar: in London, einer Künstlerexistenz oder in der Ehe mit einem anderen Mann. In der dritten Fassung gelingt es Hesse schließlich, Gertrud Imthor »weniger als einen Charakter als ein Symbol« zu erfassen, »und zugleich das Stimulanz, dessen Kuhn zu seiner ganzen Entwicklung bedurfte«. Damit entwirft er nach den ersten beiden Fragmenten im Winter 1908/1909 die Geschichte einer Künstlerfreundschaft, in deren Spannungsfeld, zwischen dem kreativ-introvertierten Komponisten und dem reproduktiv-extrovertierten Sänger, Gertrud steht, entschieden und unentschieden zugleich, bis der Tod Muoths die Beziehung klärt, die Leidenschaft Kuhns besänftigt und die begehrte Frau zum Freund – nicht zur Freundin – werden läßt. Damit wird Gertrud nicht nur ihrer Weiblichkeit, sondern auch der Kraft zur Verführung beraubt. Hellsichtig hat Ball schon in Hesses frühen Romanen, wie *Peter Camenzind*, erkannt: »Der Freund steht der hellen, der Lichtseele und aller Seelensehnsucht nahe. Er ist der Geliebte fast; denn die Seele des Romantikers ist selbst eine Frau ...«

Auch wenn Hesse in einem Brief vom April 1909 ironisch von »einem hübschen Unterhaltungsroman« spricht, ist *Gertrud* ein Zeugnis der Unvereinbarkeit von Künstlertum und ehelicher Bindung, das der Autor drei Jahre später in dem Roman *Roßhalde* weiterführen, zuspitzen und danach fragen wird, »ob überhaupt ein Künstler oder Denker (...) ob so einer überhaupt zur Ehe fähig ist«.

Helene Voigt. Porträtfcto, das sie 1898 an Hesse sandte; Julie (Lulu) Hellmann um 1899

7.

Die Winter am Bodensee, der Nebel und die Kälte, die Abgeschiedenheit ohne Ablenkung, ohne Besucher führen bei Mia und Hermann
Hesse zu Spannungen. An seinen Vater schreibt er: »Wir schlagen uns
so durch (…) Meine Nerven lechzen nach Sonne, Sommer und Freiheit, eben darum arbeite ich oft wie toll, um nachher reisen oder
doch ausgiebig bummeln zu können.«

Im Januar 1910 besucht er den Vater. Die Arbeit im Calwer Verlags-
haus hat Johannes Hesse aus Altersgründen aufgegeben. Er lebt jetzt
mit der unverheirateten Tochter Marulla in der Evangelischen Brü-
dergemeinde Korntal. Hesse vermißt nicht nur das heimatliche Calw,
sondern auch seine älteste Schwester Adele, die 1906 ihren Vetter, den
Pfarrer Hermann Gundert, geheiratet hat und mit ihm in Hopfau
über Horb lebt. So bleibt er nur kurz und reist nach München weiter zu den Redaktionskollegen und zu Albert Langen, in dessen Verlag in diesem Jahr *Gertrud* erscheinen soll.

Mia bleibt mit den Kindern in Gaienhofen, schreibt von einer »Voll-
mondschlittelnacht«, die sie gemeinsam mit Schlenkers und Finckhs
inszeniert, von Skistiefeln, die sie in Konstanz gekauft hat, und der
Vorfreude auf das Skilaufen. Sie hat sich Prospekte kommen lassen,
plant eine gemeinsame Reise und schlägt vor, er möge sich in München »eine feste Lodenjacke kaufen zum Skilaufen (…) Ein Sweater
allein genügt auch nicht für große Touren.« Getrübt wird Mias Vorfreude nur dadurch, daß wieder einmal eine Magd krank und noch
keine Aushilfe gefunden ist.

Als Hesse aus München zurückkommt, findet er in seiner Post den
enthusiastischen Brief einer Schülerin aus Czernowitz, die den *Peter
Camenzind* gelesen hat. Ein ungewöhnlicher Brief ohne Anrede,
ohne Schlußformel. »Ich habe viel zu danken, ihm, der den Camenzind geschrieben, ihm, der Camenzind selbst ist«, endet das Schreiben. »Und da diese beiden doch nur eins sind, so danke ich Ihnen für
das, was Sie mir mit ihrem Werke gegeben haben. Es war ein Kennenlernen neuer Dinge, ein Aufgehn in der Natur und in einer Menschen-

seele, ein stilles Selbstvergessen und eine Stunde Seligkeit. Ninon Aus-
laender«.[1]

Sollte Mia den Brief gelesen haben, wird sie nicht verwundert gewesen sein. Sie kennt die zahlreiche Post von Verehrern und Verehrerin-
nen ihres berühmten Mannes. Wenn überhaupt, dann ist sie erstaunt
darüber, daß Hesse kaum noch Briefe mit jener Frau wechselt, die
seine dichterischen Anfänge mit Verständnis begleitet und gefördert
hat: Helene Voigt-Diederichs.

Die ein Jahr ältere Schleswig-Holsteinerin hatte 1897 ein Gedicht Hesses in einer Zeitschrift gelesen und sich als Kollegin vorgestellt. Damals lebte die noch Unverheiratete auf dem elterlichen Gut Marien-
hoff in Angeln und schickte im Dezember 1897 ihr Erstlingswerk
Schleswig-Holsteiner Landleute – Bilder aus dem Volksleben nach Tübingen. In dem nun beginnenden Briefwechsel öffnete sich der junge Buchhandelslehrling vertrauensvoll dem »verehrten Fräulein« – und
schon bald der »lieben Freundin«. Er erzählte von seiner Familie, seinem Werdegang, seinen literarischen Plänen.

Am 1. März 1898 erreichte ein zögerlicher Brief den »lieben Freund«.
Helene Voigt »fällt es sonderbar schwer«, ihm zu schreiben: »Ich bin
Braut, eine lachende und eine weinende zugleich.« Doch Hesse gratu-
lierte keineswegs enttäuscht, ein bißchen eifersüchtig vielleicht, aber:
»Ihren Verlobten kenne und schätze ich als Verleger.« Helene Voigt
antwortete deutlich erleichtert, und der Briefwechsel wurde in
»Freundschaft« und »Kameradschaft« auch nach ihrer Hochzeit mit
Eugen Diederichs fortgesetzt. Sie tauschen Briefe, auch Fotos aus, und
Diederichs verlegt 1899 Hesses Gedichtband *Eine Stunde hinter Mitternacht*, nicht nur »wegen Ihrer Freundschaft mit meiner Frau, sondern der Schätzung, die ich Ihren schriftstellerischen Arbeiten ent-
gegenbringe«. Verdient hat der Verleger nicht daran. Im ersten Jahr
wurden nur 53 Exemplare verkauft.

Der Kontakt zwischen Helene Voigt-Diederichs und Hesse blieb
intensiv. Sie schrieb von ihrem Leben in Leipzig, der Geburt der Tochter Ruth. Er teilte ihr seine Umzugspläne nach Basel mit, erzählte vom
Leben dort, seiner neuen Stelle, von Konzerten und Ausstellungsbe-

suchen und schickte ihr den *Hermann Lauscher*, der am Jahresende 1900 in der Buchhandlung Reich in kleiner Auflage erschienen war. Zunächst hatte Eugen Diederichs am 16. August die zum *Lauscher*-Manuskript gehörende Erzählung *Prinzessin Lilia* von Hesse mit dem Zusatz erhalten, daß er ihm bis zum Ende des Jahres weitere Erzählungen schicken wolle. Statt dessen erreichte den Verleger und seine Frau zu Weihnachten das fertige Buch mit dem Titel *Hinterlassene Schriften und Gedichte von Hermann Lauscher. Herausgegeben von Hermann Hesse.*

Helene Diederichs Antwort vom 21. Dezember ist freundlich-ausweichend: »… oft hab ich Ihre mir lieben Bücher in der Hand gehabt und von einigen Worten diese und jene Saite anrühren lassen. Trotzdem, es ist unglaublich und wahr: fand ich nicht die Ruhe, mich so in der Stille mit Ihnen will sagen Hermann Lauscher zu beschäftigen, wie ich's wollte, bevor ich schrieb. Und auch heut, wo es endlich mal still in mir und um mich ist, will ich lieber eine kleine Weihnachtsplauderei mit Ihnen haben als mich dem Büchlein zuwenden, das Sie uns so freundlich sandten.« Nein, sie mag sich dem Lauscher-Hesse nicht zuwenden, der von der »schönen Lulu« schwärmt, Elisabeth verehrt und liebt. Hesse muß das Desinteresse der Freundin gekränkt haben, seine Antwort vom 26. Dezember klingt wie eine Rechtfertigung seiner dichterischen Bestrebungen und endet mit der Befürchtung: »… bei Ihrem verkehrsreichen und vielfachen Leben müsse meine ferne und schweigsame Freundschaft in Gefahr sein ihren stillen Platz bei Ihnen zu verlieren.« Schließlich bittet der »ergebene H. Hesse«: »Nicht wahr, Sie sorgen, daß ich doch allemal wieder ein Stühlchen frei finde, wär's auch nur ein Taburett für eine kurze causerie.«

Nur um das bittet er, eine schriftliche »causerie«, denn einen Besuch bei Helene Voigt-Diederichs in Leipzig zog Hesse nicht in Erwägung, sondern plante im neuen Jahr eine Reise ins Gebirge und nach Italien. Er weiß, daß ihm, wie den Jünglingen in seiner Dichtung, nur bei räumlichem Abstand Plauderei und Galanterie gelingen, daß nur die ferne Frau ihm keine einschüchternde Bedrohung ist. Und bald bedurfte er ihrer auch nicht mehr: der renommierte Berliner Verlag Samuel Fischer publiziert *Peter Camenzind*, und Maria Bernoulli wird die Ehefrau des plötzlich erfolgreichen Dichters. Hesse ist den Jünglingsjahren und damit auch der fördernd-sorgenden Beziehung zu Helene Voigt-Diederichs entwachsen.

*

Trotz der literarischen Erfolge, trotz Frau und gesunden Kindern, Haus und Garten will sich keine Zufriedenheit einstellen, kommt der Unruhige nicht zur Ruhe. Er zweifelt am Verständnis und der Zuneigung seiner Freunde, klagt über Finckh: »Seit er Familie hat, kümmern ihn Freunde nimmer; seit er Bienen züchtet, ist die Kunst ihm wurscht – er kann eben nicht an mehr als eines zugleich denken, darum reist er auch nie …« Hesse jedoch ist das Reisen Bedürfnis: er fährt 1910 nach Amden oberhalb des Walensees, klettert nackt in den Felsen wie schon 1907 am Monte Verità, sucht die »leibliche Erfahrung« und erkennt: »Geistige (Erfahrungen) habe ich nicht gemacht.« Die sucht er im Mai dieses Jahres wieder im Sanatorium von Prof. Fraenkel in Badenweiler, der die »psychologische Methode« anwendet, die darin besteht, »daß man die Störungen des Nerven- und Stimmungslebens in allen Formen, soweit sie nicht erkennbare leibliche Schäden zur Ursache haben, auf unausgeglichene seelische Zustände und Erlebnisse zurückführt«. Hesse vertraut Fraenkel, beschreibt ihn dem Vater als »sehr gescheiten, denkenden, lebenserfahrenen Arzt«.
In Gaienhofen die gewohnte Situation: Mia kümmert sich um Kinder, Haus und Garten, »im Rasen schießen die Schachtelhalme wieder mannshoch«, stellt Freunde und Gäste zum Unkrautjäten und Gießen an. In ihren Briefen berichtet sie von der Entwicklung der Kinder, von Ausflügen mit Freunden am See und auf die Reichenau und daß die Katze Junge bekommen hat. Sie kümmert sich um Hesses Korrespondenz und hofft, ihn erholt wiederzusehen. Bei seiner Rückkehr betrachtet er die Söhne mit »Verwunderung«: Sie machen Lärm, Heiner versucht sich im Sprechen, Bruno, den sie Butzi nen-

nen, »ist viel unartig und fängt nun so allmählich auch das Lügen an«. Der Große haut den Kleinen, es gibt Gebrüll, Mia schlichtet liebevoll, und Hesse fühlt »seine Unfähigkeit zum Erzieher«. In Erinnerung an die harten Strafen seiner Jugend schreibt er dem Vater, daß er weder zum Strafen noch zum Einschüchtern der Söhne neigt: »Jedenfalls halte ich ein zu frühes Brechen der Unbefangenheit für falsch, obwohl ich freilich gern einen braveren Sohn besäße.«

Auch in diesem Jahr beginnen im Herbst wieder die »verzagten Tage«. Bis zum frühen Dunkelwerden arbeitet Hesse im Garten, gräbt um, streut Mist, legt einen Sandweg an, schützt die frisch gepflanzten Bäume mit Draht vor den Hasen. Abends liest Mia vor, sie spielen Schach und entwerfen für das nächste Jahr einen »berückenden neuen Blumenplan«. Im Dezember jedoch, als die Buben im Haus »herumberserkern«, fliehen beide: Mia mit den Kindern ins Elternhaus nach Basel, Hesse nach Zürich, Heidelberg und Frankfurt. Wilhelm Frick teilt er mit: »… den Januar will ich in München verbringen! Künftig möchte ich gern die Winter überhaupt in die Stadt ziehen, doch will das noch nicht recht gehen; wenn die Bequemlichkeit der Kinder nicht sehr leiden soll, ist es zu teuer …«

Vorerst muß ihm also München genügen, wo Hesse – mit Ausflügen ins Oberbayerische – den Januar 1911 verbringt, während Mia mit den Kindern in Gaienhofen den Schnee genießt: mit Schlittenfahren, einem neuen Paar Ski und neuer Bindung, »ganz ideal, beim Fallen schlüpft der Fuß einfach raus«. Obwohl sie wieder schwanger ist, plant sie für den Februar einige Ski-Urlaubstage mit Hesse in Graubünden. Das Kind soll im Juli, kurz vor Mias 43. Geburtstag, geboren werden.

Im April erfüllt Hesse sich einen schon lang gehegten Wunsch und fährt wieder nach Italien. Anlaß ist die Einladung der Musikerfreunde Volkmar Andreae, Fritz Brun und Ilona Durigo, die gemeinsam mit dem »Gemischten Chor Zürich« im Mailänder Konservatorium Bachs Matthäuspassion aufführen sollen, Andreae als Dirigent, Brun als »Reserve«. Dieser erinnert sich später, daß er mit Hesse die öffentliche Hauptprobe versäumte: »Wir kniffen aus, um uns im

Kino eine Filmaufnahme des Boxkampfes zwischen Johnson und Sheffried anzusehen. Doch am andern Abend wohnten wir brav und gewissenhaft der Hauptaufführung der Passionsmusik bei.«
Diese Episode ist typisch für die übermütigen Reisegefährten, die gemeinsam mit Schoeck nach dem Konzert über Bologna und Pisa weiterziehen. Sie wandern am Trasimenischen See, durch Castiglione, nach Umbrien. Fotos belegen die ausgelassene Stimmung der mit Anzug, Mantel und Hut bekleideten Wanderer, die in schlichten ländlichen Unterkünften nächtigen, in Assisi aus einem Hotel vor englischen Ladies fliehen, Billard spielen und aus dem Spielautomaten einer toskanischen Kneipe einen Münzregen prasseln lassen. Schließlich erreichen sie Orvieto und Spoleto. Von dort erhält Mia begeisterte Karten: »Liebste, unter einem wunderbaren Sternenhimmel gehe ich in Orvieto in einem steinernen Zimmer zu Bett. Vor dem Fenster eine stille tote Gasse, ein Brünnlein und ein kleiner Garten. Das alles möchte ich Dir und dem Butzi zeigen.«
Und zwei Tage später, am 28. April: »Liebste, Spoleto ist die schönste Entdeckung, die ich je in Italien gemacht habe, und ich habe mir ausgedacht: wenn wir beide, eventuell sogar mit Kindern, einmal hier in der schönen Stadt und fabelhaften Landschaft ein bis zwei Monate leben würden, so könnten wir es uns mit einer Reihe schöner Aufnahmen und einigen Feuilletons vermutlich gut verdienen. Überleg Dir's! (...) Dir und den Kindern Küsse von Deinem Hermann.«
Welche Aussichten! Eine Fotografin und ein Schriftsteller in Italien! Ein kreatives Paar bei einem gemeinsamen Projekt! Feuilletons und Fotos von Maria und Hermann Hesse. Vielleicht sogar ein gemeinsames Buch!
Mia ist begeistert, antwortet umgehend: »Ja, so ein paar Monate in einem feinen Italienischen Nest – da wär' ich auch dabei! Da würden wir einfach unser Haus so lang vermieten, an irgend jemand von den Untersee-›Anwärtern‹, davon es immer mehr gibt, u(nd) das würde schon die Reise rausschlagen.«
Als Hesse im Mai heimkommt, findet er Mia jedoch nicht in Gaien-

hofen. Nur Bruno, Heiner und die Kinderfrau sind im Haus und ein Brief von Mia, in dem sie ihm mitteilt, daß sie sich in Basel aufhält. Ihre Mutter ist nach einer schweren Krebsoperation sehr schwach, und Fritz Bernoulli hat die Geschwister zusammengerufen. Auch Tuccia kommt aus den USA, wo sie mit Böhringer lebt.

Hesse reagiert enttäuscht, ungehalten. Mia hat nicht geschafft, seine Post zu sortieren. Der Garten bedarf intensiver Arbeit. Die Buben wollen mit dem lang erwarteten Vater spielen. Die neue Magd Anna kann noch nicht kochen, was Hesse bevorzugt und verträgt. Und Mias Ankunft verzögert sich wegen des schlechten Befindens der Mutter.

Zutiefst verstimmt, schreibt er dem Reisegefährten Fritz Brun: »Ich gäbe meine linke Hand dafür, wenn ich wieder ein armer froher Junggesell wäre, der nichts hat als zwanzig Bücher, ein paar Reservestiefel und eine Schachtel voll heimlicher Gedichte. So aber bin ich eben ein Familienvater, Hausbesitzer und allzu beliebter Autor …« Die italienische Euphorie ist verflogen, der Traum vom Leben unter südlichem Himmel an der Gaienhofener Realität zerschellt.

Von Mia wissen wir nichts aus den letzten Wochen vor der Niederkunft, nur, daß die Mutter stirbt und Hesse ihr eröffnet, nach der Geburt des Kindes nach Indien reisen zu wollen. Er hat seinen Freund, den Maler Hans Sturzenegger, begeistern können, ihn zu begleiten. Und während Mia erneut die Babysachen hervorholt und den Korb des Stubenwagens mit neuem Stoff bespannt, bestellt ihr Mann Karten für die Schiffspassage, besorgt Tropenkleidung und Reiselektüre.

Am 26. Juli wird der dritte Sohn geboren. Sie nennen ihn Martin. Einen Monat später fahren Hesse und Sturzenegger nach Genua, wo sie sich auf der »Prinz Eitel Friedrich« nach Colombo einschiffen. Seine Briefpartner erhalten die gedruckte Nachricht: »Wir bitten davon Kenntnis zu nehmen, daß Herr Hermann Hesse für eine längere Zeit nicht in der Lage ist, Briefe zu beantworten, da er für eine Reihe von Monaten in den Tropen auf Reisen ist.« Diese Nachricht gilt ab dem 3. September 1911. Und an den Freund Reinhold Geheeb in

Mia Hesse mit Martin; Bruno u. Heiner mit Martin in Gaienhofen 1911

München reimt er launig aus Genua: »Still verlaß ich dieses Hafens
Becken / Nun kann Europa mich am …«
Mia bleibt mit dem fünfjährigen Bruno, dem zweijährigen Heiner
und dem Säugling zurück. Im Garten reifen Obst und Gemüse, wollen geerntet, eingeweckt sein. Das Hausmädchen Anna kündigt, auch
das Kindermädchen, das sie »Frau« nennen, verläßt das Haus »Am
Erlenloh«. »Sie hat die gute Behandlung wirklich schlecht vergolten«,
schreibt Mia am 29. September an ihren Mann. »Von Dir ist sie ja viel
besser behandelt worden als ich – was mir manche bittere Stunde
machte.« Ja, sie ist verbittert, hat sich nicht an ihrem Kind freuen können. Ist überlastet von der Arbeit, trauert um ihre Mutter. Im Oktober kommt Adele Gundert und holt, um Mia zu entlasten, Bruno ins
Pfarrhaus nach Hopfau. Beim Anblick Martins hat die Kinderlose
ihre Schwägerin »schwer beneidet um den goldigen kleinen Kerl«,
gesteht Mia, »u(nd) ich schäm mich jetzt vor Herzen, daß ich ihn
nicht freudiger empfangen hab«.
Adele fährt mit Bruno zunächst zum Großvater Hesse nach Korntal,
dann ins Hopfauer Pfarrhaus. Neun Wochen später bringt Pfarrer
Gundert den Buben zurück nach Gaienhofen. Aber auch Mia hat

ihr Haus Mitte November verlassen, nachdem sie mit einem Wanderarbeiter versucht hatte, den Garten in Ordnung zu bringen. Bis Anfang Dezember hält sie sich mit Heiner und Martin in Basel auf und sorgt sich bei der Rückkehr, das große Haus warm zu bekommen.

Hesse bereist in diesen Wochen Ceylon, Penang, Kuala Lumpur, Singapur, die Malaiische Halbinsel und Sumatra. Aber es geht ihm nicht gut, er verträgt weder die scharf gewürzten Speisen noch die feuchte Hitze, hat Schwierigkeiten, sich zu verständigen. Auch haben Landschaft, Städte und Menschen nichts mit dem Indien der Erzählungen des Großvaters Gundert und der Eltern, mit seinem Wunderland gemein. Warum, wenn am Ende eine Enttäuschung stehen muß, trat Hesse diese Reise an? Sein Vertrauter Hugo Ball vermutet: »Vielleicht um die Heimat seiner Mutter zu sehen. Vielleicht, um die Träume des Vaterhauses zu widerlegen. Vielleicht, um die letzte quälende Bindung an Vater und Mutter zu lösen (…) Vielleicht auch empfindet der Dichter ein indisches Traumleiden als Ursache der Dissonanzen seiner Ehe. Vielleicht hofft er, einer Zerrissenheit ledig zu werden und geheilt vom Alpdruck seiner Beängstigungen zurückzukehren.« Aber es gelingt nicht. Auch wenn während dieser Wochen der schwärmerische Indienkult seines Elternhauses, Illusion und Zauber zerstoben sind, fühlt er sich nicht frei, nur enttäuscht und sehr, sehr müde. Früher als geplant, entschließt er sich zurückzureisen.

Auf der Schiffspassage nach Europa trifft er ein Schweizer Ehepaar, das längere Zeit in den Tropen gelebt hat: Alice und Fritz Leuthold, die künftig zu Hesses großzügigen Mäzenen und verständnisvollen Freunden werden. Als »die Siamesen« wird der Dichter sie in den Zug seiner »Morgenlandfahrer« einreihen.

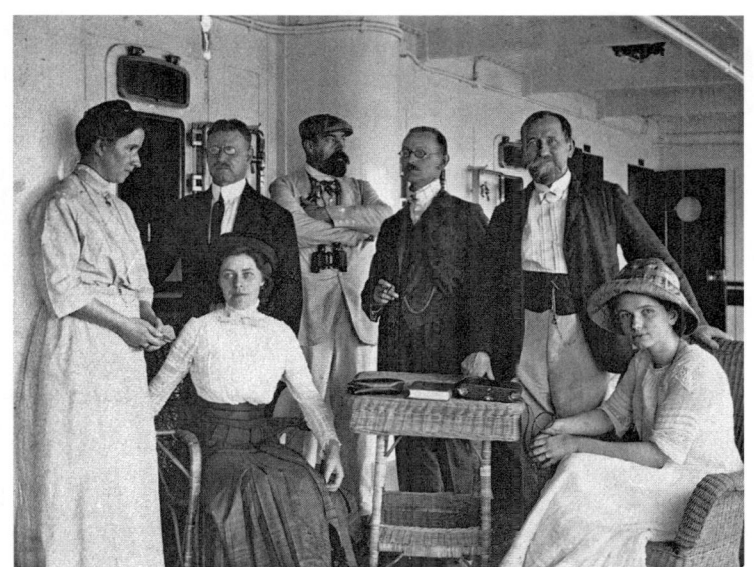

An Bord der »Prinz Eitel Fr edrich« 1911. Hesse in der Mitte,
links von ihm Hans Sturzenegger

Stimmen

Wilhelm Schussen:

*Bei meinem ersten Besuch wohnte er noch in einem kleinen Bauern-
haus, eigentlich schöner als später in seinem eigenen Neubau auf einem Auslug draußen vor dem Dorfe. (...) Bei einem zweiten Besuch
strich Hesse, als ich unvermutet daherkom, gerade einen Fensterladen
an. (...) Ich aß mit ihm und seiner Frau zu Mittag. Ich bewunderte den
prachtvollen Blick über den See und auf das Münster von Konstanz.
Doch Hesse sagte: »Ein solcher berückender Blick wirkt auf die Länge
eher wie eine Kulisse, und ein weniger idealer hat sicher manche Vor-
züge.«*

Wilhelm Schussen, *Anekdote meines Lebens,* in: *Hermann Hesse in Augenzeugenberichten,* S. 498.

Wilhelm Schäfer:

Dieses Gaienhofen ist freilich ganz fatal; denn dadurch ist er zum Über-
fluß auch noch Badenser geworden, nicht ohne die Gefahr, daß nun
von Karlsruhe sich Arme verlangend nach seinem Ruhm ausstrecken.
So daß er selber, solchen Dingen einsiedlerisch abgeneigt, demnächst
sich noch als Balte offerieren wird, was er durch seinen Vater tatsäch-
lich ist. Das gibt nun für die Heimatkunst ein sonderbares Bild; und wer
dann noch Italien dazu rechnet, das nicht nur in den Dichtungen, son-
dern auch im Leben Hesses fast die Hälfte einnimmt: der gewinnt viel-
mehr den Eindruck von einem Entwurzelten, von einem »Pilgrim und
Wandersmann« auf Erden, der nirgends heimisch ist und darum an der
Grenze der Länder sich eingenistet hat, von wo er jederzeit, nach Süden
mehr als Norden, ausziehen kann.

Wilhelm Schäfer, *Hermann Hesse*, in: *Hermann Hesse in Augenzeugenberichten*,
S. 57.

Stefan Zweig:

Nun war, so hätte man meinen mögen, des Wanderers Sehnsucht erfüllt.
Nun saß der arme Buchhändlergehilfe von einst im eigenen Hause am
Bodensee, hatte eine Frau und zwei helle Kinder neben sich, einen Gar-
ten, ein Boot, ein Schock Auflagen und breiten literarischen und bür-
gerlichen Ruhm. Nun konnte er sich's still sein lassen und wohl. Aber
seltsam, je mehr sich ihm von außen erfüllte, je mehr die Ruhe ihm ent-
gegenkam, umso mehr schwoll und rührte es sich in diesem merkwür-
digen Menschen.

Stefan Zweig, *Der Weg Hermann Hesses*, in: *Neue Freie Presse Wien* vom 6. Februar
1923.

Hermann Hesse:

Meine Frau erwartet etwa Ende Monats ein Kleines, und wenn alles gut
abläuft, werde ich bald nachher für einige Zeit aus der Gegend ver-

schwinden und unerreichbar sein. Ich habe ein Billet nach Singapore
bestellt, ein Freund reist mit, wir wollen Sumatra bereisen, und dann will
ich noch im Urwald bei Kwala Lumpur (...) eine Zeitlang Schmetterlinge
fangen.

HH an Conrad Haußmann am 9. Juli 1911 aus Gaienhofen, in: *Gesammelte Briefe.*
Erster Band, S. 194.

Mia Hesse:

Ich hoffe sehr, Du habest Dich inzwischen doch schon etwas akklimati-
siert, ich fände es furchtbar schade, wenn Du die Reise so abbrechen
müßtest. Es müßte auch nicht gut sein, dann hier mitten in die Winter-
kälte herein zu schneien. Hoffentlich verbringst Du doch den größeren
Teil des Winters noch in den Tropen.

Mia Hesse an HH am 10. November 1911 aus Gaienhofen. Hesse Editionsarchiv.

Hermann Hesse:

Ich bin also wieder da und büße die unverzeihliche Dummheit, daß ich
aus der schönen Sonne in unsre unwirtliche Wüste zurückkam, durch
Schnupfen und Halsweh. Am liebsten besuchte ich Sie gleich jetzt, aber
die Frau sähe das nicht gern und die Jahreszeit ist gar zu scheußlich,
so wollen wir ein wenig warten. (...) Außerdem will ich mein Haus ver-
kaufen – wissen Sie niemand? Haus, Garten und Wiese, alles zusammen
30 000 Mark. Wenn der Verkauf gelingt, brauche ich meinem Schwie-
gervater nichts schuldig zu bleiben und kann wieder in die Welt zie-
hen, etwa nach München oder Zürich.«

HH an Albert Fraenkel am 25. Dezember 1911 aus Gaienhofen, in: *Gesammelte*
Briefe. Erster Band, S. 203.

8.

Nach Hesses Rückkehr aus Indien und Ostasien am Ende des Jahres
1911 muß sich das Ehepaar eingestehen, daß ihr Projekt vom zurück-
gezogenen, einfach-ländlichen Leben gescheitert ist. Als ob Hesse bereits vor dem Bau des neuen Hauses geahnt hätte, daß Gaienhofen
nur eine Episode sein würde, teilte er der Familie in Calw schon am
17. Januar 1907 mit: »Das Risiko beim Bau ist unbedeutend. Das Land
ist hier sehr billig, daran ist nichts zu verlieren, und ein Wohnhaus
wäre hier jederzeit ziemlich leicht zu verkaufen. Es ist sogar mehr als
wahrscheinlich, daß in nicht allzu langen Jahren unser Ufer (vielleicht
auch durch Bahnbau) belebter werden wird, sei es durch Sommer-
frischen oder Industrie. Schon jetzt wird hie und da von Fremden
hier ein Haus zum Mieten oder Kaufen gesucht.«
Also geben sie ein Inserat auf, bieten ihr Haus an, ohne jedoch zu wissen, wo sie künftig wohnen werden. Hesse zieht es noch immer nach
München, auch Dresden ist wieder im Gespräch. »Nach Schwaben
kann ich nicht, weil meine Frau das nicht will; in der ganzen Sache
höre ich vor allem auf sie, möchte auch die Kinder zu Schweizern
machen«, schreibt er im Juni 1912 an den Freund und Redaktionskollegen des *März*, Conrad Haußmann. Hesse schlägt Zürich vor, denn
Mias Heimatstadt Basel scheidet als Wohnort aus. »Nach Basel zieht
es mich wenig, meine Basler Zeit ist versunken und wenig gute Erinnerung daran«, gesteht er Jakob Schaffner. Aber: »Ende des Monats
gehe ich ein paar Tage nach Bern, das ich sehr liebe ...«
Damit ist die Entscheidung gefallen: Die Hauptstadt der Eidgenos-
senschaft soll der künftige Wohnort werden. »In die Stadt selbst wollten wir zwar nicht ziehen, das wäre uns wie Verrat an unseren Idealen
vorgekommen, aber wir wollten in der Nähe von Bern ein stilles ländliches Haus suchen ...« Und so bittet Hesse seinen Berner Freund,
den kantonalen Oberförster Walter Schädelin, sich nach einem geeigneten Objekt umzuschauen.
Das Frühjahr 1912 ist kühl und regnerisch, Hesse angesichts der un-
klaren Situation übellaunig, »halbkrank mit Darmstörungen in un-

leidlicher Depression.« Es ist Pfingstsonntag, »den ich ohnehin nicht liebe, da ich mich einst an einem solchen Tag verlobt habe«. Oben im Haus liegt er in Decken gewickelt, von unten dringt Kinderlärm herauf. Plötzlich erscheint ihm alles sinnlos, der Hausverkauf, die Suche nach einem neuen Heim, der geplante Umzug ins teure Bern, der ihn zwingen wird, mehr »Geld für den Unterhalt zusammenzubringen«. Deprimiert gesteht er Conrad Haußmann im Juni: »... ich habe keine Zukunftspläne und Hoffnungen und glaube nicht, daß ich alt werde. Das beste wäre gewesen, mein hiesiges Einsiedlerleben für immer fortzusetzen.«

Doch dann bietet sich überraschend eine Möglichkeit, die auch er akzeptieren kann: Das Haus des kürzlich verstorbenen Malers Albert Welti, mit dem Hesse bekannt war und dessen ländliches Anwesen in Ostermundigen bei Bern er häufig besucht hat, ist zu vermieten. Es gehört einer Berner Patrizierfamilie, der Mietzins ist angemessen, innerlich jedoch wehrt sich das Paar zunächst »gegen diese Nachfolgerschaft, es roch uns zu sehr nach Tod«. Aber sie wägen ab, und es überwiegen die Vorteile: ein altes Berner »Aristokratengütchen«, wie Mia es liebt, eingebettet in Felder und doch stadtnah, mit einem zugewachsen-verwunschenen Garten, einem plätschernden Brunnen, dem Wäldchen mit Ahornbäumen, Eichen und Buchen – und in der Stadt »ein paar Freunde und Musik«, gute Schulen für die Kinder. Hesse unterschreibt den Mietvertrag.

Trotz der in Gaienhofen gewonnenen Erkenntnis: »Die Flucht zur Gärtnerei und Idylle ist ein zweifelhaftes Zeugnis, das trügen kann...«, fällt es ihm schwer, sich zu lösen. Im Sommer, inmitten seines üppig blühenden bäuerlichen Gartens, kommen erneut Zweifel. Am 23. Juli bekennt er Heinrich Wolfgang Seidel: »Die Außenseite meines Lebens hier ist hübsch und verlockend, und ich weiß nicht, ob ich es in Bern ebenso schön haben werde. Zwar habe ich dort ein altes, etwas verwahrlostes Berner Landhäuschen weit vor der Stadt gemietet, mit Garten und alten Bäumen, aber im Augenblick ist doch die Anhänglichkeit an das Bisherige größer als die Freude aufs Neue.«

Wie schon beim Einzug in das alte Bauernhaus 1904 und dem Umzug in das neue Haus 1907 überläßt er auch jetzt Mia die Umzugsplanung und das Auflösen des Gaienhofener Hausstandes, nimmt seinen Koffer, fährt über den See nach Ermatingen und kehrt im Gasthof »Adler« seines Freundes Maurer ein, »um die letzten Tage am See noch zu genießen«. Die Männer machen Ausflüge im Auto, trinken Wein in ländlichen Wirtshäusern. »Und so kam schließlich«, erinnert sich Hesse, »ein schöner, bedächtiger Abschied zustande, dessen ich mich nicht zu schämen brauche.«

Mias Abschied ist weder schön noch bedächtig. Sie hetzt zwischen Basel, wo Bruno bei Bertha von Brunn untergebracht wird, nach Thun zu ihrer Schwester Emma, bei der Heiner während des Umzugs wohnt. Schließlich fährt sie zurück nach Gaienhofen und zu Ida Huck, die den kleinen Martin in Pflege nimmt. Mia überwacht die Möbelpacker in Gaienhofen, den Auszug der Erben Weltis, übernimmt einiges von Möbeln und Hausrat, auch eine Hobelbank mit Werkzeug, »da ich dachte, Du habest Freude dran«. Das schreibt sie am 11. August nach Badenweiler, wo sich ihr Mann wieder einmal bei Prof. Fraenkel aufhält. Er hat inzwischen die ersten Skizzen zu einem neuen Roman begonnen, den er *Roßhalde* nennen wird – ein Titel, der bereits auf den Schauplatz verweist, die Schosshalde bei Bern, das Grundstück des Welti-Hauses.

In seinen 1931 niedergeschriebenen Erinnerungen *Beim Einzug in ein neues Haus* fehlen die Wochen in Badenweiler, da erzählt er launig von der Einladung zu einer Fahrt mit der Jungfraubahn, vom Tal von Grindelwald, dann »hält er zwei Tage im alten Thun Rast« und zieht schließlich »durchweht und von allen Abschiedsgedanken gereinigt« in sein neues Heim. »Zwischen Handwerkern und Arbeitern traf ich meine Frau am Werk; man war so weit, daß im Hause zur Not geschlafen und gegessen werden konnte.«

Und so, wie er im vergangenen Jahr mitgeteilt hatte, daß er im Ausland weilt, geht jetzt ein gedrucktes Schreiben an seine Briefpartner, daß er ab dem 15. September nicht mehr in Gaienhofen, sondern im Melchenbühlweg 26 in Bern lebt; Zusatz: *(Post aus Deutschland und Österreich Auslandsporto).*

Haus im Melchenbühlweg

*

In den nächsten Wochen beginnt das Paar, sich im Melchenbühlweg einzurichten: »Eine Menge kleiner Stuben mit angegilbtem Getäfel und rissigen alten Tapeten, eine steinerne, sehr herrschaftliche Wendeltreppe, ein hübsches, lichtes Sälchen, sonst alles primitiv und bescheiden. An den Wänden hängen die Porträts von ehemaligen Besitzern, mit Perücken und Jagdhüten ...« Hesse steht auf der von einem alten Glyzinienbaum überwachsenen Veranda, schaut in den verwilderten Garten, findet reifes Obst unter den Bäumen, verblühende Blumen in den Rabatten, »überlegt ein wenig, was sich bei gutem Willen daraus machen ließe. (...) Man denkt sich ein fleißiges und verträgliches Leben und hat Lust zu guten Vorsätzen«.

Lust zu guten Vorsätzen? Wird das neue Umfeld die Möglichkeit des Neuanfangs für Mia und Hermann Hesse bieten? Seit seinem Entschluß, im Sommer 1911 nach Indien zu reisen und seine Frau mit dem neugeborenen Martin allein zu lassen, hat sich Mias Beziehung zu ihrem Mann deutlich abgekühlt. Nicht nur der Eheskeptiker Hesse zweifelt an der Partnerschaft, auch Mia scheint erstmals unsicher, hofft, durch den Ortswechsel ihre Gemeinsamkeit neu gestalten zu können. Mit der ihr eigenen Tatkraft beginnt sie das dritte Mal, ein »Nest« zu bereiten. Sorgt, daß Hesses Arbeitszimmer eingerichtet, sein Schreibtisch aufgestellt ist. Er packt die Bücher aus. Bruno geht vormittags zur Schule, und Mia versucht, für Arbeitsruhe im Haus zu sorgen, während sich Hesse erneut dem Manuskript *Roßhalde* zuwendet. Alle Voraussetzungen für das »verträgliche Leben« scheinen gegeben. Aber die Konflikte der vergangenen Jahre lassen sich nicht verdrängen. Hesse wird das Leben mit Mia und den Kindern immer beschwerlicher. Er fühlt sich eingesperrt, nur der Bahnhof in der Nähe beruhigt, »sodaß man zuweilen wegfahren kann«. Immer mehr zweifelt er, daß sich bürgerliche Bindungen und Künstlertum verbinden lassen, wird das eben bezogene Landhaus zum Schauplatz einer gescheiterten Ehe: »ein verwahrloster alter Herrensitz mit zugewachsenen Gartenwegen, vermoosten Bänken, brüchigen Treppenstufen und undurchdringlich verwildertem Park.« Hier lebt der Maler Johann Veraguth, ein berühmter Mann wie sein Autor Hermann Hesse. Er ist verheiratet, aber »die zunehmenden Zerwürfnisse in seiner Familie« hatten ihn bewogen, im Park ein Atelierhaus zu bauen und dorthin zu ziehen, während seine Frau Adele mit den beiden Söhnen das Herrenhaus bewohnt. Den ältesten, Albert, schickt Veraguth auf »auswärtige Schulen«, der kleine Pierre lebt bei der Mutter, »Liebling beider Eltern und das einzige Band zwischen Vater und Mutter«. In diese Ehe auf Distanz, die Veraguths Kreativität lähmt, kündigt der alte Schulfreund Otto Burkhardt, der als Plantagenbesitzer auf Sumatra lebt, seinen Besuch an. Bei seiner Ankunft spürt Burkhardt die Entfremdung des Ehepaares, die Bedrückung Veraguths und schlägt dem Freund vor, ihn nach Ostasien zu begleiten. Aber noch ehe dieser Plan umgesetzt werden kann, erkrankt Pierre an Hirnhautentzündung, und die Eltern müssen hilflos ansehen, wie ihr Kind stirbt. Aber so wie Pierre seine Eltern nicht hatte versöhnen können, so führt auch sein Tod das Paar nicht wieder zusammen. Veraguth bricht auf nach Indien, »voll Trotz und unternehmender Leidenschaft sah er dem neuen Leben entgegen«.

Abschiednehmend beruhigt er seine Frau: »es ist alles gut, es ist wirklich nichts mehr zu klagen. Sieh, jetzt hast du Albert ganz für dich. Und ich, ich habe meine Arbeit. Damit läßt sich alles ertragen. Auch du wirst glücklicher sein, als du es seit Jahren warst.« Daß diese Sätze Veraguths einmal auf sie selbst zutreffen könnten, mag sich Mia beim Lesen des Romans nicht vorgestellt haben. Sie wird betroffen gewesen sein, aber das, was Veraguth suchte, war ja in der Realität ihrer Ehe bereits Vergangenheit. Hesse war in Indien gewesen und auf Sumatra, wo der Bruder seines Reisegefährten Sturzenegger eine Holzhandelsfirma leitete. Sein Traumland hatte ihn enttäuscht, jetzt will Mia dafür sorgen, daß ihr Leben auf der Schosshalde nicht scheitert, denn sie fürchtet wie Adele Veraguth im Roman: »Mochte für ihn noch ein neues Leben möglich sein, für sie war es nicht so.«

*

Mia hat eine Hilfe für Haus und Kinder gefunden und fährt mit ihrem Mann über Neujahr 1912/1913 zum Skilaufen nach Grindelwald. Doch trotz des schönen Wetters und des guten Weins ist die Reise kein Erfolg. Es liegt zu wenig Schnee, und das Ehepaar bringt die Ski unbenutzt zurück. Hesse hält es nicht im Melchenbühlweg, er beginnt erneut seine unruhigen Reisen: im Januar 1913 nach Baden und Brugg zu Vorträgen, dann zu Alfred Schlenker nach Konstanz und Mitte März mit Othmar Schoeck und dem Maler Fritz Widmann nach Italien. Er ist nicht nur mit Widmann, sondern auch mit dessen Frau Gret, einer Fotografin, befreundet. In Büchern findet man ihr Foto Hesses von 1910: konventioneller Anzug mit Weste, Uhrkette, steifem Kragen und Fliege; eine Brissago in der Linken, das Kinn hoch gereckt. Wie anders Mias Fotos aus dieser Zeit. Sie zeigen ihren Mann in offenem Hemd, Cord- oder Leinenjacke, verbeultem Hut. Mal mit Freunden am See, mit den Kindern im Garten, locker-lässig gekleidet – oder nackt.
Bevor Hesse im Frühjahr 1913 nach Oberitalien aufbricht, erreicht ihn wieder ein Brief aus Czernowitz. Er hat auch Ninon Ausländer seine neue Anschrift mitgeteilt, und unter dem Datum vom 1. Februar 1913

Hesse fotografiert von Gret Widmann und von Mia Hesse

erzählt sie von ihrer Familie, ihren Freunden, ihrer Lektüre – hauptsächlich Plato – und davon, daß sie kurz vor der Matura steht. Und sie bittet, daß er antworten möge. Das tut er, wenn auch mit einiger Verzögerung.

Zunächst wandert Hesse mit Schoeck und Widmann, besucht Bergamo und Verona, Cremona, Mantua und Padua. Mia ist mit dem Frühjahrsputz beschäftigt und liest Hesses »Indien«-Manuskript Korrektur, erkundigt sich in einem Brief nach Schreibweisen des Malaiischen. Der Plan, gemeinsam eine Zeit in Italien zu verbringen, wird nicht mehr erwähnt.

Nein, gemeinsame Reisen mit der Familie finden in diesem Jahr nicht statt. Mia geht im Juli mit ihren Kindern und den Freunden Schädelin zum Wandern ins Berner Oberland, an den nahen Brienzer See, steigt auf den Gurten. Hesse hält sich bei seinem Komponistenfreund in Brunnen bei Luzern auf, wo Schoecks Familie das »Hotel Eden« betreibt. Als er im August in den Melchenbühlweg zurückkommt, erwartet ihn wieder ein Brief Ninon Ausländers, nicht aus dem fernen Czernowitz, sondern aus dem nahen St. Moritz. Sie hat inzwischen die Matura bestanden und verbringt mit ihrer Mutter den Sommer im Gebirge. Wieder schreibt sie über Lektüreeindrücke: Goethe, Jacobsen, Gottfried Keller – und Hermann Hesse, dessen »wundervolles Indienbuch« sie gerade gelesen hat. Und sie liest den Vorabdruck des ersten Teils von *Roßhalde* in Velhagen & Klasings Monatsheften und wartet »voll Ungeduld auf den Schluss«. Es erstaunt, wie kühn die Abiturientin in diesem Brief vom 8. August 1913 ihr Urteil formuliert: »Rosshalde scheint mir wieder ein Schritt nach vorwärts zu sein. Die wundervolle Innigkeit, die in Ihren früheren Romanen und Novellen lag, finde ich hier wieder, und doch ist die Sprache groß und stark, nicht mehr rein lyrisch wie früher.«[2]

Hesse wird das gefallen haben, denn er antwortet seiner Verehrerin umgehend ins »Hotel Engadinerhof« und lädt sie nach Bern ein. Die Mutter, Gisela Anna Ausländer, verbietet jedoch den Besuch. Aber Ninon gibt nicht auf. Inzwischen in Luzern, schlägt sie Hesse vor, die zweistündige Bahnfahrt zu unternehmen und zu ihr zu kommen. Vergebens. Bei ihrer Weiterreise von Luzern nach Lindau und Konstanz ist für sie der Bodensee »das Wunderbarste der ganzen Reise«, weiß sie doch hier die Spuren ihres Dichters, sucht ihre Eindrücke in eigene enthusiastische Verse zu fassen.

Als Hesse sich am 16. Oktober 1913 zu einer Lesung in Wien aufhält, ist Ninon Ausländer in Czernowitz. Um einen Tag verpaßt sie ihn, schreibt im Dezember aus Wien, wie sehr sie bedauert, ihn nicht gesehen, seine Lesung nicht gehört zu haben. Und fragt, ob er in absehbarer Zeit wieder einmal nach Wien komme. Sie möchte ihn treffen, ihm Fragen stellen. Ihr Drängen muß ihn abgeschreckt haben. Hesse beantwortet den Brief nicht.

*

Ende des Jahres 1913 stirbt Fritz Bernoulli nach langer Krankheit in Basel, und die Geschwister müssen den Haushalt am Schützengraben auflösen. Das scheint nicht ganz ohne Streit gegangen zu sein. Am 12. Januar 1914 berichtet Mia ihrem Mann nach Frankfurt: »Ich bin unendlich froh, daß die ganze Teilung endlich abgetan ist – es hat mich noch selten etwas so ermüdet und aufgeregt zugleich. Im ganzen gings ja noch recht anständig, obwohl wir im Verlauf der Sache einige Mal dazu kamen, Berthie den Standpunkt klar zu machen, wobei wir mit aller wünschenswerten Offenheit verfuhren. Ich habe jetzt eher das Gefühl, reinen Tisch gemacht zu haben, als Anlaß zu Feindseligkeit gegeben zu haben. Ich war am Anfang der ganzen Fehde viel aufgebrachter gegen Berthie und Annie als jetzt, wo ich ihnen rückhaltlos meine Meinung gesagt.« Um welche Unstimmigkeiten mit den beiden ältesten Schwestern es ging, ist Mias Briefen nicht zu entnehmen. Keine Diskussion gibt es um den Platz des Familienoberhaupts. Den nimmt als ältester Sohn Adolf Bernoulli ein. Er erbt nicht nur den Degen des berühmten Vorfahren, des Mathematikers Johann II., sondern ist auch verantwortlich für das Bernoulli-Gengenbach-Vermögen. Einen beträchtlichen Teil legt er 1914 in ungarischen Staatsanleihen an, die wenige Jahre später, nach dem Zusammenbruch der Donaumonarchie, wertlos geworden sein werden.

Mia kehrt mit einer Tasche voll Familienporzellan aus Basel in den Melchenbühlweg zurück, wo die Kinder und das Hausmädchen sie ungeduldig erwarten. Hesse ist den gesamten Monat auf Reisen: Frankfurt, Essen, Weimar. Er hat sich erkältet, fühlt sich überlastet. Obwohl sie um den Vater trauert, von der Auseinandersetzung mit den Schwestern »ermüdet und aufgeregt zugleich« ist und Heiner krank zu Bett liegt, klagt sie nicht, sondern versucht, mit freundlichen Ratschlägen und Erzählungen von den Kindern, von Konzerten in Bern und den Freunden ihren Mann aufzuheitern. Und sie macht Pläne für gemeinsame Skiferien nach seiner Rückkehr, erkundigt sich nach Unterkünften in Gstaad. »Wenn's hier mehr Schnee gäbe, brauchte man ja nicht weg«, schreibt sie am 26. Januar, »aber die Skigelegenheiten in der Nähe sind doch etwas beschränkt«. Die erkundet sie mit dem neunjährigen Bruno, der »macht's ganz famos«.

Beim »sporteln« im Schnee denkt Mia dankbar an den verstorbenen Vater, der mit seiner großen Kinderschar zum Rodeln ging und in den Sommerferien oder an Feiertagen große Wanderungen mit ihnen unternahm. »Vater ging nie ohne Familie«, erinnert Mia, »waren die kleinen Kinder müde, so ›krägelte‹ er sie abwechselnd auf dem Heimweg. Aber nie wäre es einem von uns eingefallen zu heulen, wenn wir auch noch so müde waren. (…) ich war meinem Vater immer dankbar, dass er uns so gut trainiert hatte, u(nd) habe es bei meinen Söhnen ebenso gehalten, obschon mein Mann da gar nicht mittat. Wir haben auf unseren sonntäglichen Entdeckungsfahrten die Umgebung von Bern besser kennen gelernt als viele eingeborne Berner.«

Als Hesse im März über Korntal heimkommt, liegen die ersten Exemplare der Buchausgabe von *Roßhalde* im Melchenbühlweg – und Martin ist krank. Er leidet an Meningitis wie der kleine Pierre im Roman, und Mia weicht nicht von der Seite des Kindes. Heiner wird bei Schädelins einquartiert, Bruno geht zur Schule. Und Hesse sitzt ungeduldig im Arbeitszimmer, schreibt an Adele Gundert: »Mia haust ganz im Schlafzimmer beim Kleinen, bei halbverdunkelten Fenstern, und kann kaum einen Augenblick weg, ißt sogar meist oben, während sonst niemand zu Brüdi darf. Das soll Wochen dauern!«

Anders als Veraguth, ist Hesse jedoch nicht bereit, am Bett des kranken Kindes zu wachen, überläßt allein Mia die Pflege, wartet darauf, wieder reisen zu können. Am 16. März teilt er seinem Vater mit: »Bei Martinli steht es ziemlich gleich, eher ein wenig besser. Für Mia ist es, abgesehen von der Sorge, überaus beschwerlich, sie kommt den ganzen Tag kaum eine Viertelstunde vom Kleinen weg.«

Wichtiger als die Krankheit des Kindes ist ihm jedoch, Johannes Hesse rechtfertigende Erklärungen zu *Roßhalde* zu geben: »Der Roman hat mir viel zu schaffen gemacht und ist für mich ein, wenigstens einstweiliger, Abschied von dem schwersten Problem, das mich praktisch beschäftigt hat. Denn die unglückliche Ehe, von der das Buch handelt, beruht gar nicht auf einer falschen Wahl, sondern tiefer auf dem Problem der ›Künstlerehe« überhaupt…‹ Er selber, versucht er den Vater zu beruhigen, habe in dem Roman eine Sache zu Ende geführt, die er im Leben anders und besser lösen wolle. Vielleicht hat er das wirklich vorgehabt, aber so wie *Roßhalde* scheinbar die Krankheit Martins vorausnimmt, so formuliert Hesse auch ahnungsvoll das Ende seiner Ehe: »Schon damals dachte ich zuweilen daran, die Ehe wieder aufzulösen. Aber das war nicht so einfach. Ich war an Stillsitzen und Arbeit gewöhnt und schreckte immer wieder vor dem Gedanken an Gerichte und Anwälte, vor dem Abreißen aller kleinen täglichen Lebensgewohnheiten zurück. Wenn mir damals eine neue Liebe in den Weg gekommen wäre, hätte ich den Entschluß leicht gefunden. Aber es zeigte sich, daß auch meine eigene Natur schwerfälliger war als ich dachte.«

Dennoch wird es fünf Jahre später so kommen. Er wird sich von Mia trennen und einer neuen Liebe begegnen: Ruth Wenger, der Tochter eines Fabrikanten, die in diesem Jahr 1914 eine Haushaltungsschule in Lausanne besucht und »schönes fließendes Französisch lernt«. Und wie Adele Veraguth in *Roßhalde* wird auch Mia bei der Scheidung nicht kampflos ihre Kinder aufgeben. Hesse muß, wie Veraguth, erkennen, »daß diese stille, geduldige Frau keinen Fingerbreit nachzugeben gesonnen war; sie fühlte ihre Macht sehr deutlich und war mir überlegen. Damals haßte ich sie geradezu, und etwas davon ist immer hängengeblieben.«

Mia und Hermann Hesse mit Heiner im Garten des Berner Hauses

*

Ende März hält Hesse es im Melchenbühlweg nicht mehr aus und fährt zu Freund Schlenker nach Konstanz. Mia holt Heiner von Schädelins nach Hause, begleitet Bruno zu einem Schulexamen und bereitet Martin zur Abreise nach Kirchdorf vor, wo er von den Schwestern Alice und Johanna Ringier gepflegt werden soll. Das war eine Vorgabe Hesses gewesen, daß das kranke Kind das Haus verlassen haben muß, wenn er heimkommt. Mia, erschöpft von der wochenlangen Pflege, gibt nach, weiß »Brüdi« bei den Ringiers in guten Händen.

Am 2. April 1914 reist Hesse an den Gardasee, nach Gardone-Rivera, wo er im »Grand Hotel« mit seinem Verleger Samuel Fischer zusammentrifft, der sich, nachdem *Roßhalde* bei Albert Langen in München erschienen ist, des nächsten Manuskripts seines Erfolgsschriftstellers versichern will. Denn das Buch ist überwiegend positiv aufgenommen worden und verkauft sich gut. Selbst der kritische Tucholsky stellt in seiner Rezension fest: »Nun hat er sich gewandelt, er ist älter geworden, und es bereitet sich da etwas vor. Wenn nicht vorn auf dem Titelblatt der Name Hesse stünde, wüßten wir nicht, daß er es geschrieben hat. Das ist nicht unser lieber, guter alter Hesse: das ist jemand anders (…) er hat die heimatlichen Zelte abgebrochen und geht – wohin?« Darauf ist auch Fischer gespannt, der die kommenden Wege und Umwege seines Autors begleiten und die daraus entstehenden – fast immer autobiographisch grundierten – Manuskripte verlegen wird.

Während Hesse sich im April in Gardone und im Juli in seiner Heimat aufhält, seine alte Schule in Maulbronn, Adele und Schwager Gundert in Hopfau, Schlenker in Konstanz, aber auch Finckhs in Gaienhofen besucht, bleibt Mia im Melchenbühlweg, erledigt mit der Magd den Hausputz, schickt ihrem Mann die Post nach und wandert mit den Kindern. »Das Hauptvergnügen war aber, in den Tümpeln der Aare Brücken u(nd) Dämme zu bauen, wozu ich ihnen ausgiebig Zeit ließ.« Wie früher Fritz Bernoulli mit seinen Kindern, so geht auch Mia mit Bruno und Heiner in die Berge um Spiez und den Thuner See. Sie besucht Martin regelmäßig in Kirchdorf und hofft,

Hesse überreden zu können, den Buben heimzuholen. Und sie schafft, wie schon in Gaienhofen, im Garten, erntet Obst und Gemüse, teilt mit: »Die Salatköpfe sind von tropischer Üppigkeit u(nd) der Spinat steht mannshoch.« Auch das Unkraut wächst, und der »Jätemann« läßt sich nicht blicken. Aber keine Klagen, sondern: »Ich freu mich, bis Du mir von Deiner Reise erzählst u(nd) hoffe, sie habe Dir nur Schönes u(nd) keine Enttäuschungen gebracht.« Zu ihrem Geburtstag wünscht sie sich »ein paar Tage Ferien für eine Bergtour«. Einschränkend fügt sie hinzu: »ich hab aber noch gar nichts Bestimmtes vor u(nd) vielleicht schieben mir die Umstände schon den Riegel.«

Als am 1. August 1914 der Erste Weltkrieg ausbricht, ist Hesse wieder im Melchenbühlweg und meldet sich auf dem deutschen Konsulat in Bern als Freiwilliger, wird jedoch wegen seiner Augenschwäche ausgemustert.

Stimmen

Hermann Hesse:

Die Ewigkeit, für die wir gebaut hatten, dauerte nicht lange. Ich hatte Gaienhofen erschöpft, es war dort kein Leben mehr für mich, ich reiste nun häufig für kurze Zeiten weg, die Welt war so weit da draußen, und fuhr schließlich sogar nach Indien (...) Die heutigen Psychologen, der Schnoddrigkeit beflissen, nennen so etwas eine »Flucht«, und natürlich war es unter anderem auch dies. Es war aber auch ein Versuch, Distanz und Überblick zu gewinnen. (...) Aber das alles genügte nicht. Mit der Zeit fanden sich zu den verschwiegenen inneren Gründen unsrer Unzufriedenheit auch die äußern (...) und allmählich gewöhnten wir uns daran, unser Haus als verkäuflich und unser Gaienhofener Leben als eine Episode zu betrachten.

Hermann Hesse, *Beim Einzug in ein neues Haus*, in: *Jahre am Bodensee*, S. 127.

Romain Rolland:

Ich besuche Hermann Hesse in Bern. Er wohnt ziemlich weit entfernt von der Stadt auf einem Hügel am rechten Ufer der Aare, aber dem Fluß abgewandt, näher beim Bahnhof von Ostermundigen, als an dem von Bern, mitten auf dem Land (...) Dort lebt er mit seiner Frau und seinen Kindern (...) die den Tag über nackt verbringen, wie kleine Wilde, vom Kopf bis zum Bauch und von den Hüften bis zu den Fußsohlen nur mit einer blauen Badehose bekleidet.

Romain Rolland, Tagebucheintrag vom 21. August 1915, n: *Hermann Hesse in Augenzeugenberichten*, S. 70.

Hermann Hesse:

Der kleine Brüderli ist seit einiger Zeit fabelhaft aufgeregt, seit kurzem begann er auch nachts schreiend zu erwachen, aus dem Bett zu rennen und mit Angstzuständen zu tun zu haben. Es wurde uns schließlich ängstlich, und jetzt erklärt die Ärztin ihn für nervenkrank (Meningitis), er ist ganz isoliert, Mia Tag und Nacht allein bei ihm. (...) Einstweilen bleibe ich da, um zu sehen, was wird, später reise ich vielleicht ein wenig fort (...)

HH an Adele Gundert Anfang März 1914 aus Bern, in: *Gesammelte Briefe*. Erster Band, S. 241.

Heiner Hesse:

Martin war (...) sehr oft krank. Als er eine Hirnhautentzündung bekam, hat meine Mutter in abgedunkelten Räumen wochenlang bei ihm gesessen.

Heiner Hesse in *Der Tagesspiegel*, Berlin, vom 29. Dezember 2002.

Hermann Hesse:

Sonst Kindersorgen (Martinli ist zum drittenmal weggegeben in Pflege aufs Land) und alles übliche, aber täglich zweimal dazwischen die Zeitung mit Kriegstelegrammen, an der Studierzimmerwand die Landkarten dazu.

HH an Otto Blümel am 4. Dezember 1914 aus Bern, in: *Gesammelte Briefe*. Erster Band, S. 252 f.

Heiner Hesse:

Mein Vater hat meinen kleinen Bruder Martin nicht ertragen. Martin besaß alle sensiblen Seiten meines Vaters in Potenz, er war übernervös, immerzu krank, er schrie viel. »Entweder das Kind muß aus dem Haus oder ich gehe«, hat mein Vater schon früh zu meiner Mutter gesagt. Mehr als einmal.

Heiner Hesse in *Der Tagesspiegel*, Berlin, vom 29. Dezember 2002.

Hermann Hesse:

Der Versuch, Brüdi wieder daheim zu haben, ist leider nicht geglückt. Mia bringt ihn heut wieder fort. Er war nun im Ganzen etwa 16 Monate von uns fort. Mir geht es wenig gut (...) es gibt ja Naturen, die es leichter damit haben, aber schließlich bleibt man doch, der man ist, und will nun einmal sein eigenes Leben haben, auch wenn's ein versalzenes ist.

HH an Adele Gundert am 5. Juni 1916 aus Bern, in: *Gesammelte Briefe*. Erster Band, S. 328.

Romain Rolland:

Hesse ist (...) mittelgroß und von sonderbarem Äußeren: runder Kopf, geringer Bartwuchs, fast keine Augenbrauen, spärlicher Schnurrbart, blaugraue, kaltblickende Augen hinter der Brille. (...) Er spricht schlecht Französisch. Jedoch ist er so gütig, sich drei Stunden mit mir in dieser

Sprache zu unterhalten (...) Seine Frau, die weder sehr schön, noch sehr jung ist, aber intelligent und ernst aussieht, wirkt französischer. (...) Er lebt ziemlich isoliert. Seine wenigen Freunde in Bern sind vor allem Musiker, von denen einer, ein Dirigent, mehrere Gedichte vertont hat.

Romain Rolland, Tagebucheintrag vom 21. August 1915, in: *Hermann Hesse in Augenzeugenberichten*, S. 70 f.

Hugo Ball:

Sich eine Heimat zu schaffen, hatte er den »Camenzind« geschrieben. Aus demselben Grund war er nach Gaienhofen gezogen. Um die Heimat, den Bund mit Frau und Kindern zu halten, war er vom Bodensee aufgebrochen nach Bern. Jetzt stellt ihn die allerorten hervorbrechende Wildheit vor neue Aufgaben und Qualen. Eine Überbürdung droht ihn, gleich dem Schüler Giebenrath, zu Fall zu bringen.

Hugo Ball, *Hermann Hesse*, S. 114.

9.

»Krokus war vergangen, Schneeglöckchen war verschwunden, im erwartenden bangen Spätfrühling blühte allein die alte Magnolie.« Als Hesse im Frühjahr 1914 mit diesen Worten sein Manuskript *Das Haus der Träume* beginnt, wählt er, nach eigenen Aussagen, erneut das Haus im Melchenbühlweg als Ort, an dem er seine Figuren versammelt: den alten Neander, seine Frau, die Söhne Alfred und Hans – und Betty, Alfreds Ehefrau. Mit ihr, die den Kosenamen für Elisabeth trägt, beschwört Hesse erneut die Erinnerung an Elisabeth La Roche, denn wie diese liebt auch Betty die Musik, ist eine einfühlsame Pianistin, singt »mit einer leichten, klaren Mädchenstimme«. Während der Alte sich seinem Garten, den Pflanzen und chinesischen Weisheitsbüchern widmet, ist seine Frau die freundliche Hüterin des Hauses, nicht verbittert wie Adele Veraguth, sondern »aufrecht und frisch« in ihren Tätigkeiten, verständnisvolle Gefährtin des Alten. Kein Konflikt des alten Ehepaares bahnt sich in dieser Fragment gebliebenen Arbeit an, sondern einer zwischen den ungleichen Brüdern. Da ist einerseits Alfred, der ernsthaft-überkorrekte Beamte, andererseits Hans, der kreative Architekt, der Liebling des Vaters – und zwischen ihnen Betty. Diese beiden Söhne muten wie die erwachsen gewordenen ungleichen Kinder des Ehepaares Veraguth an: wie der vom Vater abgelehnte Student Alfred und der geliebte kleine Pierre.
Hatte Hesse mit *Gertrud* einen »Musikerroman« und mit *Roßhalde* einen »Malerroman« vorgelegt, so scheint er jetzt eine Dreiecksgeschichte zwischen den Brüdern und Betty zu planen, vertraut doch die junge Frau ihrem Schwager Hans an, daß die kinderlose Ehe mit Alfred sie zutiefst unglücklich macht. Und Hans erkennt bei diesem Treffen erstmals Bettys Schönheit: »Wieder fiel ihm ihr Haar auf, schwarzes, vom Nacken her hochgekämmtes Haar. Er erinnerte sich, daß auf berühmten Blättern von Utamaro und andern japanischen Meistern die Kenner besonders die regelmäßige Feinheit des Haaransatzes rühmten, er besaß selbst ein solches Blatt, und stellte nun mit stillem Vergnügen dieselbe Vollkommenheit an Betty fest.« Wenige

Seiten später bricht die Erzählung ab. Hesse muß sich nach Ausbruch des Ersten Weltkrieges 1914 den Forderungen der Gegenwart stellen.

Dazu gehört, daß er sich, trotz der ersten Ausmusterung im August, als Württemberger weiterhin für das Militär zur Verfügung halten muß. Anfang Oktober reist er nach Stuttgart, wo er bei dem Freund und Redaktionskollegen des *März*, Conrad Haußmann, in der Hohenzollernstraße wohnt. Mia wandert an den Wochenenden mit Bruno und Heiner, geht auch mit einem Bergfreund auf die Fluh und schreibt an ihren Mann: »Wir kamen glatt herauf u(nd) ich freute mich, daß ich das Klettern noch gar nicht verlernt habe. Aber jetzt spür ich meine Oberschenkel!« Sie hat während Hesses Abwesenheit Martin nach Hause geholt, und »Brüdi ist nachts meist ruhig«.

Am 11. Oktober spielt Mia mit dem Gedanken, an den Bodensee zu fahren, um ihren Mann dort zu treffen. Nur der Garten hält sie zurück: Äpfel und Birnen müssen geerntet werden. Am 13. meldet sie Hesse, der inzwischen zu seinem Zahnarzt Schlenker nach Konstanz gefahren ist: »Das Obst ist alles eingetan, die letzten Sauergrauen holte ich heut mit direkter Lebensgefahr runter – auf einer ganz steilen Leiter, die nur grad an einen dickern Ast reichte. – Alles ganz prekär! Der Franzos ist heut grad im rechten Moment gekommen, um den Kies zusammenzurechen.« Dennoch gibt sie ihren Reiseplan auf, obwohl sie bedauert, ihre Freundin Ida Huck nicht sehen zu können.

Vielleicht war diese Entscheidung gut, denn in Konstanz hätte sie ihren Mann und Alfred Schlenker wegen einer Nichtigkeit in heftiger Kontroverse gefunden, die bei Hesses Abreise nicht beigelegt war. Schlenker ist es, der Anfang November den ersten Schritt zur Versöhnung tut, und Hesse antwortet am 10. November 1914 deutlich erleichtert: »Lieber Freund! Dein Brief war mir eine rechte Freude. Ich hatte selber längst an Dich schreiben wollen, war aber noch nicht ganz über eine Hemmung weggekommen, die auf jenem dummen Streit beruht, den wir damals in Konstanz hatten. Was mich dabei plagte, war nicht die Sache selber, sondern die Erfahrung, wie sehr ich als Nervenmensch und wenig Widerstandsfähiger, mich daran gewöhnt habe, bei anderen, Gesünderen, nur Schonung vorauszusetzen, statt selber mehr Schonung und guten Willen für ähnliche Zustände gestörter Laune bei meinen Freunden zu haben.«

Auch bei seiner Frau bringt er diese nicht auf, sondern hat sich daran gewöhnt, daß Mia ihn schont, auf seine Launen, Marotten, Hypochondrien eingeht, ihn davonziehen läßt. Schmerzlich hat sie erkennen müssen, daß ihr Mann ein Unruhiger, Reisender, ein Wandernder ist wie sein Landstreicher Knulp. Diese *Drei Geschichten aus dem Leben Knulps*, die Hesse in der Zeit von 1907 bis 1914 schreibt, liest Mia wie Rechtfertigungen des Außenseitertums gegenüber der Welt der »bürgerlich Ordentlichen«.

Längst weiß sie, daß Hesse in seiner Arbeit ein Maskenspiel treibt, Rollen wechselt, probiert, aufgibt, um neue Rollen zu finden: Hermann Lauscher, Peter Camenzind, Johann Veraguth, Knulp. Immer sind es Männer, um deren Wege die Geschichte kreist, auch dann, wenn Frauen Anlaß des erzählten Konfliktes sind. Tucholsky jedenfalls ist von *Roßhalde* begeistert: »Es freut einen so sehr, daß in diesem Buch (…) einmal wieder der Wert einer rechten Männerfreundschaft aufgezeigt wird (…) ohne hinterhältige Absichten, ohne Herrschaft, geknüpft von Individualität, von Mensch zu Mensch.« Ein Lob für Hesse, haben doch andere Autoren – wie Tucholsky im gleichen Text erwähnt – ihn bisher »über Gebühr mit läppischen Liebesgeschichten gelangweilt (…)«. Einer dieser Autoren ist der Rezensent selbst, der zwei Jahre zuvor mit *Rheinsberg. Ein Bilderbuch für Verliebte* vorgelegt hat und 1931 die knisternd-erotische Liebesgeschichte *Schloß Gripsholm* veröffentlicht.

*

Mia hat nach elf Jahren Ehe verstanden, daß Hesses Nervosität und Empfindlichkeiten, die das Zusammenleben schwer, oft unmöglich machen, seiner Kreativität geschuldet sind. In seinem Werk ist er nicht einer, sondern viele, und in jeder Lebensphase, mit jeder Lebenskrise wird sich dieser Rollenwechsel wiederholen. Die einschneidendsten Ereignisse und ihre literarischen Metamorphosen liegen 1914 noch in der Zukunft, beginnen sich aber immer deutlicher abzuzeichnen.

Der Krieg, das kollektive Geschehen, scheint Hesse in den letzten Monaten des Jahres 1914 zunächst von seinen individuellen Problemen abzulenken. »Ich war die erste Hälfte des Oktober in Württemberg, auch schnell am Bodensee, und habe etwas von der klargefegten Luft geatmet, die der Krieg geschaffen hat. Kein Zweifel, er tut den Seelen der Völker gut, er säubert und vereinfacht, und man muß das schätzen«, schreibt er Mitte November an seinen Freund Gustav Gamper ins Tessin. Und er schließt mit Grüßen an die Bewohner des Monte Verità, wenn auch nicht ohne Einschränkung: »Für mein Gefühl wird dort zu wenig gearbeitet, und auch die Kinderlosigkeit aller dieser Vegetarier-Ehen scheint mir als Symptom nicht unbedenklich; dennoch bin ich dem Suchen dieser Menschen immer Freund geblieben«, obwohl er sich in *Doktor Knölges Ende* mit beißender Ironie seiner Erlebnisse unter den Naturköstlern erinnert hat. Als er an Gamper schreibt, weiß er noch nicht, daß er wenige Jahre später zurückkehren und daß ein Mann aus diesem Kreis zum Zerbrechen seiner Ehe beitragen wird.

Einstweilen ist im Melchenbühlweg nur wenig vom Krieg zu spüren. Mia hat im Oktober für die Einlagerung von Kohlen gesorgt, Hesse liest die Zeitungen, verfolgt die Frontverläufe auf den Landkarten in seinem Arbeitszimmer. Abends lesen sie vor, gehen früh zu Bett, weil es kein Petroleum mehr gibt. Auch in der neutralen Schweiz sind Brennstoffe und Lebensmittel rationiert. Aber mit der eingelagerten und eingekochten Obst- und Gemüseernte ist die Familie gut versorgt.

Da Hesse in dieser Situation nicht arbeiten kann, wird er bald wieder ungeduldig. Wie in jedem Jahr sehnt er sich, den Bergwinter zu genießen, Ski zu fahren. Und da er selbst nicht die Energie zum Planen aufbringt, mietet seine Frau kurz entschlossen für Anfang Januar eine Unterkunft in Gstaad. Aber bereits nach wenigen Tagen hat Mia einen Unfall. »Gestern ist es meiner Frau auch schon geglückt, beim Sturmangriff auf einen Bretterzaun sich im Skifahren ein Knie zu verschandeln – hoffentlich ist es gutartig und dauert nicht lang, sonst ist uns Gstaad für diesmal versalzen. Übrigens regnets heut in den tiefen Schnee hinein«, teilt Hesse dem Freund Carl Haußmann ungehalten mit.

Zu seinem Verdruß erweist sich die Verletzung doch als komplizierter, die Heilung als langwierig. Sie reisen heim, und Mia muß liegen, leidet unter starken Schmerzen. Mitte März fährt sie zur Kur nach Baden, zunächst in den »Gasthof zum Ochsen«, dann in das Kurhotel »Verenahof«, wo sie Bäder nimmt, massiert wird. Fritz Bernoulli kommt aus Basel, um seine Schwester zu besuchen. Hans Hesse, der als Korrespondent bei der Firma Brown, Boveri & Cie. in Baden arbeitet, fährt seine Schwägerin im Rollstuhl durch den Park, denn das Gehen bereitet ihr noch immer Schwierigkeiten. Auch nachts lassen die Schmerzen sie keine Ruhe finden, nur mit schweren Mitteln gelingt es Mia zu schlafen.

Sie schreibt ihrem Mann lange Briefe, berichtet von den Kuranwendungen, den Kurgästen und fragt beunruhigt nach dem Ergehen im Melchenbühlweg. Hesse muß ihr regelmäßig geschrieben und sie über die häusliche Situation beruhigt haben. Martin lebt wieder in Kirchdorf, für die beiden größeren Buben ist ein Mädchen engagiert, für den Haushalt eine Magd. Dennoch sorgt sich Mia, schlägt vor: »Bei Rumpf könntest Du QUITTENMUS bestellen, 1 Eimer – od(er) Zwetschgenmus. Übrigens muß noch ein Hafen Herzkirschen im Confitürekasten unten sein – od(er) ist er auch schon aufgegessen?«

Vor Ostern hat Hesse Mia in Baden besucht. Am 6. April erkundigt sie sich nach seiner Rückkehr und dem Ostereiersuchen mit den Kindern. Um den 20. April hält sich Mia zur weiteren Behandlung in der Privatklinik »Im Bergli« von Dr. Hans Brun auf. Hier, bei der befreundeten Arztfamilie, wird sie nicht nur intensiv medizinisch betreut, sondern ist eingebunden in deren Privatleben, spielt Klavier, liegt im Garten in der Sonne, macht Gehübungen, die immer besser und schmerzfreier gelingen. Am 1. Mai teilt sie Hesse mit, daß sie noch Einspritzungen bekommt, aber hofft, in ein paar Tagen heimreisen zu können. Und sie fragt: »Hättest Du keine Lust mich abzuholen?

(...) Es wäre herrlich, wenn Du in den nächsten Tagen kommen könntest. Wir würden dann noch ein bißchen auf dem See herumfahren...«

Die Situation des Paares scheint, trotz Mias langer Abwesenheit, freundlich-gefestigt. Im Sommer machen sie mit Bruno und Heiner Urlaub in Kandersteg. Obwohl das Wetter schlecht ist, klingt Hesses Brief an Haußmann ausgeglichen: »Ich sitze bei Bekannten in einem Waldhäuschen oberhalb Kandersteg tief eingeregnet (...) Vor meinem Fensterchen schieben die Wolken, dahinter sieht man hin und wieder Schnee und Felsen. Die andern sind ins Dorf hinunter und kaufen fürs Nachtessen ein. Zwischenein muß ich die Kinder mit Zauberstückchen und mit Verschen unterhalten. Wunderbare Luft, aber kalt.«

Bei der Rückkehr aus dem Urlaub stellt er sich erneut der deutschen Gesandtschaft in Bern. Dort hatte Professor Woltereck den Vorschlag gemacht, exterritorial eine Abteilung für die Versorgung der deutschen Kriegsgefangenen mit Literatur einzurichten, eine Gründung, die bis zum Ende des Krieges 1918 bestanden und Hunderttausende von deutschen Gefangenen mit Literatur versorgt hat. »Ich bekomme jetzt hier die Aufsicht über die Gefangenenbibliotheken, die via Bern nach Frankreich gehen sollen«, schreibt Hesse Ende September 1915 an die mütterliche Freundin Mathilde Schwarzenbach. »Den Bestand an Büchern habe ich in Stuttgart angesehen, es ist ziemlich viel da, aber keine Mittel, das Vorhandene planmäßig zu ergänzen.« Sein Studierzimmer ist zum Büro geworden, hier verfaßt er Bittbriefe um Bücherspenden, legt Listen an, katalogisiert, begründet eine »Gefangenenbücherei«, schmale Bändchen, für die er eigene Erzählungen schreibt, und leitet die Redaktion des »Sonntagsboten für deutsche Kriegsgefangene«, der vierzehntägig erscheint. »Für eine Weile tut mir das ganz gut«, gesteht er, »aber lang oder gar immer wäre ich nicht dafür zu haben. Dann lieber noch in einem deutschen Bataillon verschwinden.«

Dazu wird es jedoch nicht kommen. Hesse bleibt bis zum Ende des Krieges vom Militärdienst freigestellt und ist selbst überrascht über die Energie, die er für seine neue Tätigkeit aufbringt. »Persönlich geht es mir anständiger, als ich bei der Überanstrengung gedacht hatte«, teilt er Carl Haußmann mit. »Der Schlaf ist mäßig, aber ich komme durch und lerne die Arbeit einteilen, wenn auch nie ein Organisator aus mir werden wird.« Ist er unterwegs, hält Mia Kontakt zu Woltereck, hilft bei der Korrespondenz.

Aber die zivile Aufgabe fordert und überfordert ihn bald physisch wie auch psychisch. Und so läßt er einen Brief seiner jungen Verehrerin Ninon unbeantwortet, die ihm am 20. September 1915 aus Wien schreibt, wohin inzwischen auch ihre Eltern und die Schwester Lilly aus dem umkämpften Czernowitz geflohen sind. Sie beklagt, nichts mehr von Hesse gehört zu haben, ist angerührt von der Lektüre des *Knulp* und zugleich verunsichert, ob er sich noch ihrer erinnert, ob ihn ihre Briefe überhaupt interessieren. Ängstliche Fragen, die eine Antwort ersehnen. Aber die bleibt aus. Erst Monate später schickt Hesse ihr eine gedruckte Karte und seinen »Brief ins Feld« aus der Zeitung *Stuttgarter Neues Tageblatt* vom 25. Dezember 1915. Kein persönliches Wort. Jetzt schweigt auch Ninon und meldet sich erst im letzten Kriegsjahr, im März 1918, wieder mit einer Einladung nach Wien.

*

Am 13. Januar 1916 wird Hesse erneut gemustert. Dem Musikerfreund Fritz Brun teilt er einen Tag später aus dem Melchenbühlweg mit: »Der Doktor findet mich nicht felddienstfähig (…) und erfreut mich durch die Konstatierung eines Lungenemphysems. Jetzt noch etwas mehr Verkalkung, dann kann ich ruhig Ehrendoktor werden.« Das klingt sarkastisch, aber die Diagnose hat ihn deprimiert, die dunkle Jahreszeit verschlimmert sein Übelbefinden. Auch ist die bei Kriegsausbruch 1914 geäußerte Euphorie längst verflogen. Wie so viele andere Künstler war er zunächst der Meinung gewesen, daß der Krieg Verkrustetes, Krankes aufbreche und zur Gesundung der Staaten beitragen könne. Längst hat er diesen Irrtum erkannt, bedrücken ihn die Nachrichten von der Front, den Materialschlachten an der Somme, den Gefechten auf See. Seine persönliche Krise im Zusammenleben mit Mia und den Kindern wird verstärkt durch das Leiden am kollektiven Wahnsinn des Kriegsgeschehens.

Entlastung scheint nicht in Sicht, und so sollen Skiferien in Davos helfen. Hesse reist allein, denn Mia wagt nach dem Unfall im vergangenen Winter und der langen Phase der Rekonvaleszenz nicht, ihren Mann zu begleiten. Sie kümmert sich gemeinsam mit Woltereck um die Gefangenenbücherei und den »Sonntagsboten«.

»Gelt, Du bleibst doch ja so lang wie möglich in Davos«, rät sie am 1. Februar. »Woltereck sagte auch, Du solltest Dich nicht beeilen mit dem Heimkommen.« Einige Tage später ist Hesse in Zürich im »Haus Ulmberg« bei Mathilde Schwarzenbach. Die Veranstaltungen des »Cabaret Voltaire« in der Spiegelgasse, jener Keimzelle des Dadaismus, die sein späterer Freund Hugo Ball mit Emmy Hennings und anderen Emigrantenkünstlern begründet, hat er damals nicht wahrgenommen. Aus dieser Szene hält er sich fern. Ball erinnert 1926: »Mit den republikanisch gesinnten Emigranten (Schickele, Foerster, Mue(h)lon) pflog Hesse kaum persönlichen Verkehr. Als ich 1917 nach Bern kam und Hesses ›Traumfolge‹ in den Weißen Blättern las, wußte ich nicht, daß der Dichter in der Nähe wohnte; in den politischen Zirkeln war kaum von ihm die Rede.« Dabei hätten die Emigranten des »Cabaret Voltaire« und der »Galerie Dada« wie auch die Redakteure der Berner *Freien Zeitung* Hesses Artikel in der *Neuen Zürcher Zeitung* »O Freunde, nicht diese Töne« zustimmen können. »Er beschwört darin, harmlos genug, die Künstler und Denker Europas, das bißchen Frieden zu retten, das wenigstens in ihrer Region sollte bewahrt werden«, konstatiert Ball.

Mit dem französischen Kollegen Romain Rolland, der Hesse im Melchenbühlweg besucht, weiß er sich in dieser Haltung einig. Durch die deutsche Presse geht jedoch ein Aufschrei der Empörung. Fortan gilt der berühmte Dichter als ein Gesinnungsloser, ein Vaterlandsverräter. Das eint ihn mit den »vaterlandslosen Gesellen«, den Emigranten, die immer zahlreicher in der neutralen Schweiz Schutz vor dem Zugriff des Militärs suchen und mit ihren Aktionen ein Zeichen wider das Morden setzen.

Hesse, der Einzelgänger, leidet, bekennt im *Lebenslauf:* »Und wenn ich nun die Zeitungsartikel der Dichter las, worin sie den Segen des Krieges entdeckten, und die Aufrufe der Professoren und alle die Kriegsgedichte aus den Studierzimmern der berühmten Dichter, dann wurde mir noch elender.« Schon 1909 in *Gertrud* hatte der Präzeptor Lohse seinem ehemaligen Schüler, dem unglücklich Verliebten, gesagt: »Sie sind gemütskrank. Ja, Sie haben eine Krankheit, die leider Mode ist und der man bei intelligenten Menschen begegnet. (…) Es ist mit moral insanity verwandt und könnte auch Individualismus oder eingebildete Einsamkeit genannt werden.«

Hesse ist sich bewußt, daß eine noch entschlossenere Isolation und Arbeitswut ebenso falsch sind wie sein Davonlaufen. Und so kündigt sich angesichts der zunehmenden Überforderung in seiner Familie und der Arbeit für die Kriegsgefangenen eine schwere Nervenkrise an. Der endgültige Zusammenbruch wird durch den Tod von Johannes Hesse am 8. März 1916 ausgelöst. Anders als beim Tod der Mutter, deren Beerdigung Hesse fernblieb, fährt er umgehend nach Korntal, um Abschied zu nehmen, kommt zurück in diese pietistischmystische Welt, sieht sich noch einmal konfrontiert mit einem Vater, dem er in so vielem ähnlich ist. Dieser Tod führt Hesse erneut die früheren, ungelösten Konflikte vor Augen. Erschüttert reist er ab, wird in Lörrach an der deutsch-schweizerischen Grenze aufgehalten, erreicht erst nach 40 zermürbenden Stunden Wartens sein Zuhause. Dort bricht er zusammen.

Daß er sich inmitten der Familie nicht erholen kann, weiß Hesse, weiß auch Mia. Und so bittet er bei der Gesandtschaft um Urlaub und bricht um den 20. März nach Süden auf. Wie schon 1907 ist auch jetzt der Lago Maggiore sein Ziel. In Locarno mietet er sich im »Parkhotel« ein, wandert am See und in den Bergen, feiert ein Wiedersehen mit den Orten, an denen er sich damals wohlgefühlt hat: Losone, Ascona und Ronco sopra Ascona.

Mias Briefe sind zärtlich, verständnisvoll. »Liebster«, schreibt sie und erzählt von Konzerten in Bern, den Kindern – und dem Hausputz. Hesses Studierstube haben sie sich vorgenommen, und wenn er heimkommt, wird alles bereit sein. Aber zuvor, am 1. April, schlägt sie ihm vor, mit Bruno nach Locarno zu kommen. Martin und Heiner sollen bei den Schwestern Ringier in Kirchdorf bleiben. Sollte er sie in Locarno nicht treffen wollen, könnten sie sich in Brunnen am Vierwaldstätter See sehen. Hesses Antworten müssen abwehrend gewesen sein. Er will Mia und Bruno nicht in Locarno haben, reist ihnen jedoch nach Brunnen entgegen. Am 7. April antwortet Mia: »Liebster, es tut mir so leid, daß es Dir wieder so schlecht geht. Ich hoffe nun, das Zusammensein mit Buzi werde Dir gut tun. Wir fahren also morgen (…) Laß Dir doch ein wenig helfen bei der Abreise (…) Und packen wird Dir das Zimmermädchen schon.«

Das Treffen mißlingt. Nichts, so scheint es, kann ihn aus seiner Depression reißen. Das Hotelleben in Locarno behagt ihm nicht. Er fühlt sich durch einen Reporter belästigt. Die Familie macht ihn nervös. Der Gedanke an das Haus im Melchenbühlweg schreckt ihn. An Arbeit ist nicht zu denken. Es bleibt nur ein Ausweg: der Aufenthalt in einem Sanatorium. Hesse entscheidet sich für die »Sonnmatt« oberhalb von Luzern. Man behandelt ihn dort mit einer Elektrotherapie und stellt ihm einen jungen Psychiater vor, Josef Bernhard Lang, einen Schüler Carl Gustav Jungs. Fortan versuchen Lang und sein Patient in zwölf analytischen Sitzungen Licht in das Dunkel der Depression zu bringen. »Vor allem aber war es«, weiß Hugo Ball, »entsprechend der katholischen Herkunft des Arztes, eine strikte Verwerfung der Selbstabsolution.« Lang, Zögling der Benediktiner von Einsiedeln, war überzeugt: »daß der Einzelne für alle Vorkommnisse des äußeren Lebens die Erklärung und Verschuldung in sich selber trage.« Und so beginnt Hesse, von Lang geleitet, der ihm bald zum verständnisvollen Freund wird, seinen Weg ins Unbewußte mit Gesprächen, Assoziationen, Traumnotaten.

Mia ist von diesen Erfahrungen ausgeschlossen, schreibt aus Bern von den Kindern, hat Martin wieder bei sich, dem es gutgeht. Sie besucht Konzerte. Brun dirigiert, die Durigo singt. Mia bestellt Grüße, ermutigt am 29. April: »Es tut mir leid, daß es Dir so schlecht, zu laut ist, aber es wird gewiß besser kommen, wenn Du aushältst. Es ist ja

Josef Bernhard Lang um 1920. Bleistiftzeichnung von Ernst Morgenthaler;
Bleistiftzeichnung zu einem Selbstporträt von Hermann Hesse um 1919

wahr – Freude läßt sich nicht herbei schaffen – aber mit geeigneter
Behandlung kann man es gewiß so weit bringen, daß ein Mensch wieder fähig wird, Freude aufzunehmen. Du darfst einfach nicht verzweifeln, es kommt gewiß besser – wenn auch langsam.« Und weil sie weiß,
daß ihm der Garten wichtig ist, fragt sie: »Was soll ich jetzt im Garten anfangen? Ich habe 2 Beete Salat u(nd) 2 Rübkohl – für Erbsen
wird's nicht zu früh sein.« Mit dem englischen Wörterbuch versucht
sie, die Anweisungen auf Päckchen mit Blumensamen zu übersetzen, den Hesse in England bestellt hat. Am 8. Mai teilt sie mit, daß
die Bohnen gesteckt sind, und am 19., daß sie die Tomatensetzlinge
eingepflanzt hat, »nachdem ich vorher das Beet sehr sorgfältig her-
gerichtet«. Sie arbeitet meistens abends im Garten, weil es dann kühler ist und die Kinder sie nicht stören. Inzwischen »stecken die Bohnen die Köpfe heraus«, die Mia jeden Abend gießt. Immer wieder
erzählt sie ihrem Mann von den Kindern, auch von Martin, der zu
Hause glücklich ist.
Aber sie kümmert sich nicht nur um Kinder, Haus und Garten, son-

dern auch wieder um Hesses Korrespondenz und um die Arbeit mit Woltereck, fragt am 16. Juni 1916, ob und wie viele Exemplare des »Sonntagsboten« in die russischen Lager geschickt werden sollen. Ihren Mann mag das alles nur wenig interessiert haben. Er gesteht am 21. Mai seinem Freund Schädelin: »Man ist nach einer ›Wende‹ derselbe Mensch wie vorher. Zwei solcher Krisen sind mir gut in Erinnerung: um die Zeit des ›Lauscher‹ und dann als ich dreißigjährig war (Ascona). Eine dritte, bei der Indienreise blieb in sich stecken und ließ große Schlacken zurück (…) Ich habe als Dichter Kelche geleert und Pillen gefressen, um die ich mich als Herr Hesse gedrückt habe. Daraus den Weg zu finden, der Krämpfe löst und weiterführt, das ist's. Die Askese, die mir vor 10 Jahren einige Dienste tat, ist nicht mehr das, was mir dient, es muß schon synthetischer und erlösender zugehen.«

Zunächst einmal analytischer, und da steht bald der Konflikt mit der religiösen Gewissensstrenge und Zucht des Elternhauses im Mittelpunkt. »Hesse trug«, bemerkt Ball, »von früher Kindheit her, eine religiöse Symbolwelt in sich, die, allzu lange vor einer argwöhnischen und frostigen Umgebung verborgen, ihrer Auswirkung harrte. Vor allem mußte es dem Arzte wichtig sein, die Erstarrung und Vereinsamung (…) zu lösen.«

Adele, die geliebte ältere Schwester, nimmt bewegt Anteil an seinen Leiden, erklärt, wie sehr sie an den Vater erinnere. Hesses Antwort klingt resigniert: »Wenn Du schreibst und sagst, daß ich Dich an Vater erinnere, so kenne ich dies von der Kehrseite her, ich weiß mich ihm in einer Menge von kleinen Leiden und Gefühlen, Schwächen ganz gleich, und ertappe mich manchmal darauf, daß ich gegen Mia und die Kinder genau die gleichen Worte und Gebärden brauche wie er einst mit uns. (…) In einigen Dingen ist es mir tröstlich zu wissen, daß ich gewisse Leiden, Empfindlichkeiten etc. geerbt habe und gewissermassen nicht allein an ihnen schuld bin; in vielem andern aber ist dies Gefühl mir im Gegenteil störend, indem es mir Teile meines Wesens, die ich ändern möchte, als unentrinnbar vorbestimmt zeigt. So ist mir Vater in vielem kein Trost, sondern Stachel und Vorwurf.«

Und Martin, sein Jüngster, dieses überempfindliche Kind, ist es auch, führt er Hesse doch seine eigenen früheren Konflikte noch einmal vor Augen.

So bringt Mia den Brüdi wieder nach Kirchdorf, als Hesse Ende Juni heimkommt. Sie selbst reist mit Bruno und Heiner, deren Sommerferien begonnen haben, nach Adelboden zum Wandern. Hesse hat Ruhe im Haus, wird versorgt von einer Magd und fährt einmal wöchentlich in die Privatsprechstunde von Dr. Lang nach Luzern. »Ich habe halb und halb gehofft, Du würdest von Luzern aus noch über den Brünig zu uns kommen«, schreibt Mia am 8. August an ihren Mann und schränkt vorsorglich ein, »– aber es ist halt auch eine lange Reise u(nd) die Ermüdung lohnt sich dann nicht für so kurze Zeit«.

Kaum ist seine Familie zurück in Bern, macht Hesse erneut Reisepläne. An eine Tessiner Bekannte schreibt er Anfang August: »Mein Heimweh nach dem Tessin ist groß. Ob ich im Herbst etwas kommen kann, weiß ich noch nicht. Zwischen Krankheit und Kriegsarbeit führe ich so mein Halbleben weiter, ein Mundvoll freie Luft täte wohl.«

*

Es ist immer dasselbe Problem: Hesse braucht Ruhe und Zurückgezogenheit, die Familie stört ihn bei der Arbeit, hemmt ihn auch, wenn er nicht arbeiten kann. Kaum sind Mia und die Kinder aus Adelboden zurück, ist er wieder »einigermaßen am Ende seines Nervenvorrats« und hat sich entschlossen »auszureißen«. Jetzt steht ihm nicht mehr der Sinn nach einem umbrischen Kloster wie zur Zeit seiner Italienreisen, sondern das Tessin scheint ihm perfekt zu bieten, was er sucht: schöne Landschaft unter südlichem Himmel, Berge zum Wandern, Seen zum Schwimmen und die Nähe Italiens, verläuft doch die Grenze gleich hinter Brissago durch den Lago Maggiore.

Während er am 2. September in Bern schon wieder unter kalten Füßen leidet, verspricht das Tessin Sonne und Wärme. Und so wird dieser südlichste, italienischsprachige Schweizer Kanton zum Sehnsuchtsort,

umso mehr, als Hesse bei seinem Besuch in Locarno im März / April
eine junge Frau, Hildegard Neugeboren, kennenlernt, die eine Pension betreibt und ihn eingeladen hat, bei ihr zu wohnen. »Ich bot ihm
mein Häuschen an«, erinnert sie 1973, »er kam im September und
blieb einen Monat.« Hinter dem »Häuschen« verbirgt sich ein Gartenhaus, weit genug entfernt von der »Villa Neugeboren«, in der die
Pensionsgäste wohnen. Bereits Hildes Mutter, die in engem Kontakt
zu den Bewohnern des Monte Verità stand, hatte oberhalb von Locarno in den Monti della Trinità einen Weinberg gekauft und dort
eine »vegetarische Pension« eröffnet, die die Tochter, seit 1917 mit dem
Psychiater Dr. Felix Jung verheiratet, weiterführte.

Kurz entschlossen nutzt Hesse seine wöchentliche Fahrt zu Josef
Bernhard Lang, um zur Familie Schoeck nach Brunnen ins »Hotel
Eden« weiterzureisen und von dort über den Gotthard nach Locarno-
Monti *In Hildes Winkelchen*, wie er das Gartenhaus in einem Gedicht zärtlich nennt. Er wandert in den umliegenden Bergen oder
im Maggia-Delta, trifft sich in Ascona mit Bekannten vom Monte
Verità und mit Jakob Flach, einem vielseitig begabten jungen Studenten, den alle Köbi nennen und der in den nächsten zwei Jahren
gelegentlich das »romantikumwitterte, efeuumwachsene Häuschen
am Berg« mit ihm teilt.

»Ich weiß nicht, ob Du die Landschaft im Südtessin kennst?« fragt
Hesse seinen Freund Otto Blümel, den Illustrator seiner Bücher, und
fährt dann begeistert fort: »Sie ist wunderbar reich und schön, vom
Alpinen bis zum ganz Südlichen ist alles da, und das Ganze nirgends
weich und süß, sondern überall kräftig und herb. Besonders schön
sind die bis hoch in die Berge reichenden lichten Kastanienwälder,
die Felsengegenden mit Birken dazwischen und die Alpen.« Hier fühlt
Hesse sich wohl und nimmt sich vor, künftig so oft wie möglich in
Hildes Winkelchen abzutauchen

Mia wird nach seiner Abreise krank. Ein fieberhafter Infekt zwingt
sie ins Bett. Dennoch liest sie Korrektur beim »Sonntagsboten« und
die Druckfahnen von Hesses Erzählung *Der Zyklon*, schickt ihm die
»Schmetterlingssachen« nach, denn Hesse, ein begeisterter Schmet-

terlingssammler und -kenner, hat bei seinen Wanderungen offensichtlich interessante Falter gefunden, die ihm in seiner Sammlung fehlen. Obwohl selbst krank, sorgt sich Mia um sein Wohl, rät am 13. September: »Mir ist immer ein wenig angst, Du ernährst Dich schlecht – das Rucksackleben ist schön u(nd) gut – aber man muß dann auch jedes Mal, wenn man heimkommt, eine kräftige Mahlzeit daraufsetzen, damit einem nichts abgeht.« Und sie verspricht, einen »Kochapparat« mitzubringen, wenn sie zu ihm kommt. Dazu ist sie fest entschlossen.

Wieder gesund, regelt sie den Aufenthalt der Söhne während der Herbstferien, erntet das letzte Obst im Garten und fährt um den 19. September nach Locarno – genagelte Schuhe für die Wanderungen in der »Maggia-Wildnis« im Gepäck. Sie wohnt im Pensionshaus, weit genug von Hesse entfernt, um ihren Mann nicht zu stören. »Sie war ein sehr lieber Mensch mit einem wunderbaren Profil – sie spielte zauberhaft Beethoven«, erinnert Hildegard Jung-Neugeboren. Aber auch: »Es gab öfters Krach – besonders wenn Hesse nach dem Kaffee wandern wollte und warten mußte, bis seine Frau Kleider und Schuhe gewechselt hatte – statt sich gleich fertig zu machen.«

Die Situation blieb also auch in Locarno schwierig. Mia wußte nie, ob Hesse, der Nachtmensch, der nach eigenen Aussagen am Vormittag nicht zu gebrauchen war, nach dem Frühstück wandern oder im Gartenhaus bleiben wollte. Kam er überraschend und fand sie nicht bereit, war er verstimmt. Das konnte sehr schnell geschehen, manchmal sogar, ohne daß die Beteiligten wußten, warum Hesse plötzlich verärgert war. In einer solchen Situation soll Mia zu der 1916 noch unverheirateten Hilde gesagt haben: »Du kannst den Hermann nehmen.« Deren Erwiderung ist typisch für die Einstellung und das Verhalten mit Hesse befreundeter Frauen: »Einen Hesse kann man nicht nehmen – sondern nur versuchen zu verstehen.«

Hat Mia das nicht versucht? Wieder und immer wieder? Aber sie hat ihn sich auch genommen, damals im Basler Atelier. Hat sich nicht abweisen, nicht entmutigen lassen. Er hat sich nie verstellt, hat immer deutlich gemacht, daß er das Alleinsein ebenso braucht für seine Arbeit wie das Reisen. Nähe und Ferne. Und daß er es haßt, sich erklären zu müssen.

Auch künftig wird er das deutlich aussprechen, wird auf Distanz zu den Frauen gehen, wird die warnen, die ihn lieben, ihn als Dichter verehren. Und doch wird jede von ihnen überzeugt sein, ihn besser als die andere zu verstehen. So auch die junge Frau, die ihm in diesem Jahr 1916 ihren ersten Gedichtband *Wiesenlieder* schickt: Lisel Rupp.

Wieder eine Elisabeth. Wieder eine Verehrerin. Wie Ninon Ausländer. Aber diese Elisabeth Rupp ist sieben Jahre älter als Ninon, keine Studentin, sondern eine Juristin, promoviert zudem mit einer Arbeit über *Das Recht auf den Tod. Eine strafrechtliche Studie.*

Und sie ist im heimatlichen Schwaben geboren, in Reutlingen, der kleinen Stadt, aus der auch Hesses Freund Ludwig Finckh stammt. Ob auch eine Verwandtschaft zu dem Tübinger »Petit cénacle«-Mitglied Oskar Rupp besteht oder nur eine Namensgleichheit, ist ungewiß. Finckh und Elisabeth jedoch kennen sich seit Kinderzeiten, sein Elternhaus und das von Lisels Großeltern stehen in Nachbarschaft. Was also liegt näher, als den Jugendfreund nach Hesse zu befragen, dessen Gedichte sie mit tiefer Anteilnahme liest und zu dem sie in Verbindung treten will. Und Hesse antwortet mit einer Karte, wohlwollend. »Der innerlich sanfte Ton der Gedichte mag ihn angesprochen und zu einem Lob veranlasst haben«, vermutet Eva Zimmermann in ihrer Studie zu Elisabeth Rupp. Aber Hesse ist in diesem Jahr und auch in den beiden kommenden Jahren zu sehr mit sich beschäftigt, als daß er Interesse für einen anderen Menschen aufbringen könnte, auch wenn ihm die schwäbische Herkunft und Elisabeth Rupps Engagement für die Gefangenenfürsorge gefallen haben mögen. Denn

Elisabeth Rupp 1917

sie bestreitet am 7. Oktober 1917 einen Vortragsabend mit eigenen Gedichten und denen Hermann Hesses in Pfullingen und übersendet den Erlös der Veranstaltung von 180 Mark an die Bücherzentrale für Kriegsgefangene nach Bern.

Obwohl nur weniges von ihrer Korrespondenz erhalten ist, hat Eva Zimmermann den Kontakt von Hesse und Rupp rekonstruieren können. Lisel Rupp schickt Hesse ihren 1918 erschienenen zweiten Lyrikband *Wolke. Wiese. Welt.* Und Hesse veröffentlicht seit 1919 ihre Beiträge in der von ihm mitherausgegebenen Zeitschrift *Vivos Voco.*

Als sie sich 1920 im Tessin persönlich kennenlernen, hat sich Hermann Hesses Leben grundlegend verändert.

10.

»Ein Zufall nötigte mich gestern, nach Jahren wieder einmal ein Kapitel aus ›Unterm Rad‹ zu lesen. Dabei fiel mir wieder auf, daß ich alle meine Bücher seit sehr langer Zeit nimmer gelesen habe, manche seit ihrem ersten Erscheinen überhaupt nie wieder. Ich habe nun den Plan, langsam alles wieder zu lesen oder doch anzusehen, in der Hoffnung, dadurch hier und dort auf genauere Erinnerungen an frühere Zustände zu stoßen«, schreibt Hesse wenige Wochen nach dem Beginn seiner Analyse an Josef Bernhard Lang.

»Frühere Zustände« sind auch jene homoerotischen Erlebnisse, die Hesse in der Neigung Hans Giebenraths zu dem bewunderten Mitseminaristen im Roman *Unterm Rad* lebendig werden läßt: »Langsam streckte Hermann Heilner seinen Arm aus, faßte Hans an der Schulter und zog ihn zu sich her, bis ihre Gesichter einander ganz nahe waren. Dann fühlte Hans plötzlich mit wunderlichem Schreck des andern Lippen seinen Mund berühren. (…) Für die beiden aber kamen nun wunderliche Wochen (…) Hans war zärtlicher, wärmer, schwärmerischer geworden; Heilner hatte ein kraftvolleres, männlicheres Wesen angenommen; (…) Beide frühreife Knaben kosteten in ihrer Freundschaft mit ahnungsvoller Scheu etwas von den zarten Geheimnissen einer ersten Liebe unwissend voraus.«

Und so wie der schüchterne Hans Giebenrath sich dem kühnen und phantasievollen Heilner anschließt, so wird dem unbeholfenen Dörfler Peter Camenzind der weltgewandte Richard zum Freund, dem er sich »herzlich und eifersüchtig« anschließt. Mit ihm reist er nach Italien, wandert durch die Toskana und Umbrien, und die beiden jungen Männer »wußten fester als je, daß wir einer dem andern notwendig und einer des andern fürs Leben sicher waren«. In Zürich nehmen sie Abschied, eines baldigen Wiedersehens gewiß. Camenzind steht auf dem Bahnsteig, Richard steigt zweimal aus dem Zug, »um mich zu küssen, und nickte mir noch, so lange es ging, vom Fenster aus zärtlich zu.« Zwei Wochen später ist Richard tot, in einem Fluß beim Baden ertrunken. Camenzind bleibt verzweifelt zurück, so wie auch Hans Giebenrath nach Heilners Verweis aus dem Internat. Nur ist dessen rebellischer Freund nicht tot, sondern wieder im Elternhaus, und Hans wartet sehnsüchtig auf ein Zeichen, »aber es kam nie ein Brief von ihm«.

Hans wird »die zarten Geheimnisse einer ersten Liebe« nicht mehr erleben, nur die kurze, heftig-verwirrende Begegnung mit dem Mädchen Emma, während Camenzind in einem »gastlichen Gelehrtenhaus« Elisabeth begegnet, die Klavier spielt, seinen Erzählungen von Italien lauscht und erkennt: »Sie sind ein Dichter.«

Danach begegnen sie einander nur selten und zufällig. Einmal beobachtet Camenzind sie in der Kunsthalle, versunken in die Betrachtung einer Berglandschaft mit »einem kühlen, lichten Himmel«, darauf eine »unsäglich genial gemalte, elfenbeinfarbene Wolke«. Bei diesem Anblick verschmelzen für Camenzind die Schönheit des Mädchens und die Schönheit des Kunstwerks: »Offenbar verstand Elisabeth diese Wolke, denn sie war ganz dem Anschauen hingegeben. (…) Dann fürchtete ich, sie möchte sich umwenden, mich sehen und anreden und ihre Schönheit wieder verlieren, und ich verließ den Saal schnell und leise.«

Wie Hans Giebenrath mit Emma, so erlebte auch der junge Hermann Hesse die Verwirrung erster stürmischer Verliebtheit mit Elise in Bad Boll, mit Julie Hellmann, der umschwärmten »Lulu« in Kirchheim. Die ahnungslose Elisabeth La Roche verehrte er aus gehörigem Abstand wie sein Peter Camenzind. Erst mit Maria Bernoulli begegnet er einer Frau, die selbstsicher genug ist, dem linkischen jungen Dichter ihre Liebe zu zeigen und in seine selbstgewählte Isolation einzudringen. Daß sie damit eine Grenze überschreitet, die er notwendig ziehen muß, um arbeiten zu können, versteht sie zunächst nicht, will, wie sie ihm versichert, doch nur gute Hausfrau und Mutter sein. Aber je mehr sie fürchtet, daß Hesse diese Situation ändern muß, desto heftiger hält sie daran fest. Und weil sie ihn nicht verlieren will, geht sie auf seine Bedürfnisse nach Ruhe wie auch nach Reisen ein, sorgt für den reibungslosen Ablauf der Häuslichkeit. Selten findet sie Zeit für sich. Dann sitzt sie am Klavier. In Bern hat sie eine Pianistin kennengelernt, mit der sie vierhändig spielt. Sooft wie möglich besucht sie die von Fritz Brun dirigierten Konzerte und lädt einmal ein sehr altes Fräulein zum Tee in den Melchenbühlweg: die Tochter von Clara und Robert Schumann.

Aufmerksam sorgt sie, ihrem Mann in diesen, auch in der Schweiz eingeschränkten Kriegsjahren das Leben so bequem wie möglich zu machen. Er arbeitet nach der Rückkehr aus dem Tessin im Herbst 1916 weiter für die Gefangenenfürsorge und fährt einmal in der Woche zur Analyse zu Josef Bernhard Lang nach Luzern. Darauf wartet er immer ungeduldiger, telefoniert mit Lang, schreibt ihm. Im Winter ist er hin- und hergerissen zwischen dem Bedürfnis, mit seinem Analytiker zu sprechen, und seinem Wunsch, im Gebirge Ski zu laufen. Überlegungen, die Ende Januar 1917 durch die Einberufung zum bewaffneten Kriegsdienst unterbrochen werden. Dem will Hesse jedoch keinesfalls Folge leisten. Befreundete Ärzte, wie Dr. Hans Brun, schreiben Atteste. Woltereck setzt sich für eine Beurlaubung seines Mitarbeiters ein.

Bis die Entscheidung gefallen ist, zieht Hesse auf die »Chantarella« oberhalb von St. Moritz, begibt sich in ärztliche Behandlung, fährt Ski und malt. Eine therapeutische Empfehlung Langs, der sein Analysand mit immer größerer Begeisterung folgt. Gestützt durch die ärztlichen Gutachten, erhält Hesse »Urlaub bis zur Herstellung seiner Gesundheit« – ohne festen Termin. An Lang schreibt er Ende Februar, daß er in St. Moritz mit Dr. Stäubli in freundlichem Kontakt steht, »der Militärsache wegen«. Und er fügt verärgert hinzu: »Da auf Psychisches und Analyse höheren Orts gepfiffen wird, müssen wir sehen, daß Ihre Auskünfte über mich stets durch Dr. Brun etc. mit gedeckt werden.« Und er beschließt das Schreiben mit: »Ihrer denke ich oft in dankbarer Freundschaftlichkeit! Mit vielen Grüßen an Sie beide Ihr H. Hesse«.

Und der »liebe Herr Doktor« antwortet, auch er grüßt von seiner Frau Karolina, Carly genannt. Die Distanz zwischen dem Arzt und seinem Patienten ist gering, ihre Beziehung schließt Privates ein. Aus dem Analytiker wird ein »lieber Freund«, auf den auch die homoerotischen Gefühle der Jugend projiziert werden. Mia bemerkt die Veränderung ihres Mannes, die Phänomene von Übertragung und Gegenübertragung, ohne sie zu verstehen, hat sie doch weder Freud noch Jung gelesen, zu dessen Kreis Lang gehört. Und so steht sie hilflos als stille Teilnehmerin am Rande des Geschehens, das für Hesse mit dem *Demian* einen neuen schöpferischen Durchbruch, für sie beide das Ende ihrer Ehe bedeuten wird.

*

Den Februar 1917 verbringt Mia mit den Kindern im Melchenbühlweg. Fast täglich schreibt sie aufmunternde Briefe nach St. Moritz, berichtet von Woltereks »beruhigendsten Versicherungen«, daß Hesse weiterhin beurlaubt bleiben könne. Und sie schickt ihm einen kleinen »Kochapparat«, damit er sich bei seinen Skitouren ein heißes Getränk bereiten kann.

Auch sie geht mit den Buben zum »Schlitteln«, fährt Ski mit Bruno und Heiner und macht mit Bruder Fritz Bernoulli Ausflüge an den Thuner See. Er scheint den Kindern ein wenig den Vater ersetzen zu wollen. Mia kümmert sich um Steuerformulare für die Einkommensteuer, meldet Bruno in der weiterführenden Schule an, diskutiert ausführlich die verschiedenen Schulmöglichkeiten, auch die der Fahrt von Ostermundigen nach Bern. Ob Hesse Einfluß genommen hat, läßt sich aus Mias Briefen nicht ersehen. Er ist ganz mit sich und seinen eigenen Problemen beschäftigt, schreibt Anfang März an Lang: »Ich denke nun bis Mitte Monats hier zu bleiben, dann komme ich zu Ihnen, entweder für eine Woche in der Nähe Luzerns, oder mindestens für 1 bis 2 Besprechungen.«

Mia regelt inzwischen nicht nur die Schulfrage, sondern hilft auch beim »Sonntagsboten«, teilt ihrem Mann am 6. März mit: »Ich schicke also hier 2 Nummern des Sonntagsboten (…) ich hoffe sie seien richtig zusammengestellt. Die Reihenfolge ist natürlich aufs Gratewohl, die kannst Du ja ändern. Auch weiß ich nun soweit Bescheid mit dem Material, daß ich Erzählungen oder Artikel mit andern vertauschen könnte. Also sag nur, was Du auszusetzen hast.«

Dann begleitet sie Bruno zum Aufnahmeexamen des Progymnasiums.

Wenn Mia, die sich ein neues blaues Kostüm hat machen lassen, gehofft hatte, daß Hesse nach den Skiwochen in St. Moritz heimkommt, dann muß sie Ende März erkennen, daß er weiter fortbleiben will. Am 25. schreibt sie nach Locarno: »Lieber Schatz, Dank für Deine Karte u(nd) daß ich nun weiß, wo Du grad zu suchen bist! Ich hoffe sehr, Du findest etwas Gemütlicheres als das Esplanade – wirst Du denn dort überhaupt ohne Smoking nicht ausgewiesen? – Woltereck telefonierte mir am Donnerstagabend, das Ergebnis seiner Verhandlungen mit Gen(eral) Friedr(ich) sei, daß Du nicht bloß von der Gesandtschaft für die B(ücher)zentrale reklamiert, sondern offiziell dazu ABKOMMANDIERT werden sollst, mit Besoldung u(nd) allem Zubehör.«

Das dürfte Hesse beruhigt haben, der im »Esplande« zunächst so »verstimmt und schlaflos« war, »daß ich einen Tag und eine Nacht lang wieder mit Inbrunst suiziden Gedanken oblag«. Auch der Umzug aus dem Hotel in Hilde Neugeborens Gartenhaus trägt zu seinem Wohlbefinden bei. Wieder trifft er Jakob (Köbi) Flach und den Maler und Dichter Gustav Gamper, hilft Hilde im Garten, wandert mit ihr, zeichnet, malt, leiht Köbis Geige und musiziert mit Gamper, der Cello spielt, und mit Otmar Schoeck, der sich an Hildes Klavier setzt. Ist er morgens übellaunig, so taut er abends auf. Flach erinnert sich: »Er las vor, erzählte Schnurren, wir rauchten die langen Walliser Stumpen und redeten Schweizerdeutsch.« Aber er berichtet auch von den »unsichtbaren Dämonen«, gegen die der Freund zu kämpfen hat. »Er war müde; Briefe belästigten ihn, der Psychiater quälte ihn, Sorge um die Familie und tiefes Leid plagten ihn. Das Ende des Völkermordens war nicht abzusehen.« Auch Flach wird als Schweizer Wehrpflichtiger zum Dienst an der Grenze verpflichtet.

Dennoch ist der April ein guter Monat für Hesse. Während Mia in Bern den Garten noch bei Schneeregen umgräbt und bestellt und »scheußliches Wetter« zu Ostern vermeldet, hat er – wie er Lang mitteilt – drei »sehr schöne, sehr fleißige, sehr befriedigende Wochen«, denn er befolgt weiter den Rat des Analytikers, nicht nur seine Träume und Phantasien zu verbalisieren, sondern auch in Gezeichnetes und Gemaltes umzusetzen. Vor allem in der Landschaftsmalerei findet er künftig eine Möglichkeit, seinem gequälten Geist Ruhe und temporäre Erfüllung zu verschaffen. So schreibt er am 21. April 1917 an Schädelin: »Meine Tage sind ganz mit dem Malen und Zeichnen ausgefüllt, ich bin bei gutem Wetter von 9 oder 10 bis 5 oder 6 draußen ohne Pause, male täglich ein Aquarell, manchmal zwei und lasse mich einstweilen durch die kläglichen Ergebnisse gar nicht abschrecken.« Die Blätter schickt er an Lang, auch an Mia, die ihm überschwänglich dankt: »Liebster, Dein schönes Haus am See hat mir ganz Sehnsucht erweckt – o hätt' ich, hätt' ich (…) nicht nur Flügel, sondern sonst noch allerhand – so käm ich gewiß!«

Doch Haus und Kinder verbieten solche Träumereien. Mia weiß es und hofft, daß ihr Mann erholt und gefestigt zurückkommt. Aber schon am 8. Mai ist die Stimmung wieder umgeschlagen, und Hesse klagt bei Lang: »Depression, schlechter Schlaf, schweres Kopfweh.« Auch Mia muß einen solchen Klagebrief erhalten haben, denn am 9. Mai tröstet sie: »Wie leid tust Du mir, Du Armer, daß es wieder so schlecht geht. Aber Du hast doch immer den Trost, daß wenn Du bei schlechtem Wetter herunterkommst, das schöne Dich wieder nach oben bringen kann. Also wollen wir doch die Hoffnung nicht verlieren. Und wahrscheinlich sind doch die Depressionskurven nicht ganz so tief wie Du glaubst.« Dann berichtet sie »Tröstliches«, daß Bruno inzwischen aufs Progymnasium geht und den Schulweg mit dem Fahrrad zurücklegt, das sie ihm, samt eines Radfahrkurses, geschenkt hat. Sie verschweigt jedoch, daß sie an einem schweren Katarrh erkrankt ist, der ihre Ohren in Mitleidenschaft gezogen hat, so daß sie auf einem Ohr nichts mehr hört. Auch die Kinder waren bei dem naßkalten Wetter erkältet. Hesse hingegen genießt bereits sommerliche Wärme, so daß Mia ihm leichtere Kleidung einpackt und anfragt: »Soll ich noch 1 Tropenanzug schicken?«

Mit der Wärme bessert sich seine Stimmung. Auch der Brief von Lisel Rupp, mit dem sie ihn am 25. Mai nach Reutlingen in ihren

»wunderschönen Garten und unser großes altväterliches Haus« einlädt, wird ihm gefallen haben. »Ich habe tagelang den Krieg vergessen und nur von Flieder, Rotdorn und Wiesenblühen gelebt«, schreibt sie und fragt: »Lockt Sie das nicht?« Nein, das lockt ihn nicht, denn auch wenn Hesse seinem Analytiker »eine Zeitlang drausgelaufen« war, will er im Juni die wöchentlichen Sitzungen wieder aufnehmen. Und so kehrt er nach fast vier Monaten Abwesenheit in den Melchenbühlweg zurück, wo ihn am 31. Mai 1917 die Nachricht erreicht, daß »der landsturmpflichtige Schriftsteller Hermann Hesse widerruflich für die Dauer des Krieges zum Beamtenstellvertreter ohne Feldwebelrang« ernannt und »nach der Kriegsbesoldungsvorschrift« finanziell unterstützt wird.

Nachdem sich diese äußeren Unsicherheiten geklärt haben, fährt Hermann Hesse fort, sein Inneres unter Langs Führung weiter auszuloten.

*

Und Mia? Sie sieht, wie sich ihr Mann, trotz räumlicher Nähe, immer weiter von seiner Familie entfernt. In den Sommermonaten 1917 fährt er regelmäßig zu Lang nach Luzern oder trifft sich mit ihm in Zürich, wo Hesse bei Mathilde Schwarzenbach wohnt, der wohlhabenden, unverheirateten Tochter des Zürcher Seidenfabrikanten Robert Schwarzenbach, einer Mäzenin und Freundin von Künstlern, Literaten und Musikern. Manchmal gehen die beiden Männer auch miteinander wandern. Lang notiert am 9. Juli im Tagebuch: »Wir haben sehr lange miteinander über Analyse gesprochen (…) von seiner homosex(uellen) Übertragung auf mich.« Und Hesse bittet um eine zweite Analysesitzung in der Woche, auch wenn das mit seiner Arbeit für die Kriegsgefangenenfürsorge nur schwer vereinbar ist.

Ende Juli fährt Mia für ein paar Tage mit Bruno und Heiner in eine kleine Pension nach Adelboden zum Wandern. Die beiden haben Sommerferien, und Mia wünscht, daß die Buben etwas Abwechslung haben – wohl auch, um den Vater, der daheim arbeitet, nicht zu stören.

Hesse pendelt regelmäßig zwischen Bern, Luzern und Zürich, beginnt ein *Traumtagebuch* zu schreiben und erste Notizen zu der *Geschichte von Emil Sinclairs Jugend*, einem Roman, der im September und Oktober 1917 in Bern entsteht und den er Kapitel für Kapitel seinem Analytiker zu lesen gibt. Ende Oktober schreibt er Lang unter dem Briefkopf der *Deutsche(n) Kriegsgefangenen-Fürsorge Abt. Bücherzentrale*: »Gestern sandte ich Ihnen das vorletzte Kapitel des Sinclair, heut das letzte, unter Schmerzen gemacht.« Und er klagt über »wütende Neuralgien von den Zähnen aus«.

Kurz darauf schickt er das Manuskript mit dem Titel *Demian* unter dem Pseudonym Emil Sinclair an Samuel Fischer nach Berlin und empfiehlt seinem Verleger, den Roman des jungen Autors zu drucken. Nur Mia und Lang wissen, wer sich hinter Sinclair verbirgt. Denn Hesse hatte mehrfach, da ihm die deutschen Behörden jede politische Publizistik untersagten, unter diesem »nom de plume« seine kritischen Antikriegsaufsätze veröffentlicht, einem Namen, der an den verfolgten Republikaner und Hölderlin-Freund Isaak von Sinclair erinnert.

Weder Fischer und sein Lektor Oskar Loerke noch Hedwig Fischer, die alle Manuskripte Hesses liest, vermuten hinter dem Pseudonym ihren Hausautor, hat er doch mit *Demian* eine ungewöhnliche Biographie vorgelegt, die sich von seinen bisherigen Romanen und Erzählungen grundlegend unterscheidet. Hesse wendet sich darin dem Osten zu, nicht dem Indien der Eltern, sondern dem gnostischen Kult des Abraxas. Um inneres Erleben sinnbildlich darzustellen, intergriert er Träume und psychoanalytische Aspekte in den Text, wobei Langs literarisches Pseudonym, der Organist Pistorius, die Geheimnisse des Selbst entschlüsseln hilft. Schließlich setzt der Autor auf die katharsische Wirkung des Krieges, dessen katastrophalen Ausgang er bereits ein Jahr vor dessen Ende voraussieht.

Als das Buch, nach einem Vorabdruck in Fischers Zeitschrift *Die Neue Rundschau*, 1919 erschien, wußte niemand, wer sich hinter dem Autor verbarg, der mit dem »Fontane-Preis« für die beste Erstveröffentlichung ausgezeichnet wurde. »Unvergeßlich ist die elektrisierende Wirkung, welche gleich nach dem ersten Weltkrieg der Demian eines mysteriösen Sinclair hervorrief, eine Dichtung, die mit unheimlicher Genauigkeit den Nerv der Zeit traf und eine ganze Jugend, die wähnte, aus ihrer Mitte sei ihr ein Künder ihres tiefsten Lebens entstanden, zu dankbarem Entzücken hinriß«, erinnert Thomas Mann. Niemand vermutete hinter Sinclair den in der Avantgarde als »Heimatkünstler« verspotteten Hesse, bis Otto Flake ein Jahr nach Erscheinen des Buches das Geheimnis lüftete, Hesse sich als Autor bekannte und den Preis zurückgab.

Mias Reaktion auf den Roman ist nicht bekannt. Anders als Außenstehende wird sie jedoch in der Kinder- und Jugendwelt des Ich-Erzählers Sinclair die ihres Mannes erkannt haben: »Zu dieser Welt gehörte milder Glanz, Klarheit und Sauberkeit, hier waren sanfte freundliche Reden, gewaschene Hände, reine Kleider, gute Sitten daheim. Hier wurde der Morgenchoral gesungen (…) es gab Pflicht und Schuld, schlechtes Gewissen und Beichte, Verzeihung und gute Vorsätze, Liebe und Verehrung, Bibelwort und Weisheit.« Neben dieser lichten Welt, und das erfährt der Erzähler früh, gibt es eine andere dunkle, gibt es Lüge und Diebstahl, Brutalität und Sexualität. Und beide Welten grenzen so eng aneinander, daß es nur eines geringen Anlasses bedarf, um die Grenze zu überschreiten und sich in dunkler Wirrnis zu verstricken. Wie der junge Hesse, so wird auch Emil Sinclair seinen Eltern und sich selbst zum Problem: Verführbarkeit durch Alkohol, Schwierigkeiten in der Schule, Konflikte mit der Familie. Soweit kann Mia der regressiven Spur Hesses folgen. Aber mit der Gestalt des Freundes Max Demian, seiner Mutter, Frau Eva, mit Pistorius, den Symbolen und Lehren der Gnosis, mit denen Lang seinen Analysanden vertraut macht, tut sich für Mia eine fremde, bestürzende Welt auf, zu der sie keinen Zugang findet.

Seinem Freund Schädelin hatte Hesse schon zu Beginn der Analyse anvertraut: »Sicher ist nur, daß ich mit der Gründlichkeit einer Psychose auf mich selbst zurück verwiesen, durch diesen engen und höllischen Tunnel nicht werde kriechen können, ohne verändert und durchknetet drüben herauszukommen.« DER VOGEL KÄMPFT SICH

AUS DEM EI heißt es im *Demian*, und sein Autor geht bis in die Sprache seines Romans aus dem ersten Analysejahr verändert hervor. Mehr als zuvor versucht Hesse mit Hilfe von Lang nicht nur seine psychischen, sondern auch physischen Probleme zu ergründen. Da sind der Kopfschmerz und die depressive Verstimmung, die bereits seine baltische Großmutter Jenny Agnes Lass quälten und sich in der nervösen Empfindsamkeit und körperlichen Anfälligkeit des Vaters fortsetzten. Aber auch die Musikalität und Kreativität der Mutter und des sprachmächtigen Großvaters Gundert, der Humor des Großvaters Hesse aus Weißenstein und die Neigung zum Bodenständigen, zum Landleben und Gärtnern von den mütterlichen Vorfahren Dubois, den Weinbauern aus dem Welschland. Das alles formt ihn, fördert oder hemmt.

Dabei geht der stärkste Einfluß von Marie Hesse, der Mutter, aus: »Sie hat«, schreibt Hugo Ball, »unberührbare, unbetretbare Sphären ihrer Inbrunst, ihrer Glut. Sie liebt sehr die Poesie; sie dichtet selbst und rezitiert mit schöner, begeisterter Stimme Balladen. Sie liebt Eichendorff in seinem jenseits verankerten Wesen und ist eine Virtuosin im Erzählen. Sie liebt die Musik und hat eine Stimme wie eine helle Glocke; doch sie liebt im Grunde nur Psalmen und Choräle. Eine warme Kälte strömt von ihr aus. Ihr französisches Calvinistenblut hat eine Leidenschaft für das Unbedingte, das Letzte und Höchste im Leben; eine Leidenschaft, die der Sohn mit ihr teilt. Ihre Ehe dient den Zwecken der Mission und der Verbreitung des Evangeliums. Ihre Liebe ist von Gott und für ihn; (...) Diese Mutter ist unzugänglich für jeden sinnlichen Impuls; für jede narzisstische Eigenliebe, die um sie werben könnte. Ja, jedes Anzeichen von Sinnentrieb und Unbeherrschtheit, von unbewachter Regung und gar von Exzeß wird sie verletzen, wird sie tiefer in ihre andere Welt entrücken; wird Kälte und Befremden zur Folge haben.«

Darunter leidet der sensible Sohn, der den Familienpietismus nicht erträgt, der Gott sucht, aber ihn in der Bibelfrömmigkeit, den Chorälen und Gebeten des Elternhauses nicht findet, der sich den Verboten, dem Leugnen aller natürlichen Körperlichkeit nicht beugen kann. Er

rebelliert im Maulbronner Stift, in der Anstalt Stetten und im Gymnasium in Cannstadt. Am 20. Januar 1893 schreibt er der Mutter, teils resigniert, teils gleichgültig-verächtlich: »Übrigens bemitleide ich Dich; denn Du denkst mit Sorge und Mitleid an mich (…) höchst unangenehme Gedanken und höchst wertlose.(…) Wenn Du glaubst, ich sei traurig über das letzte Jahr, über Enttäuschungen, Liebesschmerz; mich quäle die Reue wegen des Selbstmords, irrst Du Dich.«
Dem Erwachen seiner »trüberen Leidenschaften« setzt die geliebte Mutter ihre Gebete und die reine Liebe zum HERRN entgegen. Auch sie erscheint rein, geheiligt, wie die Jungfrau Maria, deren Namen sie trägt. Und der Sohn fühlt sich noch isolierter, verwirrter, leidet unter nächtlichen Schrecken, näßt noch als Zehnjähriger ein, fühlt sich schmutzig und schuldig. Seine Sexualität scheint ein drohendes Geheimnis zu bergen, das sich seiner grübelnden Phantasie nicht enthüllt. Er sondert sich ab, seine Stimmungen wechseln zwischen Revolte und Resignation. Wieder wird der Konflikt durch die äußerste Gewissensstrenge und Zucht des Vaterhauses verschärft. Und wieder hat er das Gefühl, sich rechtfertigen zu müssen. Vergeblich buhlt er um die Liebe der Mutter, denn, so Ball: »Hesses Seminaristenkonflikt (…) ist die wahnwitzige, ihm damals kaum bewußte Liebe zum Symbol der Mutter in ihrer unbegrenzten Hingabe; zu derselben Mutter, die in der Erfahrungswelt ein so kühles, jenseitiges Tagebuch führt.«
In der Analyse hat Hesse diesen Konflikt erkannt und im Roman in Gestalt der Frau Eva, der Mutter Max Demians, dargestellt, zu der Sinclair »in innigste Beziehung tritt«. Sie ist das Urbild der Frau, ein Natursymbol der Mutter, das Sinclair nicht ungeteilt zu lieben vermag, »nur sein innerster, verhohlener Traum, sein Doppelgänger und höheres Ich, nur Demian kennt und liebt sie. Sinclair versucht nicht einmal zu entscheiden, ob er mehr den Freund oder die Mutter liebt.« Es ist ein »Zauber«, und: »Der Mann, mit dem das Leben immer von vorne beginnt, hat diesem Zauber nichts Gleichwertiges entgegenzusetzen; er bleibt immer eigensinniges, wehrloses Kind.« So ist denn auch eine wesentliche Forderung Hesses an seine Frauen, in ihrer

Obhut und Pflege Kind sein zu dürfen. »Und dies ist das böse Dilemma: soweit die Gattin im Traumbild der Mutter aufgeht, bringt sie Verschuldung und Qual; soweit sie aber von diesem Traumbilde verschieden ist, gehört sie einer fremden, feindlichen Welt an (…) ist nicht ein Stück von ihm und ein Teil seines innigsten Wesens.« Damit benennt Hugo Ball den Konflikt Hesses mit Mia, der anderen Maria, die seiner Mutter so ähnlich sieht, deutet die unglücklich liebenden Jünglinge in Hesses früheren Büchern, die die »Frauen auf das Piedestal von Heiligen und unnahbaren Göttinnen« stellen; »auf die entrückte Höhe der eigenen Mutter…«

Im *Demian* ist das eine junge Dame, der Sinclair im Park begegnet, die ihn anzieht, groß, schlank, elegant gekleidet, mit einem klugen Knabengesicht. Ein androgynes Wesen, das er nicht ansprechen, nur aus der Ferne als ein Bild verehren kann. Er gibt ihr den Namen Beatrice, (»ohne Dante gelesen zu haben«), malt ihr Gesicht – und bald ist es das Gesicht des Freundes Max Demian, bald sein eigenes, »ein Stück von seinem Schicksal«. Aber das Bild verblaßt, wird abgelöst von dem einer »Traumgeliebten«, einer Phantasie, vor der er weint, flucht, das er Mutter nennt, Geliebte, Teufel, Hure, Vampyr, Mörder. »Es verlockte mich zu zartesten Liebesträumen und wüsten Schamlosigkeiten, nichts war ihm zu gut, nichts zu schlecht und niedrig.« Und dann tritt Frau Eva in sein Leben, das Urbild der Frau, die »Große Mutter«: »Ihr Blick war Erfüllung, ihr Gruß bedeutete Heimkehr.« Nicht von ungefähr die Wahl der Namen: Mit der biblischen Eva, der Urmutter, kamen Verführung und Sünde in die Welt, mit der Mutter Maria wurden sie getilgt: unbefleckte Empfängnis, Reinheit. Zeit seines Lebens wird Hesse eine liebende Verehrung für die Madonna, die Fürsprecherin der Sünder, empfinden. Eine Verehrung, die seine späteren Tessiner Freunde Joseph Englert, auch Emmy und Hugo Ball teilen, der seine dritte Frau Ninon jedoch schroff ablehnend gegenüberstehen wird. Sie empfindet als Jüdin diese Mythologie als eine katholische, historisch-geographisch begrenzte, die sie nichts angeht.

*

Mia, die reale Maria, reagiert mit zunehmender Verunsicherung, fühlt sich nach mehr als 13 Ehejahren überfordert von Hesses Fluchten, der alleinigen Verantwortung für Haus und Kinder während seiner Reisen und Kuraufenthalte, zermürbt von seinen Nerven- und Schreibkrisen. Immer in Sorge um Martin, dessen Gegenwart Hesse nicht erträgt. Klimakterische Beschwerden quälen die 50jährige, während für ihren fast ein Jahrzehnt jüngeren Mann im analytischen Prozeß die Auseinandersetzung mit seiner Sexualität immer drängender wird, sich in Coituskräumen und homoerotischem Begehren äußert. Und so mahnt sein Analytiker im Dezember 1917: »Über die gegenseitigen Beziehungen zwischen uns müssen wir übrigens auch wieder einmal reden.« Im Januar 1918 spricht er von einigen »Schwierigkeiten wegen der Natur unserer gegenseitigen Beziehung zueinander.« In seiner Antwort bleibt Hesse ausweichend: »Über mein Verhältnis zu Ihnen kann ich nichts Neues sagen. (...) Bei mir sind trotz vieler Freundschaften, alle Verhältnisse zu Menschen immer ein klein wenig leicht, so daß um mich her eine mir zur Gewohnheit und zum Bedürfnis gewordene Isoliertheit bleibt.« So nimmt er auch Mias Befinden kaum zur Kenntnis, erinnert 1925 rückblickend: »Ich war ganz in mich selbst und ins eigene Schicksal versunken.«

Die Arbeit für die Gefangenenbücherei wird zur Last, im letzten Kriegswinter 1917/1918 werden auch in der Schweiz Lebensmittel und Kohlen knapp. »Wenn im nächsten Winter noch Krieg ist, wird man nimmer heizen können«, vermutet Hesse in einem Brief an seine jüngere Schwester Marulla und erklärt: »... wenn es dahin kommt, dann hänge ich alles andre an den Nagel und verziehe mich ins Tessin, wo man wenigstens ein mildes Klima und wenig Frost hat.« Nur er! Von Mia und den Kindern spricht er nicht, denn er zögert noch, seiner inneren Wandlung eine äußere Entsprechung zu geben. Aber der Ort des Neubeginns wird in diesem Brief bereits benannt.

Dorthin nimmt er im März 1918 erstmals den zwölfjährigen Bruno mit. Zuerst fahren sie zu Lang nach Luzern, dann in Hildes Gartenhaus nach Locarno-Monti. Sie wandern, Malzeug im Rucksack. Auch

»Köbi« Flach ist dabei, erinnert: »Wir stiegen über Waldwege und Frühlingswiesen, redeten und schwiegen – zeichneten und malten, Kapellen, blühende Bäume, und krumme Telegrafenstangen.« Angeleitet von dem Maler Ernst Kreidolf, hatte Hesse zu aquarellieren begonnen, eine Technik, die sein malerisches OEuvre künftig prägen wird.

Im Melchenbühlweg ist Martin während der Abwesenheit seines Vaters zu Besuch. Überschattet wird das Miteinander nur durch Heiners Rötelnerkrankung und Mias Frühjahrsputz, denn bei der Heimkehr ihres Mannes soll sein Arbeitszimmer sauber und verfügbar sein. Am 29. März schreibt sie: »Gestern und vorgestern haben wir Dein Zimmer geputzt, ich hetze die ganzen Tage ständig zwischen Heiner, Studierzimmer und Eßzimmer herum – es war wie gewohnt eine große Arbeit bei dem Anhäufen von Bildern und Sachen.« Eile hätte es damit nicht gehabt, denn Hesse ist entschlossen, länger im Tessin zu bleiben. Da Brunos Ferien zu Ende gehen, schlägt Hesse vor, ihn in Locarno in den Zug zu setzen, Mia soll ihn jenseits des Gotthards in Brunnen erwarten und heimholen. Dazu muß sie Martin wieder nach Kirchdorf bringen, auch für Heiner eine Unterkunft suchen. Das braucht Zeit.

Offenbar hat Hesse darüber geklagt, daß Mias Planungen erst spät feststehen, denn sie antwortet ihm ärgerlich, daß ihre Pläne nicht aus »Schmiedeeisen« sein können, sondern, der jeweiligen Situation angemessen, aus »Plastilin« sein müssen. »Es hat Dich ja schon oft geärgert, daß ich sie so leicht umzuändern pflege – aber wo käme ich hin, wenn ich's nicht könnte? Ich bin wirklich drauf angewiesen, sie so beweglich als möglich zu gestalten – denn es kommen mir immer wieder Striche dazwischen!« Kinderkrankheiten, Suche nach Hesses Militärpaß, der dringend vom deutschen Konsulat in Bern gefordert wird, Übersenden von Essensmarken für Mann und Sohn ins Tessin, denn im letzten Kriegsjahr werden die Lebensmittel rationiert. Dann muß der Garten bestellt, der »Erdäpfelplatz« umgegraben, die Kartoffeln gesteckt werden. Bertha von Brunn kommt und hilft, hin und wieder auch Bruder Fritz. Zur selben Zeit notiert Jakob Flach im

Tagebuch: »26.(3.1918) … Wir haben einen grossen Acker Kartoffeln gesteckt, ich hackte die Gräben, die Hilde steckte, der grosse Hesse deckte sie zu und der Kleine machte sich ein kleines Gärtlein umrahmt mit einer Bambushecke.«

Mia bündelt Hesses Post und schickt sie nach Locarno, auch einen Brief von Ninon Ausländer, die sich nach langem Schweigen wieder aus Wien meldet. Sie hat inzwischen das Medizinstudium aufgegeben und sich der Archäologie und Kunstgeschichte zugewandt. Daß sie in diesem Monat den gerade von seiner ersten Frau geschiedenen Brückenbau-Ingenieur Benedikt Fred Dolbin kennengelernt hat, teilt sie nicht mit, sondern lädt Hesse nach Wien zu einer Lesung ein und hofft, daß er ihr antworten und kommen möge. Er jedoch denkt weder an eine Reise nach Wien noch an eine weitere Korrespondenz mit seiner Verehrerin. Am 11. April bringt er seinen Sohn gemeinsam mit Flach zur Bahn, wandert dann mit dem Freund nach Ascona, zum Grotto bei der »Madonna della Fontana«, während Mia in Brunnen am Vierwaldstätter See auf Bruno wartet. Gemeinsam fahren sie nach Luzern, wo Mia ein Zimmer im Hotel »Kindli« nimmt. »Ich war in Luzern noch bei Langs«, teilt sie ihrem Mann nach der Rückkehr in den Melchenbühlweg mit, »hab auch mit ihm eine Zeitlang gesprochen u(nd) es hat mich merkwürdig erleichtert, u(nd) mir Richtlinien gegeben.«

Die braucht die nach der Lektüre des *Demian* verunsicherte Mia, die verwirrt ist über das, was ihr Mann von der Mutter schreibt, dem Bild der Mutter – oder eigentlich den zwei Mutterbildern: das enthobene, geheiligte und das materielle, physische. Lang mag ihr erklärt haben, daß ein Kind in den ersten Jahren irdisch und himmlisch noch nicht getrennt erlebt. Daß es in der Pubertät jedoch mit dem Erwachen der »trüben Leidenschaften« zur Trennung der beiden Bilder kommt. »Dann wird, in der Gärungszeit, eine schwere Verwirrung der Neigungen entstehen, die bei der Treue des Kindes bis zur Neurose führen kann. Bleibt die Vermischung der Bilder erhalten, so werden Beängstigungen, nächtliche Schrecken, Alpdruck und Blasphemie, giftige, stachelnde Skrupel von unbekannter Herkunft den Traumwandler entsetzen und scheuchen.« In der Analyse gilt es, diese inneren Prozesse zu erkennen und damit die alten negativen in neue positive Kräfte zu wandeln, den Weg zur Individuation zu beschreiten.

Auf den hat sich auch Lang erneut begeben, reist nur wenige Tage nach Mias Besuch zu seinem Analysanden ins Tessin. Hesse hat ihm zehn Gehminuten von Hildes Pension entfernt im Hotel »Al Sasso« in Orselina ein Zimmer reserviert. Fünf Tage verbringen die beiden Männer miteinander, wandern, malen, reden. Wer wen in dieser Zeit analysiert, wird fraglich beim Lesen der Briefe und Traumnotizen Langs. Am 22. April gesteht er Hesse: »Ich bin Ihnen sehr dankbar, dass Sie mir zu dem grossen umwälzenden Erlebnis verholfen haben, das diese 5 Tage für mich geworden sind. Wenn ich auch noch immer ganz desorientiert bin, ich wollte doch um keinen Preis, dass ich ohne das geblieben wäre, denn dieser Weg allein führt nach vorwärts, allerdings ins Unbekannte und Unerforschte.«

Hesse antwortet mit einer kurzen Ansichtskarte und teilt ihm knapp mit, daß er bis Ende Mai in Locarno bleiben werde. Sein Weg nach vorwärts führt, wie er Lang erst am 27. Juni nach langem Schweigen gesteht, in eine »neue Analyse«, »die mich für eine Weile stärker auf den dortigen Analytiker einstellte«. Die Tessiner Freunde kennen diesen Mann, der seit Jahren zum Kreis auf dem Monte Verità gehört. Hilde Jung-Neugeboren erinnert sich daran, auch Jakob Flach, daß Hesse »Linderung seelischer Unstimmigkeiten bei dem Analytiker Johannes Nohl« suchte, der auf der Piazza in Ascona wohnte, dort, wo sich heute das Hotel »Tamaro« befindet. Auch Mia weiß davon, schreibt am 7. Mai: »Daß Du wieder Analyse treibst, interessiert mich sehr.« Und fragt: »Bist Du durch Lang auf den Analytiker in Ascona gekommen? Und ist er NICHT Jung-Schule – oder doch?«

Nein, Nohl ist weder Schüler Carl Gustav Jungs noch Sigmund Freuds, auch wenn Hesse seinem Luzerner Analytiker mitteilt, Nohl sei »in der Technik der Analyse mehr Freudianer«. Johannes Nohl, ein Anarchist und erfolgloser Literat, Kenner der Mystiker und Gnostiker, ist ein Laienanalytiker, den die Deutungen Otto Gross' von Sexualität und Homosexualität als Akte seelischer und Anfang politischer

Befreiung begeistern. Für das Paar Mia und Hermann Hesse sollte die Begegnung mit Nohl fatale Folgen haben.

*

Was weiß Hermann Hesse von dem Mann, dem er sich nach Albert Fraenkel in Badenweiler und Bernhard Josef Lang in Luzern zu einer dritten Therapie in Ascona anvertraut? Waren sowohl Fraenkel und Lang als Ärzte mit neurologischem und psychiatrischem Schwerpunkt tätig, so ist der 1883 in Berlin geborene Anarcho-Intellektuelle Johannes Nohl eine bizarr-schillernde Persönlichkeit: Problemschüler des Gymnasiums »Graues Kloster« in Berlin, wo sein Vater Lehrer war, Abitur, abgebrochenes Studium der Theologie und Philologie, homosexuelle Beziehungen, Zusammenleben mit Erich Mühsam, der den mittellosen Nohl unterstützt, mit ihm durch Italien, Frankreich und die Schweiz reist, gesucht von den deutschen Behörden, der Schweizer Kantonspolizei, untergetaucht, verklagt, verhaftet, wieder freigelassen, geflüchtet. Ein Leben in der Berliner und Münchener Boheme, auf dem Monte Verità, an wechselnden Orten in Schweizer Kantonen. In Ascona galt Nohl als »il poeta bello«: lange dunkle Locken, eingefallene Wangen, weißer Leinenanzug, halblanger schwarzer Mantel, breitkrempiger schwarzer Hut. Seine Kenntnisse der Psychoanalyse verdankt er Otto Gross, in dessen Umfeld er sich in Ascona vor dem Ersten Weltkrieg bewegt hatte. »Von ihm hat Nohl sicherlich die analytische Grundlage über seine Anschauungen von libertärer Sexualität, über Selbstbefreiung aus traditionellen familiären und beruflichen bzw. staatlichen Zwängen erfahren«, stellt Albrecht Götz von Olenhusen fest.

Als Hesse ihn kennenlernt, lebt der exzentrische Bürgerschreck Nohl in Ascona, wo er »im Kreise von Anhängern und Jüngern eine etwas dubiose Rolle als psychoanalytischer Guru im Sinne eines lukrativen Meister-Schüler Verhältnisses gespielt haben wird«, vermutet Olenhusen. Friedrich Glauser, der 1919 nach Ascona kommt, notiert: »Dort hinten, beim Castello (…) wohnen die Analytiker. Ihr Anführer nennt sich Nohl, und er hat einige Freunde und ihre Frauen um sich versammelt. Jeden Morgen zwischen Kaffee und Butterbrot, werden die Träume der Nacht auf Komplexe untersucht, Hemmungen festgestellt und die Richtung der Libido kontrolliert.«

Johannes Nohl (links) u.
Erich Mühsam

Hesse, der mit den Sinnsuchern, Grenzgängern und Kreativen um den Monte Verità seit 1907 in Verbindung steht, hat, nach dem für ihn enttäuschend verlaufenen Besuch von Lang im April 1918 in Locarno, mehrere Analysestunden bei Nohl absolviert, die ihn – nach Aussagen von Hilde Jung-Neugeboren – heftig mitnahmen und von denen er immer »ganz erledigt« ins Gartenhaus zurückkehrte.

In diesem Frühjahr ist Mia so sehr mit Haus, Garten und Kindern beschäftigt, daß sie kaum dazu kommt, ihrem Mann ins Tessin zu schreiben. Erstmals finden sich, nach den Jahren unermüdlichen Schaffens, in ihren Briefen Zeichen von Überlastung und Erschöpfung, ist sie »so müd u(nd) zu nichts mehr nutz«, wie sie Hesse am 17. Mai mitteilt. »Ich hab zwar alle Hände voll zu tun u(nd) immer tun sich neue Abgründe von Arbeit auf – aber ich tu halt, was ich kann, u(nd) schieb das nicht unumgänglich Nötige zurück. Da ist der Garten, der mit seinem Unkraut lamentabel aussieht – da müssen mit d(er) Zeit die Buben dran glauben. Ich hab auf heut vom Gärtner Tomaten bestellt, Bohnen u(nd) so ziemlich alles übrige – bis auf Rosenkohl sind gepflanzt.« In dieser Zeit der Lebensmittelknappheit ist der Garten kein Freizeitvergnügen, sondern lebensnotwendig für die Familie.

Und noch zwei knappe Mitteilungen aus dem Mai: die geliebte Katze Bisi ist tot, Heiner nimmt Geigenstunden, und Hesse bekommt ein Paket mit Brustpulver zum Abführen sowie Gerste samt Rezept für das Zubereiten einer Schleimsuppe, mit der er seinen Darmkatarrh heilen soll.

Ende Juni, zurück im Melchenbühlweg, sucht Hesse erstmals wieder Kontakt zu Lang: »Viel dachte ich nach über den Unterschied der Analyse bei Ihnen und bei Nohl. Der Ihren verdanke ich sehr viel. Was bei Nohl mir imponierte, ist das viel stärkere Drängen auf direkte Assoziationen, das mehr ›bei der Stange bleiben‹. Nicht in den weiteren Anschauungen, aber in der Technik der Analyse ist er mehr Freudianer.« Vor allem aber ist er als Anhänger von Otto Gross' Maxime der sexuellen Libertinage und rückhaltlosen Offenheit unter Eheleuten entschlossen, diese auch Mia und Hermann Hesse zu »verordnen«. Also beichtet Hesse bei seiner Rückkehr aus Ascona, »eine kurze, flatterhafte eheliche Untreue aus früherer Zeit«, ein Geständnis, das bei Mia eine »pathologische Exaltation«, so Hesse an Lang, auslöst. Sie ist verzweifelt, weiß erstmals nicht, wie es mit ihrer Ehe weitergehen soll, fühlt sich zermürbt von Hesses ständigen Befindlichkeiten, dem Einfluß seiner Analytiker. Nach 14 Jahren des Zusammenlebens ist sie ausgebrannt, kann ihren häuslichen Pflichten immer weniger genügen. Irritiert schreibt Hesse an Lang: »Von mehrern Seiten wird mir auch gesagt, die Störungen hängen mit dem Alter meiner Frau (50) und den ›Wechseljahren‹ zusammen.«

Noch mehr verstört – und ärgert – es ihn jedoch, als ein Bettler an die Tür klopft, ein Arbeitsloser, den Mia aufnimmt, ihn wie einen Heiligen verehrt. Ist es nicht Gott, so fragt sie sich, der in Gestalt eines Bedürftigen zu ihr kommt, dem sie sich fürsorglich zuwenden muß? Hesse ist entrüstet, fühlt sich gestört, macht Vorwürfe. Sie versucht, sich zu verteidigen, verwirrt sich in ihren Argumenten. Vielleicht hat sie geschrien oder geweint, sich geweigert, den Mann gehen zu lassen. Aber Ende Juli meldet Hesse Lang, den er telefonisch um Rat gefragt hat: »Der Mann ist fort, meine Frau weit ruhiger und zeigt im gewöhnlichen Sprechen keine auffallenden Anzeichen oder Störungen mehr.« Und er setzt hinzu: »Mich hat die Sache völlig auf den Hund gebracht, ich bin nicht nur völlig erschöpft und nervös, sondern habe auch Familie, Haus, Frau und alles tiefer satt als je.«

Als Antwort bestärkt Lang, der in seiner Gegenübertragung auf Hesse auch seine eigene Ehe als Fessel empfindet, seinen Analysanden und fragt: »Ist die Ehe in der zweiten Lebenshälfte überhaupt noch erträglich, muss sie nicht überwunden werden?« Eine Bestätigung für Hesse, der im Spätsommer 1918 jedoch die Hoffnung hat, daß es nur einer therapeutischen Überzeugungsarbeit bedarf, um bei Mia mehr Verständnis für seine eigene Situation und damit noch mehr Entlastung von den Familienzwängen zu erreichen. So lädt er zunächst im August Lang, danach Nohl in den Melchenbühlweg ein. Am 26. September 1918 informiert er Lang nach längerem Schweigen: »Wir hatten Anfang Sept(ember) den Herrn Nohl etwa zehn Tage da, der mit mir und noch mehr mit meiner Frau Analyse trieb, und dies brachte unsere Verhältnisse aufs Neue in allerlei Schwankungen und Gefahren. (…) Nun ist eine gewisse Ruhe eingetreten, von der ich noch nicht weiß, wohin sie führt.«

*

Nach dem Zusammensein mit Nohl, der räumlichen Nähe, die Hesse zunehmend belastet, ist Mia entschlossen zu kämpfen; um ihren Mann, ihre Ehe, ihre Kinder – und für sich selbst. Einmal mit den analytischen Gesprächen begonnen, will sie diese mit Nohl in Ascona fortsetzen, nicht allein, sondern mit Martin. Nohl soll sich das Kind ansehen, mit ihm sprechen, feststellen, ob »Brüdi« krank ist oder gesund, ob er in Kirchdorf der Pflege bedarf oder in der Familie leben kann. Hesse ist schockiert. Das, was er sich seit Beginn ihrer Ehe so selbstverständlich zugestanden hat, beansprucht Mia jetzt für sich: eine Auszeit. Und er ist eifersüchtig, hatte sich von seinem Analytiker »weitere Befreiung« erhofft und mußte erleben, wie Nohl seine ganze Aufmerksamkeit Mia zuwendet. »Damals war mein Eindruck, daß Du nach dem ersten Beginn einer Analyse so rasch mit mir und allem fertig würdest, und daß Du nicht Schicksal und Krankheit sähest, sondern nur Schuld, und zwar Schuld auf meiner Seite«, klagt er, als seine Frau Nohl Anfang Oktober nach Ascona gefolgt ist.

Vorausgegangen waren im Melchenbühlweg die Szenen ihrer Ehe: gegenseitige Anklagen, Abrechnungen, Schuldzuweisungen. Sexualität wird thematisiert. Nicht nur er ist unbefriedigt gewesen, auch Mia war enttäuscht, von Anfang an. Emotionale Entbehrungen auf beiden Seiten. Mia und Nohl meinen den Grund gefunden zu haben: Hesses ambivalentes Verhältnis zu seiner Mutter, die er wie ein »Teufel« gepeinigt habe. Er wehrt sich, reagiert mit Kopf- und Augenschmerzen. Der Konflikt eskaliert. Nohl reist ab.

Entrüstet stellt Hesse fest, daß Zeitschriften fehlen, auch seine Rasierseife und Klingen hat Nohl mitgehen lassen. Bring mir das zurück! fordert er wütend, als Mia ihre Koffer packt. Er fühlt sich hilflos angesichts ihrer Entschlossenheit. Im Garten wartet Obst, das geerntet und eingeweckt werden muß, im Haus sind die Vorfenster gegen die kommende Kälte einzusetzen und die Öfen zu richten. Wer kümmert sich um Bruno und Heiner? Um die Schule? Die Geigenstunden? Dann sind da noch die Arbeiten für die Bücherzentrale und die bevorstehende Hochzeit seines Bruders Hans in Baden. Hesse macht Mia Vorwürfe, klagt über sein schlechtes Befinden. Aber sie läßt keinen Einwand gelten, nimmt ihr Gepäck, holt Martin aus Kirchdorf und fährt ins Tessin.

Auf dem Bahnhof in Locarno wartet Nohl, bringt sie nach Ascona, wo sie sich in der Nähe seiner Wohnung ein Pensionszimmer mietet, am See, mit Balkon. Sie lernt Nohls Frau Iza kennen, den gerade geborenen Sohn Friedrich. Iza-Gustava Prussak stammt aus Lodz, und es gab für sie, wie für so viele jüdische Mädchen im Zarenreich, keine Aussicht zu studieren. So war sie gemeinsam mit ihrer Schwester Cecha zum Medizinstudium nach Bern gegangen, hatte dort in den revolutionären Zirkeln Johannes Nohl kennengelernt, war mit ihm herumgezogen, unstet von Ort zu Ort, immer geplagt von Geldmangel, angewiesen auf die Zuwendungen von wohlwollenden Freunden wie Erich Mühsam oder Nohls älterem Bruder Herman. Eine Heirat erwogen sie erst, als Iza schwanger wurde. Eine Konvention.

Mia mag Iza, fühlt sich wohl mit den Nohls, genießt das ruhige Ascona, das herrliche Wetter, die Befreiung von den häuslichen Pflichten. Sie wandert mit Martin, sucht Pilze, die sie mit Iza zubereitet.

Martin ist »ganz zutraulich gegen Nohl«. Hinderlich ist nur der Berner Dialekt des Siebenjährigen, mit dem Nohl Schwierigkeiten hat. Bald sieht sich Mia durch Nohls Beobachtung bestätigt, daß Martins zeitweise Erregungsausbrüche eher als »Ungezogenheiten als (ein) Zeichen von Krankheit« einzuschätzen sind. Vertrauensvoll schließt sich der Junge auch Iza und dem Baby Fritzi an, geht mit Nohl und der Mutter nach Locarno, wo Mia einen Louis-XVI-Stuhl für 12 Franken ersteht und in den Melchenbühlweg schicken läßt.

Während Mias Analysestunden wandert Martin durchs Dorf, hinauf zum Monte Verità und »genießt diese Selbständigkeit sehr«. Es gibt, schreibt Mia an ihren Mann, keinen Grund, warum »Brüdi« nicht künftig mit Eltern und Geschwistern leben soll. Und Nohl teilt dem »lieben, verehrten Herrn Hesse« mit, dass Martins »Hauptleiden darin besteht, dass er sich beeinflusst durch die Äußerungen der Erwachsenen krank glaubt und sich dann daraufhin oft Ausbrüche und Unarten gestattet, wo er sich sehr gut beherrschen könnte«. Und er empfiehlt eine »nicht« strenge, aber volle konsequente Erziehung« im Elternhaus.

Diese Aussicht, das Kind, das ihm zum Spiegel seiner eigenen Unzulänglichkeiten geworden ist, ständig um sich zu haben, ist für Hesse ein unerträglicher Gedanke. Und als Mia ihm nach knapp zwei Wochen Abwesenheit mitteilt, daß sie ihrem »Aufenthalt hier noch einige Tage zugeben möchte«, reagiert er mit einem wütenden Brief: »Daß Du für uns seit der Analyse kein Interesse mehr hast und Dich nur noch für Deine eigenen Sensationen interessierst, weiß ich ja schon. Also verfüge ruhig. Ich mache hier, so lange es geht. Wir waren leidlich vergnügt zusammen, angeschnauzt sind die Buben von mir nur wenige Male worden, wenn gerade von Ascona irgend eine Beeinflussung der Stimmung kam. Ich gönne es Dir, dass Du für eine Weile Ruhe hast und Dir selber nachgehen kannst. Mit der Zeit wirst Du, wie wir alle, ja doch das Vorhandensein andrer Menschen wieder anerkennen müssen. Dann wird auch das Problem mit Brüdi Dir klarer werden. Daß er gedeiht neben einer Mutter, die Freude an ihm hat u(nd) nur für ihn da ist, ist ja selbstverständlich.«

Und dann führt er ihr vor Augen, daß es im Melchenbühlweg mit den Anforderungen von Haushalt und den beiden anderen Buben wieder zur Überforderung kommen muß, denn er will sie nicht unterstützen, plant, »eine gute Weile ganz für mich zu leben«. Für ihn, läßt er Mia wissen, »läuft das Meiste auf ein mönchisch-kontemplatives Leben hinaus«. Eine Absage an weitere Gemeinsamkeit. Er wird davongehen, wie Veraguth in *Roßhalde*, wird sie zurücklassen und nicht wiederkommen. Mia, aufgewühlt von den Gesprächen mit Nohl, ihren Träumen und der Aktivierung des Unbewußten, reagiert kopflos. Panik ergreift sie angesichts der Aussichtslosigkeit ihrer Situation. »Sie rannte«, erinnert Hildegard Jung-Neugeboren 1973, »nur mit einem Nachthemd bekleidet durch die Gegend. (…) In ihrer schizophrenen Verwirrung hat sie versucht, einen ihrer Söhne zu erdrosseln.«

Da ist es, eines dieser Wörter, die Mia künftig stigmatisieren: Schizophrenie. Ein Familienübel, heißt es. War nicht auch Mias Mutter, die geborene Gengenbach, im Alter depressiv? Wurde nicht Bruder Fritz, den Glaubenszweifel hinderten, den Beruf des Pfarrers auszuüben, wegen Depressionen im Sanatorium behandelt?

Auch Nohl spricht in einem Brief an Hesse von »hysterischen Anfällen« und »Wahnideen« und fügt hinzu, daß Mia »äusserster Schonung bedarf. Briefe wie Ihr vorletzter sind geradezu Gift für sie und stellen den günstigen Erfolg der Analyse wieder in Frage.« Und dann stellt der Nichtmediziner die Diagnose »klimakterielle Psychose« und empfiehlt für die weitere Therapie: »Die Hauptsache ist jetzt, dass sie Schritt vor Schritt vorwärts schreitet und keine Stufen überspringt. Die Neigung, sich vor der erforderlichen Neuanpassung in die Psychose zu flüchten, wird sich wohl immer noch einmal einstellen.«

Hesse lenkt umgehend ein, entschuldigt sich für seinen Brief, bittet um »Nachsicht« für die »ärgerlichen Zeilen«. Er ist »angegriffen, überarbeitet und sehr deprimiert«. Eindringlich erinnert er seine Frau daran, wie er sich im vergangenen Sommer bemüht habe, ihr näherzukommen, ihr gerecht zu werden, und bittet »faß Vertrauen, zu Dir und auch zu mir«. Mia dankt mit der Anrede »liebes Herz«, denkt an die »schönen Tage voll Sonnenschein« in ihrer Ehe, auch wenn es »viel Regen, Sturm und Schnee« gegeben habe. Dann berichtet sie ihrem erstaunten Mann vom Zusammenleben mit den Nohls, in deren »Logio« sie mit »Brüdi« eingezogen ist. »Wir leben jetzt mit den Nohls wie eine Familie (…) teilen das ganze Leben zusammen wie Geschwister.« Für das mittellose Ehepaar eine gute Möglichkeit, Kost und Logis durch Mia bezahlt zu bekommen. Und so soll Mia, nach Nohls Rat, auch weiter bei ihnen »ausruhen«. Dem will sie folgen, obwohl die Wohnung mit ihren wenigen schadhaften Öfen und dem rauchenden Küchenkamin »noch tausendmal unpraktischer und unkomfortabler als unser Haus in Bern« ist.

Das schreibt Mia ihrem Mann am 19. Oktober. Kurz darauf schlägt die eben noch beschworene Geschwisterlichkeit um: Mias Übertragung auf Nohl läßt ihre verdrängten sexuellen Bedürfnisse neu erwachen, negative Projektionen auf Iza erschweren das Zusammenleben. Die unmittelbare räumliche Nähe aller Beteiligten führt zu einer Krise, der Nohl nicht gewachsen ist. Hilflos telegraphiert er Hesse, daß er unverzüglich kommen möge. Mia weiß das. Mia wartet; hat sich in den letzten Tagen immer inbrünstiger nach ihrem Mann gesehnt. Aber er kommt nicht.

Warum will er sie nicht sehen? Oder ist es Martins Anwesenheit, die ihn zurückhält? Verzweifelt hält sie die Hände des Kindes mit ihrer einen, schlägt es mit der anderen Hand. Nohl will sie hindern, aber Mia will fort, will sich befreien aus dieser ausweglosen Gefangenschaft von Übertragung und Projektion, den Phantasien ihres Unbewußten, den wüsten Träumen und Trieben. Sie will zu Hilde Jung nach Monti und dann weiter nach Bern. In fliegender Hast packt sie ihre Sachen, läuft zur Poststation, wo der Bus nach Locarno hält. »Mit allem Zureden war nichts auszurichten«, rechtfertigt sich Nohl am 28. Oktober, vier Tage nach Mias Flucht, bei Hesse, »und man hätte schon äußerste Gewalt anwenden müssen, um sie zu halten.«

Nein, Mia läßt sich nicht aufhalten. Kommt ihr Mann nicht zu ihr, fährt sie zu ihm. Als der Postbus am Locarneser Bahnhof hält, steigt sie in den Zug nach Bellinzona, wo sie umsteigen muß, schleppt ihr

Gepäck von einem Bahnsteig zum anderen, zerrt den verstörten Martin hinter sich her, der sich sträubt mitzukommen, schreit. Und sie schreit auch. Als der Zug jenseits des Gotthards in Göschenen ankommt, ist später Abend. Sie stolpert durch die Dunkelheit, findet im Hotel »Rössli« ein Pensionszimmer, ungeduldig bestellt sie Tee, trinkt aber Wein, schläft erschöpft ein paar Stunden, liegt bekleidet auf dem Bett, reißt Martin früh hoch, verläßt das Hotel, vergißt ihre Armbanduhr, so als könne sie der Zeit entkommen. Die Wirtin ängstigt sich um ihren erregten Gast, redet Mia gut zu. Aber die stammelt: »Es ist in Bern etwas passiert, mein Mann ist gestorben.« Dann steigt sie in den Zug nach Luzern, vergißt das Gepäck, hält das Kind an der Hand – und weiß nicht mehr weiter.

Martin Hesse; Iza u. Johannes Nohl

Stimmen

Heiner Hesse:

Und dann 1918 sind sie hier unten in Ascona zu einem deutschen Psychiater gegangen. Der kam aus der Monte-Verità- Bewegung. Es muß eine Art Psychoanalyse gewesen sein. Zuerst hat mein Vater mit dem Psychiater gesprochen, dann sollte sie zu ihm. Als sie wieder draußen

war, bekam sie einen Wutanfall und hat versucht, meinen kleinen Bru-
der zu erwürgen. (...) Wenn man sich zwischen Kind und Mann entschei-
den soll, ist das schon eine schizophrene Situation.

Heiner Hesse in *Der Tagesspiegel*, Berlin, vom 29. Dezember 2002.

Hildegard Jung-Neugeboren:

Sehr schwer war die Zeit seiner Psychoanalyse bei Johannes Nohl. Hes-
se kam immer ganz erledigt heim. – Oft weckte er mich noch spät, um
sich auszusprechen. Dann holten wir in der Osteria eine Flasche Wein
und sprachen bis zum Morgen.

Hildegard Jung-Neugeboren, *In Hildes Winkelchen*, in: *Hermann Hesse in Augen-*
zeugenberichten, S. 73.

Adolf Bernoulli:

Was Nohl mit seiner Psychoanalyse getan, ist geradezu verbrecherisch
oder zumindest sträfliche Fahrlässigkeit.

Adolf Bernoulli am 30. April 1919 an Hermann Hesse. Hesse Editionsarchiv.

Hermann Hesse:

Ich habe, seit den 14 Jahren meiner Ehe, manches gelitten wovon nie-
mand weiß. Die letzten Monate waren die schwersten, für Mia und für
mich selber.

HH an Adele Gundert am 28. Oktober 1918 aus Bern, in: *Gesammelte Briefe.* Erster
Band, S. 380.

Mia Hesse:

Du weißt, ich habe Dir diesen Sommer in meiner »Euphorie« immer
gesagt, gesetzt, ich wäre krank, so hab ich doch etwas antizipiert,
was bleiben wird. Daß ich es unter SOLCHEN *Qualen u. Martern von*
Leib u(nd) Seele erinnern müßte, hätte ich mir damals – u(nd) auch

nach meinem stürmischen Fortreißen von Nohl (...), niemals träumen
lassen.

Mia Hesse an HH am 3. Januar 1919 aus dem Sanatorium Dr. Brunner, Küsnacht.
Hesse Editionsarchiv.

Johannes Nohl:

Dass in Ihrer Frau eine wirkliche Liebe zu ihnen frei wurde, ist fraglos.
Um so quälender ist nun für sie der Zweifel, ob es ihr gelingen wird die
gewonnenen Einsichten zu realisieren und vor allem, ob sie noch im
Stande sein werde, Sie erotisch zu fesseln. Dass diese Zweifel selbst bei
gesündesten Frauen in den Wechseljahren auftauchen, wird Ihnen be-
kannt sein. Die Fülle der Konflikte und Schwierigkeiten ist für Ihre Frau
gegenwärtig eine so erdrückende, dass man sich kaum wundern darf,
dass sie immer wieder Versuche macht, sich in den Wahn zu flüchten.

Johannes Nohl an HH am 30. Oktober 1918 aus Ascona. Hesse Editionsarchiv.

Mia Hesse:

»Du hast MICH u. ich hab DICH nicht verstanden – und doch warst Du
mir ERFÜLLUNG. Ich habe auch durch die Analyse wie durch eine Spalte
in die Ewigkeit gesehen – aber ich decke sie fast schaudernd wieder
zu. Was Du mir – u(nd) was ich Dir gewesen – ich wollte ja nur gute Haus-
frau u(nd) Mutter sein – das lässt sich nicht so kühl abwägen. Ach sa-
gen kann ich Dir erst alles, wenn wir uns einmal wiedersehen.«

Mia Hesse an HH am 2. Dezember 1918 aus dem Sanatorium Dr. Brunner, Küsnacht. Hesse Editionsarchiv.

Hermann Hesse:

Mia, die seit 3 Wochen mit Brüdi im Tessin war, ist in eine schwere Psy-
chose gefallen und mußte in grosser Verwirrtheit und Alteration in ein
Sanatorium gebracht werden. Ich habe sie seither noch nicht gese-
hen. Sie ist jetzt in Küsnacht bei Zürich (Dr. Brunner). Wie ich es jetzt

allein mit dem Haushalt und den Kindern einrichte, weiß ich noch nicht.
Freunde sind da, die helfen. Entweder suche ich eine Haushälterin zu
finden und lebe weiter wie sonst, oder (was wohl eher wahr wird) ich
gebe die Buben in Pension und bleibe allein im Haus.

HH an Adele Gundert am 28. Oktober 1918 aus Bern, in: *Gesammelte Briefe*. Erster
Band, S. 380 f.

Iza Nohl:

Vor der Abreise hat Ihre Frau die Sachen noch sehr sorgfältig gepackt
u(nd) war, was das Praktische anbelangt, bei voller Besinnung. (...) Über
ihre Geldverhältnisse wissen wir nur so viel, dass sie einmal vom Bru-
der 400 Frs erhielt u(nd) davon uns 360 Frs gab. (...) Hier in Ascona
hat (sic) Ihre Frau jedenfalls mit dem Gelde sorgfältig umgegangen,
ja wir hatten mehr den Eindruck, dass sie sich in der Wirtschaft nicht
genug gönnte.

Iza Nohl an HH am 30. Oktober 1918 aus Ascona. Hesse Editionsarchiv.

Heiner Hesse:

Nein, mit Schizophrenie hatte das nichts zu tun. Es waren schwere De-
pressionen. Das haben wir zum Glück schriftlich von Herrn Jung. (...)
Meine Mutter wurde in Küsnacht eingeliefert, C.G. Jung war dort The-
rapeut. Ich habe einen Brief von Jung an meinen Vater gefunden. So
krank kann meine Mutter nicht gewesen sein, schließlich hat sie noch
unseren ganzen Berner Hausstand aufgelöst. (...) gepackt und alles
organisiert hat immer sie. Mein Vater war praktischen Dingen nicht
gewachsen.

Heiner Hesse in *Der Tagesspiegel*, Berlin, vom 29. Dezember 2002.

Carl Gustav Jung:

Ich fand die allgemeine Orientierung gut. Die Verstandesfunction, im
engeren Sinne, ungestört. Dagegen ERHEBLICHE AFFECTIVE STÖRUNGEN,

als inadaequate Affecte neben starker Apathie infolge welcher auch die Aufmerksamkeit stark beeinträchtigt ist. Der Associationszusammenhang ist gelockert und von spontanen Einbrüchen des Ubw. (Unbewußten) durchbrochen. (...) Die Prognose ist infolge des Umstandes, dass es sich um eine typische Psychose handelt, getrübt, jedoch für diesen Anfall nicht ungünstig, da eine erhebliche Erschöpfung das Bild compliciert. Durch Ruhe und geeignete Pflege kann dieser letzte Factor eliminiert werden, wodurch auch eine Möglichkeit zu einer besseren Zurückdrängung des Ubw. geschaffen wird. Analyse ist auf lange Zeit hinaus gänzlich zu widerrather.

Gutachten von Carl Gustav Jung zu Mia Hesse, Anfang November 1918. Hesse Editionsarchiv.

11.

Während Mias Welt in den letzten Oktobertagen 1918 auseinander-
bricht, das Ende ihrer Ehe sich abzeichnet, endet auch nach verzwei-
felt-vergeblichen Offensiven der Krieg, und die Tage von Mias
persönlichem Zusammenbruch sind zugleich die des kollektiven:
Österreich-Ungarn kapituliert Ende Oktober, und die k. u. k. Monarchie bricht zusammen, am 4. November meutern die Matrosen in
Kiel, Arbeiter- und Soldatenräte übernehmen die Macht in Deutschland, Monarchen danken ab und fliehen. Das Reich des Zaren geht
in den Wirren der Revolution unter. Auch in der neutralen Schweiz
kommt es im November 1918 zu Arbeiterunruhen und zum Generalstreik.

Mia lebt wie auf einer Insel. Nohls aufgeregte Telegramme vom 24.
und 25. Oktober über ihre überstürzte Abreise haben Hesse bewogen,
seiner Frau und Martin nach Luzern entgegenzufahren. Mit Lang
erwartet er Mia und Martin am Bahnsteig. Der Arzt begleitet die völlig Verstörte in das Sanatorium Dr. Brunner nach Küsnacht, und Hesse bittet die Frau von Dr. Brun in Luzern, sich um Martin zu kümmern, bis Alice Ringier kommt, um ihn wieder nach Kirchdorf zu
holen. Fragt Mia nach Martin, erhöhen die Ärzte die Dosis der Medikamente. Langsam wird sie ruhiger, nimmt ihr Zimmer wahr, die
Gebäude am Zürichsee, die Pfleger, Schwestern, Ärzte.

Am 4. November bekommt sie Besuch von Mathilde Schwarzenbach,
die ihr verspricht, für wärmere Kleidung zu sorgen, denn im inzwischen aus Göschenen eingetroffenen Gepäck befinden sich nur Som-
mersachen. Schwarzenbachs Eindruck von Mia deckt sich mit der
Überzeugung Dr. Brunners, »daß sie sich wieder erholen werde &
zwar so, wie sie vorher gewesen sei«. Mia fragt nach ihrem Mann, wartet auf sein Kommen. Vergeblich. Ängstlich erkundigt sie sich nach
den Söhnen, wird beruhigt: Heiner ist mit Martin in Kirchdorf, Bruno beim Vater im Melchenbühlweg. Von dort schreibt Hesse Klagebriefe an Adele, an Fritz Bernoulli, der umgehend 1 000 Franken aus
Mias Erbe überweist, an seine Gönnerin Mathilde Schwarzenbach,

die Mia Blumen bringt und ihren Neffen Georg Reinhart in Winterthur bewegt, Hesse anzubieten, die Anstaltskosten für drei Monate zu übernehmen.

Endlich, Mitte November, nach dem Ende des Generalstreiks, kann Hesse seine Frau besuchen, »war zweimal bei ihr, mehrere Stunden. Sie war ziemlich normal, gefiel mir aber doch nicht«, teilt er Georg Reinhart mit und kommt zu dem Schluß: »Wenn sie einigermaßen geheilt wird, muß sie unbedingt wieder ein Heim und die Kinder haben, sonst wäre ihr Leben zerstört.« Und auch das seine, denn er, und das macht er Mia immer wieder klar, kann und will sich nicht um Haus und Kinder kümmern. Auch Bruno wird ihm in Bern zur Last, und er gibt ihn ins Kinderheim Langnau, lebt ab Ende November nur mit einer Magd im Melchenbühlweg.

Mia schreibt ihm: kurze Grüße mit Bleistift, schickt selbstverfaßte Gedichte, bittet: »Um mich mache Dir keine Sorge.« Sie verspricht: »Ich finde den Weg ins Leben schon zurück.« Und: »Nun sorg Dich gar nicht mehr um mich, sondern sieh, dass Dein armes Herz zur Ruhe kommt.« Wieder versucht sie ihre »Seelenpein, Angstzustände, Schlaflosigkeit« zurückzudrängen, ihm keine Sorgen zu bereiten. Für jeden Besuch ist sie dankbar, weiß nicht, daß Mathilde Schwarzenbach nur kommt, um Hesse einen Gefallen zu tun, und in Briefen an ihn keinen Hehl aus ihrer Aversion gegen Mia macht. Der alte Freund Gustav Gamper besucht sie, auch Bruder Fritz und ihre jüngere Schwester Emma. Die bleibt im Dezember eine ganze Woche und ersetzt die Pflegerin, die an der damals grassierenden Grippe erkrankt ist.

Die beiden Frauen sprechen über ihre Kindheit, mehr über die Vergangenheit als über die Zukunft, schreibt Emma an ihren Schwager, und: »Ich habe das Gefühl Mia's Genesung mache Fortschritte (...) Das Sanatorium gefällt mir sehr gut und die Behandlung scheint mir ausgezeichnet.« Das bestätigt auch Mia immer wieder, genießt es, umsorgt und gepflegt zu werden. Ein junger, gerade aus den USA zurückgekehrter Arzt bringt ihr geduldiges Verständnis entgegen, und sie ist überzeugt: »Dr. Hirschfeld ist immer mein Trost. Wenn er mich

nicht gehalten hätte, wäre ich in meinem Elend versunken.« Hirschfeld bittet Hesse, Mias Wunsch zu erfüllen und eines der Kinder nach
Küsnacht zu schicken. Besonderes Verlangen hat sie nach Martin,
und sie drängt ihren Mann: »Das arme Kind darf nicht so seiner Heimat entfremdet werden u(nd) ich bin seine Mutter u(nd) mein Mutterrecht laß ich mir nicht nehmen.« Aber er bleibt hart, wird auch
das Weihnachtsfest nicht mit den Buben verbringen, sondern bei seinem Malerfreund Louis Moilliet in Diemerswil. Das Besorgen und
Verschicken der Weihnachtsgeschenke für die Kinder hat er Schwägerin Emma überlassen. Mia ist verzweifelt, bekommt einen Rückfall.
Ruhiggestellt resigniert sie schließlich und schreibt ihrem Mann am
22. Dezember: »Mit Weihnachten nehme ich's jetzt wie's kommt (…)
nur ein ganz klein Bäumchen möchte ich haben.« Dennoch läßt sie
Schokolade besorgen, hat die Hoffnung auf den Besuch der Kinder
noch nicht aufgegeben.

Zu ihrer Überraschung kommt Heiner, und das Wiedersehen gibt
ihr neuen Mut. Sie verläßt ihr Zimmer, geht am See spazieren, entdeckt das Klavier im Sanatorium, bittet Hesse, ihr Noten von Mo-
zart-Sonaten zu schicken. Sie musiziert mit anderen Patienten, einer
der Pfleger hat eine schöne Baritonstimme, Mia begleitet ihn am Klavier. Und sie ist mit dem Ehepaar Hirschfeld zusammen, »zwei Pracht-
exemplare von Menschen«. Der Arzt hat Mia darauf aufmerksam
gemacht, daß sie künftig auf Hesses Vorwürfe nicht wie bisher mit
Schweigen reagieren dürfe, sondern sich mit ihm auseinandersetzen
müsse. Keine passive Resistenz, fordert er von seiner Patientin, und
mahnt im Februar den »verehrten Herrn Hesse« nach dessen Besuch
in Küsnacht, der wieder mit Vorwürfen endete, seiner deprimierten
Frau zu schreiben: »Leid würde der Patientin aber erspart werden,
wenn sie annehmen würde und könnte, dass Sie nicht in Groll ihrer
gedenken. (…) Mehr als einen freundschaftlichen Brief sollen Sie aber
gar nicht sich abringen.« Obwohl in Besorgnis vor Mias bevorstehen-
der Entlassung, hat er ihr offenbar einen »lieben Brief« geschrieben,
für den sie ihm am 21. Februar 1919 dankt. Dem Arzt jedoch teilt er
mit, daß er seine Frau keineswegs im Melchenbühlweg sehen möch-

te. Und so zieht Mia am 26. Februar zunächst zur Familie Dr. Brun ins »Bergli« nach Luzern, wo sie vor einigen Jahren bereits die Folgen ihres Skiunfalls auskuriert und sich wohlgefühlt hatte.

Als Mia das Sanatorium verläßt, wird Hesse sowohl von Dr. Hirschfeld als auch dem Leiter des Sanatoriums, Dr. Brunner, noch einmal nachdrücklich darauf hingewiesen, daß seine »Frau für die Zukunft grösstmöglicher Schonung« bedarf, und er wird daran erinnert, daß Mia jedes Übelbefinden ihres Mannes als ein eigenes Versagen empfindet. Mia jedoch ist guten Mutes und beruhigt Hesse: »Meine robuste Natur hat schon allerhand überhauen, da wird sie auch da sich bewähren.« Nur der Abschied von Dr. Hirschfeld fällt ihr schwer, den »möchte ich mitnehmen können«.

*

Trotz der Diagnose Dr. Brunners, daß bei Mia unter »innern oder äußern Schwierigkeiten« ein Rückfall möglich ist, bleibt Hesse entschlossen, sich von Mia zu trennen. Sie soll, schlägt er vor, das große Haus im Melchenbühlweg aufgeben und in Bern mit den Söhnen eine kleinere Wohnung beziehen. »Ich traue ihr das Fertigwerden mit dem Ganzen zu«, teilt er Georg Reinhart mit, denn er selbst wird sich eine andere Bleibe suchen, weit genug entfernt, daß die Familie ihn nicht stören kann. Er sehnt sich nach dem Süden, will zurück ins Tessin. Mia, an Trennungen gewöhnt, bittet ihren Mann, das Haus noch weiter bewohnen zu dürfen, erklärt: »in irgendeinem schauerlichen Mietloch möchte ich denn doch nicht unterkriechen, bloß um ein Dach über dem Kopf zu haben.« In Luzern berät sie sich mit »Mama Brun«, in Interlaken mit Emma. Dann fährt sie nach Basel zu Adolf und Fritz, um mit den Brüdern ihre finanzielle Situation zu erörtern.

Ein reger Briefwechsel um Mias Zukunft beginnt zwischen Hesse und den Brüdern Bernoulli. Fritz erinnert den Schwager an seine Pflichten, überweist jedoch weitere 500 Franken, um Mias Auslagen zu begleichen. Adolf macht den Vorschlag, daß Mia und Fritz ein Häuschen in Arlesheim mieten und zunächst mit Heiner dorthin ziehen sollen. Mia könnte Fritz im Fotoatelier in Basel helfen und nach und nach, wenn sie sich gefestigt hat, Bruno und Martin zu sich holen. Auch der ehemalige Hausarzt Dr. Huck mischt sich ein, verurteilt Nohl, macht eigene Therapievorschläge. Aber Mia, die sich im April bei Ida Huck am Bodensee aufhält, ist nicht bereit, über sich verfügen zu lassen. Sie schickt »Osterpäcklein« an ihre Kinder und fährt Ende April nach Langnau, um Bruno und Heiner zu holen. Als sie mit den Buben im Melchenbühlweg eintrifft, hat Hesse das Haus verlassen und das Mietverhältnis zum Herbst gekündigt. Seine neue Anschrift: »Albergo collina d'oro in Lugano-Sorengo«.

Dennoch geht Mia mit der gewohnten Energie daran, das Haus, das seit Monaten ein Junggesellenheim war, wieder für die Familie herzurichten. Bruno besucht seine alte Schule, auch der zehnjährige Heiner wird dort aufgenommen. Noch zögert sie, Martin, den sie oft in Kirchdorf besucht, heimzuholen. Ihrem Mann schreibt sie regelmäßig, immer geplagt von dem Gedanken, noch keine neue Bleibe zu haben. Handwerker sind angerückt, die die Veranda erneuern. Lärm und Dreck machen Mia nervös. Sie erwägt, im Haus wohnen zu bleiben und, um den Mietzins zu mildern, zwei Zimmer unterzuvermieten. Ein Plan, in dem Fritz sie bestärkt. Aber die Arbeit im Haushalt und dem großen Garten ohne jede Hilfe erschöpft Mia mehr und mehr. »Ich merke erst jetzt, dass ich meine Kräfte mehr verbraucht habe, als ich im Frühjahr glaubte«, gesteht sie Hesse, der inzwischen in einem Dorf oberhalb von Lugano eine Wohnung gefunden hat und einen Spediteur schickt, seine Sachen abzuholen. Bestimmungsort: Montagnola, Casa Camuzzi.

Als der Möbelwagen davonfährt, ist Mia entschlossen, Hesse ins Tessin zu folgen. Ihr Ziel: Ascona. Sie findet ein Haus im Ortsteil Moscia an der Collinetta oberhalb des Lago Maggiore. Vom Grundstück geht der Blick weit über den See, zu den Brissago-Inseln und dem gegenüberliegenden Gebirgszug des Gambarogno. Hier will sie künftig mit ihren Söhnen leben. Fritz Bernoulli stellt einen Teil des Kaufpreises aus Mias Erbe zur Verfügung. Den Rest will sie durch Zimmervermietung an Feriengäste aufbringen. Bevor sie mit dem Zusammenpakken des Hausstandes und den Umzugsvorbereitungen beginnt, reist sie ins Berner Oberland, um Emma zu sehen und Tuccia, die aus den USA heimgekommen ist. Voller Freude erzählt sie den Schwestern von ihrem Haus, macht Pläne. »Sie war vergnügt und animiert, ohne aufgeregt zu sein«, berichtet Emma ihrem beunruhigten Schwager, der dem Näherrücken seiner Familie keineswegs zustimmen will. Aber Mia läßt sich nicht beirren. Als Umzugstag wird der 15. September 1919 festgesetzt.

Casa Camuzzi

Ruth Wenger um 1929

Ruth

1.

Juli 1919: Ruth Wenger will ihn kennenlernen, liebt die Verse des berühmten Dichters, hat einige auswendig gelernt. Sonst weiß sie nichts von ihm, ist überrascht, eines Nachmittags den schnell ausgerissenen Notizzettel an der Haustür zu finden: »Liebes Fräulein Wenger, wir wollten Sie besuchen, fanden aber niemanden zu Hause. Hermann Hesse, Frau Barth, Louis Moilliet, Bildhauer Osswald und Frau.« Sie hält das Papier in der Hand, und ihr ist, als halte sie mit diesen schnell hingeworfenen Zeilen ihr Schicksal. »Ein Zaubervogel flog über mich weg, und auf dem alten Pflaster der kleinen Gasse wuchsen Zauberblumen herauf«, erinnert sie und spürt, daß nur noch ein Wortzauberer gefehlt hat an diesem paradiesischen Ort, »wo die Zeit stehengeblieben zu sein schien, wo die alten Frauen noch mit Spindeln spannen wie Dornröschen.«

Sie läuft ins Haus, das der Vater im Frühling in Carona auf dem Salvatore gekauft hat, die alte Casa Costanza mit den Rokoko-Malereien über den Fenstertüren, farbigen Porträtmedaillons in grünem Gerank und oben unter dem kleinen Giebel ein bunter Papagei. In ihrem Zimmer liest sie Hesses Nachricht noch einmal, liest immer wieder und fragt sich: Wer hat ihn nach Carona geführt? Von wem kannte er ihren Namen? Sie vermutet: von Louis Moilliet, dem Maler, den sie in Basel bei Paul Barth kennengelernt hat, damals, als sie Malerin werden wollte, bei Barth Unterricht nahm und sich in ihren Lehrer verliebte. Vielleicht liebt sie ihn noch immer, denn jetzt ist er frei, hat seine zerrüttete Ehe gelöst, seine Frau lebt mit Moilliet zusammen – und der ist ein Freund Hesses.

Ruth erkundigt sich bei Nachbarn nach den Besuchern, erfährt, daß sie von Montagnola, dem Bergdorf jenseits der tiefen Schlucht, herauf gekommen waren. Dorthin wandert bald auch sie, fragt im Albergo »Bella vista« nach Moilliet und Frau Barth. Aber die sind bereits abgereist. Dann erkundigt sie sich nach dem *poeta*, nach Hesse, ängstlich, daß auch er das Dorf bereits verlassen haben könnte. Aber der freundliche Wirt zeigt ihr den Weg zur nahen Casa Camuzzi, wo der Dichter vor einigen Wochen eingezogen ist.

Als Ruth den Platz vor der Casa betritt, bleibt sie verwirrt stehen: ein fremdartiger Palazzo erhebt sich dort, mit Treppengiebeln, Türmchen, üppigem Stuck über den Fenstern, dem Portal. Wo in diesem Märchenschloß mag er wohnen? Sie klopft, fragt, der Weg wird ihr gewiesen. Mit Herzklopfen steigt sie die Treppe hinauf, klopft an seine Tür. »Eine schöne tiefe Stimme rief herein, und da stand er: in einem goldgelben Samtanzug, ein nicht sehr großer Mann mit kurzgeschorenem Haar und einer randlosen Brille, hager, aber doch voll seltsamer Anmut und mit einem schönen freudig lächelnden Gesicht.« Ruth sagt, es ist Liebe auf den ersten Blick. Auch Hesse ist von dem jungen Mädchen bezaubert, das so unverstellt-erwartungsvoll ihm gegenübersteht. Er zeigt ihr die Aussicht von seinem Balkon in den üppig wuchernden Garten, die hohen, alten Bäume am steil abfallenden Hang. Im Zimmer liegen Malgerät und Papier, auf dem großen Schreibtisch türmen sich Hefte, Bücher, Briefe. Eine Junggesellenbehausung, in der die alte Natalina Cavadini aus dem Dorf ihn versorgt. Aber heute wird sie nicht kochen, denn die Osswalds haben ihn zum Essen eingeladen. Will Ruth mitkommen?

Sie stimmt zu, erfährt auf dem Weg, daß die Gastgeber genau wie Hesse erst in diesem Jahr nach Montagnola gezogen sind. Paolo und Margherita sind Künstler, Maler und Bildhauer. Margherita, die Römerin, kocht fabelhaft. Später erinnert Ruth, daß sie Spaghetti aßen, daß Hesse nach dem Essen auf der Fensterbank saß, eine Brissago rauchte und übermütig Natalina nachmachte. Er war in aufgeräumter Stimmung, redete belangloses Zeug, scherzte mit Margherita. Still folgt Ruth dem teils auf deutsch, teils italienisch geführten Gespräch und kann kaum glauben, Hesse so nah zu sein. Beim Abschied lädt sie die Osswalds und Hesse ein, ihren Besuch in Carona zu wiederholen. Dieses Mal wird sie da sein.

*

Wann werden sie kommen? Ruth wartet ungeduldig, träumt von dem Mann im gelben Samtanzug. Er ist zwanzig Jahre älter als sie, verheiratet, hat Kinder. Das weiß sie von ihrer Mutter. Warum er ins Tessin gezogen ist, weiß Lisa Wenger jedoch nicht, hat in Basel Gerüchte gehört, daß er sich von Maria Bernoulli getrennt hat. Man munkelt, sie sei gemütskrank und in einer Anstalt interniert. Aber die Bernoullis sind alte Basler Patrizier, eine berühmte Familie, da wird viel geredet. Zu dieser Schicht gehören die Wengers nicht, obwohl Theo Wenger viel Geld als Inhaber der Besteckfabrik Coutelier Suisse / Wenger & Co. / SA. verdient und eine große Villa in Delsberg, dem halb deutsch, halb französisch sprechenden Städtchen im Jura, besitzt. Er gilt als *nouveau riche*, hat doch niemand vergessen, daß Lisa Wenger, die ausgebildete Malerin, über Jahre die Familie mit Malstunden über Wasser gehalten hatte, während ihr zehn Jahre jüngerer Mann, der gescheiterte Pfarrer, beim Schwiegervater Ruutz im Basler Tuchgeschäft half.

Daran erinnert sich Ruth nicht, sie ist das verwöhnte, ein wenig scheue Mädchen, dem die Eltern jeden Wunsch zu erfüllen suchen. Als Kind war sie lange krank, Meningitis, blieb anfällig, war zu labil für Matura und Studium. Aber sie hat Begabungen: lernt leicht Sprachen, malt, nimmt Instrumental- und Gesangsunterricht. Sie liest viel, liebt die Natur, Pflanzen, Tiere, versammelt in Delsberg eine ganze Menagerie um sich: Katzen, Hunde, Hühner, Kaninchen, eine Ziege – und einen Papagei. Sie ist eine Träumerin, eine, die sich leichtfüßig durch ihr beschütztes Leben bewegt, war in Barth ebenso unschuldig-verliebt, wie sie sich jetzt nach dem Wortzauberer von Montagnola sehnt. Die Bücher ihrer Mutter, die spät zu schreiben begonnen hat, führen ins Märchenland. Ruths Leben, ein Traumtheater. Die Bühne: Carona, das Dorf, wo die Zeit stehengeblieben zu sein scheint, wo oberhalb der Casa Costanza, am Hang hinter der Kirche, ein verwilderter Garten liegt, in dessen Beet eine blaue Glaskugel steckt, in der sich Ruths Welt wundersam spiegelt: Blumen, Büsche, Rebstöcke, ihre Hunde, der Papagei – und bald auch Hermann Hesse.

Er kommt wenige Tage später, mit ihm die Osswalds und das Ehepaar Bodmer, auch sie wohnen seit kurzer Zeit in Montagnola. Hermann Bodmer, der Lungenspezialist, hat gerade eine Tätigkeit im Walliser Kurort Montana aufgegeben und wird im Herbst mit seiner Frau Anny, einer Malerin, nach Locarno ziehen. »Sie sanken in der Morgenstunde, zwischen den stark duftenden Spiräen und umzittert von den noch betauten Spinnweben der Waldränder, durch den steilen warmen Wald hinab (...) die Männer weiß und gelb in Leinen und Seide, die Frauen weiß und rosa, der herrliche veronesergrüne Sonnenschirm Ersilias funkelte wie ein Zauberring.« Es ist ein verzauberter Tag, voll Wärme und farbiger Trunkenheit, den Hesse kurz nach diesem Ausflug in seiner Erzählung *Klingsors letzter Sommer* festhält. Da zieht der Maler Klingsor mit seinen Freunden, dem Doktor, der Malerin, Agosto und Ersilia bergab und bergauf, durch schattige Kastanienwälder, sonnige Rebhänge, über Wiesen und durch kleine Dörfer bis nach »Kareno«, um das Mädchen zu besuchen, dem Hesse einen märchenhaften Namen gibt: die Königin der Gebirge. Das Dorf, heißt es bei Hesse, »Kareno, uralt, eng, finster, sarazenisch (...) Erwartungsvoll brach die Karawane durch die blaue Schattenschlucht der Gassen (...) und ein kleiner greller Platz mit zwei gelben Palästen lag still und blendend im verzauberten Mittag, schmale steinerne Balkone, geschlossene Läden, herrliche Bühne für den ersten Akt einer Oper.«

Zu Beginn eine befremdliche Ouvertüre: Töne werden auf einem Klavier angeschlagen, eine Oktave, seltsam mißgestimmt, wieder und wieder. Dazwischen das Gebell eines Hundes, das Kläffen eines zweiten, der immer gleiche Klavierton und das Krächzen eines Papageis, die die Ankommenden irritieren, an Umkehr denken lassen. Doch dann beginnt der erste Akt: »Plötzlich stand die Königin der Gebirge da, schlanke elastische Blüte, straff und federnd, ganz in Rot, brennende Flamme, Bildnis der Jugend.« Mit diesem Auftritt Ruths kann das Spiel beginnen, das alle dramatischen Elemente in sich vereinen wird: Liebe und Eifersucht, Erpressung und Intrige, Lüge und Leid, am Ende der Tod der Liebe, eine Trennung.

Ersilia / Margherita klappt ihren Sonnenschirm zu, Ruth bittet ins Haus. Im großen Saal, »wo barocke wilde Stuckfiguren über hohen Türen emporflackerten und rundum auf dunklem Fries gemalte Delphine, weiße Rosse und rosenrote Amouretten durch ein dicht bevölkertes Sagenmeer schwammen«, steht der geöffnete Flügel, darübergebeugt der Klavierstimmer. Was für ein Bühnenbild! Die kleine Gesellschaft läßt sich nieder, der Klavierstimmer ergreift die Flucht, und Ruth deckt den Tisch mit Brot, Käse, Wurst und Wein. In der kühlen Dämmerung des Saales wird geredet und gelacht, die Stimmen gehen durcheinander, »die gütige des Doktors«, »die tief-freundliche Ersilias«, »die unterirdisch-starke Agostos« und »die vogelleichte der Malerin«. Ruth schneidet Brot, schenkt Wein nach. Hesse folgt ihr mit den Augen, und auch sie kann den Blick nicht wenden.

Nach dem Essen bindet Ruth ein blaues Kopftuch um und führt ihre Gäste in ein schattiges Kastanienwäldchen, wo sie sich auf Gras und Moos lagern, plaudern, abwesende Freunde herbeiwünschen wie Louis Moilliet, dem Hesse im Klingsor den Beinamen »der Grausame« gibt. Auch der Ingenieur und Astrologe, Joseph Englert mit seiner Gefährtin Maria Theresia Holzleitner hätten in diese Runde gepaßt. Noch eine Malerin, lacht Hesse, der in diesem Sommer täglich mit Klappstuhl und Malzeug unterwegs ist. Bald, verspricht er, wird Ruth auch sie kennenlernen, und Hesse wird bei Englert, den er als »armenischen Sterndeuter« einführt, Ruths Horoskop bestellen.

Als es dämmert, brechen die Freunde auf. Ruth begleitet die Gruppe bis zu den letzten Häusern des Dorfes. Am Wiesenweg, der bergab führt, verabschieden sie sich; und Hesse gibt Ruth einen flüchtigen Kuß.

Anny Bodner, Paolo Osswald, Margherita Osswald-Toppi,
Hermann Hesse, Ruth Wenger, Hermann Bodmer

*

Einige Tage später bekommt sie einen Brief von Hesse, ein kurzes
Schreiben, in dem er sie, die Schülerin Barths, um ein »kleines Bild-
chen« bittet und als »Tauschobjekt« eines seiner »sehr dilettantischen
Aquarelle« anbietet. »Liebes Fräulein«, schreibt er, »mit Grüßen Ihr
H. Hesse.« Was soll sie ihm antworten? Und was soll sie ihm schicken?
Ihre Malversuche liegen in Delsberg. Auch vermutet sie, malen Anny
Bodmer und Margherita Osswald-Toppi viel gekonnter als sie selbst.
Immer wieder Zweifel, diese Scheu zu zeigen, daß auch sie, die Hesse am »Karenotag« spielerisch Rebekka nennt, etwas leisten kann.
Sie möchte ihm antworten, aber zögert. Eines Tages steht er wieder
vor der Tür, braungebrannt, im weißen Leinenanzug. Ein Blick – und
der Zauber, den Ruth »ein Glanz« nennt, ist wieder da. Hesse plaudert mit der Mama, trinkt Wein mit dem Papa, der mit seinem Gast
religiöse Fragen diskutiert. Hesse erzählt von Hinterindien, vom Buddhismus, darüber will er schreiben. Ruth hört zu, kann die Augen nicht
von dem asketisch schlanken Mann wenden, der von fernen Ländern
und fremden Weisheitslehren spricht und bald ein gerngesehener

Gast im »Papageienhaus« ist. Einmal bringt er das gerade in Berlin erschienene Buch *Demian* des jungen Autors Emil Sinclair mit und empfiehlt, es zu lesen.

Ruth zeigt Hesse ihren Garten, das kleine Gartenhaus mit dem Kamin, und sie spielt auf dem Flügel im Saal – Mozart. Sprechen sie über Musik und Literatur, stellen sie fest, daß sie beide dieselben Komponisten lieben, auch dieselben Dichter: Eichendorff, Hölderlin, Mörike und Jean Paul. Beim Wein erzählt Hesse übermütige Geschichten. Die Mutter lauscht ebenso hingerissen wie ihre Tochter. Fragen sie jedoch nach Privatem, ist Hesse plötzlich verstimmt, gibt nur vage Auskünfte, über die Trennung von seiner Familie, den bevorstehenden Umzug seiner Frau nach Ascona: »Die Angst vor einem neuen Zusammenbruch (…), womit sofort wieder meine ganze jetzige Existenz in Frage gestellt würde, verläßt mich keinen Tag.« Ruths Mitleid ist ihm sicher. Auch das der Mama. Nur Theo Wenger betrachtet den Gast kritisch, sorgt sich um Ruth, deren Verliebtheit so offensichtlich ist. Als sie abreisen, verspricht sie, im Herbst wiederzukommen.

Sie fährt mit den Eltern nach Delsberg, besucht ihre sechs Jahre ältere Schwester Eva, die jenseits der Grenze in Steinen bei Lörrach lebt. Seit 1912 ist sie mit dem Arzt Dr. Erich Oppenheim verheiratet. Drei Kinder sind im Haus: die eigenwillige sechsjährige Meret, die vierjährige Christine und der gerade geborene Burkhard. Wenn Ruth mit den Mädchen spielt, das Baby im Arm hält, sehnt sie sich nach eigenen Kindern. Sie vertraut Eva ihre Liebe zu Hesse an, hofft, ihn im Oktober wiederzusehen, und bittet die Schwester, sie nach Carona zu begleiten. Eva fragt, ob sie mit Hesse in Verbindung steht, ob er ihr schreibt. Ruth schüttelt den Kopf, weiß seit ihrer Abreise nichts mehr von ihm, nichts von Mias erneutem Zusammenbruch, von seinem Versuch, sich mit Opium das Leben zu nehmen.

Zunächst sah alles gut aus. Mia hat gepackt, den Spediteur bestellt, Schädelins gebeten, den restlichen Wein zu übernehmen. Den Nachmietern hat sie das Brennholz verkauft, hat Bruno und Heiner in der Schule abgemeldet, sich in Ascona für die erste Zeit um Privatunterricht bemüht und Martin nach Kirchdorf gebracht. Wenn das neue

Heim eingerichtet ist, wird sie ihn holen. Hely Schädelin verspricht, die Abmeldung in Bern zu besorgen. An Hesse schreibt sie, daß Mia vor ihrer Abreise »in sehr aufgeregtem Zustande« gewesen sei, ist besorgt, daß die Freundin der Umzugssituation und dem Neuanfang ohne Hilfe nicht gewachsen sein wird und bittet Hesse, sich zu kümmern. Aber er lehnt ab. Wenn Mia ihren Kopf durchsetzen und ins Tessin ziehen will, kann sie nicht auf seine Unterstützung setzen.

Noch hält sie sich, unterbricht die Fahrt in Gersau, weil Heiner hoch fiebert. Sie steigt im Hotel »Kindli« ab, und plötzlich erscheint ihr alles so unüberwindlich wie im vergangenen Herbst in Göschenen: Heiners Krankheit, die Weiterreise, das Einrichten des Hauses, ihr Mann in der Nähe und doch so unerreichbar fern. Am Telefon hat er ihr gesagt, daß er sie nicht wiedersehen will, hat ihr ihre »böse, hysterische Art« vorgeworfen, obwohl sie ihm doch noch vor dem Umzug in einem Brief die Scheidung angeboten hat, nur die Kinder behalten will. Aufgeregt rennt Mia durch die Pension, ruft einen Arzt für Heiner, packt ein und wieder aus, weil sie wegen des kranken Jungen nicht weiterreisen können. Sie beschwört die Wirtin, etwas zu tun. Gersau und Göschenen vermischen sich in panischer Ausweglosigkeit.

Plötzlich ist Lang da, Hessses Analytiker, gibt ihr Beruhigungsmittel, nimmt sie mit, und Mia fragt nicht mehr, wohin, sondern läßt es geschehen, hofft auf Dr. Hirschfeld. Aber statt in Küsnacht findet sie sich in Kilchberg wieder, und der Arzt heißt Dr. Huber. Man setzt sie unter Medikamente, die Welt liegt im dichten Nebel, der Kopf ist leer. Sie weiß nicht, daß die aus den USA zurückgekehrte Tuccia ihrem Schwager anbietet, Mia bei sich am Thuner See aufzunehmen, weiß nicht, daß Lang Bruno und Heiner in einem Heim in Hergiswil untergebracht hat. Niemand beruhigt Mia mit der Nachricht, daß Elisabeth Gräser, mit der sie sich vor Jahren in Ascona anfreundete, den Möbelwagen erwartet hat und das Haus einrichten will. Sie ahnt nicht, daß ihr Bruder Fritz seinen Schwager auffordert, mit Bruno und Heiner in ihr Haus in Ascona zu ziehen und die Söhne zu betreuen, bis sie wieder gesund ist. Weiß nichts von Hesses Weigerung.

Kein Besuch für Mia, die sich um ihre Kinder ängstigt. Nur einmal kommt Lang, erklärt ihr, daß Hesse krank sei und nicht imstande, sich um die Söhne zu kümmern, daß man nach einem Vormund sucht – für Bruno, Heiner, Martin und auch für sie. Mia muß verstehen, sagt Lang, daß die Familie eine Last ist, die Hesse bei seiner Arbeit hindert. Ungläubig starrt sie Lang an, stammelt ihm erregt ihre Verzweiflung entgegen, ihren hilflosen Zorn auf ihren Mann, auf alle Männer. Was also bleibt? Endgültige Trennung! Scheidung!

Da Mia Vermögen hat, kann sie davon leben. Das Problem jedoch ist Fritz, der Mias Erbe verwaltet. Und der widersetzt sich, weigert sich, zum Schwager ins Tessin zu kommen, um über Mias Zukunft zu verhandeln. Bei Lang, den Hesse mit der Lösung seiner Probleme betraut hat, beklagt er sich: »Mein Schwager scheint nichts oder wenig tun zu wollen, wie ich fürchte. Er gibt nichts auf mich, und da er mit Bemühungen jetzt nur mir helfen würde (seine Schwester ist ja ohnehin versorgt), wird er gewiß zu nichts bereit sein. Ich darf ihn nicht vor den Kopf stoßen, da er das kleine Vermögen meiner Frau in Händen hat und für sie verwaltet (…) er liebt es, mir in spöttischem oder moralischen Ton meine Pflichten vorzuhalten!« Wäre er eine Frau wie Mia, räsonniert Hesse, dann »säße (ich) in einem Irrenhaus und würde gepflegt und es verstünde sich von selber, daß andre mir gewisse Pflichten abnehmen«. Und wieder droht er, wenn niemand die »Vormundstelle« für Frau und Kinder übernimmt, sich unter die Eisenbahn zu legen, so wie es der Familienflüchtling Klein in seiner gerade beendeten Erzählung *Klein und Wagner* erwägt. Lang besänftigt den »lieben Freund«, regelt die weitere Unterbringung der Kinder, nimmt Woltereck zu Hilfe, auch Alice Leuthold, die den Pädagogen Ambühl vorschlägt, der im Schwarzwald ein Landschulheim begründen will. Lang verhandelt nach Hesses Anweisung auch mit Fritz Bernoulli: »Bitte dann auch sagen, daß ich krank und gefährdet bin«, drängt Hesse Anfang Oktober; und: »Vielleicht deuten Sie auch die Möglichkeit einer Scheidung an.« Zugleich lädt er Lang ein, ihn im Tessin zu besuchen.

Schon am 8. Oktober ist es soweit: »Jedenfalls bin ich froh, daß Sie kommen!« sagt Hesse und beschreibt Lang den Weg vom Bahnhof in Lugano nach Montagnola. Er braucht wieder einen Arzt in seiner Nähe, da die Bodmers Ende September nach Locarno gezogen sind, wo Hermann Bodmer eine Stelle im Kurheim »Viktoria« angetreten hat. Auch wenn Hesse sich inzwischen von den Folgen der Opiumvergiftung erholt hat, ist Lang ihm unentbehrlich, nicht mehr als Analytiker, sondern als »Apotheker« bei der Beschaffung von Schlaf- und Rheumamitteln, Antidepressiva und – Aphrodisiaka.

Als Lang am 11. Oktober im Tessin eintrifft, beginnen »wunderbare Tage«, denn die beiden Männer entwickeln nicht nur eine Strategie, wie Hesse weiter in Sachen Familie vorgehen sollte (ein erneuter Besuch bei »Dr. Huber, der uns gute Dienste leisten kann«), sondern auch, weil sie immer wieder nach Carona wandern, um Ruth Wenger zu besuchen. »Ein Abend mit Hesse ist mir unvergesslich«, erinnert sie. »Wir lagen auf Teppichen im kleinsten Zimmer des Hauses vor dem Kamin und assen gebratene Kastanien.« Mit dabei sind Lang und Eva Oppenheim, zwei oder drei mit Ruth verwandte junge Männer und der Maler Paul Barth, ihr Lehrer und Verehrer. »Aber ich hatte«, fährt Ruth fort, »das Gefühl, mit Hesse ganz allein zu sein. In der Erinnerung sehe ich nur ihn, keinen anderen. Die Atmosphäre war wie mit Elektrizität geladen. Was in ihm vorging, wusste ich nicht. Ich glaube, er wehrte sich gegen sein eigenes Gefühl. (…) Ich aber lebte in einer so unbeschwerten Sphäre, war so fest in meinen einzigen Traum versponnen. Meine Liebe war wunschlos.« Kein Gedanke an die in Kilchberg internierte Mia, an die unter Fremden lebenden Kinder. Es ist ein strahlender Herbst. Hesse wandert mit Ruth nach Morcote. Sie gehen Hand in Hand, »Hesse im samtenen Anzug und ich in einem feuerroten Kleidchen«. Ruth ist glücklich, nimmt den unglücklich verliebten Barth kaum wahr, obwohl er vor ihr kniet und sie bittet, ihn zu heiraten. Jetzt liebt sie Hesse, besucht ihn mit Barth, der ein kleines Aquarell von dem Liebespaar malt: Hesse am Schreibtisch mit einer Brissago in der Hand und Ruth ihm gegenüber sitzend, »mit untergeschlagenen Beinen, die Hände gekreuzt über die Brust gelegt und die Augen anbetend auf Hesse gerichtet«. Ein Drei-

eck der Emotionen! Der eifersüchtig-enttäuschte Barth, die hinge-
bungsvolle Ruth und der genüßlich rauchende Hesse. Und noch
einer ist der elektrisierenden Atmosphäre in der Casa Costanza, die
Hesse das »Papageienhaus« nennt, erlegen: Josef Bernhard Lang.
Zurück in Luzern, gesteht er Hesse am 20. Oktober: »Es war für mich
eine wirkliche Märchenzeit. Lassen Sie mir noch alle grüssen, besonders die beiden Märchenkinder mit ›W‹, die mir viel Weh machen.«
Zwei »W«-Mädchen, die Lang bezaubert haben, und da Eva Oppen-
heim-Wenger verheiratet ist, wird Ruth zum Ziel seiner Sehnsucht.
Er will sich scheiden lassen, will Ruth heiraten. Und sie, enttäuscht
von Hesses Schweigen nach ihrer Abreise aus Carona, geht in den
folgenden Monaten auf Langs leidenschaftliches Werben ein.

Hermann Hesse, Ruth Wenger, Eva u. Erich Oppenheim

Stimmen

Hermann Hesse:

*Daß Haus und Heimat, Frau und Kind und alles das nur Gleichnisse und
Bilder für mich waren, bei denen ich nicht lange verweilen durfte, da-*

mit werde ich schon fertig werden. Auch die Qualen der Lostrennung und jene schlimmen Qualen, die meine Frau mir in ihrer Krankheit angetan hat, werden einmal so fern und klein und still daliegen wie jetzt Calw und Basel, Gaienhofen und Bern für mich im Bilderbuch des Lebens liegen.

HH an Adele Gundert am 15. Oktober 1919 aus Montagnola, in: *Gesammelte Briefe.* Erster Band, S. 419 f.

Mia Hesse:

Das Berner Haus war – trotz allem – doch das, was mir schwer wurde zu verlassen, während es mir bei den beiden in Gaienhofen gar nicht leid tat. Ich merke aber bei Gelegenheiten wie dieser, wie wenig ich noch rückwärts lebe – ich kann's einfach nicht.

Mia Hesse an HH am 8. September 1931 aus Ascona. Hesse Editionsarchiv.

Hermann Hesse:

Meine Frau, nach der Sie fragen, ist bisher in der Anstalt für Nerven- und Gemütskranke in Kilchberg bei Zürich. Ihre Geschwister wollen sie von dort bald nach Meilen bringen, wo sie meinen, daß sie es in manchem besser habe. Ich weiß nichts Direktes von ihr, habe auch nicht im Sinn, wieder mit ihr in Verbindung zu treten, aber ich glaube, ein Gruß von Ihnen, würde sie gewiß sehr freuen.

HH an Helene Welti am 7. November 1919 aus Montagnola, in: *Gesammelte Briefe.* Erster Band, S. 428.

Otto Flake:

Man nannte mir einen Arzt, der als Gegner des Militarismus galt. Er stellte fest, mein Herz sei gesund, wenn auch nervös, und empfahl, in ein Sanatorium zu gehen. Albert Ehrenstein (...) rief mich aus Kilchberg an, in seinem Sanatorium könne ich Unterkunft finden. Ich besuchte ihn; der Arzt verlangte, um gedeckt zu sein, einen Aufenthalt von Mo-

naten und hätte mich als Patienten mit geistigen Störungen behandelt;
das Sanatorium war in Wahrheit eine irrenanstalt. Ehrenstein mit sei-
nen Depressionen ordnete sich in sie ein, der düstere Bau war nichts
für mich.

Otto Flake zum Sanatorium Dr. Huber in Kilchberg, in: *Es wird Abend. Eine Auto-*
biographie. Frankfurt am Main 1980, S. 255 f.

Hermann Hesse:

Daß ich nicht kommen kann und wie gelähmt liege, hat seinen Grund
nicht nur in der tiefen Aversion gegen meine Frau, die ich unter keinen
Umständen wiederzusehen wünsche, (...) Wenn meine Frau zu krank
scheint, daß man sie ruhig mit allen Kindern nach Ascona ziehen lassen
könnte, so sollte sie mit allen Mitteln, im Notfall mit Gewalt, interniert
werden.

HH an Josef Bernhard Lang im September 1919 aus Montagnola, in: Hermann Hesse, *»Die dunkle und wilde Seite der Seele«. Briefwechsel mit seinem Psychoanaly-*
tiker Josef Bernhard Lang 1916-1944, herausgegeben von Thomas Feitknecht, Frankfurt 2006, S. 101.

Josef Bernhard Lang:

Ich denke, dass wir uns dann schlüssig machen müssen über unser Vor-
gehen wegen Ihrer Frau, ich will mich doch mit einem Juristen darüber
beraten, ob es nicht auf irgend eine Weise möglich wäre, die Scheidung
schon früher einzuleiten, damit sie ganz, auch rechtlich von Ihrer Frau
getrennt sind. (...) Ich bin selbstverständlich auch gegen die Entlassung
aus der Anstalt. Das muss so lange als möglich hinausgezögert wer-
den, wenn sie auch leidet unter der Isolation. In erster Linie kommt da
Ihr Wohl (...)

Josef Bernhard Lang an HH am 20. November 1919 aus Luzern, in: *»Die dunkle und*
wilde Seite der Seele«, S. 133.

Hermann Hesse:

Die Scheidung ist für mich nicht dringlich. Nach dem Gesetz würde sie automatisch eintreten, sobald meine Frau 3 Jahre geisteskrank ist – wenn sie krank bleibt, würde es also nur noch 2 Jahre dauern.

HH an Volkmar Andreae am 17. Oktober 1919 aus Montagnola, in: *Gesammelte Briefe*. Erster Band, S. 421.

Heiner Hesse:

Er blieb immer im Hintergrund. Er war nie fähig selber zu handeln. Dr. Lang, ein Freund, regelte meist alles in seinem Auftrag. (...) Bruno kam aufs Land zum Maler Cuno Amiet. (...) Ich jedoch kam von einem Heim ins nächste Knabenheim, Landerziehungsheim (...) Martin kam wieder in das Heim, in dem er früher schon so oft war. (...) Martin war das einzige Kind unter lauter alten, gebrechlichen Leuten. (...) Manchmal besuchte ich meinen Vater. Aber es war schwierig. Denn ich gab ihm natürlich die Hauptschuld für die kaputte Ehe. Und auch dafür, dass meine Mutter krank wurde.

Heiner Hesse in *Der Tagesspiegel*, Berlin, vom 29. Dezember 2002.

Mia Hesse:

Ich glaube nicht, dass die Kinder es Dir je danken werden, dass Du ihnen Heimat u(nd) Mutter entrissen hast. Vielleicht kommt eine Zeit, wo Du selber anders darüber denkst als jetzt. Jedenfalls hast Du in Deiner Kindheit nichts von diesen Trennungsschmerzen leiden müssen, die Du mir u(nd) den Kindern auferlegst. Ich finde es eine große u(nd) unnötige Grausamkeit.

Mia Hesse an HH am 30. Oktober 1920 aus Ascona. Hesse Editionsarchiv.

Ruth Wenger:

Hesse und ich kannten uns immer besser und näher. Wir waren uns im Seelischen sehr ähnlich. Unser beider grosse, beinahe mystische Naturverbundenheit, die Liebe zu den Dichtern, der Humor, die Musik, all das griff ja ineinander. (...) Auch liebte er die Tiere sehr, spasste mit meinem Papagei und meinen beiden Hunden.

Hermann Hesse, »*Liebes Herz!*« *Briefwechsel mit seiner zweiten Frau Ruth*, herausgegeben von Ursula und Volker Michels, Frankfurt am Main 2005, S. 608.

Hermann Hesse:

Im übrigen verhalte ich mich gegenüber Ruth wie gegen alle Frauen – das Sinnliche bleibt Spiel, ich lasse das nur da herrschen, wo die Frau es deutlich verlangt, und das tut Ruth nicht, überhaupt ein junges Mädchen sehr selten. Also ist sie mir eine Kameradin, mit der ich in einem gewissen koketten Ton, der nun einmal gegen Mädchen mir Spaß macht, verkehre.

HH an Josef Bernhard Lang am 10. Juli 1920 aus Montagnola, in: »*Die dunkle und wilde Seite der Seele*«, S. 178.

2.

Als das Jahr 1919 zu Ende geht, beginnt die letzte Szene des Ersten Aktes, der im Sommer in Carona begonnenen Oper: Ruth verbringt den Winter, umworben von Josef Bernhard Lang, bei ihren Eltern in Delsberg. Mia wird auf Betreiben der Geschwister von Kilchberg in das »Sanatorium Hohenegg« in Meilen gebracht und kann die Anstalt, trotz der Interventionen Langs, im Dezember verlassen. Tuccia nimmt sie in ihrem Haus auf, wo Mia erfährt, daß Hesse und Lang entschieden haben, Bruno und Heiner aus Hergiswil fortzunehmen und in den Schwarzwald nach Rütte zu geben. Dort will der Pädagoge Ambühl auf einem Landgut eine Reformschule errichten. Geldgeber sind Hesses Mäzen, Hans C. Bodmer, und ein Verwandter von Alice Leuthold, die Ambühl empfohlen hat. Daß dieses Landschulheim bisher ein dubioses Experiment mit nur einem Schüler ist, mögen Hesse und Lang nicht gewußt haben; auch Mia ahnt nicht, als sie ihre Söhne am 20. Dezember vor der Abreise nach Deutschland besucht, in welches Unglück sie Bruno und Heiner verabschiedet. Sie ist verzweifelt, kann jedoch, da Hesse als Erziehungsberechtigter gilt, nichts verhindern.

Und Hesse? Hat er seinen Ratgebern bei dieser Empfehlung ebenso blind vertraut wie der, Mia in Kilchberg zu internieren? Hat er wirklich nicht gewußt, daß Dr. Hans Huber bekannt dafür war, Gesunde krankzuschreiben und in seinem privaten Sanatorium aufzunehmen, wenn nur die Bezahlung stimmte? Bei Otto Flake und Hans Richter kann man nachlesen, daß sich bei Huber, mit entsprechenden Attesten versehen, die Künstleremigranten der Zürcher Dada-Szene verbargen, wenn die Kantonspolizei sie auszuweisen drohte. Wochenlang wohnten, malten und dichteten sie dort, ruderten im Sommer auf dem Zürichsee und wurden von dem kunstliebenden Psychiater mit Drogen versorgt. Auch wenn Mia bei ihrem erneuten Zusammenbruch im September der Pflege bedurfte, wäre Tuccias Angebot, die Schwester zu betreuen, für Mia heilsamer gewesen als die Unterbringung in einer »Irrenanstalt«, die ihr erneut den Stempel einer Geisteskranken aufdrückte, als die sie fortan durch Kommentare und Hesse-Biographien geistert.

Das Ende dieses Katastrophenjahres verbringt Mia bei Tuccia und Hesse bei Anny und Hermann Bodmer in Locarno, getrennt von den Söhnen, denen Mia in Ascona ein neues Zuhause schaffen wollte, ein Ziel, das sie in den kommenden Jahren mit zäher Energie weiterverfolgen und gegen heftige Widerstände auch durchsetzen wird.

*

Ruth erhält zu Weihnachten überraschend Post aus Montagnola, ein Aquarell Hesses. Sie läßt es rahmen, dankt ihm und fragt: »Aber warum haben Sie kein Wort dazu geschrieben? Und überhaupt nie?« Und sie sorgt sich, ob er es warm hat in dem alten zugigen Palazzo, ob er »das ganz Alleinsein im Winter« erträgt.

Sie ist nicht die einzige Frau, die sich um ihn sorgt. Eine Frau, die Ruth im kommenden Jahr zur Rivalin werden wird, steht bereits seit 1916 mit Hesse im Briefwechsel: Elisabeth Rupp. Er schätzt ihre Gedichte, veröffentlicht ihre Texte in der gerade mit Woltereck gegründeten Monatsschrift *Vivos voco* und hat sie zur Mitarbeit am *Alemannenbuch* eingeladen. Ihre Korrespondenz muß zeitweise intensiv gewesen sein, obwohl der Nachweis dafür fehlt, weil Hesses Briefe an Rupp bei der Bombardierung ihres Reutlinger Hauses 1945 verbrannt sind. In *Klingsors letzter Sommer* verbirgt sie sich vermutlich hinter der Freundin Edith, der sich Klingsor zärtlich zuwendet: »Lieber Stern am Sommerhimmel! Wie hast Du mir gut und wahr geschrieben, und wie ruft Deine Liebe mir schmerzlich zu, wie ewiges Leid, wie ewiger Vorwurf. Aber Du bist auf gutem Wege, wenn Du mir, wenn Du Dir selbst jede Empfindung des Herzens eingestehst.« Es sind die »armen, schönen, herrlichen Gefühle«, die der Maler beschwört und die Elisabeth schon im kommenden Sommer zu Hesse nach Montagnola führen werden, auch wenn in diesem Brief das Geständnis nicht zu überhören ist, daß Klingsor nicht nur eine Frau lieben kann. »Dich liebe ich vielleicht, weil Du mir ähnlich bist. Andre liebe ich, weil sie so anders sind als ich.« So wie die unschuldig-junge »Königin der Gebirge« oder die Frauen, die Klingsor in der Landschaft begegnen wie Naturgöttinnnen: Lust ebenso spendend wie Ruhe und Trost. Auch Friedrich Klein, das Alter ego des Autors der Erzählung *Klein und Wagner*, findet sich in seiner Getriebenheit plötzlich auf ländlichem Lager mit einer solchen Frau:»Sie blickte zu ihm her, durchdringend, und er lächelte und streckte die Arme aus, tief erstaunt und gedankenlos.« Daß auch der Familienflüchtling Hesse in dem ersten rauschhaften Tessiner Sommer »kleine, holde Wege und Übungen der Zärtlichkeit« beschritten hat, gesteht er dem Freund Louis Moilliet am 24. Juli 1919:»Es gab manche schöne und verzauberte Tage, nachts rannte der Mond wie irrsinnig über den Himmel (...) man küßte Weiber und Baumstämme, es war grauenhaft schön.«

Aber Hesse mag, wie Friedrich Klein, auch schmerzlich erkannt haben,»daß er selbst in der Liebe ein Knabe und Anfänger geblieben war, in langer, lauer Ehe resigniert, schüchtern und doch ohne Unschuld, begehrlich und doch voll von schlechtem Gewissen«. Die »übergroß gewordene Abneigung gegen seine Frau und sein Eheleben«, gegen Familie und Bürgerlichkeit, hatte Klein von zu Hause fortgetrieben, in den Süden mit seinen flammenden Farben, den fremden Frauen, in ein Abenteuer sich überstürzender Eindrücke und Einsichten. »Sie sind ein Phantast«, befindet die Tänzerin Teresina, die Glücksspielerin mit den gelben Haaren. Doch auch ihre leidenschaftlichen Umarmungen bringen dem von Schuldbewußtsein gepeinigten Klein keine Erlösung, die findet er nur, als er sich in die dunklen Wasser des Sees stürzt, wie in die Tiefen des Unbewußten.

Hesse beschwört in *Klein und Wagner* nicht nur den Rausch der Gegenwart, sondern auch die Schatten der Vergangenheit, »weil er sich von einer Frau hatte heiraten lassen, die er nicht liebte, oder doch nicht richtig, nicht genug«, eine Frau, die er so sehr haßt, daß er sie verlassen oder töten muß. Der einzige Ausweg: Selbstmord. Diesen hatte der Schüler Hermann bereits erfolglos erprobt, der Dichter Hesse wird ihn immer wieder in Briefen als Lösung seiner Probleme beschwören und – wenn das Lebenmüssen unüberwindbar erscheint – auch versuchen. In den beiden Erzählungen des Sommers 1919 in Montagnola wendet sich Hesse mehr noch als in seinen früheren Werken, auch in *Gertrud* oder *Roßhalde,* männlich-weiblichem Gegenspiel zu, er »beobachtet nicht weniger scharf als Strindberg das Theater der Eifersüchte und der Verfolgung, der Haßgefühle und ausgespielten Trümpfe«, stellt Ball fest. Das Bild der Frauen wird deutlicher, leidenschaftliche Sexualität grundiert Kleins Geschichte ebenso wie die Klingsors. Hesse erkennt: »Die Spannung zwischen Frau und Mann ist ein unüberbrückbarer Zwiespalt zwischen Sein und Werden, zwischen Ruhe und Bewegung, zwischen Harmonie und Dissonanz.« Diesen Zwiespalt fühlt er in den folgenden Jahren immer schmerzhafter, denn nicht nur Mia bleibt fester Bestandteil seines Lebens, sondern für einige Jahre auch Ruth Wenger und bis zum Ende Ninon Dolbin. Unvergessen: Elisabeth La Roche und Elisabeth Rupp.

*

In den ersten Monaten des Jahres 1920 finden sich die Protagonisten des Zweiten Aktes der in Carona begonnenen Oper getrennt in den Kulissen: Ruth in Delsberg und Basel, Lang in Luzern, Mia in Ascona, Hesse in Montagnola und Elisabeth Rupp in Reutlingen. Briefe werden gewechselt:
Hesse bedankt sich für Ruths Weihnachtsbrief, erkundigt sich bei ihrer Mutter nach Ruths Geburtstag, ihrer Adresse in Basel, schreibt ihr. Sie schickt ihm zu Ostern einen Silberbecher, berichtet ihm im Mai von Langs Besuch in Basel und fügt hinzu: »Ich weiss nicht, ob ich diesen Sommer nach Carona gehen werde. Es ist mir so merkwürdig in der Sphäre des Unsichtbaren, immer ersehnten gerückt, dass ich gar nicht recht zur Wirklichkeit zurückfinde, ja, mich davor fürchte.« Sie träumt von Hesse und wartet auf Briefe von Lang, der immer wieder seine Liebe beschwört, eine gemeinsame Zukunft, sich von Frau und Kindern trennen will. Lisa Wenger sorgt sich um die Tochter: »Wenn Lang, wie er dir sagte – seine Frau um dich aufgegeben (hat), so geschieht es ihm recht. Man springt einfach so nicht mit Menschen und Menschenseelen um (...) Entsetzlich finde ich das Wort von ihm, seine Frau werde sich und die Kinder vergiften. Also so verzweifelt

war sie, und dennoch geht er vorwärts? Geht nach Carona? Will sich so scheiden, die Kinder fortnehmen?«

Hesse scheint von dieser Entwicklung merkwürdig unberührt, rät dem Analytiker, der längst das Leben seines ehemaligen Analysanden »nachlebt«: »Tun Sie den Sprung in die Freiheit nicht mit dem Gedanken, dadrin zu verschwinden und untergehn zu wollen, sondern mit der Neugier, wo und wie Sie wieder auftauchen werden, und wie dann alles aussehen wird.« Und er lädt Elisabeth Rupp ein, den Sommer bei ihm in Montagnola zu verbringen.

Mia, bereits seit Anfang des Jahres in Ascona, ist in Unruhe wegen Bruno und Heiner, möchte die Söhne zu sich nehmen, klagt ihrem Mann am 4. März: »Ich zerquäle mich in Sehnsucht – und es brauchte nur ein Wort von Dir, um all mein Leid zu wenden! Muß ich denn so verdammt sein zu dieser schrecklichen Trennung! Auch Du weißt nicht, WIE ich mit den Kindern gelebt habe, wie wunderschön wir's diesen Sommer noch zusammen hatten. (…) Ich denke manchmal, ich möchte lieber in einem Zuchthaus sitzen u(nd) eine gewisse Zeit verbüßen – dann wüsste ich doch jeden Tag, daß ich der Freiheit etwas näher bin und dem frühern Leben – aber SO ist alles eine unabsehbare Qual der Ungewißheit.« Sie hat Ida Huck, die Freundin vom Bodensee, gebeten, nach den Söhnen zu sehen. Die Nachrichten sind so besorgniserregend, daß Hesse bereit ist, sich mit Mia im Büro des Ambühl-Unterstützers Leuthold in Zürich zu treffen und ihrer Reise nach Rütte zuzustimmen.

Obwohl er weiß, daß Mia in ihrem labilen Zustand Aufregungen nicht gewachsen ist, zieht er nicht in Erwägung, sie zu begleiten. Was sie bei Friedrich Ambühl vorfindet, ist schlimmer als erwartet: ein heruntergekommenes Anwesen mit Gartenland und Tieren, wo Bruno und Heiner, anstatt unterrichtet zu werden, arbeiten müssen. Ohnehin lebt neben Bruno und Heiner nur noch ein älterer Junge, Wolfgang Brockmann aus Hamburg, auf dem Hof, der Heiner sexuell mißbraucht hat. Mia ist entsetzt, telegrafiert Hesse, daß sie die Kinder umgehend aus Rütte fortnehmen will, schreibt: »Ambühl war außer sich vor Zorn. Er hat mich aber nicht einschüchtern können.«

Nein, Mia packt die Sachen, und sie ziehen schwer beladen zum nächsten Bahnhof. Erste Station ist das Pfarrhaus von Schwager und Schwägerin Gundert in Höfen. Dorthin schickt Hesse am 30. März die Niederlassungsbewilligung für Bruno und Heiner in Ascona und mahnt Mia: »Nun, wenn es dir jetzt glückt, alles ruhig und gut durchzuführen, hast du ja dann deine Probe bestanden.« Denn das war die Voraussetzung: Mia mußte alles allein regeln, um Hesses Erlaubnis zu erhalten, mit den Söhnen in Ascona zu leben. Ein ungeheurer Druck! Die schrecklichen Erlebnisse in Rütte, die Auseinandersetzung mit Friedrich Ambühl, die umständliche Reise mit dem vielen Gepäck zerren an Mias Nerven. Aber noch hält sie sich, will es schaffen, fährt zunächst zu Hans Hesse und seiner jungen Frau Frieda nach Baden. Dort wird Heiner krank. Mia bittet ihren Mann telegrafisch zu kommen, um sie ins Tessin zu begleiten. Aber er kommt nicht. Am 5. April kabelt Hans seinem Bruder: »mia mit buben reist dienstag nach ascona« und teilt mit, Mia habe einen »absolut zurechnungsfähigen Eindruck« gemacht.

Erwartet werden Mia und die Kinder in Ascona nicht. Hesse hat »dieser Tage viel gekneipt und geflirtet (…) Dazwischen ein wenig gemalt.« Im Juni plant er, mit anderen Malern aus Montagnola in Zürich auszustellen. Er verspürt kein Verlangen, nach Ascona zu gehen, will Mia nicht sehen, nur die Kinder. Aber dazu kommt es nicht mehr. Am 12. April telegrafiert ihm Anny Bodmer aus Locarno, daß Mia einen Nervenzusammenbruch erlitten hat und ihr Mann, nach telefonischer Rücksprache mit Lang, Mia und Heiner in die kantonale Irrenanstalt Mendrisio hat einliefern lassen. Bruno befinde sich in der Obhut von Elisabeth Gräser.

Kurz nach der erneuten Internierung schreibt Mia ihrem Mann und bittet ihn dringlich, nach Mendrisio zu kommen, »damit wir endlich sprechen können. (…) Bodmer u(nd) Lang haben mich mit lauter Unwahrheiten hie(r)her gelockt – d. h. Bodmer sagte, es geschehe auf DEINEN Wunsch. Lang hat das neulich dementiert. (…) Der Besuch von Dr. Lang war mir durchaus nicht erwünscht. (…) Weißt Du, ein Analytiker, der behauptet, man müsse hie u(nd) da zum Wohle des Patienten eine Lüge sagen, ist für mich abgetan. (…) Er hatte hauptsächlich die Hand im Spiel, daß die Buben zu Ambühl, dem größten aller Lügner kamen. (…) Nun behauptete er, man habe mich zur Verhütung einer Erkrankung interniert. (…) Ich hoffe, es komme bald etwas Klarheit in die Sache. Solange Lang die Finger drin hat, wird es natürlich dunkel bleiben!«

Hat sie wirklich erwartet, daß Hesse kommt? Hat es sie überrascht, daß er ihr mitteilt, nicht kommen, nicht mit ihr sprechen zu wollen? Er schlägt Englert als Vermittler vor, »ein Ingenieur und rechter Mann, der das Gesetz kennt«, der soll mit Mia über die Unterbringung der Kinder und die Scheidung sprechen. Sollte sie nicht einwilligen, droht Hesse, die Bevormundung in die Wege zu leiten.

*

Eine ungewöhnliche Gestalt, dieser Joseph Englert, der als »Armenier«, »Sterndeuter« und »Magier« in Hesses Werk Eingang findet. Als Bauingenieur betreute er seit 1913 den Bau der von Rudolf Steiner initiierten Holzkonstruktion des ersten Goetheanums in Dornach. Hier traf er die österreichische Künstlerin Maria Theresia Holzleitner, die sich als Bildhauerin, gemeinsam mit anderen Künstlern, am Bau beteiligte. Eine Liebesbeziehung begann, und als Englert nach Unstimmigkeiten mit den Erbauern seine Mitarbeit gekündigt hatte, verließ auch Maria Holzleitner Dornach. Aber Englert hatte sich nicht nur von Rudolf Steiner und der Anthroposophie losgesagt, sondern auch von seiner Frau Ottilie und den beiden gemeinsamen Kindern getrennt und war im Frühjahr 1919 mit Maria Holzleitner in die »Villa Urania« im Luganeser Ortsteil Cassarate gezogen. Bei dem Maler Paolo Osswald in Montagnola lernte er Hermann Hesse kennen. Ein erstes Gespräch über Dostojewski, in dessen Werken Hesse den Untergang Europas in prophetischer Weise angekündigt sah und dessen Gestalt er gerade in *Blick ins Chaos* beschworen hatte, zeigte Übereinstimmungen bei den beiden fast gleichalten Männern. Das gemeinsame Interesse an Religion, Astrologie und okkulten Techniken machte den Dichter neugierig auf den Ingenieur. Zudem befand sich Joseph

Englert nach der Trennung von Frau und Kindern, dem Scheidungsbegehren und dem Neuanfang im Tessin in einer ähnlichen Situation
wie Hermann Hesse. Der Vorschlag, Englert im Mai zu Mia nach
Mendrisio zu schicken, da Lang zu einer Urlaubsreise nach England
aufgebrochen war, kam von Anny Bodmer, der Woltereck geraten haben soll, »den Magier auf Frau Hesse zu hetzen«. Mit Maria Holzleitner fährt Lang Mitte des Monats nach Mendrisio, um Heiner dort
abzuholen. Der Junge wird auf die Oschwand zu dem Maler Cuno
Amiet und seiner Frau Anna geschickt, wo sich Bruno bereits seit
Ende April befindet.

Nach diesem Besuch schreibt Dr. Manzoni, Mias Arzt, einen unge-
haltenen Brief an Hesse, der ihm Vorwürfe macht, weil er noch keine Antwort auf sein Scheidungsbegehren hat: »Was das Ausbleiben
der Antwort Ihrer Frau auf den Scheidungsvorschlag betrifft, so
möchte ich bemerken, daß ich wegen der Übergabe des Briefes an
die Patientin im Zweifel war, da für Patienten während ihres Aufent-
halts in einer Irrenanstalt die Entscheidung in den wichtigsten Interessen nicht angezeigt ist.« Und er fügt hinzu, daß es besser gewesen
wäre, wenn Hesse direkt mit ihm verhandelt hätte anstatt »auf dem
Umwege durch dritte und noch mehrere Personen«. Kurz darauf
flieht Mia aus Mendrisio nach Kilchberg zu Dr. Huber, bittet ihn,
Hesse über ihr Verbleiben zu unterrichten und sich mit Fritz wegen
der Übernahme der Kosten in Verbindung zu setzen. »Zur Zeit«, teilt
Huber mit, »besteht bei der Patientin kein ausgesprochenes psycho-
tisches Zustandsbild.« Und er entläßt Mia auf eigenen Wunsch, obwohl Hesse auf weitere Internierung drängt. Hingegen bestätigt der
Arzt in seinem Attest vom 15. Juni 1920, daß Mia »nie irgendwelche
Anzeichen einer akuten geistigen Störung« zeigte, »so dass zur Zeit
kein Grund vorliegt, Frau Hesse in einer geschlossenen Anstalt zu
internieren«.

Mia aber weiß, daß sie schnell handeln muß, weil Hesse die Kinder
nicht wieder zu ihr lassen und ihr Haus in Ascona verkaufen will.
Sie fährt nach Basel, berät sich wegen der Scheidungsvorschläge mit
einem Anwalt, beauftragt ihn, sie zu vertreten. Mit Fritz spricht sie

über ihre nach dem Verlust der ungarischen Staatsanleihen eingetretene schlechte Finanzsituation, hat sich dennoch entschieden, ihr Haus zu halten. Dann reist sie weiter zu Martin nach Kirchdorf und zu Bruno auf die Oschwand, erkundigt sich bei Amiets nach Heiners Befinden, den Hesse in das Kindersanatorium Dr. Rutishauser in Ermatingen gebracht hat. Entschlossen, um Kinder und Haus zu kämpfen, kehrt sie am 25. Juni nach Ascona zurück, schreibt an Frieda und Hans Hesse: »Ich habe um eine Stelle inseriert – will sehen, wo ich etwas von Offerten bekomme. (…) Das Leben ist zu grausam – warum geht es so mit uns um!« Am 29. Juni sucht sie Hesse überraschend in Montagnola auf, weiß nichts von Ruth Wenger in Carona, nicht, daß sich Elisabeth Rupp in der Casa Camuzzi aufhält. Sie bittet ihren Mann, die Kinder nach und nach wieder zu ihr zu lassen, droht, nicht in die Scheidung einzuwilligen, wenn er ihr das nicht zugesteht. »Kurz, sie will Heiner wiederhaben, wenigstens für einige Zeit«, teilt Hesse Marulla am 4. Juli mit, »und da ich das nicht zugebe, ist jetzt also wieder das Theater los.«

Mia aber hat bei diesem Besuch gespürt, daß sie ungelegen kommt, ahnt, daß es eine andere Frau gibt, ohne Hesse jedoch die Frage zu stellen, die Hans am 28. Juni an seinen Bruder richtet: »Was ist eigentlich der Hauptgrund, warum Du Dich von M. scheiden lassen willst?«

Selbstporträt Maria Holzleitner; Margherita Osswald-Toppi

3.

Vorhang auf zum zweiten Akt. Jetzt ist »also wieder das Theater los«. Schauplätze: Carona und Montagnola. Zu Beginn des Sommers 1920 stehen die Hauptdarsteller auf der Bühne: Ruth Wenger und Josef Bernhard Lang, Hermann Hesse und Elisabeth Rupp. Kaum angekommen, formieren sich die Beziehungen jedoch neu, gruppieren sich im Dreieck um Hesse: Ruth und Elisabeth, Lang und Ruth. Statisten: Anny und Hermann Bodmer, Maria Holzleitner und Joseph Englert, Margherita Osswald-Toppi und Paolo Osswald, Lisa und Theo Wenger. Am 20. Juni trifft Ruth in Carona ein, Briefe von Lang aus Luzern im Gepäck, der sie leidenschaftlich »anruft«, seine Göttin, die schöne Zauberin, deren Zauberlehrling er sein will, ihr wieder und wieder seine Liebe gesteht. Aber auch ein Dritter ist in diesen Geständnissen gegenwärtig: »Als ich letzten Herbst von jenem wehmutsvollen Abend mit unserem lieben Hesse von Dir zurückwanderte, habe ich es gewagt, Hesse zu fragen, wofür er denn mich eigentlich halte und da sagte er, für den Märchenprinzen, der doch noch zu seinem Reiche komme kraft seiner Unbeholfenheit.« Und er teilt Ruth, aber auch Hesse mit, daß er auf dem Weg ins Tessin ist. Freiheit erwartet er dort, unbeschränkte Möglichkeiten: »Alchemie, Zauber, Mysterien, Reisen! Sie in der Nähe und Ruth!« Er ist entschlossen, nach der Trennung von Frau und Kindern, im Herbst und Winter mit Ruth in Carona zu leben. Aber bevor er »das Unmögliche möglich machen« kann, fährt er von Lugano, wo er Quartier genommen hat, zu Hesse nach Montagnola, gemeinsam gehen sie zu Ruth nach Carona. Sie wartet ungeduldig, auf den einen wie den anderen Mann. Aber als sie ankommen, erschreckt sie Langs drängende Leidenschaft. Hesses verständnisvolle Zuwendung hingegen schafft Vertrauen. Gemeinsam wandern sie ins Grotto nach Sorengo, die Freunde sind dabei, sie trinken Wein und singen. Arien, Volkslieder und immer wieder das Teresina-Lied, einen Gassenhauer, den Hesse liebt: »La sua mama alla finestra / Con una voce serpentina: / Vieni a casa, o Teresina, / Lasc'andare quel traditor!«

Lang jedoch kann nicht singen, versteht auch den Text nicht, fühlt sich ausgeschlossen, presst die Lippen zusammen, wenn Ruth und Hesse lachend wiederholen: »Son venuto per fare l'amor.« Er springt auf, schreit: »Das lasse ich mir nicht gefallen, ich bin doch kein Schuljunge, ich bin doch kein Gymnasiast.« Erschrocken starrt Ruth auf die Szene, kann nicht fassen, »diesen gebildeten, ernsten Mann, den Psychoanalytiker und Chef einer grossen Irrenanstalt so vollkommen ausser sich zu sehen«. Wild mit den Armen gestikulierend, wiederholt er heiser: »Das lasse ich mir nicht gefallen …« Hesse versucht zu beruhigen: »Loset, loset, Lang«, sagt er auf schwyzerdütsch, aber Lang läuft erregt davon, enttäuscht, von Ruth, von Hesse; hat sich »dumm« benommen, wie er Hesse am 9. Juli entschuldigend schreibt.

Am nächsten Tag trifft sich Ruth mit Lang beim »Canvetto de la Pace«, einem ländlichen Gasthaus, sieht ihm entgegen, dem großen, breitschultrigen Mann mit dem lockigen, grauen Haar, den schwarzen Augen und fragt sich unsicher, ob sie ihn liebt. Er entschuldigt sich, und sie schließen, so als fordere der Name des Lokals dazu auf, Frieden. Doch Ruth verwirrt das Gestammel ihres Verehrers, der sich als »Mystiker« sieht und erklärt, »dass seine Liebe aus der grössten Sinnlichkeit und aus der perversesten Erotik herauskommt, (…) und dass das ›Objekt‹ diese Liebe so nicht verstehen kann«.

Nein, das kann sie nicht, will auch kein Objekt seiner Begierde sein. Ein Zusammenleben haben sie geplant, mit seinen beiden Töchtern, der zehnjährigen Karly, der drei Jahre jüngeren Marly, denen möchte sie Mutter sein. Aber Langs Frau weigert sich, auch nur eines der Kinder ihrem unzuverlässigen Mann zu überlassen. Verstört wendet sich Ruth an Hesse. Der besänftigt zunächst den eifersüchtig gewordenen Arzt: »Über mein Verhältnis zu Ruth können Sie völlig ruhig sein. Meine Rolle als Beschützer neulich war eine ganz natürliche, die mir ohne meinen Willen zufiel.« Und Ruth schlägt er vor: »An Lang würde ich jetzt so wenig wie möglich denken; diese Sache geht ohne uns weiter.« »Ohne uns« – es ist ihre Gemeinsamkeit, aus der Lang ausgeschlossen bleibt. Als Hesse Ruth in Carona besucht, wirkt der Zauber des vergangenen Jahres erneut. »Man hat wenig Gewalt über sein Herz«, gesteht sie ihm, weiß, daß ihre Gefühle für Lang eine Projektion waren, daß sie keinen anderen Mann liebt als ihn, Hermann Hesse.

*

Aber Hesse wendet ihr nicht seine ungeteilte Aufmerksamkeit zu, noch nicht, denn in der Casa Camuzzi hat sich Lisel Rupp eingerichtet, in jenen von Hesses Wohnung abgetrennten Zimmern, die sieben Jahre später Ninon Dolbin beziehen wird. Rupp, ein Jahrzehnt älter als Ruth, ist eine erfahrene Frau, selbstsicher und schön. Dazu eine Kollegin, mit der Hesse seine Arbeit diskutieren kann. Es gibt wohl kaum einen größeren Gegensatz als die promovierte Juristin und die naiv-weltfremde Ruth. Ein Gegensatz, der Hesse offenbar gereizt hat, nimmt er doch Lisel mit nach Carona, beobachtet die beiden ungleichen Frauen. Ahnt Ruth, daß zwischen Hesse und dieser dunkelhaarigen aparten Frau mehr ist als Kollegialität? Fragt sie sich, was in der Casa Camuzzi geschieht, wenn sich die beiden am Abend verabschieden? Elisabeth Rupp hat in ihrem Roman *Malén und Eobar. Vom Anfang einer Liebe* die Geschichte dieses rauschhaften Sommers festgeschrieben.

»Eobar saß auf gekreuzten Beinen wie ein Jogi. Dunkel der magere Körper, dunkel das bartlose Gesicht. ... ›Warum lächelt er nicht und nimmt mich in die Arme?‹ überlegt Malén. – Aber wäre er dann Eobar? – Ach, eben nicht. So langweilig, so vorausgewusst wie Alle wäre er dann. Und nicht die grenzenlosen Schauer flössen aus seiner Umarmung – der jähe Sprung aus Tag und Gewöhnlichkeit in eine wild zusammenschlagende Nacht, – von Geheimnissen, von Bitterkeit und Jubel – von Gewalt und Qual und Duldung voll. – Das ja, – ist Eobar.«

Eine leidenschaftliche Liebesgeschichte. Hesse ist der Musiker Eobar, dessen Lieder die Sängerin Malén mit Erfolg vorgetragen hat, so wie Rupp die Gedichte Hesses. Malén besucht Eobar in seinem Dorf, in seinem Palazzo. Sie fahren mit Freunden im Wagen ins sommerliche Land, wandern, kehren in Grotti ein, oft dabei der »Baumeister«, hinter dem sich Englert verbirgt, und seine »schwarze Freundin«, Maria Holzleitner, die Englert 1922 heiraten wird. Eobar spricht über »Indisches«, so wie Hesse, der mit der Arbeit an seinem Roman *Siddhartha* begonnen hat, und – er schläft mit Malén. Aber die muß erkennen: »Nirgends ist ein Fleckchen, wo man sich betten kann und ruhend glücklich sein. – Und immer glaubt man wieder an Erfüllung, liebt Dich heftiger, – verzehrt sich in dir (…) Du kannst nicht lieben, Eobar. Du wärmst nicht, du entzündest nur.«

Fiktion? Phantasie? Bis zu ihrem Tod wird Elisabeth Rupp behaupten: »Ich war seine Konkubine«, und noch im Alter über Ruth spotten, die gemeinsam mit ihrer Mama nicht ruhte, bis sie Hesse eingefangen hatte. Sie freundet sich mit Anny Bodmer an, die den Umschlag von *Malén und Eobar* gestaltet, lernt Mia in Ascona kennen und schätzen, schreibt an Hesses Jugendfreund Emil Molt: »Alles, was mit Hesse zusammenhängt, interessiert mich stark.« Und an Joseph Englert im Februar 1921: »Wie ins Paradies blicke ich hoffend in einen tessinischen Sommer; es sind aber sehr gebrechliche Aussichten diesmal.«

Ihre Zweifel sollten sich bestätigen. Erst Jahre später reist sie wieder ins Tessin, denn als *Malén und Eobar* 1922 erscheint, lebt Elisabeth Rupp als Hauslehrerin auf einer Hazienda in Argentinien und fragt sich melancholisch: »ob es je noch einmal ein so fabelhaftes, überwältigendes Erleben für mich gibt?« Ihre Antwort: »Ich fürchte nein. Denn Eobar ist leider nur einmal vorhanden.«

*

Am Ende des Sommers bleibt Hesse allein in Montagnola. Lang ist nach Luzern zurückgekehrt, will seine Praxis aufgeben und bewirbt sich um eine Stelle in St. Urban, an der psychiatrischen Klinik des Kantons Luzern. Er hat eingesehen, daß sein Werben um Ruth zu keiner dauerhaften Beziehung führen kann, schreibt an Hesse: »(…) ich glaube jene ganze Geschichte verstanden zu haben und habe mich mit mir und dem Schicksal ausgesöhnt und bin eigentlich froh, dass ich dieses ganze Chaos erleben durfte und SIE haben für mich dabei an jenen entscheidungsvollen Tagen eine unendlich schützende Rolle gespielt und mich verhindert, einen schweren Faux pas zu begehen und dafür bin ich Ihnen so dankbar. (...) Wenn Sie einmal Frl. Wenger schreiben oder sie sehen, so sagen Sie ihr, dass ich sie um Verzeihung bitte für alles, was geschehen ist, es war mein Weg und ich bin nicht schuld, dass ich ihr soviel Unangenehmes und Leidvolles bereiten musste.«

Im September 1921 reist Elisabeth Rupp zurück nach Reutlingen und Ruth in ihr Elternhaus »Villa Solitude« nach Delsberg. Dort findet sie einen Gruß Hesses und ein Aquarell. In ihrer steilen, schwer leserlichen Schrift dankt sie ihm: »Hermann, (...) Es war sehr schön, dass gleich etwas von dir hier war. (...) Es regnet immer, aber das ist ganz natürlich, dass alle Sonne in Carona blieb.« Und: »Warum soll ich eigentlich schreiben, du musst ja meine Gedanken fühlen, und die haben sicher mehr Kraft als Worte. Ich bin so erfüllt von dir, alles bist nur du, alles singt und spricht nur von dir. Aber dass es so schwer ist von dir fort zu sein, habe ich nicht gedacht.« Schließlich ihre ängstliche Frage: »Wann wirst du nach Ascona gehen?«

Wenige Tage später erhält sie in einem schnell hingeworfenen, undatierten Brief seine Antwort. Er ist in Ascona, »der schönsten Gegend der Welt (...) und es war lang mein Traum, mich einmal hierher zurückzuziehen. Aber als mein Familienleben aufhörte, war mir die Gegend durch allerlei Geschichten mit meiner Frau ganz verdorben worden. Statt meiner sitzt sie nun hier und alles schmeckt dumm und traurig.« Ihn drücken die Erinnerungen an die Zeit mit Nohl, der Ascona längst verlassen hat und in seine Heimatstadt Berlin zurückgekehrt ist. Hesse kann sich weder an Mias Garten, in dem die Pfirsiche reif sind, noch an »unseren alten, mir einst so lieben und vertrauten Bildern, Möbeln und Sachen« freuen. Auch die Begegnung mit Martin, der seine Mutter besucht, »schmeckt nur traurig«. Das Mitleid Ruths, seiner »Carona-Blume«, ist ihm sicher.

Mia jedoch ist glücklich, Martin bei sich zu haben, auch Bruno besucht sie in den Herbstferien, und Heiner weiß sie im Landschulheim Kefikon bei Frauenfeld gesund und pädagogisch gut betreut. Sie freut sich über seine Briefe und Zeichnungen, die er ihr zum Geburtstag schickt. Auch Hesse hat ihr etwas geschickt: *Klingsors letzter Sommer.* Als sie sich bei ihm bedankt, gesteht sie, daß Marulla ihr die Erzählung bereits geliehen hatte. »Sie machte sich nachher sehr Gewissensbisse, da sie fürchtete, es könnte mich zu sehr aufregen. Das war aber nicht der Fall. Ich hab's mit Genuß gelesen. Wenn man Gegend und Menschen kennt, hat man noch einen Reiz mehr dabei. Der Stil ist vollständig anders als bei all Deinen andern Werken, nicht weich u(nd) fließend, sondern scharf abgesetzt – u(nd) auch abgehetzt. Es ist etwas ganz Eigentümliches.«

Und noch eine Frau hat den Klingsor gelesen: Ninon Dolbin, die nicht mehr in Wien lebt, sondern, wie sie Hesse am 22. Dezember 1920 wissen läßt, ihr Studium in Berlin fortsetzt. »Welche Sprache!!!« ruft sie ihm zu. »Geballt, knapp, wuchtig und farbig und glühend. Da riß es mich wieder hin, Ihnen zu schreiben. Es ist etwas so Starkes in mir erweckt, das mich treibt, Ihnen mein ›Ich bin‹ entgegenzuschreien.« Und sie schickt ihm ihr Foto, »dass Sie einen Begriff von mir haben«.[3]

Ninon Dolbin um 1920

Stimmen

Elisabeth Rupp:

Es kam 1920 der von ihm angeregte, lang und mühsam vorbereitete Besuch von mir im Palazzo Camuzzi bei Frau Kiepe, und ich verbrachte 3 Monate eines herrlichen, glühenden, klingsormäßigen Sommers dort und lernte den Tessin für mein ganzes Leben lieben.

Elisabeth Gerdts-Rupp an Heiner Hesse vom 18. Juni 1971. Hesse Editionsarchiv.

Ruth Wenger:

Einmal brachte Hesse Elisabeth Rupp mit, die ich zum ersten Mal sah. Ich hatte gleich den Eindruck, dass sie Hesse sehr zugetan war. Wir waren im Garten und unterhielten uns eine Weile, als er und ich wohl das Gefühl hatten, es sei einer zuviel da. Hesse gab mir ein Zeichen, wir gingen unbemerkt zur Gartentür hinaus und er schloss sie zu und zog den Schlüssel ab. Dann liefen wir schnell die steile Treppe hinunter und in den Wald. Elisabeth konnte nun, umgeben von Gebüschen und Mauern, die undurchdringlich waren, den Garten nicht verlassen. Was sie wohl empfunden haben mag? Nach etwa zwei Stunden kamen wir zurück, um die Unglückliche zu erlösen.

Hermann Hesse, »Liebes Herz!«, S. 617 f.

Hermann Hesse:

Unser Nachmittag im indischen Farnwald ist die schönste Glücksinsel in diesem ganzen schlimmen Jahr für mich gewesen. In dieser Insel wohnst du, liebe Ruth.

HH an Ruth Wenger, verm. Juli / August 1920, in: Hermann Hesse, »Liebes Herz!«, S. 45.

Ruth Wenger:

Meine Liebe war gross und wurde immer reicher anbetender. Das Körperliche spielte keine Rolle, ich war zufrieden, wenn er mir in seinem weissen Tropenanzug gegenübersass.
Hermann Hesse, »Liebes Herz!«, S. 604.

Elisabeth Rupp:

Sie hat, wie ich unter Beweis stellen kann, den Rahm von H's sämtlichen Liebeserlebnissen abgeschöpft – das sage ich, ihre schärfste Rivalin, denn wenn er mit ihr die Tage verbrachte, – so mit mir die Nächte, und das ahnte sie mit Unruhe.
Elisabeth Gerdts-Rupp an Lene Gundert vom 23. September 1962. Hesse Editionsarchiv.

Ruth Wenger:

Er brauchte die Liebe gar nicht, die ich ihm geben wollte. Wenn ich ihn in Montagnola besuchte, war das für mich ein erregendes, seliges Ereignis. Den steilen Berg hinab durch Gebüsch und Bäume, immer mit der Gewissheit, bald, bald bist du bei deinem Geliebten. Aber wenn ich bei ihm war, zündete er sich eine Brissago an und setzte sich in seinen Sessel. Hermann Hesse, »Liebes Herz!«, S. 611.

Hermann Hesse:

Auch jetzt ist sie (Ruth) oft nervös, launisch und kindlich, aber im ganzen hat es ihr gutgetan, von mir angerufen und ernstgenommen zu werden. Sie gesteht mir das Recht dazu zu, weil sie fühlt, daß mein eigenes Leben verflucht ernst ist und daß ich nicht spaße. Wie es weitergehen wird, weiß ich nicht. Zur Zeit hat Ruth viel Vertrauen zu mir, aber es ist ein bißchen Verliebtheit und Liebe dabei, und das ist bei mir nur Täuschung.

HH an Lisa Wenger im Sommer 1920 aus Montagnola, in: *Gesammelte Briefe*. Erster Band, S. 455.

Ruth Wenger:

Meine Distanz zu ihm verlor sich nie. Es wäre mir nie in den Sinn gekommen, den Versuch zu machen, ihn zu verführen. Obwohl er mich liebte, habe ich nie einen Ausbruch seelischer oder körperlicher Liebe von ihm erlebt. Er verstand nichts von der Liebe, weder von der seelischen, noch von der körperlichen. Seine Liebe äusserte sich in Kosenamen, er nannte mich Pünktchen, blauer Stern und am meisten Rehlein.
Hermann Hesse, *»Liebes Herz!«*, S. 611.

Hermann Hesse:

Ich bin der Hirsch und du das Reh, / Der Vogel du und ich der Baum, / Die Wolke du und ich der Schnee, / Du bist der Tag und ich der Traum.
Hermann Hesse an Ruth Wenger im Januar 1920 aus Montagnola, in: Hermann Hesse, *»Liebes Herz!«*, S. 35.

Ruth Wenger:

Es ist mir ein Tag in Erinnerung, wo ich zu ihm den weiten Weg nach Montagnola gegangen war. Er lag im Bett und ich fragte ihn, was ihm fehle. Er begrüsste mich nicht, sondern sagte recht kalt: »Es ist alles zum Kotzen«. Ich war erschüttert. Hatte ich doch geglaubt, er müsse sich freuen, wenn er mich sieht, man sei glücklich, wenn man sich liebe!
Hermann Hesse, *»Liebes Herz!«*, S. 612.

Elisabeth Rupp:

Damals war sie für uns, wie Englert so treffend sagte, »a alberner Fratz«, – und Moilliet ergänzte es: »und nicht einmal schön!!!« So lebt sie in meiner Erinnerung (...) Ob sie wohl noch manchmal an die Hatz

denkt, in der sie und Mamachen den armen Hermann einfingen???
Ob sie gut oder schlecht an ihn denkt? Sie ist doch am ganzen Unglück
ganz allein schuld, – solche Männer sind nicht zum in den Käfig sperren
und damit protzen, wie mit einem bunten Vogel, der auf Befehl trillert.
Elisabeth Gerdts-Rupp an Adele Gundert am 14. Juni 1942. Hesse Editionsarchiv.

Ruth Wenger:

Damals war ich ein weltfremdes Wesen, ich wusste und ahnte nichts
von der Schlechtigkeit der Menschen, ihren Intrigen, ihrer Wolfsnatur.
Ich war ungewöhnlich wahrheitsliebend und glaubte so auch Anderen.
Ich wusste auch nicht, dass Menschen anders denken, als sie reden, da
ich das nicht tat. Ich sagte unbefangen die Wahrheit, nicht als Tadel,
dazu war ich zu gut erzogen, sondern aus Unklugheit.
Hermann Hesse, »Liebes Herz!«, S. 609.

Mia Hesse:

Ich gehe wohl nicht fehl, wenn ich vermute, daß eine andre Frau in Dein
Leben getreten ist. Noch vor einem Jahr hätte mich das kühl gelassen.
Jetzt ist es anders. Du weißt, daß ich Dir alles Gute wünsche – mögest
Du keine Enttäuschung erleben. Ich kann mir auch nur so Deinen Zorn
über meinen Besuch erklären. Du willst mich eben völlig aus Deinem
Leben, aus Deinem Gesichtskreis verbannen. Vielleicht gelingt es Dir
auch. (...) Genug – ich weiß, daß ich mit all dem kein Fünkchen Deiner
einstigen Liebe mehr erwecken kann. Aber Du sollst Dich doch erinnern,
daß wir viel gute und schöne Stunden gemeinsam hatten, u(nd) wenn
Du auch viele Frauen finden wirst, die schöner u(nd) glänzender sind
als ich, so wirst Du doch keine finden, die Dich so liebt wie ich.«
Mia Hesse an HH am 4. Juli 1920 aus Ascona. Hesse-Editionsarchiv.

Hermann Hesse:

... es war ein Mordsbetrieb, immer Leute da, dazu viel Spannungen und Gewitter, Eifersucht und anderes Theater.

HH an Joseph Englert, undatiert, verm. September 1920 aus Montagnola, DLA, Marbach am Neckar.

Elisabeth Rupp 1925; Ruth Wenger u. Hermann Hesse um 1921; Josef Bernhard Lang um 1930

4.

Bevor der Vorhang fällt, versuchen die Protagonisten des Sommertheaters in ihre alten Zusammenhänge zurückzukehren oder neue Wege zu beschreiten. Elisabeth Rupp hat das Manuskript mit dem Titel *Im Zweige. Die Geschichte einer Jugend* dem von Hesse in Bern neugegründeten Seldwyla-Verlag übergeben und arbeitet an *Malén und Eobar*. Im »Achalm Kunsthaus« in Reutlingen organisiert sie eine Ausstellung von Aquarellen Hermann Hesses, die anschließend auch im Kunstverein Leipzig gezeigt wird.

Ruth Wenger hat im Herbst 1920 in Basel am Spalentorweg eine kleine Wohnung gemietet, nimmt Gesangsstunden und wartet auf Hesses Briefe. Er ist viel unterwegs, fährt nach Rüschlikon, Luzern und Zürich. In Basel trifft er Ruth, in Delsberg besucht er ihren kranken Vater, den er wenig später auch in Carona wiedersieht, wohin Wenger zur Erholung gereist ist. »Dein Vater war sehr nett«, berichtet er Ruth, »und hat mir viel erzählt auch aus seiner Jugend und von Amerika.« Aber Hesse fühlt sich unwohl, spürt die unausgesprochenen Fragen Theo Wengers, der zwei Jahre als Pfarrer eine protestantische Gemeinde in Billings betreut hat, weiß, daß der Vater eine Klärung seines Verhältnisses zu Ruth erwartet. Überraschend erhält er vom Ehepaar Wenger die Einladung, Weihnachten bei ihnen zu verbringen.

Aber er will sich nicht festlegen, fährt im November nach Locarno, kuriert bei Dr. Bodmer eine Stirnhöhlenentzündung aus und gesteht Lang: »Mein Verhältnis zu Carona war seither sehr schwankend und allerlei Stimmungen und Launen ausgesetzt.« Er fürchtet sich, bei Wengers vor Entscheidungen gestellt zu werden, weiß um die finanziellen Probleme, die eine Scheidung von Mia nach sich ziehen könnte, lebt selbst »fast nur noch von gepumptem Geld«. Denn obwohl sich *Demian* sehr gut verkauft, sind die Erträge aus seinen Werken in Deutschland nach dem Wechsel in Schweizer Franken nur noch von geringem Wert. Sein Mäzen, Georg Reinhart, bietet an, »die Monatsremissen zu erhöhen (…) Ich finde, Sie sollten nun aber doch darauf eingehen, weil ich mir nicht denken kann, daß beim heutigen Stand der Mark Ihnen nennenswerte Summen aus Deutschland zufließen.«

Auch Mia, deren einziges verbliebenes Kapital ihr Haus ist, bemüht sich um Verdienst, will Zimmer an Feriengäste vermieten, Engagements als Pianistin in Wintersporthotels annehmen. Ihre Briefe an Hesse, der über sein schlechtes Befinden klagt, klingen fürsorglich. Sie schickt ihm, da er seine Zimmer in der Casa Camuzzi nur schwer warm bekommt, Decken, Wollsocken und Hausschuhe, schreibt ihm, daß sie Anschluß an Nachbarn gefunden hat, sogar Partnerinnen, mit denen sie vierhändig Klavier spielen kann. Sie bereitet ihren Garten auf den Winter vor, freut sich auf Weihnachten, denn Hesse hat erlaubt, daß Heiner sie besuchen darf.

Er selbst fährt, sehnsüchtig erwartet von Ruth, in die »Villa Solitude« nach Delsberg. Aber bald wandelt sich Ruths Freude über sein Kommen in Frustration. Hesses »ewige Launen« verderben die Stimmung im Haus. Der gefütterte Hausrock, »innen rot und aussen dunkelblau«, den Ruth gekauft hat, damit er in der Casa Camuzzi nicht frieren muß, gefällt ihm nicht. »Er machte mir eine Szene und meinte, ich wisse doch, dass er kein Geld habe, warum ich ihm keine Hemden geschenkt hätte«, erinnert sie. Die Familie, auch Oppenheims sind mit den Kindern zum Fest gekommen, ist schockiert, versteht Hesses schlechte Stimmung nicht, wenn er beim Frühstück die Kaffeetasse plötzlich mit der Bemerkung wegschiebt: »Es schmeckt mir nicht.« Ruth möchte ausgleichen, weint. Vorzeitig reist er ab, um den Jahreswechsel bei seinen Freunden Tilly und Max Wassmer im Schlößchen Bremgarten an der Aare zu verbringen, wo man ihn mit Rücksicht behandelt, ohne Ansprüche an ihn zu stellen.

Wieder einmal hat er in Delsberg gespürt, daß eine bürgerliche Familie ihm nicht gemäß ist, daß sein Lebensweg nach einer anderen Gestaltung verlangt. Daran mag ihn auch die in diesem Jahr erschienene Novelle *Der Schleier* des einst so bewunderten Emil Strauß erinnert haben, in der ein Ehekonflikt durch die Kraft des Verständnisses und Verzeihens gelöst wird und in der sich Strauß gegen den »anarchischen Individualismus« wendet.

Nach dem mißlungenen Aufenthalt Hesses in Delsberg sucht Ruth die Schuld bei sich, in ihrem mangelnden Einfühlungsvermögen, schreibt nach Bremgarten: »O liebes Herz, wie muss ich dich gequält haben! Ist es nicht zu spät, wenn ich es jetzt einsehe? Wie schäme ich mich, dass du mich so schwach gesehen hast, so von *einem* Gefühl am Genick gepackt. Es tut alles noch sehr weh, aber ich kenne nun die Aufgabe. Ich verlangte von dir, was ich selber leisten sollte.« Sie fährt mit Oppenheims nach Steinen, ist bereit, ihre künftige Aufgabe anzunehmen: Verständnis für ihn, dasein, wenn er sie ruft, gehen, wenn er allein sein will, keine Forderungen.

Er schickt ihr ein Gedicht: »Du sollst dich freun im neuen Jahr / Mit einem kleinen Hund / Und immer fröhlich und gesund / Das wünsch ich Dir, und das ist wahr.« Verse wie für das Poesiealbum eines kleinen Mädchens. Er schreibt freundlich und zugleich distanziert, muß sich vor zuviel Nähe schützen. Am 20. Januar 1921 teilt er ihr auf einer Postkarte aus Bremgarten mit, daß er nach Montagnola abreist und unterschreibt: »Mit Grüßen Ihr H. Hesse.«

Dieser Rückkehr ins Tessin sieht er mit gemischten Gefühlen entgegen, denn die freundschaftlichen Beziehungen der vorangegangenen Zeit beginnen sich aufzulösen. Joseph Englert hat zum Jahresbeginn eine Stelle als Stadtingenieur in Zug angetreten. Maria Holzleitner gibt die Wohnung in Cassarate auf und mietet die Casa Gazzolo in Bigogno. Margherita und Paolo Osswald verlegen Wohnung und Atelier nach Ascona, weil sie dort unter den Touristen mehr Interessenten und Käufer zu finden hoffen. Und so fühlt sich Hesse denn »lästerlich vereinsamt«, drückt ihn »der völlig verharzte Zustand, mit scheußlichen Symptomen«. Der erste Teil des *Siddhartha* liegt unvollendet in der Casa Camuzzi, das schlechte Wetter verhindert Malausflüge. Lang, der seine Stelle in St. Urban angetreten hat, scheint Hesse für »eine energische Analyse« seines Zustands nicht mehr geeignet, und so wendet er sich an Carl Gustav Jung. Auf die Mitteilung hin, daß er zu Jung nach Zürich fahren werde, erklärt Lang einerseits: »Ich finde die Lösung (...) ideal für Sie.« Andererseits fühlt er sich zurückgewiesen, reagiert verletzt, klagt: »Auch Jung zieht sich mit einer eleganten Handbewegung von mir zurück, ich bin auch ihm zu langweilig und zu arm.«

Joseph Englert, der »Magier«, hat jedoch im Dezember vor seiner Abreise nach Zug dafür gesorgt, daß Hesse ein Paar kennenlernt, mit dem nicht nur ein intensiver Austausch, sondern auch eine enge Freundschaft möglich wird: Emmy Hennings und Hugo Ball. »Wir waren völlig absichtslos einander begegnet, wie Vögel auf einem Zweig, die eine Weile zusammenfinden dürfen«, erinnert Emmy, die unter den Frauen um Hesse einen besonderen Platz einnehmen wird.

*

Im Herbst 1920 sind Emmy Hennings und Hugo Ball mit Emmys Tochter Annemarie ins Tessin gezogen, haben in Agnuzzo, auf der Lugano abgewandten, stilleren Seite des Sees, ein Haus gemietet. Sie sind, wie Hesse bald bemerken wird, ein »wunderliches Paar«: Emma Maria Cordsen aus dem deutsch-dänischen, protestantischen Flensburg und Hugo Ball aus streng katholischer Familie im pfälzischen Pirmasens. Emmy, aus der Enge ihres Arbeiterelternhauses und einer frühen Ehe geflüchtet, stand als Schauspielerin auf der Bühne von Wandertheatern, als Diseuse auf den Brettern der Kabaretts, irrlichterte durch die Berliner und Münchener Vorkriegs-

Emmy u. Hugo Ball
in Agnuzzo 1921

boheme, Freundin bedeutender und unbedeutender Künstler und Literaten, bis sie, kurz vor dem Ersten Weltkrieg, Hugo Ball kennenlernte, der, nach abgebrochenem Studium und einer Regieausbildung bei Max Reinhardt in Berlin, als Dramaturg an den »Münchener Kammerspielen« tätig war.

Sie schreiben beide, publizieren in den Blättern der Avantgarde. Im ersten Kriegsjahr emigrierten sie nach Zürich, gründeten mit Gleichgesinnten das »Cabaret Voltaire«, die »Galerie Dada«, jene Keimzellen einer Bewegung, die als »Dadaismus« in die Kunst- und Literaturge-schichte eingehen wird. In Bern, wo Ball, gemeinsam mit Ernst Bloch, von 1917-19 die *Freie Zeitung* herausgab, haben sie geheiratet. Nach einem gescheiterten Lebensversuch in Deutschland, bei dem Ball we-gen seiner Haltung während des Krieges als »Vaterlandsverräter« ge-brandmarkt wird, sind sie in die Schweiz zurückgekehrt, wollen »in einem neuen Kreis von Menschen, die alle sehr abgesondert hier un-ten leben«, wie Ball notiert, einen Neuanfang wagen.

Ball mag »nichts mehr wissen von Zeitkritik und Kulturproblemen«, hat sich patristischen und hagiographischen Studien zugewandt, den Heiligen der Ostkirche, hat, wie er im Tagebuch notiert, »die Flucht zum Grunde« angetreten. Auch Emmy Hennings, nach einer schwe-ren Erkrankung 1912 zum Katholizismus konvertiert, sucht ihren Standort neu zu bestimmen, schreibt Gedichte, Traumbilder, Verse der Verlorenheit. Im abgeschiedenen Agnuzzo wird zur Gewißheit, daß das Leben in den großen Städten, die Zeiten des Reisens, von Bühne, Kabarett und Affären endgültig vorbei sind. Einsam fühlt sie sich trotz der Gemeinsamkeit mit Mann und Kind. Geplagt von Glaubenszweifeln, schreit sie ihre Gottessehnsucht heraus: »Mein Gott, lege mich in das Grab der letzten Vergessenheit. Breite das Pas-sionstuch des Verschollenseins über meine Nacktheit. (...) O lösche meinen Feuerbrand.«

Nach ihrer Ankunft im Tessin suchen Emmy und Hugo Ball Anschluß an die katholischen luganeser Zirkel, lernen dort Joseph Englert ken-nen. Gemeinsam besuchen sie die Messe, tauschen Bücher, besuchen sich. Auch am 2. Dezember 1920 wandern die Balls wieder von Ag-nuzzo nach Cassarate und treffen dort einen weiteren Gast: Hermann Hesse. »Seine indische Dichtung (...) Siddhartha war damals im Ent-stehen, und sein Gesicht war wie die Seele eines indischen Buches, so ausgeteilt an alles Schöne. Er hatte ein sehr leises, feines Lächeln, das überaus anziehend und zugleich geheimnisvoll war«, erinnert Em-my. Sie, die während langer Zeit ein ausschweifendes Leben geführt hat, fühlt sich von Hesses asketischer Gestalt und dem intensiven Interesse an religiösen Fragen angezogen. Ebenso wie ihr Mann, über dessen priesterliches Aussehen die Bohemefreunde lästerten, sieht auch Hesse in Emmy kein »Sexualobjekt«, sondern erlebt sie beim Kennenlernen als »fromme Visionärin«. Sie bleibt zunächst, ebenso wie Maria Holzleitner, zurückhaltend, beobachtet, hört den Gesprächen der Männer zu: Zeitkritik, Katholizismus, Reformation, Pietismus, Buddhismus, Psychoanalyse, Traumdeutung, Astrologie. Ball hat gerade Hesses *Blick ins Chaos* gelesen, ist erfreut, sich mit dem Autor austauschen zu können, notiert im Tagebuch: »Und das ist es: der Idiot, zu Ende gedacht, führt das Mutterrecht des Unbewußten ein; er hebt damit die Kultur auf.«

Als Englert ihn beim Abschied fragt, wie ihm Hesse gefallen habe, »errötet« Ball »wie ein Mädchen (…) Er ahnte damals noch nicht, daß er neben seinen drei Heiligen das Werk und Leben des Dichters einmal nennen würde«, schreibt Emmy in Erinnerung an ihren 1927 verstorbenen Mann, der Hesses Freund und erster Biograph werden sollte.

Aber nicht nur die Balls waren von dieser ersten Begegnung beeindruckt, sondern auch Hesse, der bereits zwei Tage später bergab wandert, in Agnuzzo anklopft »und hereintrat ein schmaler, jugendlich aussehender Mann von scharfem Gesichtsschnitt und leidendem Wesen. Er überfliegt mit einem Blick die Wände, dann schaut er uns lange in die Augen. Wir bieten einen Stuhl an, ich lege Feuer in den Kamin. So sitzen wir bald und plaudern, als seien wir gute Bekannte seit langer Zeit«, notiert Hugo Ball. Als Hesse das Paar zwölf Stunden später verläßt, ist der Grundstein für eine Freundschaft gelegt, die, von gegenseitiger Liebe, Achtung und Verantwortung getragen, lebenslang dauern wird.

Bei diesem Besuch hat Hesse einen ersten Eindruck von Emmys »Vielfachheiten« bekommen, ihrem Witz, ihrer spontanen Gastfreundschaft, ist hingerissen von ihrem Gesang, den artistischen Kunststückchen. Emmy, die Maskenspielerin. Im folgenden Sommer gehen sie gemeinsam zum Schwimmen im See bei Agno, wandern in den Colli d'Oro oberhalb Luganos, zünden Kerzen vor den Bildnissen der Madonna an oder treffen sich im Grotto. Hesse dehnt seine Malausflüge nach Agnuzzo aus, sitzt mit Balls im Garten, Emmy kocht, scherzt, wird plötzlich ernst, erzählt von ihrer Jugend, den Hunger- und Hurenjahren. Voll Hochachtung liest Hesse ihre Romane *Gefängnis* und *Das Brandmal*, ist überzeugt, daß Emmy »die schönsten Seiten deutscher Prosa geschrieben hat, die von einer Frau gekommen sind. Wäre sie Französin, so würde man sich um ihre Bücher reißen.« Immer wieder wird er Emmy vor ungerechter oder auch gerechtfertigter Kritik in Schutz nehmen, wird sie, die nicht mit Geld umgehen kann, selbstlos unterstützen, bei seinen Mäzenen für sie und für Hugo Ball werben. Er toleriert ihre »Drolligkeiten« und respektiert ihre Arbeit und ihr tapferes Leben.

Sie dankt ihm mit großer Treue, schließt auch die Menschen in ihre freundschaftlichen Gefühle ein, die Hesse wichtig sind. Fast drei Jahrzehnte teilen sie gute und schlechte Zeiten miteinander: Literarische Erfolge und Mißerfolge, Schreibblockaden, Krankheiten, die Querelen um Hesses Scheidung von Mia, die problematische Beziehung zu Ruth, Balls Krebsleiden, seinen Tod. Als Ninon Dolbin in Hesses Leben tritt, erleichtert Emmy ihr das Einleben in Montagnola, wirbt um Verständnis für Hesses oft verletzendes Verhalten. Sie rezensiert seine neuerschienenen Bücher, ist, wie er anerkennend bemerkt, eine seiner »besten Leserinnen«.

Für Emmy gilt kein warnender Hinweis am Gartentor in Montagnola, der Besucher bittet, umzukehren; sie ist willkommen. Kein Geburtstag ohne Emmy, kein Weihnachtsfest. Sie versteht es, Hesse aufzuheitern, lockt seinen Humor heraus, bringt ihn zum Lachen, wetteifert mit ihm beim Bocciaspiel – und strickt ihm warme Sokken. Manchmal ärgern sie sich wie alte Eheleute, zanken und versöhnen sich. Keine der anderen Künstlerinnen aus Hesses Umfeld, weder Anny Bodmer noch Margherita Osswald-Toppi, Maria Holzleitner oder später Maria Geroe-Tobler sind Hesse so nahgekommen wie Emmy Ball-Hennings, die Hunderte von Briefen mit ihm wechselt. Auch wenn sie sich gelegentlich in Schwärmereien verliert oder in abenteuerliche Vermutungen versteigt, liebt Hesse diese Briefe, die sie ihm von ihren zahllosen Reisen ebenso zuschickt wie von ihren wechselnden Wohnorten im Tessin.

»Da wird man Ihre Briefe, liebe Emmy«, schreibt er, »nach Jahrzehnten einmal ausgraben wie Pompeji, sie werden wie Schmetterlinge aus der Puppe fliegen, (…) und man wird sich rasch darüber einigen, daß seit der Bettina Brentano solche Briefe nicht mehr geschrieben worden sind.« Emmy ist zu einem Teil seines Lebens geworden, und als »der blaue Paradiesvogel« 1948 stirbt, ist Hesse tief verstört, trauert um die Freundin, die Wegbegleiterin und überträgt seine Verbundenheit auf ihre Tochter Annemarie und die drei Enkelkinder, für die er künftig sorgt.

5.

Mitte Januar 1921. Ruth schreibt: »Ich denke in diesen Tagen viel an Carona, an den Sommer, immer sind es blaue Himmel und gelbe Sonnen. Ich habe mich gelehrt an Carona zurück zu denken als an etwas was war, schön war und vorbei ist. Kommt es doch wieder, so ist es ein Geschenk.« Sie ist in Steinen, bei Schwester und Schwager, bei den Kindern, hat in den mißlungenen Weihnachtstagen in Delsberg erfahren müssen, daß Hesse kein bürgerliches Familienleben erträgt. Will sich dieser Einsicht beugen und hofft doch, daß es anders werden möge. Das Zauberwort heißt: Carona. Darauf lebt sie hin, auf den kommenden Sommer, die folgenden Sommer, so als könne ein neuer »Kareno-Tag« alles Gewesene auslöschen. Und Hesse, der meint, daß Ruth ihn verstanden habe, geht darauf ein. Briefe werden gewechselt: sie schreibt von ihrer Liebe und er von den Schwierigkeiten bei der Unterbringung der Söhne und dem Drängen Mias, ihr die Kinder zu überlassen. Sie bittet: »oh du, ich muss zu dir kommen, da ich so ganz ohne Trost bin. Ich weiss auch, dass du mich nicht brauchst, und bin wie ein Kind (…)« Und er antwortet: »Sei heiter, liebes Herz, (…) Denk an mich, schilt mich, liebe mich und liebe auch dich selber.«
Es ist eine Liebe, die in Briefen erblüht und in der Begegnung welkt. Manchmal treffen sie sich für ein paar Stunden, wenn Hesse im Frühjahr zu Jung nach Zürich fährt, wo er seine analytischen Gespräche wiederaufnimmt. Er kämpft noch immer mit seinen negativen Gefühlen gegen Mia, die er nicht überwinden kann, mißtraut ihr, wenn sie die Söhne in den Schulferien bei sich hat, Martin in Ascona behalten will. Ruth tröstet, erzählt von ihren Gesangsstunden, vom Besuch der *Zauberflöte*, nennt ihn »liebster Freund, Lieber, Liebster«, ersehnt ein Wiedersehen. Und seine Briefe sind ihr Bestätigung: »blauer Vogel, rote Sonne, blauer Stern« antwortet er zärtlich – und, so als müsse er sich zurücknehmen, »liebes Schwesterlein«. Er schreibt ihr von Balls, den »Leuten in Agnuzzo«, bei denen er allerlei Gutes erlebt, von Englert, der in den Ostertagen aus Zug gekommen ist.

Und erhält von ihr eine Karte vom 12. März 1921 aus Basel, die ihn an längst vergessen geglaubte Gefühle erinnert: »Auf Anregung von Frl. Wenger, die ich heute Abend kennenlernte, diesen Kartengruss an den ›gemeinsamen Bekannten‹«, liest er. Unterschrift: Elisabeth La Roche.

Sie ist also wieder in Basel. Wie lang das alles zurückliegt: die Musikabende bei Wackernagels, seine Gefühlsstürme, ihr plötzlicher Fortgang nach England, seine Verzweiflung, der *Lauscher*, Mias Drängen auf ein gemeinsames Leben, Gaienhofen, die Kinder, Bern, der Krieg, sein Zusammenbruch, die Flucht ins Tessin. Elisabeth? Wie mag es ihr ergangen sein? Sie heißt noch immer La Roche; also ist sie nicht verheiratet. Von Ruth weiß er, daß Elisabeths Mutter gestorben ist. Ist sie deshalb zurückgekehrt? Als er nachfragt, erfährt er, daß sie als Choreographin am Basler Stadttheater engagiert ist. Elisabeth, eine Tänzerin! Was mag sie Ruth erzählt haben von dem linkischen Buchhändlergehilfen und vom Hermännle, mit dem sie vor fast vier Jahrzehnten die Sommerferien verbrachte? Damals sagte man, er sei »verzwickt, leicht hochgesteigert, kaum zu haben«. Vielleicht erinnert Elisabeth, daß er Seth gerufen werden wollte, denn »Adam und Eva hätten ihr braves Büblein so geheißen, das ihnen Gott zum Trost geschenkt für den toten Abel und für den ganz bösen Kain«. Mag sie daran denken, er will nichts mehr von der Vergangenheit wissen, nicht von Elisabeth La Roche, auch nicht von der anderen Elisabeth, die ihm Gedichte schickt, ihn wieder besuchen möchte.

Und dann ist da noch diese Ninon Dolbin, die im Januar in Lugano aufkreuzte und ihn zu sehen wünschte, seine langjährige Verehrerin, die, obwohl verheiratet, ihn wissen läßt, daß sie immer an ihn denkt. Davon ahnt Ruth nichts. Sie schickt ihm Farben, weil er wieder malen will, schreibt: »Ich halte deine Hand fest und bin bei dir mit meinem Herzen und meiner Seele.« Und dann ist wieder Sommer, der Vorhang hebt sich in Carona vor dem dritten und letzten Akt, und Ruth hält seine Hand fest – und will sie nicht mehr loslassen.

*

Maria Holzleitner, Hermann Hesse, Emmy u. Hugo Ball 1921

Ruths Erwartungen sind hochgespannt, als sie mit ihren Eltern im
»Papageienhaus« eintrifft. Lang, der sie im vergangenen Sommer mit
seiner Leidenschaft ängstigte, ist als Sekundärarzt in St. Urban tätig,
und statt Elisabeth Rupp begleiten im Juli 1921 die »Leute aus Agnuzzo«, das Ehepaar Ball, und Maria Holzleitner den von Ruth ersehnten Besucher nach Carona. Alle sind in heiterster Stimmung, die
Männer in weißen, kragenlosen Leinenhemden, Sommerhosen und
Wanderstiefeln, Maria in dunklem Kleid mit weißem Kragen, Emmy
trägt Kurzärmeliges, Kariertes, sieht mit ihrem Bubikopf aus wie ein
Schulmädchen. Im Gras, unter Bäumen rastend, sitzt sie, die Arme
um die hochgezogenen Knie geschlungen, zwischen Ball und Hesse,
der sich lachend seine heruntergerutschten Socken hochzieht. Ihr
Blick: auf Hesse gerichtet.
Freudige Überraschung im »Papageienhaus«: Lisa Wenger lädt zum
Essen ein, man trinkt Wein, Ruth sitzt am Flügel, singt, Emmy fällt
ein. Kommt Hesse allein, zieht sich Ruth mit ihm in den Garten zurück. Wieder in Montagnola, schreibt »Der Liebende«: »Nun liegt
Dein Freund wach in der milden Nacht, / Noch warm von Dir, noch
voll von Deinem Duft, / Von Deinem Blick und Haar und Kuß –

o Mitternacht, / O Mond und Stern und blaue Nebelluft!« Nähe wird in den Versen beschworen, Leidenschaft, die »Blumenblässe« des Gesichts der Geliebten. Ruth liest nicht die Worte eines Dichters, sondern hört den Ruf eines Sehnsüchtigen, eilt nach Montagnola. Ein Mißverständnis. Der Geliebte zeigt sich wenig erfreut über ihr Kommen, fühlt sich in seiner Arbeit gestört und läßt es Ruth mit harschen Worten wissen. Seine Furcht vor neuer Bindung, neuen Ansprüchen einer Frau läßt ihn grob werden.

Verwirrt und verzweifelt läuft sie nach Carona zurück, wirft wirre Zeilen aufs Papier, langes Gestammel, zerreißt die Bogen, bemerkt schließlich resigniert: »Nur das will ich sagen, dass es mir ein tödlicher Schmerz ist, dass ein Zusammenleben mit mir dir eine Folterkammer bedeutet. Das ist es, und nicht, dass du mich nicht heiraten willst. Ich werde mich eben weiter aufreiben in der Qual dieser Liebe, wie ich es bis jetzt tat.« Auch Theo Wenger, der, anders als seine Frau, die Freundschaft Hesses mit seiner Tochter argwöhnisch beobachtet hat, schickt ein Schreiben nach Montagnola, einen Appell an Hesse, seine Lebensumstände zu ordnen oder sich von Ruth zu trennen. Ein verletzender Brief des ehemaligen Pfarrers Wenger. Ein ebensolches Schreiben von Hesse folgt umgehend und stellt klar, daß er seiner eigenen Stimme zu folgen hat und nicht bürgerlichen Moralvorstellungen und – daß er noch ein verheirateter Mann ist. Er sieht sehr wohl, daß er in Ruths Vater einen Gegner hat, der sich, wäre es nicht verboten, mit ihm um der Ehre seiner Tochter willen duellieren würde. Lisa Wenger schaltet sich ein, beruhigt ihren Mann, vermittelt, schreibt an Hesse: »Wir haben auch nie miteinander über Ruth geredet. Ich wollte in keiner Weise indiskret sein, wollte nichts und war zufrieden, wenn ich Freude auf Ruths Gesicht lesen konnte. Ich habe von je scharf unterschieden zwischen Hermann Hesse, meinem Freunde, und Hermann Hesse, dem Freund meiner Tochter.« Auch Hesse lenkt ein, verspricht: »Ich werde trotzdem in Ascona – ich gehe ja nur deshalb – wieder wegen der Scheidung sondieren.«

Mia möchte ein Ende der Auseinandersetzungen, willigt ein. Auch ihr ältester Bruder Adolf hat unter der Bedingung, Mia nicht zu verletzen, sein Einverständnis gegeben, schlägt als Scheidungsgrund »gegenseitige Abneigung« vor. Zweite und wichtigste Bedingung: Mia besteht darauf, daß Hesse ihr die Kinder überläßt. Als er nach Ascona kommt, begegnet er Martin, den Mia selbst unterrichtet, da er ohne Italienischkenntnisse keine Tessiner Schule besuchen kann. Er lebt bei ihr und darf sie begleiten, wenn sie in Locarno im Kino den erkrankten Klavierspieler vertritt. Sie spielt nicht nach Noten, sondern improvisiert. Es macht ihr Freude, erklärt sie ihrem Mann, ist nicht anstrengend und bringt 65 Franken ein. Als auch Heiner in den Sommerferien kommt, rücken sie im oberen Stockwerk des Hauses zusammen; die untere Etage vermietet Mia an Feriengäste.

Zum Ferienende muß Heiner zurück ins Landschulheim Kefikon. Jetzt kommt Bruno nach Ascona, der als Schüler seines Pflegevaters Cuno Amiet weiterhin auf der Oschwand lebt. Gemeinsam mit ihm und Martin besucht Mia ihren Mann in Montagnola, übernachtet bei einer Bekannten in Morcote und bei Maria Holzleitner in Bigogno. »Sie ist«, schreibt Hesse am 19. September 1921 an Ruth, »in der Scheidungssache jetzt, wo sie mich wenig mehr interessiert, eher aktiver als ich, und meinte es sehr gut.« Als sie diesen Brief liest, hat Ruth in der Züricher Bellevuestrasse ein Zimmer bezogen und nimmt Gesangsunterricht bei dem niederländischen Konzert- und Oratoriensänger Johannes Messchaert. »Mach dirs dort so nett wie möglich«, ermuntert Hesse sie, ohne ein weiteres Wort über die gemeinsame Zukunft, auf das Ruth gehofft hatte. Das versucht sie, geht ins Konzert, segelt auf dem See, arbeitet mit ihrem Lehrer.

Aber dann, ganz überraschend und unerwartet, erreicht sie ein Brief Hesses mit dem Vorschlag, ihn in Ermatingen, im Gasthof »Adler« seines Freundes Karl Heinrich Maurer am schweizerischen Ufer des Untersees zu treffen. Er plant eine Reise nach Stuttgart, Calw, Maulbronn und ins Pfarrhaus zu Adele; da läge Ermatingen am Weg, und er könnte Ruth die Gegend zeigen, in der er früher gelebt hat. »Er brauchte keine Überredungskunst«, erinnert sie viele Jahre später, »ich war zu glücklich, einmal zwei Tage mit ihm zusammen zu sein. Um die Sorgen der Eltern und die Reden der Menschen, bei den damals noch herrschenden Sitten, kümmerte ich mich nicht. Am ersten Abend, den wir mit Maurer zugebracht hatten, sagte mir Hesse: ›Wenn alles still ist, komme ich zu dir.‹ Das Haus wurde still und stiller, aber Hesse kam nicht. Am andern Morgen sagte er, er habe sich davor gescheut, Maurer könne etwas merken.« Sie fühlt sich unglücklich, ihm ist die Situation unangenehm. Und als sie beim Spaziergang überraschend von dem Maler Fritz Widmer mit einem fröhlichen Zuruf: »E, was bringsch jetz du für es härzigs Töchterli mit?« begrüßt werden, ist Hesse das sichtlich peinlich. Enttäuscht und mit schlechtem Gewissen, da sie den Eltern ihre Reise verheimlicht hat, fährt Ruth ab.

Wieder in Zürich, kommen, so als sei nichts gewesen, Briefe und Karten aus seiner Heimat. Er fühlt sich wohl, berichtet von Begegnungen mit Familie und Freunden wie Emil Molt, dem Besitzer der Waldorf Astoria Zigarettenfabrik, der in Stuttgart »eine freie Schule nach (Rudolf) Steiners Prinzipien begründet hat«. Dort hält Hesse den Arbeitern einen Vortrag. Molt nimmt ihn im Auto mit nach Dornach, wo er den Dichter Albert Steffen kennenlernt. Vom Treffen in Ermatingen findet sich weder in seinen noch in Ruths Briefen eine Andeutung. Kommt er auf der Durchreise zu Lesungen oder Besuchen nach Zürich, sehen sie sich nicht mehr als einige Stunden, versuchen, Konflikte zu vermeiden. Er schreibt aus Montagnola an die »liebe Schwester« Ruth und schickt Liebesgedichte, Träume von ihrem »weißen Leib«, nach dem er sich sehnt. Wieder sind ihr seine Verse Realität, und sie gesteht: »Ich muß dir sagen, dass ich dich lieb habe und dass auf der ganzen Welt nichts anderes möglich ist.« Und sie lädt ihn zu Weihnachten nach Delsberg ein, unsicher, ob er sich erneut auf das Familienfest einlassen wird.

Am 14. Dezember 1921, kurz vor seiner Abreise aus Montagnola, berichtet Hesse Lang von »wechselnden Verhältnissen mit Wengers« und daß er »mit dem Alten in Konflikt« kam. Dennoch geht es ihm »ganz leidlich, teilweise sogar gut«. Grund dafür ist auch sein Verhältnis zu Mia, die er häufig besucht, dann »reden wir zusammen viel Kluges über die bevorstehende Scheidung, aber dazu gekommen ist es noch nicht. (…) Von meiner Seite«, gesteht er Lang, »wäre die Scheidung zwar immer noch erwünscht, der Ruhe wegen, aber es entstünden auch wichtige neue Verwicklungen, so daß ich den provisorischen Zustand gern bestehen lasse.«

Zu dieser Zeit hält sich Mia mit Martin bei ihren Geschwistern in Basel und zu Besuch bei Bruno auf der Oschwand auf. Weihnachten will sie mit den Kindern, auch Heiner kommt aus Kefikon, in Ascona verbringen. Sie lädt Hesse ein, zu ihnen zu kommen. Der jedoch zieht es vor, zu Ruth nach Zürich, mit ihr zu Lang nach St. Urban und schließlich auf die »Solitude« zu fahren. Bei Englert hat er Ruths Horoskop in Auftrag gegeben, und Lang, seinem »caro dottore« macht er, »der andre Hesse«, ein überraschendes Geständnis: der »liebt Sie nach wie vor, und liebt namentlich sich selbst«.

Ausflug mit (v. links) Lisa u. Theo Wenger, dahinter Ruth Wenger (links), Hermann Hesse 1923

*

Hatte Ruth sich vor den Feiertagen gefürchtet, so ging dieses Mal in Delsberg alles gut. Keine Fragen nach dem Stand seiner Scheidung, kein Vorstoß Wengers wegen einer Legitimierung der Verbindung mit Ruth. Von Balls, die nach München gezogen waren, treffen gute Wünsche und ein neuer Gedichtband Emmys ein. Auch Mia schickt Neu-

jahrswünsche. Sie hat Klavierschüler angenommen und Anzeigen in der NZZ aufgegeben, in denen sie um Feriengäste wirbt. Und in den kommenden Monaten will Jakob Flach in seiner Mühle in Arcegno Martin unterrichten, bis er den Wissensstand erreicht hat, um in Locarno die Schule zu besuchen. Gute Nachrichten. Mit dem Beginn dieses Jahres 1922 kehrt endlich Ruhe ein: Mia ist gesund, hat Martin bei sich. Heiner ist in Kefikon gut betreut, Bruno macht bei Amiet Fortschritte im Malen, und Ruth scheint verstanden zu haben, daß er Freundschaft möchte, keine neue Bindung. Beruhigt schreibt er an Englert: »Ich hoffe auch, mein Verhältnis zu Ruth W. bleibe, wie es ist, innig und schön, aber äußerlich frei und lose.« Und er beteuert, daß ganz gleich, wie das bestellte Horoskop ausfallen mag, er »keine Heirat im Sinn habe«. Auch Ruth versichert: »Das wäre für mich überhaupt das Wünschenswerteste für ein Verhältnis, alle 14 Tage oder so 2 Tage beisammensein. Da wäre das Zusammensein immer ein Fest, und die Trennung nie ein Leid.« Endlich, so glaubt Hesse, kann er sich wieder seiner indischen Dichtung, dem *Siddhartha*, zuwenden.
Aber dann kommt doch alles anders, denn bevor er nach Montagnola zurückkehrt, führen Ereignisse zu einer erneuten Krise zwischen ihm und Ruth. Da ist der »verfluchte Abend« in einem Tessiner Restaurant in Zürich, das sie, gemeinsam mit dem Ehepaar Leuthold und Othmar Schoeck, aufsuchen. Ein Abendessen, während dessen es zu Mißstimmungen kommt, die bei Hesse zu nervösen Kopf- und Magenschmerzen führen, bei Ruth zu Rat- und Hilflosigkeit. Am schlimmsten ist für Ruth jedoch jener »böse Abend« bei Leutholds, die eine Villa am Dolder bewohnen und, wenn Hesse sich in Zürich aufhält, für ihn und seine Freunde eine Gesellschaft geben. Ruth, von Hesse bei Leutholds eingeführt, genießt diese Zusammenkünfte, das »köstliche indische Essen, bei dem einem der Mund brannte von dem scharfen Curry«. Gastgeber und Gäste tragen weiße Kleidung, so als sei man nicht an Limmat und Sihl, sondern am Ganges, erzählen von Siam, Indien und Ceylon. Gebannt hört Ruth zu, schaut bewundernd zu Hesse, der stets Mittelpunkt dieser Abende ist. Welch eine exotische, farbige Welt!

Auch an dem »bösen« Abend ist alles vorbereitet, man wartet auf die Hauptperson, den Dichter. Vielleicht wird er aus dem *Siddhartha* lesen. Alice Leuthold unterhält sich mit Ruth. »Da kam Hesse herbei und sagte zu ihr: Ich kann nicht mehr. Ich gehe ins Bett. Er war aber keineswegs krank«, erinnert Ruth. »Ich fand das derart unmöglich, dass ich mich noch heute dastehen sehe. Aber es folgte kein Tadel oder nur Befremden gegen Hesse, er hatte sozusagen die Narrenfreiheit des Genies.« Ruth ist schockiert, steht wie angewurzelt, als Hesse den Raum verläßt, und – folgt ihm nicht. Mehr als einen Monat später kommt er in einem Brief vom 26. Februar 1922 auf den Abend zurück: »An jenem bösen Abend bei Leutholds, als ich weggehen mußte und dich dort zurückließ, spürte ich deutlicher und verzweifelter als je, daß ich für dich nichts bin, zu alt, zu einsam, zu traurig, zu krank, daß du bei Schoeck und all den andern frohen, gesunden, frischen Menschen das findest, was dir wohltut, nicht bei mir, und daß du darum recht hattest, bei ihnen zu bleiben und mich gehen zu lassen.« Rechtfertigung und Anklage. Enttäuschung und Vorwürfe wechseln mit Verständnis für Ruths Situation, die sich nach physischer Erfüllung ihrer Liebe sehnt.

»Warum«, fragt sie verzweifelt am 25. Februar 1922, »hast du diese tödliche Angst, dich in irgend etwas zu binden? Du lässest meine Liebe auf dich herunterregnen. Aber du hältst kaum die Hände auf, um sie zu empfangen. (...) Dir ist der Gedanke an die Heirat ein Entsetzen, und du sagst mir das immer wieder. Hast du mich je gefragt, was er mir ist?« Und dann klagt sie, daß er sich vor ihren Eltern so verhalte, »als ob du mich kaum kenntest«. Und sie fordert: »Lass mich nicht entgelten, was du in deiner ersten Ehe durchgemacht hast. Vergleiche nicht immer unser Verhältnis mit deiner ersten Ehe.«

Einen Tag später setzt er sich zur Wehr: »Daß in deinem Brief auch viel Ungerechtes steht, weißt du selber. Du weißt so gut und besser als ich, daß ich seit der Zeit unsrer Liebe dir nicht nur genommen, sondern auch gegeben habe, (...) und vergißt alles, was seit dem Klingsor an Anbetung von mir zu dir gegangen ist.« Aber sie will keine Anbetung, will seine Frau sein, setzt sich dagegen zur Wehr, seine

Verfinsterung und Vereinsamung, sein Leiden, seinen Lebensüberdruß ertragen, ihn mütterlich trösten zu müssen. »Ich kann tausendmal deine Mutter sein, und es ist süss und schön es zu sein. Aber ich kann es nicht immer. Ich bin zu jung, oder nicht einfach genug, um mich selbst immer hintanzusetzen. Ich möchte auch einmal deine Sorge um mich fühlen und hören, dass meine Liebe dir ein Glück ist, das du brauchst.«

Er, der sich ihr anvertraut und sie gebeten hat, »eine Stunde lang seine Mutter zu sein«, fühlt sich jetzt unverstanden und getäuscht, denn »du warst es so schön und tröstend und gut, daß ich dir dafür immer dankbar bleiben werde«. Verletzt ist er über ihre ungerechten Vorwürfe ebenso wie die gerechten: »Jede Kleinigkeit, die der Schuldige selber gar nicht ahnt, genügt ja, um eine Beleidigung für den zu sein, der beleidigt sein will. Weißt du das nicht?«

Nein, Ruth kommt weder mit seinen noch ihren eigenen Gefühlen zurecht. Und auch als sie Englerts Horoskop liest, hat sie »nicht das Gefühl als ob es mir irgendwie nützen könne, eine Richtung geben oder etwas erklären. Im Gegenteil hemmt es eher. (...) Vieles ist auch bedrückend.« Und so wird es zwischen ihnen bleiben bis zu einem bitteren Ende.

*

In diesem Winter wird Ruth krank, Kopfschmerzen quälen sie, eine hartnäckige Erkältung. Sie verläßt Zürich und fährt zu den Eltern nach Delsberg. Aber auch dort kann sie sich nicht erholen, nimmt so sehr ab, daß Lisa Wenger Hesse, von dem Ruth keine Nachricht hat, davon in Kenntnis setzt. Ängstlich fragt Ruth: »Ich habe noch nichts von dir gehört, das ist doch kein schlechtes Zeichen?« Am 5. März 1922 kommt seine Antwort: »Mein liebes Herz, (...) Ich sitze am Kamin, war heut den ganzen Tag nicht draußen, es regnet wüst. Ich habe viele Briefe gelesen und geschrieben, auch ein paar kleine Zeilen zum Siddhartha ...« Daran wird er in den kommenden Wochen arbeiten und das Manuskript Ende Mai abschließen.

Mit Mia steht er in regelmäßigem Briefkontakt; einerseits haben sie noch kein Einvernehmen über die Zukunft der Söhne erreichen können, andererseits sind finanzielle Fragen offen. Er macht ihr Vorwürfe, weil sie auf seine Vorschläge nicht eingehen will, sie antwortet am 20. April: »Daß mein Eingehenwollen auf die Scheidung Theater war, glaubst Du selber nicht. Bloß wären die Bedingungen für mich u(nd) die Kinder keine sichere Basis gewesen.« Und vier Tage später: »Soweit es auf MICH ankommt, bin ich mit Deinem Vorschlage der monatl(ichen) Rente von 200 frs. einverstanden. Es wird natürlich nicht reichen, um die Kinder davon zu erziehen u(nd) auszubilden, dazu müsste ich natürlich den Rest von Kapital angreifen, der nicht im Hause festgelegt ist. Dagegen werden sich aber meine Brüder sehr wehren, u(nd) es bliebe eben, falls ich sterben sollte, EHE die Buben alle erwerbstätig sind, möglicherweise nichts mehr für sie übrig. Ich möchte also, daß die KINDER auf alle Fälle sichergestellt werden. Es ist ja nicht ausgeschlossen, daß Du wieder heiratest, u(nd) da sollte eine Klausel gemacht werden, die ihnen einen Teil Deines Vermögens garantiert, wenn noch andre Erben vorhanden sein sollten.«

Mia, die Hesses Freunde in Montagnola kennengelernt und besonders zu Maria Holzleitner ein vertrautes Verhältnis hat, hat von der Beziehung zu Ruth Wenger gehört, kennt Hesses finanzielle Probleme und weiß, daß seine Einkünfte aus Deutschland durch den schlechten Wechselkurs der Mark in Schweizer Franken kaum zum Leben reichen. Wie in den vorangegangenen Jahren vermietet sie Zimmer an Feriengäste, gibt Musikstunden, begleitet die Eurythmie-Kurse im nahen anthroposophischen Kurheim am Klavier. Hesse schickt ihr abgetragene Kleidung, die sie für die Söhne ändert. Dennoch empfindet sie ihre Situation weder als bedrückend noch als entwürdigend, kämpfen doch alle ihre Bekannten mit Geldproblemen. Da ist Marianne von Werefkin, die Malerin, die an der Piazza lebt. Als Tochter eines zaristischen Generals in Schlössern und Landgütern aufgewachsen, »hat sie ihr schönstes Bild nach Zürich verkauft – für 600 frs. – womit sie grad ihre Schulden bezahlen konnte. Es ist ein Spottpreis«, schreibt Mia empört an Hesse. Durch die Werefkin hat sie den baltischen Baron Eduard von Erdberg kennengelernt, der, genau wie sie selbst, die Tessiner Zoccoli trägt, um sein einziges Paar Vorkriegslederschuhe zu schonen. Dieser »Barone di Zocor«, der Holzschuhbaron, wie er im Dorf genannt wird, gibt Martin zeitweise Privatunterricht, hilft Mia im Garten. Oft gesellt sich eine dritte »Russin« zu ihnen: Antoinetta von St. Léger, von der gemunkelt wird, daß sie eine illegitime Tochter des Zaren sei. Ihr gehören die Brissago-Inseln mit einem Palazzo inmitten eines Paradieses exotischer Pflanzen. Aber auch die Baronessa ist nach dem Krieg in Geldnöten, die sie 1927 zwingen, ihre Inseln an den deutschen Warenhausbesitzer Max James Emden zu verkaufen und ein Häuschen in Mias Nähe zu beziehen.

Ein solches Umfeld aus verarmten Emigranten, Künstlern, Anthroposophen, Lebensreformern und Dörflern ist Ruth fremd. Sie kennt nur ihr großzügiges Leben: die Villa in Delsberg, das Haus in Carona, Dienstboten, ein großes Auto mit Chauffeur. Jeder Wunsch wird erfüllt: Kleidung, Malstunden, Musikunterricht, der neue Flügel, eine Tiermenagerie, die von Delsberg mit nach Carona reist. Über Geld denkt sie nicht nach. Papa hat es und zahlt. Hesses finanzielle Probleme nimmt sie nicht wahr. Daß er Lesungen annehmen muß, um seine Fahrten zu ihr nach Zürich und nach Delsberg zu finanzieren, weiß sie nicht oder will es nicht wissen.

Im Sommer 1922 trifft Hesse nur selten mit Ruth in Carona zusammen, »da der alte Herr krank ist und durch seine Krankheit und den Rücktritt von seinem Geschäft zu Zeiten launisch geworden ist«. Und so besteht Theo Wenger energischer noch als zuvor darauf, daß Hesse sein Verhältnis zu Ruth legitimiert. Wenn Hesse noch im April an Lang schreiben konnte: »Mit Ruth bin ich zu einer Kameradschaft und einem Verständnis gekommen, wie ich es nimmer für mich geglaubt hätte«, wird jetzt in Carona wieder die Forderung nach Heirat gestellt. Ende Juli kommt es zu Auseinandersetzungen, Hesse wird heftig, verläßt das »Papageienhaus«, Ruth folgt ihm schluchzend. Aber sein Empfinden ist ambivalent. »Stehst du noch immer dort am Weg und weinst? Ich konnte nicht bei dir bleiben und dich trösten, denn der Teufel rief mich in die Hölle«, läßt er sie am nächsten Tag wissen; und sie antwortet: »Liebster, ich bin ziemlich tapfer und habe noch keine einzige Träne geheult.« Um den vorwurfsvollen Augen Wengers zu entgehen, schlägt Hesse vor, sich mit Ruth im Grotto von Barbengo zu treffen, will »nach dem kuriosen Weißwein sehen, etwas Brot und Käse essen, und dann noch am Hügel, wo die schönen Roccoli und Terrassen sind, sitzen«. Aber diesen Worten folgt wieder eine Enttäuschung, eine erwartungsvolle Zweisamkeit, die Hesse beklommen macht. »Ich habe das Gefühl, daß unsere Liebe, als Erlebnis und äußerlich genommen, nah an ihrem Höhepunkt steht, und daß es dann an uns liegt, sie nicht zu verlieren oder zu verderben«, schreibt er an Ruth. Er fürchtet, daß ihre Zuneigung »allmählich, mit der Gewohnheit und mit dem Einschlafen der ersten Reize, erlischt oder gemein wird, oder schließlich bitter schmeckt«. Aber sie will seine Zweifel nicht sehen, beteuert: »Ich möchte gerne mit dir auch alt werden. Denke nicht, dass ich einen Augenblick lang vergesse, dass Gott uns ein besonders reiches Geschenk macht damit, dass wir DIE Liebe von der man träumt, gefunden haben. Ich glaube ich kann dir nicht genug SAGEN, wie heilig du mir bist.«

Vor diesem schwärmerischen Überschwang flieht Hesse im Juli über den Gotthard nach Brunnen, um seinen Komponistenfreund Schoeck zu sehen, Abstand zu gewinnen, fährt weiter nach Zürich. Er ist erleichtert, daß Elisabeth Rupp, die ihm *Malén und Eobar* geschickt hat, in Argentinien, also weit fort ist. Auch Ninon Dolbin hat nach einem Brief im März, in dem sie ihn über den Selbstmord ihrer Schwester Toka in Verlegenheit gebracht hat, nichts mehr von sich hören lassen. Und so könnte er sich auf den kommenden Monat freuen, auf Adeles Besuch in Montagnola, die Tagung der »Internationalen Frauenliga« in Lugano, wo er Romain Rolland wiedersehen und aus *Siddhartha* lesen wird. Aber bei seiner Rückkehr ins Tessin findet er die Situation in Carona unverändert: Wengers Forderung, Ruths Bitten. Er verspricht, nach Ascona zu fahren, um mit Mia erneut über die Scheidung zu verhandeln, schreibt Ruth vor seiner Abreise und legt einen Brief an Theo Wenger bei: »Gib Papa den Brief, ich glaube er wird ihn verstehen und einigermaßen annehmen können.« Und fügt bitter hinzu: »Wenn man so schädigend und mißverständlich miteinander redet wie wir gestern Abend, dann sitzt man zu nah aufeinander drauf und jeder hat allzu sehr den Drang, seine Persönlichkeit durchzusetzen. Und gerade diese Situationen sind das, was ich an der Ehe so sehr fürchte und verabscheue. Wir werden vielleicht trotzdem heiraten, und du wirst in 20 Jahren Frau Ehrendoktorin sein, also es wird nicht ertrotzt und erwürgt sein dürfen.« Ratlos antwortet Ruth: »Ich weiss nicht, wie es kam, dass wir so miteinander sprachen. (…) Ich möchte dir das doch noch einmal sagen, dass ich absolut nichts beschleunigen wollte, sondern nur aus der Angst irgend einer Geschichte mit Papa heraus sprach. (…) Komme nicht früher als du magst. Ich warte hier auf meinem Berg auf dich.«

Ruth Wenger um 1923; Hermann Hesse um 1920

Während er in Ascona Martins Geburtstag mitfeiert und versucht, mit Mia die Scheidungsgespräche weiterzuführen, arbeitet Ruth im Garten, hütet die Ziege, geht mit den Hunden spazieren, sitzt am Flügel, singt und setzt sich täglich vor die Staffelei, nicht aus Freude, sondern »als Pflicht«. Sie nimmt Maria Holzleitner zum Vorbild, die sie draußen oft beim Zeichnen und Aquarellieren antrifft. Ruth weiß, daß Hesse die zurückhaltende Freundin Joseph Englerts schätzt, deren Bilder keinen naturalistischen Bezug haben. In Dornach hat sie, unter Anleitung von Rudolf Steiner, mit Künstlern aus vielen Nationen an der malerischen und bildhauerischen Ausgestaltung des »Johannesbaus« mitgewirkt, oft bis zur Erschöpfung, wie sich die russische Malerin Margerita Woloschina erinnert. Unter dem Einfluß von Maxim Woloschin hat Holzleitners Malerei »eine vereinfachte, zweidimensionale Struktur angenommen, in der sich die Farbe in flachen Formen ausbreitet und von einer feinen schwarzen Linie umrahmt wird, ein neuer ›Cloissonisme‹, der die Farbe zugleich isoliert und ihre Kraft verstärkt«. Hesse, so weist Simona Ostinelli nach, hat sich von dieser Malweise Holzleitners inspirieren lassen und beginnt ab 1921, seine farbigen Flächen ebenfalls mit schwarzer Farbe zu umrahmen, eine Arbeitsweise, die er erstmals im *Tessiner Bilderbuch* einsetzt, das in diesem Sommer 1922 entsteht.

Für Ruth spielen solche Überlegungen keine Rolle. Naiv geht sie mit Farben um, schlicht sind die Verse, die sie Hesse schickt. Als Messchaert stirbt, zieht sie im Herbst 1922 zurück nach Basel, um ihr Gesangsstudium bei Maria Philippi fortzusetzen, denn: »Die Scheidung ist noch keinen Schritt weiter gekommen.«

Aber das liegt nicht an Mia, die am 13. August 1922 an Hesse schreibt: »Ich kann ›ja‹ dazu sagen ohne Leid u(nd) Bedauern – was mir bisher nicht möglich war. Ich sehe, daß Du Deinen Weg gehen musst, u(nd) seitdem ich Siddhartha gelesen habe, weiß ich auch, daß die Trennung von der Familie Deiner Arbeit nicht geschadet hat – im Gegenteil. Ich finde dies Werk das reifste u(nd) schönste, was Du je geschrieben hast.« Die Druckbogen schickt sie ihm mit Korrekturanmerkungen zurück, da sie »manche sehr sinnstörende Druckfehler sah«.

Nicht nur Mia ist eingenommen von Hesses »indischer Dichtung«, sondern auch die Teilnehmer des Kongresses der »Internationalen Frauenliga« in Lugano, besonders Kalidas Nag, ein Professor aus Kalkutta, der sich den gelesenen Text übersetzen läßt und versichert, »daß es ihm unfaßlich und ergreifend sei, einen Europäer zu finden, der wirklich ins Zentrum des indischen Denkens gelangt sei«. Nag besucht Hesse in Montagnola, sie sprechen miteinander, er singt ihm »alte und neue indische Lieder vor«. Mit dem Hindu werden die Erzählungen der Eltern, die Schriften des Großvaters und seine eigenen Indienerlebnisse wieder lebendig. Auch der alte Dichter Frederik Willem van Eeden aus den Niederlanden, dessen autobiographischer Entwicklungsroman *Der kleine Johannes* früher zu Hesses Lektüre zählte, interessiert sich für *Siddhartha*. Er »hatte in der Stimme und den Augen etwas von dem, was weder östlich noch westlich, sondern ohne Ort und Zeit ist, und was für die, die drin leben, viel wirklicher ist als alle Außenwelt«. Ihm gesteht Hesse: »Obwohl ich voll europäisch-egoistischer Begierden und voll heimlicher Aktivität stecke, ist mein Ideal doch der Mönch und stille Heilige.« Ein Ideal, wie es für ihn Hugo Ball verkörpert, der gerade in München sein *Byzantinisches Christentum* abgeschlossen hat und sich mit Emmy auf dem Weg nach Agnuzzo befindet. Ermöglicht hat diese Rückkehr Hesses Mäzen Hans C. Bodmer durch eine großzügige Zuwendung, die den Balls, die unter den Zuständen im Nachkriegsdeutschland gelitten haben, einen Neuanfang im Tessin erleichtern soll. Die Bitte um Hilfe hat Hesse dringlich gemacht, auch um seinetwillen, graute ihm doch vor den kommenden Wintermonaten, denn nicht nur Osswalds waren fortgezogen, sondern auch Maria Holzleitner, inzwischen mit Englert verheiratet, hatte die Wohnung in Bigogno aufgegeben und lebte bei ihrem Mann in Zug.

An dem Kongreß der Frauenliga zeigt Ruth kein Interesse, auch Hesses Anhänglichkeit an Balls versteht sie nicht. Was für ein chaotischer Hausstand ist das in Agnuzzo! Wie ärmlich! Hugo, der fromme Katholik und Intellektuelle ist ihr immer ein wenig unheimlich, Emmys impulsive Ausbrüche, ihre spontanen Emotionen erschrecken sie. Unvorstellbar ist ihr, ein Leben jenseits jeder Konvention zu führen, wie dieses schreibende Paar mit der schillernden Vergangenheit. Weil sie weiß, wie sehr Hesse die Balls schätzt, versucht sie, ihnen zu gefallen, auch der skeptischen Adele, die ihren Bruder nach Carona begleitet. Diese Schwester, hat Hesse ihr anvertraut, ist der Mensch, »den er auf der Welt am meisten liebe«. Also zeigt sich Ruth, die in Lausanne im Töchterinternat nicht nur Französisch, sondern auch das Führen eines Haushalts gelernt hat, als gute Hausfrau, kocht, geht mit Adele in den Gemüsegarten, melkt die Ziege, beweist, »dass mir nichts ferner lag als Oberflächlichkeit«. Sie scheint Adele überzeugt zu haben, Hesse jedoch keineswegs, denn er will keine Hausfrau. Für diese Arbeiten hat er seine Haushälterin Natalina. Er braucht Ruhe zum Nachdenken, Lesen, Schreiben, Malen. Ihn verlangt nach anregenden Gesprächen, dem vertrauten Austausch mit Freunden, nicht nach Kindern, Verwandten, Haustieren. Vorsichtig versucht er Ruth das klarzumachen: »Das Schwierigste ist, daß mich mein Alter und mein jetziges inneres Leben mehr und mehr unsinnig macht und zum kontemplativen Leben führt. Da kannst und darfst du nicht mit, du bist jung und brauchst anderes.« Und weil er weiß, daß sie sich seinen Argumenten verweigert, verspricht er: »Ich weiß nur eins: Vergiß nie, daß ich dein Freund und Genosse bin, nicht bloß dein Liebhaber. Und bleibe frei im Herzen.«

Erschrocken, verständnislos liest sie seine Zeilen. Hat er nicht eben noch »liebstes Herz« geschrieben? Ein Gedicht geschickt? »Ich wollte, wir wären zwei Kinder / Und gingen Hand in Hand, / Schwesterlein und Brüderlein / Den Weg zum Heimatland. // Ich wollt' ich könnt' dich sehen, / Was du tust in dieser Stund, / Und küssen deine Augen / Und deinen lieben Mund.«

Was ist von alldem zu halten? Sie will keinen Freund und Genossen, will einen Mann, einen Liebhaber. Nie wieder soll er verlangen, daß sie seine Mutter, seine Schwester sei. Liebt er sie, so soll er sie zu seiner Frau machen, mit ihr schlafen. »Du schreibst, ich solle mein Herz frei behalten«, antwortet sie ihm verzweifelt, »und da ich in der Liebe eine einfache Sprache rede und verstehe, so heisst das für mich: ›Ich kann dich nicht mehr ganz lieben und bin darum froh, wenn du dich in jemand anderen verliebst‹. Ich weiss nicht, ob du mir damit das Herz brechen wolltest.« Nein, das will er nicht, lenkt wieder ein. Aus der Entfernung läßt es sich leichter lieben, denn Ruth ist in Delsberg, in Basel, er macht eine Wasserkur gegen seine Gicht im

Sanatorium »Sennrüti« in Degersheim, besucht Heiner in Kefikon, Bruno auf der Oschwand, Wassmers in Bremgarten und kehrt erst am 6. Dezember nach Montagnola zurück. Dort erwarten ihn Briefe von Freunden, Verehrern, Ratsuchenden. Auch Ruth schreibt, lädt ihn erneut zu Weihnachten nach Delsberg ein, berichtet von der Krankheit und den Sorgen des Vaters: »Ich fühle immer, wie unser Verhältnis ihn bedrückt. Er fühlt eben den Tod, und möchte für mich vorher noch das sehen, was er immer noch als das Glück ansieht.« Also hat sie mich nicht verstanden, denkt er resigniert, Ruth nicht und ihre Familie auch nicht. Sie wollen nicht wahrhaben, daß er unfähig ist, sich »im Gefühl und in den Lebensgewohnheiten an andre zu binden«, hat es in der Ehe mit Mia versucht, immer wieder und – ist gescheitert.

Erst jetzt, in der Distanz, können Mia und Hesse sich wieder annähern, freundlich miteinander sein. Sie schicken einander Weihnachtspäckchen, auch für die Kinder, die Mia zum Fest erwartet. In diesem Jahr lädt sie Hesse nicht wieder nach Ascona ein, sondern wünscht, »Du habest schöne Festtage u(nd) könntest das Zusammensein mit Deinen Freunden rückhaltlos genießen«.

Ein Wunsch, der sich nicht erfüllen soll, denn während Mia die Weihnachtstage mit Heiner, Martin und ihrer Schwester Emma verbringt, erträgt Hesse die satte Bürgerlichkeit in Delsberg nicht, reist vorzeitig ab, auf die Oschwand zu Amiets und Bruno, dem er für ein Porträt sitzt. Am 30. Dezember 1922 erklärt er Ruth: »Daß ich abgebrochen habe und weggefahren bin, war gut, es reute mich keinen Augenblick, obwohl ich mir ja den Abschied anders gewünscht hätte. Kein Abschied, keine Trennung, kein Blitz und Donner ist der Liebe so schädlich wie ein totes, gelähmtes Beisammensein. Aus dem besteht die Hälfte aller Ehen. (…) Liebes Herz, leb wohl, und sei mir bös und verliebe dich soviel du willst, ganz davonlaufen kannst du mir nicht.«

Ruth ist verzweifelt, macht Hesse am 2. Januar 1923 Vorwürfe: »Du wirst auch selbst wissen, wie sehr du oft verändert und reizbar bist, so dass es kein zu grosses Wunder ist, wenn ich auch ungeduldig und böse werde.« Und fürchtet: »Wir werden uns nie heiraten, du wirst es nicht tun können, und ich werde so lange darum leiden, bis ich irgend einen anderen Mann, in den ich mich verliebe, heiraten werde, um Kinder zu haben.«

Stimmen

Hermann Hesse:

Hochgeschätzter, lieber Herr Wenger
Wie ich eben erfahre, hat Ruth Ihnen – sehr gegen meine Absicht – Mitteilung gemacht von dem, was ich neulich mit ihr sprach (...) Wenn ich nun zur Zeit, von außen wie von innen gesehen, nicht eine Verheiratung anstreben kann, so weiß ich, daß ich damit die bürgerliche Moral verletze, kann dies aber nicht ändern, da ich einer anderen, aber nicht minder heiligen Moral folgen muß – der Stimme in mir selbst.
HH an Theo Wenger, undatiert, vor dem 22. August 1921 aus Montagnola, in: Hermann Hesse, *»Liebes Herz!«*, S. 95 f.

Theo Wenger:

Sie tragen (...) meines Kindes Seele in Ihren egoistischen Händen, und wissen das. Solange dies so ist, sind meine Hände und Füße gebunden und ich nehme an, daß Sie auch das wissen. Ich kann den Geier nicht treffen, ohne das Lamm zu verwunden. Aber es wird nicht so bleiben. Ihr Schicksal wird Sie ereilen. Dessen Probleme sitzen Ihnen jetzt schon im Nacken; darum findet sich auch Ihre egoistische Seele schon jetzt in Ruhelosigkeit.
Theo Wenger an HH am 22. August 1921 aus Carona, in: Hermann Hesse, *»Liebes Herz!«*, S. 97.

Hermann Hesse:

Was Ihre Rachelust betrifft, so wäre ich gerne damit einverstanden, mich von Ihnen wegschießen zu lassen, wenn dadurch für Sie und für Ruth etwas gewonnen wäre. Es wäre auch für mich der angenehmste Ausweg aus vielen Nöten. (...) Ich kann bloß wiederholen: es tut mir sehr leid und ist ein Unglück, daß Sie jene Hemmungen gegen eine etwaige baldige Heirat nicht von mir, sondern von Ruth mitgeteilt bekamen.

HH an Theo Wenger vom August 1921 aus Montagnola, in: Hermann Hesse, *»Liebes Herz!«*, S. 97 f.

Lisa Wenger:

Lieber Herr Hesse, mein Mann hat mir Ihren Brief zu lesen gegeben, und ich war recht froh, dass Sie ihm geschrieben haben. (...) Sie können sicher sein, dass wir Ihre Gründe, als für Sie leitend verstehen, und Sie in nichts beeinflussen wollen. Mich leitet nur Ruths Glück und Erwägungen, die dazu helfen sollen, es aufzubauen. Auch mein Mann sagt, dass er sich nur darum gesorgt habe. (...) Wenn Sie wiederkommen, wollen wir in dieser Sache in aller Freundschaft schweigen.

Lisa Wenger an HH am 26. Juli 1922 aus Carona, in: Hermann Hesse, *»Liebes Herz!«*, S. 218.

Hermann Hesse:

Ich kann Ihnen von Herzen versichern, daß ich meine Verantwortung gegen Ruth vollkommen fühle, und daß ich hoffe und dahinstrebe, es möge uns glücken, auch Ihnen und der Welt gegenüber die gültige Form zu erfüllen. (...) Ich strebe nach nichts andrem als nach einer vernünftigen Form und Verwirklichung für mein Verhältnis zu Ruth, die ich wie eine Braut betrachte.

HH an Theo Wenger am 22. Juli 1922 aus Montagnola, in: Hermann Hesse, *»Liebes Herz!«*, S. 215.

Ruth Wenger:

Hesses grosse Schwierigkeiten in der Familie und in seiner Arbeit zu jener Zeit, wie auch seine finanzielle Lage, beschäftigten mich nicht. (...) Es kann auch sein, dass ich mir wirklich keine Gedanken machte. Über Geld gewiss nicht, denn das Geld spielte bei mir niemals eine Rolle, ob ich es hatte oder nicht, ausserdem sorgte mein Vater dafür.

Hermann Hesse, »Liebes Herz!«, S. 608 f.

Hermann Hesse:

Moralisch scheint mir die Scheidung in nicht ferner Zeit nun möglicher, wie ich aus Äußerungen meiner Frau schließe. Geschäftlich freilich bleibt sie nach wie vor für mich ziemlich ruinierend. (...) Du darfst mir glauben, daß ich mich einer »bürgerlichen« Lösung unsrer Sache wegen schon bis zum Verzweifeln bemüht und gequält habe. Aber auch wenn alles glückt, und alle deine Wünsche und Ansprüche erfüllt sind, werden wir die gleichen Menschen sein wie vorher, werden einander ertragen und einander schonen müssen, um leben zu können.

HH an Ruth Wenger im September 1922 aus Montagnola, in: Hermann Hesse, »Liebes Herz!«, S. 226 f.

Hugo Ball:

H. lässt sich mehr von der Natur als vom Geist bezaubern. Er hat uns neulich – wenn auch verlegen – mitgeteilt, dass er heiraten wird. Damit sind eine Reihe von Gesprächsthemen, Unterhaltungen und Meinungsverschiedenheiten geklärt und entschieden, in denen ein unbedeutendes kleines Mädchen über Emmys und meine Warnungen siegte. Ich fürchte, dies wird unsere Freundschaft lockern. Er wird sich verteidigen und ungerecht werden. Wir aber werden nicht verehren können, was außerhalb unserer Kreise liegt.

Hugo Ball im Tagebuch am 27. Juni 1923, unveröffentlicht, Nachlaß Hugo Ball / Emmy Ball-Hennings, SLA Bern.

Hermann Hesse:

Lieber Freund Lang

(...) Ich arbeite wieder an meiner Scheidung, glaube nun mit meiner Frau einig zu sein und die Sache durchführen zu können, und brauche dazu von Ihnen ein paar Zeilen. (...) Es handelt sich hauptsächlich darum, dass Eheschwierigkeiten da waren (...) Das Ärztliche ist nebensächlich und namentlich soll die damalige Psychose meiner Frau gar nicht erwähnt werden.

Beilage zum Brief, Hesses Vorschlag für eine Stellungnahme Langs: *Ich habe Herrn und Frau Hesse während der letzten Jahre ihres Zusammenlebens gekannt, und Herrn Hesse in den Jahren 1916 bis 18 wiederholt wegen nervöser Erkrankungen bercten. Sehr wohl Herr Hesse als auch seine Frau machten in jenen Jahren nervöse Depressions- und Erregungszustände durch, welche zum grössten Teil ihren Grund in den ehelichen Verhältnissen hatten. Ich bezeuge auch, dass seit dem Frühjahr 1919 Herr Hesse nicht mehr bei seiner Frau gewohnt hat.*

HH an Josef Bernhard Lang am 8. März 1923 aus Montagnola, in: »Die dunkle und wilde Seite der Seele«, S. 204.

Mia Hesse:

In der letzten Zeit hab ich viele Abende lang Briefe geordnet, u(nd) den sämtlichen Bestand der Korrespondenz von Hermann wieder durchgelesen. Dabei ist mir vieles jetzt klarer geworden als früher. Und ich habe alles, das Schöne und das Häßliche, mit vollkommener Ruhe an mir vorbeiziehen lassen können. Ich habe jetzt eigentlich ein vollständigeres Bild von Hermann als vorher. Aber ich fühle mich NICHT *mehr mit ihm verbunden. Ich könnte nie mehr mich seiner Überlegenheit fügen. Das ist vorbei, denn er kann mir nur noch als* DICHTER *etwas geben.*

Mia Hesse an Ida Huck-Guldenschuh am 24. März 1925 aus Ascona, Privatbesitz Silver Hesse, Zürich.

6.

1. Januar 1923. Hesse gesteht Helene Welti aus Bremgarten: »Eine neue Ehe wäre für mich ein schweres Wagnis, wahrscheinlich eine Dummheit«, und fährt doch drei Tage später zu Ruth nach Basel, die geklagt hat, »du weißt selber was du mir geschrieben hast und wie weh es mir tut«. Wieder eine Versöhnung: »Unser Tag war schön.« Übermütig schreibt sie an ihr »kleines blondes Äfflein« nach Montagnola, und er antwortet der »puella simia«, dem »Affenmädchen«, das auf sein erneutes Kommen nach Basel hofft und eine Einladung von Bekannten überbringt. Aber darauf mag er sich nicht einlassen: »Du weißt ja, wie es mit mir in Basel steht. Erstens ist die Stadt für mich voll, übervoll von schicksalhaften Erinnerungen, zweitens ist es die Stadt Ruths, der Affenkönigin, und drittens: wenn ich ausnahmsweise einmal in Basel bin, so bin ich bei dir, und soll ich dich dann entweder im Stich lassen und andre Leute besuchen, oder sollen wir zusammen wie ein Brautpaar Visiten machen?« Gerade das, mahnt er, könne ihnen beiden »schlecht bekommen«, denn träfen sie zufällig Mias Brüder, dann »brocken mir meine Schwäger etc. daraus eine Suppe ein«. Also bittet er sie, zu ihm ins Tessin zu kommen, wohnen könne sie in Agnuzzo bei Balls. Umgehend sagt sie zu: »Ich komme wirklich, wenn du mich haben willst, und wenn Balls ein Bett haben, wo mehr wie zwei ganze Federn drin sind.« Er schickt Ruth Schneeglöckchen und erklärt Lisa Wenger, daß er ihre Tochter sehen möchte, entweder im Tessin »(sie könnte für ein paar Tage zu Balls kommen) oder irgendwo auf halbem Wege«. Er will mit ihr über die Zukunft sprechen, die Scheidung in Angriff nehmen und sein »Verhältnis zu Ruth legalisieren«. Trotz dieser Ankündigung ist ihm unwohl: einerseits sieht er die Notwendigkeit, den Konventionen zu entsprechen, wenn er mit Ruth zusammensein will, andererseits fürchtet er, aus seinem »Eremitentum« in ein Leben zurückkehren zu müssen, das ihm längst nicht mehr gemäß ist. Daran mahnt ihn auch Hugo Ball, führt ihm vor Augen, daß er sich nach dem *Siddhartha* noch immer auf der Wanderung befindet, »daß die end-

gültige Heimat noch nicht gefunden, noch nicht sichtbar und Bild geworden war«.

Die Situation deprimiert Hesse, macht ihn hilflos. Aus der Winterfeuchte Montagnolas klagt er über sein schlechtes Befinden, die quälenden Gichtbeschwerden, läßt sich von Ruth »Togal« schicken, bittet auch Lang, der zum Jahresbeginn die Chefarztstelle an einer Privatklinik im Berner Oberland angetreten hat, um Schmerz- und Schlafmittel. Mia schlägt ihm vor, es mit einer Kur in Baden zu versuchen, wo sie vor Jahren die Folgen ihres Skiunfalls auskuriert hatte. Lang schließt sich Mia an, empfiehlt dort den Kollegen Dr. Josef Markwalder, der den Dichter in den kommenden Jahrzehnten betreuen und durch schwere Krisen begleiten wird. Bevor Hesse jedoch im Mai die Kur antreten kann, führen die Treffen mit Ruth in Montagnola und Carona zu neuen Auseinandersetzungen und Mißverständnissen. Ruth klagt über seinen Mangel an Gefühlen, er entgegnet unwirsch: »In meinen Stuben ist viel Gelehrsamkeit, die dir langweilig ist, und mein Hang zum Nachdenken ist es auch – aber der war immer da, mein Leben lang, und daß du ihn drei Jahre lang nicht gesehen hast, das war, weil du unbewußt nicht wolltest.«

Doch nach der Lektüre des *Siddhartha* ahnt Ruth, daß es auch einen anderen als den kontemplativen Hesse geben muß, und sie fragt sich, wer hinter der »schönen Kamala« steckt, die Siddhartha, »der in der Liebe noch ein Knabe war und dazu neigte, sich blindlings und unersättlich in die Lust zu stürzen wie ins Bodenlose, lehrte (…), daß man Lust nicht nehmen kann, ohne Lust zu geben«. War es die schöne und selbstsichere Elisabeth Rupp, die in jenem Sommer bei Hesse in der Casa Camuzzi wohnte? Gab es einen Hesse-Siddhartha, den sie, Ruth, nicht kannte und der sich ihr verweigerte? Aber auch Kamala, die Siddhartha lockte, »sich seiner Meisterschaft freute«, ihn liebte und ein Kind von ihm haben wollte, mußte ihn gehen lassen und erkennen: »dennoch liebst du mich nicht, du liebst keinen Menschen.« Das ist es, was auch Ruth immer tiefer verunsichert, daß Hesse sie nicht liebt, weil er nicht lieben kann. Dann liest sie seine Briefe, seine Gedichte, erinnert sich seiner Zärtlichkeiten und ist erneut entschlossen, die Zweisamkeit zu wagen.

Mia bemerkt den Zwiespalt, in dem Hesse sich befindet, äußert sich jedoch nicht. Ihre Briefe im Frühjahr 1923 sind freundlich-unaufgeregt. Emma ist noch bei ihr, Tuccia wird mit ihrer Familie aus den USA zurückerwartet, Martin geht es gut, er arbeitet fleißig im Garten, geht zum Unterricht zu Köbi nach Arcegno. Im Mai erkundigt sich Mia bei Hesse nach den für die Scheidung notwendigen Unterlagen. Sie weiß, daß er bei Lang um ein Attest gebeten hat, das die Zerrüttung ihrer Ehe bestätigen soll, ohne jedoch ihre damalige Krankheit zu erwähnen. Denn Mia ist gesund, macht mit Bruno eine große Bergtour auf den Pizzo Leone: »1400 Meter an einem Tag zu steigen u(nd) abzusteigen, ist immerhin ganz respektabel«, teilt sie Hesse stolz mit.

Mia hat es geschafft, so muß er erkennen, ihr Leben ohne ihn zu gestalten. So wie Elisabeth Rupp, die auf der Passage von Argentinien nach Deutschland den Schiffsoffizier Johannes Gerdts kennengelernt und bei der Ankunft in Hamburg geheiratet hat. Mit dieser Ehe wird eine glückliche Beziehung begründet, die sowohl Elisabeths Reiselust und Fernweh befriedigt als auch genügend Raum zur Entfaltung ihrer schriftstellerischen Ambitionen schafft.

Elisabeth Gerdts-Rupp u. Johannes Gerdts 1929; Mitte der 20er Jahre

Ruth hingegen plant das Zusammenleben mit ihm energischer denn je: »Ich glaube auch daran, dass es für uns beide das Rechte ist, zu heiraten, und wir wollen es ja auch mit offenen Augen und trotzdem wir wissen, dass es für jedes von uns schwere Stunden und Tage geben wird«, drängt sie und versichert: »demgegenüber ist Papa und alles was dich da ängstigt, klein und machtlos. (…) In Geldsachen war er immer sehr gut gegen mich, und ist auch jetzt ganz bereit, viel zu geben. Er sagt, dass es ganz auf Oppenheims ankomme, wie viel mehr er mir geben könne als ihnen, ohne es vom Erbe abzuschreiben.«

Auch Theo Wenger meldet sich von seinem Krankenlager: »wie ich von meiner Frau vernehme, scheint Ihre Verehelichung mit meiner Tochter nun doch zustande kommen zu sollen. Was die Anwaltskosten anbelangt, so bin ich bereit, sowohl die Ihren als die von Frau Hesse zu bezahlen. Ich muß sie jedoch darauf aufmerksam machen, daß Sie ausdrücklich vertraglich festsetzen müssen, daß hierbei nur die eigentlichen Scheidungskosten in Rechnung gebracht werden dürfen, also unter keinen Umständen die Kosten der jahrelangen Umtriebe, die zu nichts führten und Sie und Ruth und meine Person unnötig gepeinigt haben.« Hesses Reaktion auf dieses Schreiben ist nicht überliefert, muß jedoch heftig gewesen sein, denn Lisa Wenger schaltet sich umgehend ein, entschuldigt ihren kranken Mann, beschwichtigt: »Das ist doch nur Geld! Niemand kümmert sich darum.« Und verkennt, daß sowohl Hesse als auch Mia sich um ihre finanzielle Situation kümmern müssen.

Es sind schlechte Voraussetzungen für eine neue Ehe, in der die wohlhabenden Eltern der Braut wichtiger sind als der künftige Mann. Aber schließlich, so erinnert Ruth 1975, »war Hesse bereit, sich mit mir zu verheiraten. Ich hatte damals keine Ahnung davon, dass er diesen Entschluss, den er in seinen Briefen bejammert, fasste, weil mein Vater sich eingeschaltet hatte. Das erfahre ich erst heute durch Briefe von Hesse an Freunde und Verwandte.«

Ruth triumphiert. Im Sommer 1923 wird die Ehe von Maria Bernoulli und Hermann Hesse in gegenseitigem Einvernehmen geschieden. »Das Scheidungsurteil, vom Gericht Lugano, ist vom 23. Juni und ist der Basler Behörde seinerzeit vom Luganeser Gericht mitgeteilt worden«, schreibt Hesse am 15. September an Ruth, die in Basel das Aufgebot bestellen will und dort gemeinsam mit ihrer Mutter eine Wohnung für den kommenden Winter sucht. Während Ruth in muntere Geschäftigkeit verfällt, ist Hesse in schlechter Verfassung, »hängt jetzt die Traurigkeit über mir, schwer wie Blei, und was körperlich und was seelisch ist, kann ich nicht mehr trennen«. Einzige Ablenkung bietet das Zusammensein mit Balls, die Abende im Grotto, Bocciaspielen und Schwimmen im See bei Agno. Dabei versuchen sowohl Emmy als auch Hugo, den Freund davon zu überzeugen, daß Ruth nicht zu ihm paßt und daß es noch Zeit ist, sich zurückzuziehen. Es darf doch nicht sein, daß der Autor des *Siddhartha* zurückkehrt in die Welt der »Kindermenschen«, zu ihrer Abhängigkeit von Geld, Geschäften und Gesellschaft. Ruths Welt und die ihrer Eltern ist nicht seine, Hesses Welt, mahnen die Freunde und laden Suzanne Pfauminger, eine Wahrsagerin, ein. Sie nimmt Hesses Hand, sieht ihn »allein stehen und leben«. Auffallend in den Linien der Handfläche sei das Bedürfnis nach Einsamkeit. Damit bestätigt sie Hesses eigene Überzeugung. Und doch ist da wieder diese Unsicherheit: hat nicht Lang in Hesses Horoskop »Zeichen gesehen, die auf Heirat deuten«. Ratlos schreibt er an Englert, »daß ich diesem Schicksal wohl kaum entgehen werde«. Und fügt resigniert hinzu: »Auch ich glaube, daß es so ist, was aber nicht hindert, daß ich die neue Ehe fürchte und viel lieber vermeiden würde.«

*

Als Ruth im Tessin eintrifft, fühlt sie sich aus dem Bund mit Balls ausgeschlossen. In Agnuzzo kommt es zu einer Auseinandersetzung zwischen Emmy und Ruth, die diese tief verstört. »Ich hatte nichts anderes im Herzen als Liebe und Zartheit für Emmi, und eine grosse Demut vor ihrer gütigeren und inbrünstigeren Seele. Wenn ich mit diesen Gefühlen nur verletzend und abstossend wirke, so zeigt das an, dass die Äpfel der Freundschaft nicht für mich sind«, klagt sie Hesse. »Auch ist es am Besten, ich bleibe allein und bringe niemanden zur Verzweiflung und dränge niemandem meine Freundschaft auf.« Aber Hesse kümmern Ruths Klagen nicht. Will sie allein bleiben, soll sie es; er nimmt mit Emmy und Hugo an der Prozession zum Fest der Madonna d'Ongero teil. Und als kurz darauf Adele nach Montagnola kommt und Ruth sehen möchte, begleitet er die Schwester nach Carona, bleibt jedoch nicht, »denn neben 3 Frauen und 2 Kindern (Eva Oppenheim ist mit ihren Kindern in Carona) würde mir doch bald die Luft ausgehen«.

Ruth schmerzt Hesses Verhalten, der ihr »doch etwas heftig auf das Herz getreten« ist, aber es hindert weder sie noch die Mama daran, im Hotel »Krafft« in Basel, wo Ruth eine Wohnung bezogen hat, auch für den künftigen Ehemann ein Zimmer zu mieten, denn noch vor dem Winter soll geheiratet werden. Zuvor wird die Wiedereinbürgerung des Bräutigams angestrebt, denn Hesse, durch den baltischen Vater als Untertan des Zaren geboren, hatte als Kind das Basler Bürgerrecht erhalten. Um jedoch 1897 zum Landexamen in Württemberg zugelassen zu werden, mußte er die deutsche Staatsbürgerschaft annehmen. Auch Mia war 1904 bei der Eheschließung Deutsche geworden, ihre Kinder jedoch durch die Geburt in der Schweiz Eidgenossen. Welch ein Durcheinander! Briefwechsel mit den deutschen Behörden werden wegen der Heiratspapiere notwendig, machen Hesse nervös. Er flieht nach Baden, zu der von Dr. Markwalder vorgeschlagenen Nachkur, besucht Bruno auf der Oschwand, berät sich mit Mia über den weiteren Schulbesuch des 14jährigen Heiner.

Mitte November schließlich zieht er zum getrennten Wohnen ins Hotel »Krafft«. Ruth erinnert: »Wir waren noch nicht verheiratet, aber auch dieses Opfer nahm er bedenkenlos von mir an. Er (…) bekam in einem angebauten Teil des Hotels ein wunderschönes Biedermeierzimmer mit zwei Fenstern auf das schöne Ufer von Grossbasel. (…) Mein Wohnzimmer war ganz in Empire eingerichtet, ich hatte schöne Teppiche und Bilder, und in unserem kleinen Esszimmer mit den zinnoberroten Möbeln nahmen wir das Abendbrot ein.« Man frühstückt getrennt, ißt gemeinsam zu Mittag an der Table d'Hôte

mit Blick auf den Rhein. Ruth hat ihre Menagerie bei sich, zwei Hunde, eine Katze, den Papagei. Als sie auch Schlangen hält, mietet Theo Wenger ein Extrazimmer für die Terrarien. Alles ist, wie Ruth es wünscht, wären da nicht Hesses Launen, seine Stimmungen und Verstimmungen. »Ich nahm soviel wie möglich Rücksicht auf sein Einsamkeitsbedürfnis, ging kaum in sein Zimmer, um ihn nicht bei der Arbeit zu stören. Aber seine übertriebene Empfindlichkeit machte das Leben mit ihm so schwer.« Will Ruth den vereinbarten Tagesablauf durchbrechen, besteht er auf schriftlichen Anfragen. Sie versucht, sich daran zu halten, schweigt auch zu der äußeren Veränderung ihres Bräutigams: »Hesse trug nun nicht mehr den goldenen Samtanzug, sondern einen unscheinbaren grauen Anzug. Seine grauen Wollsocken hingen ihm auf die Schuhe hinunter, und der Kragen seines Hemdes lag ihm wie ein Umschlag um den Hals. Der Zauber seines ranken und anmutigen Äusseren war dahin.« Ruth ist enttäuscht, aber auch Hesse erkennt in der elegant gekleideten Dame, stadtfein mit großem Hut, nicht mehr das Mädchen, das ihm barfüßig, im feuerroten Sommerkleid in Carona entgegenlief. An Lang, der inzwischen in Zürich eine Privatpraxis betreibt, schreibt er im Dezember 1923: »Mir ging es miserabel, außer schweren Hemmungen gegen die Heirat hatte ich die Akklimatisation an das Stadtleben, dazu Ischias und dazu noch seit Monaten eine endlose Scherei mit 6 Behörden wegen der Heiratspapiere, die noch immer nicht ganz beieinander sind.« Die Situation, so klagt er, sei zum Verzweifeln, doch: »In wenigen Wochen wird die Trauung sein.«
Er fühlt sich krank, fiebert, fürchtet, wie er Lang mitteilt, sexuelle Störungen, lehnt ab, Ruth zu Weihnachten nach Delsberg zu begleiten. Er ist, wie einst als junger Buchhändler, in der Weihnachtszeit allein. Aber es gibt keine Musikabende im Haus Wackernagel mehr, keine Jours im Atelier Bernoulli. Hesse meidet Begegnungen mit seiner Schwägerin Bertha von Brunn, die in Basel lebt, mit Mias Brüdern, auch mit Elisabeth La Roche. Und ist dennoch den Erinnerungen an seine Vergangenheit in dieser Stadt ausgeliefert: an die Liebe zu Elisabeth, die Begegnung mit Mia, heimliche Treffen und

den Entschluß zu heiraten. Wie anders war das gewesen. Oder war es dieselbe Situation? Eine Frau, die ihn heiraten wollte, sein Zögern – und schließlich seine Zustimmung. Hatte nicht Mia versprochen, was auch Ruth in ihrem Neujahrsbrief 1924 verspricht? »Du sollst tausend, tausend gute Stunden haben und Engel bei dir. Und eine liebe Frau.«

Am 11. Januar 1924 ist es dann so weit. Hesse erhält in der Frühe einen Brief von Ruth: »Ich möchte ergebenst anfragen, ob du nicht, weil heut unser Hochzeitstag ist, dein Ei zu mir bringen lassen wolltest. Oder ob du, im Falle du krankheitshalber verhindert bist, gestattest, dass ich mit meinen Fastenwähen zu dir komme um sie dortselbst zu essen. Ich habe eigentlich ein wenig Heimweh nach dir, so ist es. In Hochachtung Frau Hesse.« Diese Bitte um ein gemeinsames Frühstück ist vielleicht der ungewöhnlichste Brief, den eine Braut jemals vor der Trauung an ihren Bräutigam geschrieben hat. Und auch die »ziemlich dumme Komödie der Civiltrauung«, von der Hesse Adele berichtet, kann für Ruth keine Freude gewesen sein. Hesse ist verschnupft, »ganz auf dem Hund«. Dennoch stimmt er einem Abendessen in der »Schlüsselzunft« zu, »ein kleines gutes Essen mit Wein und Blumen und Musik«. Eingeladen sind: Oppenheims, Lang und Ehepaar Leuthold, der Maler Albert Müller mit seiner Frau Anna, Joseph Englert sowie die Sängerinnen Ilona Durigo und Maria Philippi. Die Balls fehlen: Emmy hält sich in Florenz auf, und Hugo ist, durch ein Mißverständnis zwischen der einladenden Lisa Wenger und Hesse, in Agnuzzo geblieben. Ihm berichtet Hesse am 24. Januar: »Englert war beim Bankett froh und unterhaltsam und jung wie ein richtiger Brautführer, und Müller wurde nach Mitternacht heftig und versuchte die Lorbeerbäume abzubrechen, die in Kübeln im Saal standen. Die Durigo sang wunderbar, und Ruth in grünem Sammet, schade, daß es schon vorbei ist.« Die Gäste applaudieren. Als der Vorhang an diesem Abend fällt, könnte die Carona-Oper ein glückliches Ende gefunden haben. Wäre da nicht die Warnung Hesses an seine junge Frau: »Vergiß auch nicht, daß ich nicht bloß ein Quälgeist und nicht bloß ein armer Schizophrener (...)

sondern auch ein König und magischer Geistesfürst bin.« Und für
einen solchen kann, ja darf es kein so glattes Ende geben.

Ruth am Hochzeitstag (11. Januar 1924) in Basel;
Hermann Hesse um 1926 / 1927

7.

Nachspiel. Ruth hätte es wissen müssen. Mehr als einmal hat Hesse
ihr gesagt, »dass er keine gemeinsame Wohnung wünsche, er habe
ja eben alles Bürgerliche verlassen, nicht, um es nun wieder aufzunehmen.« Aber sie ist noch immer überzeugt, ihn umstimmen zu
können, argumentiert: »Jede Frau, die liebt, denkt sich doch eine Ehe
als ein Leben zu zweien unter einem eigenen Dach.« Aber erst einmal fügt sie sich, nimmt Rücksicht auf sein Einsamkeitsbedürfnis,
wartet, daß er abends zum Essen zu ihr kommt. Wartet auf mehr und
muß doch einsehen, daß »der Eros, sowieso das schwächste Glied
der uns zusammenhaltenden Kette« war. Aus dieser Ehe wird keine
Ehe. Ruth fehlt jedes Verständnis für Hesses Situation, der sich in
ihrer Wohnung und in seinem von Wenger bezahlten Zimmer wie
ein Gast fühlt. Sie nennt ihn einen »erlauchten Bettler«, der keine Verantwortung übernehmen will. Viel ist von Geld die Rede, von Hesses Verachtung für Materielles. Ruth reagiert empfindlich auf seine
Äußerungen, bezieht seine Kapitalismuskritik auf sich, auf den Vater,
der für ihren Lebensunterhalt sorgt, und weist Hesse verärgert darauf
hin, daß er die Aufenthalte in Wassmers Schloß Bremgarten ebenso
genießt wie die großzügige Bewirtung in der Villa Leuthold, daß er
selbstverständlich die finanzielle Unterstützung Bodmers und Rein-
harts annimmt. »Du tadelst und beschimpfst immer die Kapitalisten
und Industriellen«, wirft sie ihm vor, »dabei sind alle deine Freunde
Industrielle und steinreich.« Er wird zornig, kontert, daß Schoeck keineswegs reich ist. Darauf Ruth: »Ja, das ist der Einzige!« Gegensätze,
unüberbrückbar. Hesse zieht sich in sein Zimmer zurück. Ruth geht zu
ihren Gesangsstunden, trifft sich mit der Mama und sucht mit ihr
nach einem Haus für die Eltern, die die »Villa Solitude« aufgeben
und in Ruths Nähe leben wollen. Ein unerträglicher Gedanke für
Hesse.

Und eines Tages geschieht dann das für Ruth Unfaßbare. Sie kommt
von der Gesangsstunde bei Maria Philippi, noch bewegt von der Musik, da stürzt ihr der Wirt entgegen: »Frau Hesse, um Gottes willen

kommen Sie schnell, Ihr Mann hat das ganze Zimmer zerschlagen und liegt jetzt ohne Bewusstsein im Bett.« Sie läuft die Treppen hinauf, sieht ihn wie leblos, findet zwischen Brille und Büchern ein leeres Röhrchen Veronal. Dann geht alles ganz schnell: der Rettungswagen kommt, bringt den Bewußtlosen ins Krankenhaus. Ruth wartet. Gerettet, sagen die Ärzte. Und sie fragt, als er die Augen aufschlägt: »Hermann, warum hast du das getan?«

»Ich wollte sterben, weil du mich nicht mehr liebst«, soll er Ruth matt geantwortet haben. Das war schon einmal der Grund für einen Suizidversuch, damals beim Elischen in Bad Boll. Aber war es das auch jetzt? War dieses der wahre Beweggrund für den Mann Ende 40? Oder war es eher so wie fünf Jahre zuvor, als er, verzweifelt über seine ausweglose Familiensituation, Opium schluckte? Hatte er doch kurz vor der Verzweiflungstat an Ball geschrieben: »Das Verheiratetsein, das ich nun wieder lernen sollte, glückt mir noch nicht gut. Es zieht mich, davonzulaufen und irgendwo allein und konzentriert einer geistigen Arbeit oder meinem Seelenheil zu leben, und nur in manchen Stunden sehe ich, wie egoistisch das doch ist.« Resigniert fügt er hinzu, »was dann und später aus Ruth und unserer Ehe wird, ob sie den Sommer in Carona sein wird oder was sonst, darüber weiß ich bis jetzt nichts, wir sprechen beide nicht gern über das, was doch das Nötigste zum Besprechen wäre.«

Bedrücktes Schweigen. Hesses Krankenhausaufenthalt wird mit einer fieberhaften Infektion erklärt. Der Wirt des Hotels schweigt diskret. Auch Mia scheint nicht zu wissen, was geschehen ist, schreibt am 17. März 1924: »Es tut mir leid, daß Du noch immer krank bist. Aus Bern hörte ich, Du seiest nicht mehr im Hotel. Was ist denn Deine jetzige Adresse?« Noch immer berät sie mit Hesse über Heiners weitere Schullaufbahn, die zu Ostern entschieden sein soll. Schließlich fügt sie sich seiner Entscheidung, Heiner in die Kantonsschule Frauenfeld gehen zu lassen, um dort die Matura zu machen, obwohl sie den Sohn lieber auf einem Gymnasium in Locarno, in Bern oder Basel gesehen hätte. Hesses Vorwurf, sie versuche, die Söhne in ihre Nähe oder die ihrer Verwandten zu ziehen, um sie ihm zu entfremden, weist sie zurück: »Bei Brüdi – u(nd) auch bei Heiner hat eben die Tatsache, daß Du die Familie verlassen u(nd) Dich scheiden ließest, mehr getan als alle äußeren Umstände. Ich will Dir damit gar keine Vorwürfe machen, aber es gehört zu den Konsequenzen, die Du auf Dich nehmen musst. Später werden die Kinder objektiver (…) urteilen lernen, aber jetzt kann man das noch nicht von ihnen verlangen. Sie sind PARTEI u(nd) können noch nicht gerecht abwägen. Ich will tun, was ich kann, um sie Dir nicht verloren gehen zu lassen – aber es braucht Zeit u(nd) Geduld.«

Um Zeit und Geduld bittet Hesse auch Lisa Wenger, als er Ende März Ruth und Basel verlassen hat und über Zürich nach Montagnola zurückgekehrt ist. Er bedankt sich für alles, was die Familie für ihn in diesem Winter getan hat, und gesteht: »Wir werden ja wohl noch manche Versuche und Umwege machen müssen, bis wir für uns beide die rechte Lebensform finden, und ich als alter Einsiedler bin darin extra schwerfällig, aber wir wissen nun doch, daß wir uns nicht bloß gern haben, sondern daß unsre Verbindung ein Weg nach einem fernen und schwierigen, aber herrlichen Ziel ist.« Dichterworte, aus der Ferne geschrieben. Auch der Briefwechsel zwischen Montagnola und Basel ist voller Sehnsuchtsbeteuerungen und Koseworte. Ruth, des Alleinseins überdrüssig, versteigt sich sogar zu dem Geständnis, sie »hätte doch lieber Streit mit dir als gar nichts«. Aber wie schon in den Jahren zuvor werden die persönlichen Begegnungen zum Desaster. Nach ihrem Besuch Mitte April im Tessin schreibt Ruth enttäuscht: »Ich wenigstens habe noch nicht die Kraft, aufs Neue solche Tage zu erleben, die auf die Freude des Wiedersehens hin doppelt schwer sind.« Er tut die Probleme als Streitigkeiten »zwischen Geschwistern« ab, wenn sie seine »Wege nicht teilen mag«. Und er mahnt: »Wir haben die Wahl, liebes Herz, ob wir mit der Zeit Eheleute werden oder bloß Gelegenheitsfreunde bleiben wollen.«

Ja, das werden sie: Gelegenheitsfreunde. Ruth nimmt in Basel zusätzlich zum Gesangs- auch noch Klavier- und Flötenunterricht, erweitert ihre Menagerie. Und Hesse führt in diesem Frühling und Sommer, umsorgt von seiner Haushälterin Natalina, sein gewohntes Leben mit den vertrauten Freunden, bestätigt Emmy, die aus Italien zurückgekehrt ist, daß ihre Briefe das Schönste in den verzweifelten Wintertagen gewesen sind. Besuchen die Söhne ihre Mutter, schickt Mia sie auch zum Vater nach Montagnola. Dann wandert er mit ihnen, Malzeug im Rucksack. Alles scheint sich jetzt in der rechten Weise zu fügen: Hesse ist seit Mai nicht mehr Deutscher, sondern hat das Berner Bürgerrecht zugesprochen bekommen, und auch Mia bemüht sich um ihre erneute Einbürgerung. Ruth jedoch kann sich mit der Situation nicht zufriedengeben. »Vielleicht müssen wir den Gedanken, eine Ehe zu führen aufgeben«, schlägt sie ihm vor. Denn: »Lieber Freund, ich muss dir sagen, dass in der ganzen Zeit, da wir uns kennen, nichts einen so furchtbaren und unvergesslichen Eindruck auf mich gemacht hat, wie das, dass du sofort krank wirst, wenn deine Frau, die du liebst, am Morgen zu dir kommt. (…) Und ich glaube, eine Ehe, in der so etwas möglich ist, kann *niemals* eine Ehe wie die andern werden, und darf vielleicht nicht als *Ehe* angesehen werden.«

Sie versucht sich abzulenken, fährt zu Eva und deren Familie nach Steinen, geht in Konzerte, in die Oper, auch in Zürich, wo sie Lang trifft. »Übrigens fand ich ihn in einem eleganten hellen Sommerkleid, feiner Wäsche und polierten Nägeln, bereit, es mit der Welt an ihrer Peripherie aufzunehmen«, teilt sie Hesse mit. Und: »Er nimmt auch Tanzstunden und geht ins Cabaret, aber doch überzeugt das alles nicht recht, und ich glaube, er sucht in dieser Seite des Lebens Dämonisches, das anderswo liegt.« Hesse sieht seinen Arzt wieder, als der seine lungenkranke Frau ins nahe Montagnola gelegene Sanatorium von Agra bringt. Davon erzählt er Ruth und erklärt: »Ich glaube auch nicht an die Dämonie der eleganten Welt, die Lang dort vermutet, aber die Dämonen sind halt auch wandelbar, und was dem einen eine Alltagssache ist, kann dem andern ein Dämon sein.« Hellsichtige Worte des Mannes, der dem »caro dottore« bald nach Zürich folgen und Tanzstunden nehmen wird und der einen Dämon, seine Wolfsnatur, schreibend zu bannen sucht.

Ruth, die ihre Eltern im Sommer 1924 nach Carona begleitet, sieht

Hesse nur selten. Er entschuldigt sich mit den Besuchen seiner Söhne, die mit dem Fahrrad von Ascona herüberkommen, mit Verpflichtungen gegen seinen in Lugano weilenden Verleger Samuel Fischer, gegen Lang und dessen Frau, die er in Agra besucht. Sie spürt, daß es Ausflüchte sind, ist unglücklich, klagt über Beschwerden im Bein, zu denen ihr Schwager, Dr. Oppenheim, auch keine Diagnose weiß. Sie tröstet sich mit einem neuen Hund, dem Windspiel Amorette, kehrt Ende September nach Basel zurück und verspricht, Hesse bei seiner Kur in Baden zu besuchen. Dorthin wird er, so teilt er Lang mit, spätestens Anfang Oktober fahren und wie schon zuvor im »Verenahof« absteigen. »Der Sommer ist weggegangen, ich weiß nicht wie, ich kam zu nichts, am wenigsten zum Briefschreiben, bin auch seit manchen Wochen nicht mehr nach Agra gekommen (…) immer war etwas los, und das meiste davon war recht unnötig. Dagegen war auch Schönes dabei, am meisten ein Besuch von Martin Buber (…)« Den hat Mia vermittelt, die in Ascona Bubers Vorträge gehört und den Philosophen besucht hat. »Er läßt Dich übrigens grüßen«, schreibt sie Hesse am 31. August. »Er bleibt noch einige Tage hier, u(nd) ich hoffe sehr, daß er noch einmal zu mir kommt.«

*

Als Hesse am 2. Oktober in Baden eintrifft, hat er sich von den Balls verabschieden müssen, die nach Rom gezogen sind, wo Hugo in den vatikanischen Bibliotheken und im Institut vor Prof. Sante de Sanctis seine Studien zu Exorzismus und Psychoanalyse vertiefen will. Ohne die Freunde gibt es für Hesse keinen Grund, den kommenden Winter in Montagnola zu verbringen, und er nimmt das Angebot Ruths an, ihm eine Wohnung in Basel zu suchen. Sie gibt Inserate auf, besichtigt Zimmer, begleitet von der Mama. Auf den Preis schaut sie nicht, denn »du *kannst* ja nicht irgend ein blödes Zimmer ohne Seele nehmen«. Schließlich werden sie in der Lothringerstrasse 7 bei der Schriftstellerin und Redakteurin der Zeitschrift »Die Garbe«, Martha Ringier, fündig. Ein Mansardenzimmer im 3. Stock, »gross, schöne alte Möbel 2 Fenster nach Nordosten und Südosten. Kachelofen.

(…) Es ist noch ein kleines Zimmerchen zu haben für 25 frs. zum Schlafen. (…) Bad kannst du benutzen, Telefon ist leider nicht im Haus, Frühstück wird hinaufgebracht.« Hesse stimmt zu, fährt nach Beendigung der Kur nach Montagnola, um seine Sachen für den Winter zu packen. Am 15. November zieht er in der Lothringerstrasse ein. Ruth, sein »Pünktlein«, ist überglücklich, träumt davon, daß »unsere 7 Buben« Schweizer werden! Ein Gedanke, der Hesse mit Entsetzen erfüllt haben muß. Und so achtet er auf der gemeinsamen Reise Anfang Dezember zu einer Lesung nach Stuttgart und zu seinen Verwandten im Schwäbischen peinlich darauf, nicht mit Ruth ein Zimmer teilen zu müssen.

In Stuttgart lernt Ruth Emil Molt kennen, freut sich auf das Bankett, das im Anschluß an Hesses Lesung stattfinden soll, »war es doch das erste Mal, dass ich als Hesses Frau auftreten sollte«, erinnert sie sich. Aber sie hatte sich zu früh gefreut. Ihr Mann sagte die Einladung ohne Erklärung ab. Gelungen hingegen das Wiedersehen mit Adele in Höfen. Dort lernt sie ihren Schwager, Pfarrer Gundert, kennen, die Adoptivtöchter des Ehepaares. Sie singt in der Höfener Kirche, alle sind »hingerissen« von der jungen Frau mit dem hellen Sopran und dem blauen Samtkleid. Auch in Ludwigsburg, wo sie Hesses Halbbruder Karl Isenberg und dessen Familie besuchen, singt Ruth Schoecks Vertonungen von Hesse-Gedichten und Arien aus der »Zauberflöte«. Begleitet wird sie am Flügel von Carlo Isenberg. Sie fühlt sich wohl in Hesses Familie, ist freundlich aufgenommen, und doch – reist sie nicht wie Hesses Ehefrau. So teilt sie in Ludwigsburg ein Zimmer mit Adele, er schläft allein. »Wir haben niemals in einem Zimmer geschlafen«, erinnert sie. »Darüber wurde aber keineswegs etwas gesprochen, wie das in einer normalen Ehe selbstverständlich ist. Hesse befahl, arrangierte, ordnete an, und ich, ich gehorchte.« Daran halten sich auch die Freunde, die Hesse mit Ruth besucht, Wassmers in Bremgarten, Leutholds in Zürich. Immer logiert das Ehepaar in getrennten Zimmern. Auch in Ruths Elternhaus hält man sich stillschweigend daran, wenn der Schwiegersohn nach Delsberg kommt. Besuche, die er zu vermeiden sucht. Weihnachten 1924 fährt er nur am 2. Feiertag für wenige Stunden zu Ruth und ihrer Familie, derweil Mia mit Martin und Heiner die Feiertage bei Ida und Karl Huck in Singen und am Bodensee verbringen. Auf der Rückreise nach Ascona besucht sie mit Martin alte Freunde in Bern, ihren Bruder Adolf in Zollikofen, fährt nach Winterthur und Zürich, wo sie in die Oper und ins Theater geht.

*

»Mein Leben hat sich durch die Heirat nicht verändert, dazu hätte Ruth stärker sein müssen als sie ist«, schreibt Hesse am 25. Januar 1925 an Hugo Ball. Und gesteht Emmy unter demselben Datum: »Ich weiß nicht, ob mein Leben in Basel weniger phantastisch ist als Eures in Rom. Es ist sehr einsam, nur gegen Abend sitze ich zuweilen in einer kleinen Wirtschaft und trinke etwas Wein (…) Das ist überhaupt mein Fehler im Leben: ich bleibe immer allein, und kann nie die weite Leere durchstoßen, die mich von den andern Menschen trennt.« Sonntags ißt er mit Ruth zu Mittag, manchmal besucht er sie am frühen Abend, fühlt sich überflüssig zwischen dem Windspiel Amorette, dem Kater Figaro und dem Papagei Coco, mit dem er »noch am meisten Gemeinsames« hat. Am Tag sitzt er in der Bibliothek, um eine Anthologie *Das klassische Jahrhundert deutschen Geistes 1750-1850* vorzubereiten, die er mit seinem Neffen Carlo Isenberg herausgeben will. Ruth interessiert sich wenig für die Arbeit ihres Mannes, seine Lesereisen nach Luzern, Freiburg und Baden-Baden, seine Besuche bei Leutholds in Zürich, bei Reinhart in Winterthur, bei dem alten Freund Gustav Gamper, dem Thu Fu des *Klingsor*. Sie kränkelt, ist anfällig, erkältet, fiebert. Eva holt sie nach Steinen, um sie dort zu pflegen, denn Lisa Wenger ist mit der Einrichtung des »alten gotischen Pfarrhauses« beschäftigt, dem künftigen Familiensitz in der Nähe des Hotels »Krafft«. »Nun hat Ruth, wenn ihre Mutter ständig da ist, hier eine richtige Heimat, und ich werde künftig entbehrlicher und nicht mehr so an Basel gebunden sein«, teilt Hesse Emmy im März mit, denn er fühlt sich zunehmend unwohl in der Stadt, und sein »Leben ist zur Zeit so leer wie ein geplatzter Papiersack«. Ruth, die sich nicht von ihrem Fieber erholen kann, empfiehlt er: »Laß dich pflegen und mach langsam, es pressiert nicht (…) ich werde sowieso in Bälde in Lugano einen Architekten beauftragen, mir irgendwo ein Häuschen für einen älteren Junggesellen zu kaufen und einzurichten.« Ruth reagiert abwehrend, möchte einerseits mit ihm zusammenleben, andererseits braucht sie die Stadt, Theater, Oper, Konzerte, auch die Nähe von »Hüsi«, der Mama. Sie fühlt sich zu schwach, »neben einem Menschen allein zu leben, der tagelang kein Wort spricht«. Sie kann und will nicht mit ihm in die »Einsamkeit« ziehen, »denn du kannst *mir* kein Heim machen«.

Um Hermann Hesse ein Heim zu richten, Heimat zu geben, war Maria Bernoulli 1904 mit dem Dichter nach Gaienhofen gezogen. Jetzt, 20 Jahre später, fordert Ruth Wenger ihn auf, *ihr* ein Heim zu bieten, sie zu umsorgen, klagt, »dass ich an dir in Schwäche und Trauer keinen Freund habe, sondern, dass du nur Vorwürfe für mich hast«. Er hat sie nicht besucht, obwohl sie noch immer bettlägrig ist, das Fieber über 38 Grad steigt und der Verdacht einer Lungenentzündung besteht. Ungeachtet dieser Situation verläßt Hesse Basel Ende März und fährt nach Montagnola, stellt in seinen Briefen an Balls eine Reise nach Süditalien in Aussicht, wohin Emmy und Hugo Ball inzwischen gezogen sind. Im April kündigt er sein Zimmer bei Martha Ringier, entschlossen, das Basler Winterexperiment nicht zu wiederholen. In Lugano verhandelt er mit einem Bankier wegen eines Kredits für den geplanten Landkauf und Hausbau. Ruth, die von Steinen nach Basel zurückgekehrt ist, wird von Lisa Wenger gepflegt, der Hesse am 15. April 1925 erklärt: »Ich bin über Ruths ständiges Kranksein sehr betrübt, umsomehr als ich überzeugt bin, daß innere seelische Bedrücktheit daran starken Anteil hat. (…) Gerade darum, um nicht nochmals an ähnlichen Zuständen mitschuldig zu werden, wird es für mich besser sein, wenn ich mein Zimmer in Basel aufgebe und künftig mein Leben eben so einrichte, wie es meine Arbeit und mein Wesen verlangt.« Und dann formuliert er zu seiner Rechtfertigung noch einen Vorwurf gegen Ruth, deren künstlerischer Entwicklung zuliebe er nach Basel gezogen sein will. Da sie den Plan,

Sängerin zu werden, jedoch aufgegeben hat, um nur noch Musikstunden zu geben, »selber so entschieden auf die künftige Künstlerschaft verzichtete«, sieht er keinen Grund mehr, seiner »Kunst« und seinem »eigenen Geist durch das Basler Leben« untreu zu werden. Ruth ist verzweifelt. Ihre Depression steigert sich, als eine beginnende Lungentuberkulose diagnostiziert wird. Oppenheims machen den Vorschlag, eine Liegekur im Hochgebirge zu versuchen. Ruth möchte lieber ans Mittelmeer, weil Hesse sie dort vielleicht besuchen würde, schließlich setzt sie durch, den Sommer in Carona, in Hesses Nähe verbringen zu dürfen. »Ich kann nach Carona«, teilt sie ihm am 24. Mai mit, »darf aber nur morgens in den Garten, dort liegen und Abends wieder zurück. Dort keinen Schritt gehen. Den ganzen Sommer weder singen noch flöten. Bis ich geheilt bin, kann es ein Jahr (oder mehr) dauern.«

»Seelenruhe, dämmerndes Dahinleben« sind Ruth verordnet. Sie läßt ihr langes Haar abschneiden, das beim Liegen hinderlich ist, starrt in den blauen Tessiner Himmel, die Baumkronen, erinnert die »Kareno Tage«, auch den Besuch Elisabeth Rupps, die sie mit Hesse, übermütig lachend, hier im Garten einsperrte, und von der Hesse sagt, sie sei verheiratet und studiere jetzt in Tübingen Völkerkunde und Geographie. Alles vergangen. Alle fort: Lang in Zürich, wohin ihm Anny Bodmer als Patientin gefolgt ist, Maria Holzleitner mit der kleinen Tochter Jaqueline bei Englert in Zug, Margherita Osswald-Toppi in Italien, auch die Balls noch immer an der amalfitanischen Küste. Nur Eva ist bei ihr, um sie zu pflegen. Ruth wartet auf ihren Mann, aber der kommt nicht, schreibt am 4. Juni »von einem Waldrand über Locarno«: »Während du leidend und sorgenvoll in deinem Krankengärtlein liegst, gehe ich jenseits der Mauer durch heißen Straßenstaub, mit Lebensgepäck überladen, und wir beide müssen es nehmen, wie es uns auferlegt ist.« Ruth liest vom plötzlichen Tod Adolf Bernoullis, von Mias Reise zur Beerdigung nach Basel, dem Nervenzusammenbruch des Bruders Fritz, der im Sanatorium Friedmatt interniert ist, einem neuen Vermögensverwalter, der sich statt der Brüder jetzt um Mias Erbe kümmern muß – und von Mias erneuter Erkrankung. Bei ihrer Rückkehr aus Basel hatte Mia Hesse gebeten zu kommen, schickte eine Express-Postkarte nach Montagnola: »Lieber, bitte komm so bald als mögl(ich). (…) Grüß die liebe Ruth und alle von Mia.« Als er eintrifft, befindet sich Mia bereits auf dem Weg zum Asilio sanitario cantonale in Mendrisio. Wenige Tage später ist sie schon in der Lage, Hesse zu schreiben, ist in Sorge wegen ihres Hauses, fragt nach Martin, den Hesse nach Kirchdorf geschickt hat, bittet ihn, die fälligen Anliegerkosten bei der Gemeinde Ascona für sie auszulegen. Mia möchte nach Basel, um Bertha von Brunn zu entlasten, die sich um den Nachlaß des toten Bruders kümmern muß, beruhigt Hesse, der die Anstaltskosten bezahlt hat, daß sie ihm das Geld zurückgeben werde, sobald ihr neuer Vermögensverwalter die Geschäfte übernommen hat. Mit keinem Wort erwähnt sie die Umstände vom Tod des Bruders, der möglicherweise nicht einem plötzlichen Herztod erlag, sondern Selbstmord beging. In der Familie Bernoulli jedoch hält sich die Überzeugung, daß Adolf sich nicht selbst getötet hat, sondern bei einem Duell von dem Liebhaber seiner spanischen Frau erschossen wurde.

Am 25. Juli teilt Mia mit, daß sie entlassen werden soll, bittet Hesse um seine Einwilligung, versichert: »Ich glaube nicht, daß ich Begleitung brauche, um nach Ascona zu fahren.« Auch künftig wird sie ihr Leben selbständig gestalten, wird sich um die Söhne kümmern, Zimmer vermieten, ihren Lebensunterhalt mit Klavierstunden aufbessern. Doch der Makel einer psychisch Kranken bleibt haften, nicht zuletzt, weil auch Hesse in Mitteilungen an seine Briefpartner diese Zuschreibung immer wieder vornimmt, so im Brief an Emmy Ball-Hennings vom 8. Juli 1925, in dem er über die Sinnlosigkeit seines derzeitigen Lebens nachdenkt: »Denn ebenso wie ich an den Wert meiner literarischen Anstrengungen im Grunde nicht glauben kann, kann ich auch an den Wert meiner Anstrengungen im Leben nicht glauben. Alle die Sorgen, die ich mir mache, alle die tausend Briefe, die ich das Jahr hindurch schreibe, alle die Fürsorge, bald für meine erste Frau, bald für die Kinder, bald für Ruth – das alles hat, wie ich deutlich fühle, keinen Wert und könnte grade so gut unterbleiben.

Meine erste Frau, mit dem Scharfsinn der Geisteskranken, spürt das deutlich und nimmt nichts von meinen Taten ernst. Sie hat damit recht, denn alle diese Aufgaben, Sorgen und Pflichten nehme ich ja nur darum auf mich, weil ich irgendwie damit mein Leben rechtfertigen und mir einen Sinn geben will, den ich sonst vermisse.« Egoismus sei das alles, fährt er fort, und gesteht Emmy, daß er weder unter Mias noch Ruths Krankheiten oder der Sorge um seine Kinder so gelitten hat wie unter seinen Augenschmerzen. Lebensekel grundiert seine düstere Stimmung, auch Ekel gegenüber seinem Schreiben, seiner Familie. Sinnlos sei alles, klagt er wenige Wochen später Hugo Ball, sein Leben sei »mißglückt und weggeworfen«. Obwohl er die »Kindlichkeit« seines Verhaltens erkennt, sieht er »ahnend doch einen Sinn«.

*

Oktober 1925. Arosa. »Hotel Eden«. Ruth Hesse hat sich mit ihrer Situation abgefunden, obwohl sie die »hässlichen Bündner Berge« satt hat, die »grauen Felsen und ewig gleichen kerzengraden Tannen«. Aber das Hotel ist komfortabel, auf der großen Loggia vor ihrem Zimmer setzt sie die in Carona begonnene Liegekur fort. Der Arzt ist zufrieden mit ihrem Befinden, aber sie leidet an Magenproblemen, kann nicht essen, hat bereits fünf Pfund abgenommen. Sie lernt ein schwedisches Fräulein kennen, einen deutschen Bankdirektor, darf mit ihrem Hund spazierengehen und wartet. Wartet auf Hesses Briefe, der sich zur Kur in Baden aufhält und zu Ruths Überraschung begonnen hat, wieder mit Lang »Analyse zu treiben«. Und er drückt sein Unverständnis darüber aus, daß du dich »in all deinen Nöten (…) nie der Analyse bedient hast«. Für ihn, so schreibt Hesse, geht es jetzt nicht darum, »einige neurotische Beschwerden los zu werden, sondern um viel Tieferes, und davon läßt sich nicht reden«. Ruth weist den Vorwurf ihres Mannes zurück: »Ich glaube, ich könnte jetzt keine Analyse machen, ich habe vielmehr Verlangen nach einem natürlichen Leben.« Und sie hat Verlangen, ihren Mann zu sehen. Aber der kommt nicht, schickt zärtliche Briefe und »Küsse« aus Baden, zu ihrem Geburtstag ein Bild und einen indischen Sarong und läßt sie wissen, daß er im November nach Tuttlingen, Blaubeuren, Ulm, Augsburg und Nürnberg reisen will. Er wird dort lesen, aber auch Freunde, seine Schwester Marulla und Thomas Mann in München besuchen. Anders als der Autor, dessen Roman *Der Zauberberg* gerade erschienen ist und der seine kranke Frau Katia zwei Monate nach Davos begleitete, besucht Hesse Ruth kein einziges Mal.

Von München reist er über den Bodensee nach Zürich und beginnt dort, gemeinsam mit Alice Leuthold, eine Wohnung für den Winter zu suchen. Im Schanzengraben werden sie fündig. Sein Plan, im Tessin ein Grundstück für den Hausbau zu erwerben, hat sich zerschlagen. Hesse fährt nach Montagnola, um seine Sachen zu packen, Alice Leuthold reist nach Arosa, um Ruth zu besuchen, die über ihre Einsamkeit klagt. Überraschend stellt sich dort noch ein Besucher ein: Josef Bernhard Lang. »Er hat eine Patientin hier und bleibt 14 Tage«, schreibt Ruth an Hesse. Einerseits freut sie sich über das Zusammensein, andererseits erkennt sie, »seine Lehren sind gefährlich. (…) Wenn man mit ihm spricht, wird man an allem Bestehenden irr.« Obwohl sie Hesse einen guten Winter mit Lang in Zürich wünscht, mahnt sie im Dezember: »ich sehe, dass es so für dich nicht weitergeht. Warum gehst du nicht nach Indien, irgendwo weg von dem Äussern, was dich hinmacht? Treibe nicht immer tiefer in das Nein hinein. Ach, ich glaube, Lang sieht auch nicht die Gefahr für dich, mit seiner Verhimmelung des Unnormalen und des Wahnsinns. Das ist ihm ein Steckenpferd, aber für dich ist es Leben und Bestätigung in allem, was dein Unglück ist.« Und sie schließt: »Liebes Herzlein, mein Vogel, leg doch die Peitsche fort, mit der du dich schlägst.« Eine Peitsche, mit der er auch Ruth wieder treffen wird, als sie ihn zu Silvester in Zürich besucht. Sie kommt aus Basel, wo sie mit ihren Eltern die Weihnachtstage verbrachte, er aus Baden, wohin ihn Dr. Markwalder zum Fest eingeladen hatte. Bevor sie wieder in das ungeliebte Arosa aufbricht, trifft sie ihren Mann bei Leutholds. Enttäuscht erinnert sie noch viele Jahre später: »Keine Liebesbezeugung irgend welcher Art von ihm, er hatte wohl Angst vor Anstekkung. Allerdings völlig grundlos, denn ich hatte keine offene Tuberkulose (…)« Während er in einem Brief an Eugen Link vom 4. Januar 1926 von Ruths Besuch schreibt: »Sie kam, jung, hübsch, elegant, roch entzückend, und so hatte ich denn für einen Tag wieder eine Frau, oder wenigstens eine Geliebte (…) Es war mir ganz komisch, den netten kleinen Schmetterling wieder davonflattern zu sehen«, bekennt Ruth, »der Schmetterling«, dem Hesse den Anfang einer neuen Arbeit nach Arosa mitgegeben hat: »Ich habe dein Manuskript noch nicht gelesen, ich war so ausser mir und voller Wut und Elend die Tage, da ging es nicht, denn als geistiges Abtrittpapier, mag ich es denn doch nicht brauchen.«

Ein unglücklicher Jahresbeginn, ein zähes, bitteres Nachspiel dieser Ehe. Ruth, wieder in Arosa, ist zutiefst deprimiert, »alles ist noch schrecklicher als vorher«. Aber das »pflichtlose Dasein« im Hotel hat sie träge gemacht, und es fällt ihr schwer, an ein Leben jenseits dieses »Zauberbergs« zu denken. Hesse hingegen stürzt sich nicht nur in die analytischen Gespräche mit Lang und die Arbeit am Roman *Der Steppenwolf*, sondern lernt in der »Tanz-Akademie A. Traber-Amiel« in der Züricher Seidengasse 20 die neuesten Tänze, übt mit Langs Tochter Karli und begleitet seinen »caro dottore« zu Maskenbällen. Das kommentiert Ruth, mit der Hesse nie getanzt hat, spöttisch: »Dich an einem Maskenball zu denken, ist ein toller Gedanke für mich, aber ich muß dich jetzt fremde Wege gehen lassen. Hast du Spass gehabt? War Lang mit? Ich denke. Oh, Ihr zwei Paradiesvögel in dem Hühnerhof!« Sich selbst sieht sie als flügellahmes, gerupftes Huhn, während sich ihr Mann zum »Foxtrottel« macht.

Im März verläßt sie Arosa, noch schwach, aber bereit, das Leben in Basel neu zu beginnen: sie mietet in der Nähe der Eltern eine Wohnung in der St. Johannesvorstadt 84, nimmt die elfjährige Nichte Christine Oppenheim zu sich, die in Basel zur Schule gehen soll. Hesse läßt sie wissen, daß sie im Sommer nach Carona kommen werde, ihr Angebot vom vergangenen Sommer, ein Haus in Carona zu erwerben, um dort mit ihm zusammenzuwohnen, erneuert sie jedoch nicht. Sie hat verstanden, daß ihm Carona nicht nur zu abgelegen ist, sondern, daß er auch die Nähe ihrer geselligen Familie nicht erträgt. Vielleicht hat Lisa Wenger ihr auch den Brief ihres Schwiegersohnes gezeigt, in dem er feststellt, Ruth sei jung genug, »um sich beizeiten in einen Mann zu verlieben – in einen für den sie auch wirklich etwas zu tun und zu sein entschlossen ist«. Und er beschwört seine Freundschaft zu der lieben »Hüsi«, denn es »gehört zu meinem Leben, daß ich ein sehr schlechter und ungeeigneter Verwandter, dagegen ein guter und treuer Freund bin«.

Erst am 1. August, dem Schweizer Nationalfeiertag, sehen sich Ruth und Hesse im Tessin wieder. Eine merkwürdige Begegnung, denn Ruth hat sich in einen denkbar ungeeigneten Mann verliebt, den Maler Karl Hofer, einen Freund Hesses, durch den der Dichter 1919 die Casa Camuzzi kennenlernte. Der 48jährige ist verheiratet, die Beziehung zu Ruth leidenschaftlich-aussichtslos. »Geliebte«, schreibt er ihr Ende August, »nun bist Du in Basel, und ich sende Dir gleich diesen Gruß. (…) Als ich in der kühlen Frühe wegging, sah ich nach Deinem Fenster und war traurig, denn nun bist Du für mich Carona und Carona ohne Dich mag ich mir nicht denken. (…) So blickte ich zu Deinem Paradiesgärtlein herauf, da war es recht bitter in mir, und ich fühlte mit Dir den Schmerz, all das verlassen zu müssen.«

Aber nicht nur Ruth hat eine Affäre, auch Hesse hat ein Verhältnis mit einer verheirateten Frau begonnen, die ihn im März in Zürich besucht hat. Danach erreichen ihn zahllose sehnsüchtige Briefe, und zu seinem 49. Geburtstag am 2. Juli 1926 schickt sie ihm ihr Foto nach Montagnola: »Nun bin ich Deine Geliebte, und wenn auch ich Dich nicht ›habe‹ – denn wer könnte Dich haben, Dich, der der Welt gehört! – so hast Du mich doch ganz, du weißt, dass ich Dein bin – und nimm mein Bild, als wäre ich es selber. (…) Deine Ninon.«[4]

Selbstbildnis Karl Hofer; Ruth Wenger in Carona um 1920;
Hermann Hesse im Tessin um 1921

Ninon

1.

März 1926. Ninon Dolbin ist entschlossen, ihn
zu sehen, schreibt ihm, daß sie niemals aufge-
hört habe, an ihn zu denken, sich ihm verbun-
den zu fühlen. Und bittet sofort um Verzeihung für dieses Geständnis, weil sie sich der Einseitigkeit ihres Gefühls bewußt ist. Obwohl
sie von Wien nach Genf reist, um Fred Dolbin zu treffen, ihrer Ehe
eine neue Wendung zu geben, bittet sie zugleich jenen Mann um ein
Wiedersehen, den sie seit ihrer Jugendzeit bewundert und liebt: Hermann Hesse. Seit der Lektüre seines *Peter Camenzind* hat sie ihm geschrieben, hat ungeduldig auf jedes neue Buch, jede Veröffentlichung
gewartet, um sich wieder bei ihm melden zu können. Wandte sich
an ihn, wenn sie unglücklich war: 1920 nach dem Tod des geliebten
Vaters und dem Selbstmord der Schwester Toka 1922. Da gestand sie
Hesse, daß sie sich nach ihm sehne, daß der Schmerz ihre Verbindung zu ihm sei. Und bat ihn, ihr zu schreiben.
Seltsam muten diese Hilferufe angesichts der Tatsache an, daß Ninon
seit 1918 verheiratet ist. Warum findet sie keinen Trost bei Dolbin?
Warum wendet sie sich in ihrer Trauer an den Mann, den sie nur durch
seine Bücher kennt? Mögliche Antworten sind Vermutungen, sind
ein Vielleicht – vielleicht erlebt Ninon beim Tod des Vaters erstmals
das Gefühl des Unwiderbringlichen, das Ende aller Geborgenheit,
die der Anwalt Jakob Ausländer seiner Familie gegeben hat, erlebt
die Verlassenheit, die auch Toka leidvoll erfährt und sie mit Todes-
sehnsucht erfüllt. Das nimmt Ninon in ihrem Schmerz nicht wahr,

versucht die Jüngere zu erziehen, in Wien Einfluß auf Toka zu nehmen, sie lebenstüchtig zu machen, so, wie sie sich selbst auch zum Leben zwingt. Vielleicht war es, angesichts dieser Forderungen, ein Gefühl des Ungenügens und Versagens, das die 23jährige Chemiestudentin bestimmte, ihrem Leben mit Zyankali ein Ende zu setzen. Seither quälen Ninon Schuldgefühle, die ihr leichtlebiger Mann zu zerstreuen sucht.

Fred Dolbin, das Wiener Enfant terrible, der Frauenheld und Vielbegabte, hat nicht nur seinen Ingenieursberuf, sondern auch seine erste Ehe aufgegeben, ist Bohemien und Kunstsammler, dichtet, komponiert, verkehrt in den Kaffeehäusern, agiert, diskutiert und zeichnet. Sein Talent: schnell und treffend ein Gegenüber aufs Papier zu bannen, Wesentliches prägnant herauszustellen. Ein Karikaturist. Im Dezember 1925 übersiedelt er von Wien nach Berlin, die Stadt der Zeitungen und Zeitschriften, für die er als Journalist, Berichterstatter, Kritiker und Pressezeichner arbeitet. Ninon bleibt in der gemeinsamen Wohnung in der Schlossgasse 14 im V. Wiener Bezirk, will ihr Studium der Kunstgeschichte beenden. Vielleicht auch ihre Ehe, denn Dolbin betrügt sie – und kehrt doch immer wieder zu ihr zurück.

Im März 1926 haben sie sich in Genf verabredet, wo Dolbin im Auftrag des *Berliner Tageblatt* über die Völkerbundsitzung berichtet, bei der die Aufnahme Deutschlands erwartet wird. Er zeichnet die anwesenden Politiker, den Franzosen Aristide Briand, den Militär Paul von Hindenburg. Seine Porträts machen ihn mit einem Schlag berühmt. Auch Ninon ist erfüllt von den Tagen am Genfer See. In euphorischer Stimmung trennen sie sich; er fährt zurück nach Berlin, sicher, seine Ehe gerettet zu haben. Aber seine Frau nimmt nicht den direkten Weg nach Wien, sondern besteigt den Zug nach Zürich, um Hermann Hesse zu sehen.

Größer kann ein Unterschied nicht sein als der zwischen Genf mit dem internationalen Publikum, das Weltgeschichte zu schreiben entschlossen ist, und dem beschaulich-behäbigen Zürich. Keine größere Differenz als zwischen dem lebhaften, ideensprühenden Erfolgsmenschen Dolbin und dem mißlaunigen, von Kopf-, Gicht- und Augenschmerzen gequälten Hesse, dem Ninon am 21. März in der Wohnung am Schanzengraben gegenübersteht, in seinem Wohnzimmer, »einer großen, freundlichen Mansarde«, voller Bücher, die sich auf Tisch und Diwan stapeln, auf dem Sekretär und den Stühlen. Bilder an den Wänden, gerahmt, wie die Fotografie eines »deutschen Landstädtchens«. Calw, erklärt Hesse seinem Gast. Leuchtende Aquarelle südlicher Landschaften, Zeichnungen aus Zeitschriften mit Reißnägeln angeheftet, ein siamesischer Buddha, ein Foto Gandhis und das einer hübschen jungen Frau. Das erklärt er nicht, raucht eine Zigarre. Zwischen vollen Aschenbechern und leeren Weinflaschen ein Blumenstrauß. Auf dem Tisch Seiten eines Manuskripts. Der Beginn einer Wolfsgeschichte, sagt er, ein Roman vom Steppenwolf, dem verirrten, heimatlosen. Und daß er abends seinen Freund treffen will, den Dr. Lang, um beim Maskenball zu tanzen.

Sie verabschiedet sich, geht zu Nelly Kreis, ihrer Cousine, die in Zürich lebt und bei der sie übernachten kann. Warum? fragt Nelly, als Ninon ihr von Genf erzählt, von den glücklichen Tagen mit Dolbin, von ihrem Besuch bei Hesse, warum bist du hier? Er braucht mich, antwortet sie. Nelly, die Juristin, schüttelt abwehrend den Kopf, erzählt ihr, daß Hesse von seiner ersten Frau geschieden und wieder verheiratet ist mit einer jungen Sängerin, Tochter der Märchendichterin Lisa Wenger. Die Frau auf der Fotografie? fragt sich Ninon.

Sie weiß, daß er Blumen liebt, kauft am nächsten Tag einen Strauß blauen und weißen Flieder, der kommt in diesen kühlen Märztagen aus dem Gewächshaus. Sein Duft erfüllt das verrauchte Zimmer, in dem Hesse auf und ab geht. »Meine Familie«, erklärt er, »trennte sich von mir, ich mußte das Alleinleben wieder lernen. (…) Seither nun lebte ich in schlechter Gesundheit und zu früh alt geworden, ein Leben auf der Flucht, und war vor kurzem soweit, daß ich glaubte, den oft erwogenen Selbstmord jetzt ohne Hemmungen ausführen zu können. Es gelang jedoch nicht …« Sein bitteres rauhes Lachen, ihr Erschrecken, die Erinnerung an Tokas verzerrtes Gesicht. Doch er fährt leichthin fort, daß er sich »nochmals festgebissen« habe »und in das Leben verliebt«, schlägt vor, sie mit seinem Freund Longus, dem Dr. Lang, bekannt zu machen, blättert in einem Stapel Papiere: Gedichte. Lesen Sie es als ein Tagebuch. Ich werde es *Krisis* nennen, sagt er und schiebt ihr ein Blatt hin *Abend mit Dr. Ling*. Das zittert in ihren Händen: »Das Leben ist darum so beschissen, / weil wir doch alle sterben müssen, / (…) Trinken wir lieber einen Liter Wein / Und unterhalten uns mit Dr. Ling / Über unsere gegenseitigen Depressionen, / Das wird das klügste sein, / Und fressen wir eine Leber mit grünen Bohnen / (…) Was nützet mir der schönste Schwanz, / Wenn ich damit nicht wedeln kann? / Nein, wir wollen noch einen Liter saufen / Und uns eine Brissago kaufen, / Mehr bietet dieses dumme Leben nicht.« Er hat sich eine Zigarre angezündet. Sie liest die letzten Verse, legt das Blatt beiseite, hat bei Fred Dolbin gelernt, daß das Leben mehr bietet als Depression, Schmerz und Zynismus.

In der Nacht gesteht sie Nelly, den Verzweifelten getröstet zu haben und daß sie Hesse liebt. Nelly, selbst in einer unglücklichen Verbindung gefangen, ist entsetzt, beschwört Ninon, abzureisen, zu vergessen, zu Dolbin nach Berlin zu fahren oder nach Wien, sich ihrer Dissertation zu widmen. Das ist es doch, was dich interessiert, appelliert Nelly, die Kunstgeschichte. Wolltest du nicht nach Paris? Nach London? In die Museen? Oder fahr nach Rom, nach Griechenland. Hat dir nicht die Reise mit der Freundin nach Konstantinopel über den Tod deiner Mutter hinweggeholfen? Und was ist mit Fred? Wart ihr nicht glücklich in Genf? Bietet das Leben an seiner Seite, in seinem Kreis von Malern, Dichtern und Theatermenschen nicht mehr Anregung als dieser verbitterte Einsamkeitsfanatiker am Schanzengraben? Sie reden bis eins, bis zwei, drei Uhr. Vergeblich. Um halb vier gehen sie zu Bett. Ninon fällt in leichten Schlummer, träumt, daß Hesse den Flieder in sein Bett genommen, ihn an sich gedrückt hat. Und am Morgen war er welk.

*

Zurück in Wien, öffnet sie die Schublade ihres Schreibtischs mit den angefangenen Briefen. Früher hatte ihr der Mut gefehlt, sie abzuschicken. Jetzt greift sie wieder zur Feder: »Jedes Wort ist so neu, da

ICH es DIR sage – das ›Du‹ ist schon so phantastisch. Eben habe ich
Deine Adresse geschrieben, das war auch so sonderbar – den geliebten Namen wieder schreiben, alles ist so anders. 1909 schrieb ich ihn
zum ersten Mal. Nein, nein, der Brief muss fort. Ich fange lieber einen neuen an. Du-ich.«⁵ Sie schreibt täglich, morgens, nachmittags,
abends, ist durchdrungen von ihrem Gefühl, endlich bei ihm angekommen zu sein. Er war, seit Johanna Gold ihr den *Camenzind* geschenkt hatte, ihr Schicksal gewesen, dem sie folgen mußte. Keine
Zurückweisung, kein Schweigen des Dichters hatten sie abbringen
können von ihrem Weg zu ihm. In der Stille ihres Wiener Zimmers
beschwört sie die Erinnerung an seine Umarmungen in Versen, fühlt
sich liebkost und sehnt sich zugleich nach dem Geliebten, ihrem Gott.
Vertraut mit der antiken Mythologie, vergleicht sie ihn mit Zeus –
und gibt sich ihm hin. Immer leidenschaftlicher steigert sie sich in
diese Liebe, sieht in ihm den heiligen Franziskus, dem Hesse im
frühen Werk Gestalt gegeben hat, will seine Jüngerin sein, beneidet
Maria, die Jesu Füße salbte und mit ihren Haaren trocknete.
Schon einmal hatte sie einen Menschen so sehr geliebt, als Schülerin
in Czernowitz: Johanna Gold, die sie zärtlich Dziunia nannte. Ninon, die als Jugendliche notiert hatte, daß sie Frauen hasse, wandte
sich einer Frau zu, die das Gegenbild verkörperte zu Gisela Ausländ-
der, ihrer Mutter. Bei der Begegnung war Johanna doppelt so alt wie
die 14jährige Ninon, hatte in Zürich Biologie studiert und war nach
ihrer Heirat ins östliche Kronland der Habsburger Monarchie gekommen. Ninon erschien Johanna göttinnengleich. Tag und Nacht
träumte sie von ihr, verstummte vor Herzklopfen, als die Bewunderte sie endlich ansprach. Alles wollte sie dieser Frau geben, wollte ihr
dienen, werden wie Johanna es wünschte. Und als die Freundin ihr
zum Geburtstag Hesses *Peter Camenzind* schenkte, fand sie sich und
Dziunia gespiegelt in der Liebe Camenzinds zu Richard, erkannte
in dem fernen Autor einen Gleichgestimmten, liebte ihn lesend, wie
sie die Freundin liebte. Über Jahre blieb Dziunia ihr Vorbild, von
ihr ließ sie sich leiten, erziehen, trachtete danach, sich ihr anzuverwandeln. Diese Liebe beherrschte sie damals, so wie sie in diesem

Frühling und Sommer 1926 die Leidenschaft zu ihrem Gott Hesse beherrscht, ein Gefühlssturm, der wegfegt, was Dolbin eben noch fest versprochen schien.

Die Gefahr, die ihre Beziehung zu Johanna Gold für ihre Entwicklung bedeutete, auch für ihre Ehe mit Dolbin, hat sie erst spät erkannt, erinnert im Rückblick, daß sie damals in Czernowitz an ihrem Ich vorbeigelebt habe. Und es wird dauern, bis sie diese Gefahr der Selbstentfremdung in ihrer Beziehung zu Hesse erkennen und ihm sagen kann, daß sie nicht werden wolle wie »Frau Mia«, die Verlassene, wie »Frau Klein«, die Getötete in *Klein und Wagner.* Noch kann sie sich nicht im Traumbild des Flieders erkennen, den Hesse in sein Bett nimmt, in seiner Umarmung zerdrückt und ohne Duft zurückläßt, noch hat sie nur ein Ziel: für ihn zu blühen, zu duften, schlägt ihm ein Wiedersehen vor, in Innsbruck, St. Anton am Arlberg. Kommt er ihr nicht entgegen, wird sie zu ihm fahren. Drängend ihre Briefe, bedrängend für ihn. Ihre Halskette hat sie in Zürich vergessen, wie ein Pfand, das eingelöst werden soll. Darauf hofft sie, öffnet mit klopfendem Herzen seinen Brief und liest, daß er ihr die Kette nachschicken werde. Das klingt geschäftsmäßig-sachlich, so als habe es nie jene Umarmungen gegeben, bei denen die Kette gelöst wurde. Ninon schwankt, der Raum dreht sich – sie findet sich am Boden wieder, unfähig aufzustehen.

Aber sie will ihn nicht aufgeben, er ist zum Mittelpunkt ihres Lebens geworden. Und so wischt sie seine Warnung, sich nicht mit seinem »Schicksal zu beladen«, beiseite. Kennt dieses Schicksal ja auch nur in vagen Umrissen, kennt es aus seinem Werk, aus dem sie seine frühe unerfüllte Liebe zu Lulu und Elisabeth ebenso herausgelesen hat wie die gescheiterte Ehe in *Roßhalde,* seine homoerotischen Neigungen und – immer wieder – die unerfüllte Sehnsucht nach der Mutter. In Zürich ist ihr auch die Realität von Klingsors »Königin der Gebirge« schmerzlich bewußt geworden, macht Hesse doch kein Geheimnis daraus, wer sich hinter der jungen, eleganten Dame verbirgt, die Harry Haller, den Steppenwolf, in seiner Mansarde besucht und nach heftigem Streit davonläuft. Er verschweigt nicht, daß er

Ruth, seine Frau, in Zürich trifft oder in Basel, wo sie sich nach dem Ende ihres Kuraufenthaltes in Arosa eine Wohnung eingerichtet hat. Auch nicht, daß er in diesem Winter, gegen jede sonstige Gewohnheit, mit Frauen feiert, flirtet, tanzt. Ninon weiß nichts von Hesses regelmäßigem Briefwechsel mit Mia, den Geldüberweisungen, mit denen er ihr helfen will, eine noch fällige Hypothek auf dem Haus in Ascona abzulösen. Weiß weder, daß Bruno mit dem Vater einen der traditionellen Züricher Maskenbälle besucht, noch, daß sein Sohn Heiner in Frauenfeld im Internat lebt und der jüngste, Martin, in Thun, in der Nähe von Mias Geschwistern, aufs Gymnasium geht, weil es trotz Flachs und Erdbergs Privatstunden nicht gelungen war, ihn auf eine italienischsprachige Schule zu schicken.

Ninon lebt, wie in ihrer Jugend, eingeschlossen in ihre Gefühlswelt wie in einer Glaskugel, die nichts durchdringt, in der alles nur um einen kreist: Hesse. Er ist, schreibt sie ihm am Pfingstsonntag 1926, der heilige Hieronymus, und sie ist der Löwe. Alles Schwere möchte ihm diese Löwin abnehmen, alles Profane fernhalten, um seines Werkes willen. Und sie bietet an, ihm beim Packen zu helfen, wenn er vom Züricher Winterquartier nach Montagnola zieht. Kommen wird sie, um ihm diese »dumme Arbeit« abzunehmen und dann schnell wieder davonfahren. Aber er wehrt ab, reist nach Stuttgart zur Lesung, nach Blaubeuren, hält sich noch kurz in Zürich auf, bevor er nach Montagnola fährt, freut sich auf Emmy und Hugo Ball, die aus Italien zurück sind, in seiner Nähe, in Sorengo eine Wohnung gefunden haben. Auch Ruth wird in Carona erwartet. Und Lang hat versprochen, nach Lugano zu kommen. Für Ninon ist in diesem Tessiner Sommer 1926 keine Rolle vorgesehen.

*

Und Dolbin? Wie reagiert er auf das Ausbleiben seiner Frau, ihren Besuch bei Hesse, ihre Rückkehr nach Wien? Er ist enttäuscht, aber da er Ninons Hesse-Verehrung kennt, spottet er zunächst darüber, daß sie nun statt ihres »fernen Gottes« den Menschen zu lieben meint. »Ihr Wille, heilend und mäßigend auf Hesses ›martervolles Leben‹

einzuwirken, wurde von Dolbin als übertriebenes Sendungsbewusstsein belächelt«,[6] schreibt Ninons Biographin Gisela Kleine. Als Dolbin jedoch erkennen muß, daß Ninon unbeirrt daran festhält, dem leidenden Dichter helfen, Gefährtin sein zu wollen, reagiert er besorgt, warnt sie eindringlich davor, ihr Leben mit dem eines leidenden, hypochondrischen und depressiven Menschen zu verbinden. Den Gedanken, daß Ninon meint, ihrem Dichter Geborgenheit geben, sein Leben mütterlich begleiten und erleichtern zu müssen, weist er als absurd zurück. Glaubt Ninon denn wirklich, mit Hesse leben zu können, woran doch seine erste und zweite Frau bereits gescheitert sind? Und was ist das für eine Verbindung, in der Ninon den Geliebten als »Lieb Winziger« anspricht, als »mein armes Kind«, »liebwinziges Köpfchen«? Bildet sie sich ein, als Mutter-Geliebte ihrem »lieben, armen Buben« die verlorene Kindheit zurückgeben zu können? Und wie reagiert der so Umworbene? Da muß Ninon gestehen, daß Hesse ihr Kommen nicht wünscht, daß seine Briefe abweisend, ja frostig sind. Er braucht sie nicht. Dolbin hingegen umwirbt sie, lädt sie nach Berlin ein, lockt mit Reisen.

Aber noch hat Ninon ihr Leben in Wien ganz auf den fernen Geliebten ausgerichtet, liest seine Bücher wieder und immer wieder, hört die Musik, die er liebt, fühlt sich ihm in der »Zauberflöte« ganz nahe. Die Arbeit an ihrer Dissertation über französische Goldschmiedearbeiten des 17. Jahrhunderts stagniert. Sie kann sich nicht konzentrieren, wartet auf seine Briefe, meist vergeblich. Einmal schreibt er von seinen Treffen mit Ruth. Das verletzt sie, schmerzt. Und es dauert zehn Tage, bis sie auf diese Mitteilung antwortet und beteuert, daß sie ihr Leben für ihn hingeben will. Nein, sie läßt sich nicht zurückweisen, obwohl sie sich klein und unwürdig neben ihm fühlt.

Ein Vierteljahr nach Ninons Abreise aus Zürich, nach Wochen quälender Sehnsucht, verspricht sie Hesse am 14. Juni 1926, was künftig ihre Beziehung zu ihm prägen sollte: »Demütig mich Dir unterordnen und doch stolz mich bewahren – nur wenn ich stolz bin, darf ich mich Dir schenken, sonst ist es kein Geschenk, sonst wäre es Zudringlichkeit.«[7] Und am 30. Juni schickt sie ihm ihr Foto, schreibt dazu: »ich glaube, wenn Du mich haben willst, dann wirst Du mich rufen. Du weißt doch, dass ich da bin, für Dich da bin.«[8] Aber ihre Rufe bleiben ohne das erhoffte Echo.

So reist sie nach Salzburg, liest in Zeitschriften seine Verse, die *Krisis*-Gedichte, von denen ihr Hesse zwei vor der Drucklegung schickt, liest *Der Wüstling*: »Rot blüht die Blume der Lust, / Rosig lächelt die Knospe auf deiner Brust, / Schaudernd bebend unter meiner Zunge. / Einst war ich ein kleiner Junge ...« Da ist sie wieder, die gemeinsame Stunde der Leidenschaft, aber der Mann, verfolgt vom eigenen Jugendbildnis, das er morden möchte, legt seine Hände um den Hals der Geliebten, »um die zuckende Kehle«. Und: »Blut blüht im Bett, (...) Es blüht die Blume an deiner Brust!« Menschen wie ihn zu lieben, so warnt der Dichter, führe ins Verderben, »Zahlen wir alle beide / Mit unserem Blut.«

Ninons Antwort: »Du aber, welche Qualen musstest Du erdulden, ehe Du das schreiben konntest. Könnte ich mich Dir reichen wie die heilige Veronika Christus das Schweisstuch reicht – zum Dank, dass Dein Bild unvergänglich in mich gebrannt ist!«[9] Merkwürdig, daß die Jüdin Ninon ihr Heil, ihren Heiland im christlichen Bild sucht, eine Geste, die bald durch anderes Begehren nach Nähe und Anverwandlung abgelöst werden wird. Dann wünscht sie sich, sein Hemd zu sein, seine Brille, imaginiert ihn als Pan in den blühenden Wiesen ihres Urlaubsortes Gargellen im Montafon. Sprunghafte Reisevorschläge folgen. Nach Paris will sie ihn entführen. Doch der so Umworbene schweigt, drei Wochen hört sie nichts von ihm, auch zu ihrem Geburtstag am 18. September kommt kein Glückwunsch, kein Tessiner Aquarell. Einziger Lichtblick in diesen Tagen ist der Besuch Johanna Golds. Die reist ohne Ninon nach Lugano, wandert bergauf nach Montagnola, steht vor Hesses »Klause«, der Casa Camuzzi, aber da sind die Läden geschlossen. Der Dichter ist zur Kur nach Baden abgereist.

»Liebster, Liebster«, lockt Ninon den Fernen, fragt, ob er sie nicht besser kennenlernen möchte, schlägt wieder Reisen vor, nach Kalifornien, auf die Fidschi-Inseln oder nach Persien, ohne zu ahnen, daß sie Hesse gerade mit diesen Vorschlägen nicht locken kann. Als sie das Vergebliche ihrer Vorstöße einsehen muß, folgt sie zu Weihnachten Dolbins Einladung nach Berlin.

*

Hesse fühlt sich in diesem Herbst und Winter bedrängt und von den Menschen seiner Umgebung unverstanden. Mia ist mit der Vermietung an Feriengäste, mit Haus und Garten beschäftigt, die Söhne stehen ihrem Vater zunehmend kritisch gegenüber. Heiner hat ihn bei einem Besuch in Montagnola vorzeitig verlassen, weil er die ständigen Klagen, Hesses Unwohlsein nicht aushielt. Ruth hat begonnen, ihr Leben in Basel neu zu gestalten, und auch Lisa Wenger zieht sich zurück. Einladungen bleiben aus. Auf einem kurzen Billet bittet »Hüsi« ihn, ihr die Freundschaft zu bewahren. Seine Antwort: »In meinem ganzen Leben hat die Familie keine gute und glückliche Rolle gespielt, während die Freundschaft an erster Stelle stand. (…) Und ich glaube im Ernst, daß unsere Freundschaft glücklicher und dauerhafter sein wird als unsere Verwandtschaft es war. Ich habe viele und gute Freunde, und es sind mir in Jahrzehnten beinahe gar keine davon durch meine Schuld verloren gegangen.«
Und doch hat er gerade jetzt, da er der Freunde bedarf, das Gefühl, von ihnen im Stich gelassen zu sein. Lang, der Gefährte des steppenwölfischen Winters, sein Analytiker, der mehr von ihm weiß als alle anderen, hält sich bei seiner kranken Tochter Karli in Davos auf, bangt um ihr Leben. Auch Emmy und Hugo Ball sind in Sorge um Annemarie, die mit einer schweren Typhusinfektion im Krankenhaus in Lugano liegt. Ihre Krankheit läßt für einige Wochen Balls Arbeit am Biographie-Manuskript stocken, was Hesse mit Ungeduld erfüllt, soll das Buch doch in wenigen Monaten erscheinen. Aber nicht nur Annemarie erkrankt, auch andere Freunde, wie der Maler Albert Müller und seine Frau Anna Müller Hübscher, sterben an der damals grassierenden Krankheit.
Und die Paare, die er in seinen ersten Tessiner Jahren kennengelernt hatte, haben sich getrennt. Englert, der astrologische Ratgeber, hat

Maria Holzleitner und die kleine Tochter Jacqueline verlassen und ist nach Indien aufgebrochen. Als er zurückkommt ist eine andere, eine schwangere Frau an seiner Seite: Georgine Vermeer, eine reiche Holländerin, die er in Batavia kennengelernt hat. Auch Paolo und Margherita Osswald, die 1921 nach Ascona gezogen waren, sind geschieden. Margherita hat ihren Mädchennamen wieder angenommen, lebt zeitweise in Italien, in ihrem Heimatort Anticoli, zeitweise in den Dörfern am Lago Maggiore oder in Lugano. Ihr Kontakt zu Hesse bricht ab. Nur ein Kartengruß in italienischer Sprache von 1936 ist erhalten, Erinnerungen an die Zeit in Montagnola. Margherita schließt mit der Hoffnung auf ein Wiedersehen. Aber zu dieser Zeit bewegt sich Hesse bereits in einem Kreis, in dem sie keinen Platz mehr finden wird.

Auch für eine andere Freundin, die sich 1926 wieder meldet, ist kein Platz: Elisabeth Gerdts-Rupp. Ihr Lebenszeichen, den Lyrikband *Überfahrt*, wird er mit gemischten Gefühlen betrachtet haben, finden sich darin doch drei Gedichte, in denen sie ihren »Roman mit Hesse« beschwört: *Vor einem kleinen Landschaftsbild, Südlicher Sommer* und *Abkehr*. Plötzlich sind die Erinnerungen wieder da an Klingsor und Kareno, an Ruth, die Gespielin des Tages, und Elisabeth, die Geliebte der Nacht: »Daß ich Dich lieben müsste ohne Grenzen, / Dir sanfte Mutter sein, Gefährtin, Kind. / Engel und Spielzeug, hohes Bild, und Sünde, / In Dich geworfen, – aller Frage blind!«

1948 nimmt Elisabeth diese Texte erneut in ihren Gedichtband *Hotoma* auf, setzt unter *Südlicher Sommer* in Klammern »Dem Dichter H.H.« und unter *Abkehr* »Dem Einen wie dem Andern«. Ruth wird das nicht mehr zur Kenntnis nehmen, Ninon jedoch wird bei Rupps Besuchen in Montagnola mit Eifersucht und Ablehnung reagieren. Als ihn Elisabeths Gedichte erreichen, bedeuten sie für Hesse eher Störung als Freude. Er will diese Erinnerungen nicht mehr, nicht die an Elisabeth Rupp, nicht die an Ruth. Und auch die Tage im März mit Ninon, der »Frau aus Wien«, wie er sie seinen Freunden gegenüber nennt, würde er am liebsten ungeschehen machen. Er braucht seine Ruhe, um das *Steppenwolf*-Manuskript beenden zu können, fährt – wie immer im Herbst – nach Baden zur Kur, verbringt den Winter in seiner Zürcher Wohnung im Schanzengraben. Alice Leuthold umsorgt ihn, lädt auch Ball in ihr Haus ein, der sich mit dem Freund wegen der Biographie bespricht. Daß Ninon am 20. Dezember 1926 angekündigt hat, nach Berlin reisen zu wollen, erleichtert ihn. Er schreibt ihr einen freundlichen Brief, schickt ein Foto. Aber wenn er gehofft hatte, daß Ninon bei ihrem Mann in Berlin bleiben würde, so hat er sich getäuscht. Am 27. Dezember dankt sie ihm für seinen Brief, erzählt von Begegnungen mit zwei Freundinnen, die in der Stadt leben, und kündigt an, zu ihm zu kommen.

Kein Wort von Dolbin, der ihr seine Freunde vorstellt, sie ins Theater und in Restaurants ausführt, der stolz ist über seinen, auch finanziellen, Erfolg. Dennoch will sie nicht bleiben, möchte in Wien noch manches regeln, bevor sie zu Hesse reisen kann. Auch schrumpft ihr ererbtes Vermögen zusammen. Sie hat kein Verhältnis zum Geld, hat noch nie etwas verdient. Vorsorge erscheint ihr überflüssig. Bisher hat ihr Vater für sie gesorgt, auch mit einem Erbe über seinen Tod hinaus. Und Dolbin zahlt. Als Hesse ihr Geld anbietet, erklärt sie leichthin, obwohl ihr Vermögen zusammenschmelze, sei es noch nicht aufgebraucht, zudem ist der Verkauf des Elternhauses in Czernowitz geplant. Und so ist Ninon fest entschlossen, den Geliebten wiederzusehen.

*

Als Ninon in Zürich Ende Januar 1927 eintrifft, ist sie zutiefst erschrocken über Hesses angegriffene Gesundheit. Er leidet wieder unter heftigen Kopf- und Augenschmerzen, hat sich erkältet, fiebert, flieht in Dr. Markwalders Obhut in den »Verenahof«, schreibt am 3. Februar an Emmy Ball: »Ich liege seit 8 Tagen in Baden im Hotel im Bett; u(nd) sechs Löffel Schleimsuppe zu verdauen gibt mir für einen ganzen Tag heftig zu tun. Zuerst lief ich in Zürich noch tagelang mit Fieber und teuflischem Kopfweh herum (...) Und kaum war ich krank, da reisten alle, meine Frau und sogar Leutholds und Lang schwenkten den Hut und empfahlen sich. Und nun liege ich also seit einer Woche in Baden …« Daß er dort nicht allein ist, verschweigt er der Freundin und auch dem »Caro Ballo«, seinem »Caro Biografo«, dem »Dolce Maestro«. Emmy und Hugo Ball werden Ninon Dolbin erst im Sommer kennenlernen, aber dann wird sich ihre Situation grundlegend verändert haben.

Hesse vergleicht in diesem Januar sein Leben mit einem leeren Portemonnaie, mit dem man sich herumschleppt, obwohl es ohne Inhalt sinnlos ist, und erklärt Emmy: »Darum stehe ich am Morgen schon gar nicht auf, warte bis gegen Mittag, und erst am Abend, bei Wein und Cognac, Musik oder Lektüre wird es hie und da warm und nett, und es sind 20 Rappen im Portemonnaie drin.« Ruths Scheidungsbegehren, das sie ihm Anfang des Jahres übermittelt hat, verstärkt sein Unwohlsein. Auch Ninons Unentschiedenheit und Zwiespalt mag er gespürt haben, leidet sie doch unter ihrer Trennung von Dolbin mehr, als sie für möglich gehalten hat. Sie liebt ihn noch immer, gesteht sie ihrem Mann am 2. Februar 1927, aber sie könne Hesse nicht im Stich lassen. Sie dankt ihm für seine Liebe, verspricht zu kommen, wenn Hesse wieder gesund ist. Um dann drei Tage später mitzuteilen, daß er noch immer krank ist, sterben will, daß er das Leben haßt (»und es doch liebt!«). Als Hesse am 8. und 9. Februar seinen Verleger Samuel Fischer in Zürich trifft, bleibt Ninon allein in Baden, schreibt am 5. Februar an Dolbin: »Ich denke alle Tage an Dich. Ist es nicht merkwürdig, wie stark ich Dich liebe? Hast Du nicht aus meinem Leben einen Weg von Leidensstationen gemacht? Frauennamen (…) Jedesmal ist etwas zerbrochen. Aber geflickt, zusammengeleimt, liebt mein Herz Dich immer noch.«[10] Jetzt, während der Abwesenheit Hesses, werden die Erinnerungen an die Tage in Berlin wieder lebendig, an Dolbins Zärtlichkeit, wenn er ihr über den Kopf strich wie einem verirrten Kind. Und sie bittet ihn, ihr Zeit zu lassen, um frei zu werden. Frei von dem Mann, der erschöpft aus Zürich zurückkommt, sich eine Lungenentzündung herbeiwünscht, die seinem Leben endlich ein Ende bereiten möge. Wie könnte Ninon ihn verlassen?

Am 14. Februar fährt sie mit ihm nach Zürich, geht zu Nelly, aber verschließt sich deren Vorhaltungen, besucht Hesse in den nächsten Wochen täglich, pflegt ihn, hilft bei der Abschrift des *Steppenwolf*-Romans, der im Frühsommer bei Fischer erscheinen soll und aus dem er in C. G. Jungs »Psychologischem Klub« vorliest. Er macht Ninon mit Lang bekannt, nimmt sie mit zu Leutholds, erklärt Lang rückblickend auf seine Erkrankung, »wenn nicht zufällig gerade damals Frau Dolbin gekommen wäre, wäre ich verreckt, und es ist schade, daß es nicht so gegangen ist. Ich warte jetzt noch, solang sie hier ist, lange wird es nicht mehr sein, dann reise ich wahrscheinlich weg, enttäuscht von diesem Winter.«

Aber noch ist Ninon bei ihm, liest sich immer tiefer in das Schicksal des Steppenwolfs und seiner zwei Naturen, der menschlichen und der wölfischen, die niemand wirklich versteht, auch nicht die, die ihn lieben. »Dabei war er nicht etwa verhaßt und den Menschen zuwider. Im Gegenteil, er hatte sehr viele Freunde. Viele hatten ihn gern. Aber es war immer nur Sympathie und Freundlichkeit, was er fand, (…) aber nahe an ihn heran kam niemand, Bindung entstand nirgends, sein Leben zu teilen war niemand gewillt und fähig.« Das jedoch will Ninon, glaubt, ihn vor seinen Selbstmordphantasien schützen zu können, ist entschlossen, ihn auf seinem Weg zu begleiten. Ihre Briefe an Dolbin von Ende März 1927 spiegeln ihre Zerrissenheit, Schuldgefühle gegenüber ihrem Mann quälen sie, sie fühlt sich noch immer eng an ihn gebunden und glaubt doch, daß er sie weniger braucht als Hesse, der nur Freunde in seinen guten Stunden hat, den jedoch niemand in seinen schlechten Stunden versteht – nur sie, Ninon, ist dazu fähig. Doch dann wieder Zweifel: Was, wenn er leiden will? Verstärkt sie sein Leiden anstatt es zu lindern? Und warum quält er sie beide?

Ratlos läuft sie durch die nächtlichen Straßen, wenn Hesse sie fortschickt, fürchtet die Warnungen Nellys, redet sich immer wieder ein, daß Hesse sie mehr braucht als Dolbin. Gibt es nicht viele Frauen, die ihn reizen, mit denen er Affären hat? Und besonders die eine, Ellen Herz, die Schauspielerin, die er ihr in Berlin vorstellen wollte? Aber sie hat abgelehnt, plötzlich eifersüchtig, denn sie liebt ihn noch immer, sehnt sich auch jetzt nach ihm, malt sich ein Zusammenleben in Berlin aus, ein schönes Heim, Reisen, ein neues Leben.

Dieses Gespaltensein macht sie verrückt. Denn auf Hesses schlechte Tage folgen freundlichere, mal wendet er sich ihr zu, dann wieder abrupt ab. Wie lange wird sie diese Launen aushalten? Seine plötzlichen Wutausbrüche, wenn ihn etwas stört? Seine ständigen Klagen über Schmerzen und Verdauungsbeschwerden? Dann der Altersunterschied, den er immer wieder betont, so als seien es nicht 18 sondern 80 Jahre, die sie trennen.

Schließlich entscheidet sie, sich von beiden Männern zu trennen, sich aus dieser »Doppelliebe« zu befreien und schreibt am 29. März an Fred Dolbin: »Ich mußte mich ganz von Dir lösen, nur so konnte ich hoffen, einen Menschen zu retten. Und jetzt löse ich mich von ihm. Er weiß es noch nicht, aber er spürt es wohl. (...) Ich möchte übermorgen nach Wien fahren.«[11] Am 3. April verläßt sie Hesse und fährt nach Wien.

*

Sie wohnt in einem Zimmer im I. Bezirk, in einer Pension distingué, ist entschlossen, ihr Studium aufzugeben, sucht einen neuen Weg, ihr Leben zu gestalten, versucht zu malen, aber mehr drängt es sie zu schreiben, doch sie scheut sich lange, diesen Wunsch Hesse mitzuteilen. Ihre Briefe gehen nach Montagnola, wo er sich für die Sommermonate wieder in der Casa Camuzzi eingerichtet hat. Ein freier Mann, denn am 24. April 1927 ergeht das Scheidungsurteil vom Zivilgericht des Kantons Basel-Stadt. Sechs Tage später wird dort auch die Ehe des Paares Englert-Holzleitner geschieden. Maria zieht mit der kleinen Tochter nach Lugano, Englert heiratet am 25. Mai Georgine Vermeer, lebt künftig mit ihr und den Kindern, die in schneller Folge geboren werden, im italienischen Fiesole und im Engadin. Fast alle alten Bindungen aus den Tagen der »Kareno-Oper« haben sich gelöst, nur Emmy und Hugo Ball findet Hesse so wieder, wie er sie damals in Agnuzzo kennenlernte, als ein engverbundenes Paar. Hugo hat die Hesse-Biographie beendet und sich wieder seinen Studien des Exorzismus und der Psychoanalyse zugewandt. In seinem Tagebuch finden sich vom Mai 1927 Eintragungen zu analytischen Gesprächen sowohl mit Langs Frau Carly als auch mit der Tochter Karli, die sich nach langer, schwerer Krankheit zur Kur in Lugano aufhält. Auch Lang, mit dem es im ausgehenden Winter Kontroversen gab, weil Hesse sich von ihm vernachlässigt fühlte, kommt nach Lugano. Hesse hatte ihm gedroht: »Hier ist der Steppenwolf. Er streckt Dir seine lange Zunge heraus und wird sich an seinem 50. Geburtstag aufhängen.«

Lang jedoch kennt ihn gut genug, um zu wissen, was zu tun ist. Er schreibt am 29. Mai aus Lugano: »Es muss eine Cäsur in die Beziehung der letzten Monate eingesägt werden. So kann und soll es nicht weiter gehen. Das hat keinen Sinn. Für Dich nicht und für mich nicht. Gell, Lieber, Du verstehst mich? Es soll aus unserer Freundschaft wieder etwas Schönes entstehen. Meine Gier auf Deine Gicht und Consorten. Ich bin gespannt auf Deinen ersten Traum.« Und am 13. Juni: »Ich hatte mich gestern an Dir und Deinen Träumen so gefreut und ich weiss, dass wir jetzt einander auch wieder verstehen und näher kommen werden. Du weißt ja, wie ich Dich liebe und schätze. Ich weiss aber auch, dass wir beide zusammengehören und wie unsere Freundschaft etwas sehr Schönes und Seltenes ist.«

Noch ist Ninon aus diesem Freundeskreis ausgeschlossen. Sie verbringt die ersten Maiwochen in Czernowitz, bemüht, ihr Elternhaus zu verkaufen. 26 Stunden Reise, teilt sie Hesse mit, und mehrere Grenzübergänge im ehemals Habsburger Reich: Österreich, Tschechien, Rumänien, Polen, denn auf der Rückreise will sie Verwandte in Krakau besuchen. In Czernowitz wohnt sie bei Johanna Gold, vor deren Vollkommenheit sie sich fürchtet, weil sie glaubt, die Freundin sei unzufrieden mit ihr. Dabei hat Ninon nur den einen Wunsch, geliebt zu werden. In ihrer Heimat, die jetzt zu Rumänien gehört, ist vieles anders als während Ninons Kindheit und Jugend, und dennoch fühlt sie sich wieder zurückversetzt in jene Zeit, als sie erstmals Hesses Bücher las, an ihn schrieb. Damals war er fern, unwirklich wie ein Traum. Jetzt aber ist Wirklichkeit geworden, wovon sie geträumt, und beim Anblick eines kleinen Jungen sehnt sie sich, ein Kind von ihrem Geliebten zu haben.

Im Juni 1927 reist sie nach Montagnola zu Hesse, der ihr im Parterre des linken Seitenflügels der Casa Camuzzi eine möblierte Unterkunft besorgt hat. Weit genug entfernt von seiner Wohnung im Oberge-schoß des rechten Seitenflügels. Der Versuch eines »getrennten Zu-sammenlebens« konnte beginnen.

Stimmen

Hermann Hesse:

(...) ich habe in diesem Winter, meist in Zürich, ein keineswegs heiliges und vorbildliches Leben geführt, sondern nach langen Jahren der Ein-samkeit mich einmal wieder kräftig an der Welt gerieben und ihre bun-te Außenseite gekostet, wozu natürlich auch Frauen und auch die ein-facheren unter den modernen Tänzen gehörten.

HH an Cecilie Clarus am 5. April 1926 aus Montagnola, in: Hermann Hesse, *Gesam-melte Briefe*. Zweiter Band 1922-1935. In Zusammenarbeit mit Heiner Hesse her-ausgegeben von Ursula und Volker Michels, Frankfurt am Main 1979, S. 139.

Hermann Hubacher:

Ich hatte Hermann Hesse überreden können, einmal mit mir einen die-ser Maskenbälle im Hotel Baur au Lac zu besuchen. (...) Hesse mit et-was sauersüßer Miene schaute sich den Rummel eher skeptisch an, bis eine reizende Pierette ihn erkannte und sich mit Schwung auf sein Knie setzte. Und siehe da, unser Freund war »parti pour la gloire«. (...) Am folgenden Tag erhielt ich von Hesse ein Dankbriefchen mit dem me-lancholischen Schluß: »Was habe ich auch für Freunde, daß sie mich jahrzehntelang so rumlaufen lassen, ohne daß ich wußte, was ein Mas-kenball ist.«

Hermann Hubacher, *Mit Hermann Hesse auf dem Künstlermaskenball*, in: *Hermann Hesse in Augenzeugenberichten*, S. 509 f.

Hermann Hesse:

Liebe Ruthi (...) Schade, daß die Abreise von Basel so kalt und häßlich war (...) und daß wir vorher auch noch etwas Streit hatten – die Stunden bei dir waren mir darum nicht minder lieb, mein Mädchen. Ich hatte gehofft, dich auch singen zu hören – nun, das nächste Mal wird auch das glücken. Leb wohl, Pünktlein, in deiner hübschen blauen Stube! (...) Liebes Herzlein, soeben bekam ich auch noch deinen lieben Brief, der macht mir große Freude. Das ist schon eine kleine Grippe mit ein paar Fiebernächten wert, wenn man nach Monaten wieder von seiner Geliebten ein solches Wort hört. Ich danke dir, Ruthi.

HH an Ruth Hesse am 11. März 1926 aus Zürich, in: Hermann Hesse, *»Liebes Herz!«*, S. 531 f.

Ruth Hesse:

Lieber Hermann! Bist du im Ernst krank? Und hast dich hier erkältet? Hast Du Grippe? Für das Gedicht danke ich dir innig, es ist schön, traurig und wunderschön und ich möchte dich auf den Mund küssen um dir darüber etwas sagen zu können. Ich danke dir auch vielmals für die Noten, ich will daraus singen (...). Leb wohl, Liebes (...) sei nicht traurig, liebes Herz, liebes, was soll ich nur tun? Ich streichle deine Hand und küsse sie.

Ruth Hesse an HH im März 1926 aus Basel, in: Hermann Hesse, *»Liebes Herz!«*, S. 527 f.

Hermann Hesse:

Liebe Ninon,
Ich folge nun also deinem Befehl und schreibe dir sofort, aber es wird mein letzter Brief sein, und ich bitte auch dich, mir nicht mehr zu schrei-

ben. (...) wenn jede Erwähnung meiner Frau dich zu Eifersuchtsleiden bringt, dann ziehe ich es vor, dich um Entschuldigung zu bitten, dass ich deine Liebe angenommen habe. (...) Ich habe aber nicht darum mein Leben hinter mich geworfen und seit vielen Jahren mit der Menschheit und Gesellschaft gebrochen, um jetzt von dir Ansprüche, Klagen, Vorwürfe anzunehmen, die ich auch meiner eigenen, legitimen Frau nicht zugestehen würde.

HH an Ninon Dolbin am 11. Juni 1926 aus Montagnola, DLA Marbach am Neckar.

Ruth Hesse:

Ich komme heute mit der Bitte oder dem Vorschlag zu dir, uns scheiden zu lassen. Es ist nicht etwa deshalb, weil ich wieder heiraten möchte, das würde ich dir natürlich sagen. Ich empfinde nur den ganzen Zustand als nicht gut, weil auch als dir gegenüber verletzend (von mir aus gesehen natürlich). Deshalb wäre ich dir dankbar, wenn du einverstanden wärst.

Ruth Hesse an HH am 4. Januar 1927 aus Basel, in: Hermann Hesse, *»Liebes Herz!«*, S. 549.

Hermann Hesse:

Es sind drei Bedingungen, die ich stelle.
Erstens kann ich mich auf die Scheidung nur dann einlassen, wenn sie wirklich ohne persönliche Inanspruchnahme für mich sich erreichen läßt. (...)
Zweitens halte ich es, wie ja auch Du selber vorschlägst, für richtig, daß alle Kosten des Verfahrens ausnahmslos von Dir getragen werden. (...)
Drittens bin ich mit der Scheidung nur dann einverstanden, wenn die Schuldfrage entweder vermieden werden kann, oder eine eventuelle »Schuld« ganz zu gleichen Teilen von uns beiden getragen wird.

HH an Ruth Hesse am 10. Januar 1927 aus Zürich, in: Hermann Hesse, *»Liebes Herz!«*, S. 552 f.

Ruth Haußmann:

Hättest Du mit mir eine richtige Ehe geführt, in einer Wohnung, wie andere Ehen geführt werden, so wäre vielleicht manches anders gekommen (...) Du brauchtest entweder eine sehr starke, oder eine sehr hündische Frau.

Hesses geschiedene zweite Frau, Ruth Haußmann, an HH am 28. Mai 1962 aus Dresden, in: Hermann Hesse, *»Liebes Herz!«*, S. 591.

Robert Musil:

Frau Dr. Kreis hat von Hesse erzählt. Ihre Cousine, Kunsthistorikerin, verehrt ihn seit ihrer Mädchenzeit, hat den Augenblick benutzt, wo er seine Geliebte bloß heiratete, um sich in Anstand von ihr zu trennen, wonach sie seine Frau wurde.

Robert Musil, *Tagebücher*, Bd. I, Hamburg 1976, S. 973.

Hermann Hesse:

Dieser Tage kommt wahrscheinlich Mia, die Mutter meiner Söhne, für einen Tag herüber, nicht zu meinem Entzücken, aber ich konnte es ihr nicht abschlagen, sie hat das Bedürfnis, einmal wieder mit mir zu sprechen. Dann kommt wahrscheinlich meine Geliebte bald, eine Wienerin. Meine zweite Frau hat sich wieder scheiden lassen, ich konnte selber nicht recht herauskriegen, warum eigentlich.

HH an Walter Schädelin am 31. Mai 1927 aus Montagnola, in: *Gesammelte Briefe*. Zweiter Band, S. 176.

Mia Hesse:

Ich bin immer bei Dir mit meinen Gedanken u(nd) möchte Dir so gern etwas Liebes tun – könnte ich Dir nur helfen, das Leben leichter zu ertragen.

Mia Hesse an HH am 6. Juni 1927 aus Ascona. Hesse Editionsarchiv.

2.

Sommer 1927. Ninon richtet sich in der Casa Camuzzi ein. Aber wenn sie gehofft hatte, Hesse hier näher sein zu dürfen als in Baden oder Zürich, dann muß sie das als Täuschung erkennen. Hesse legt den Tagesablauf für sie beide fest: keine Störung am Morgen. Das ist die Tageszeit, zu der er niemanden erträgt. Will er sie im Verlaufe des Tages sehen, findet sie eine kurze Nachricht, die er Hausbrief nennt. Ein Verfahren, das Hesse schon im Hotel »Krafft« mit Ruth eingeführt hatte und gegen das seine junge Ehefrau damals aufbegehrte. Ninon hingegen fügt sich klaglos, hält sich daran, nicht dazusein, wenn Hesse sie nicht braucht. Abends ruft er sie meist zu sich, dann liest sie ihm vor. Bricht er, den Strohhut auf dem Kopf, zu seinen Malausflügen auf, so wünscht er keine Begleitung. Ein Wunsch, dem Ninon nicht ungern nachkommt, denn sie verträgt die Sonne nicht, die ungewohnte Hitze des Tessiner Sommers belastet sie. Auch hält sie sich nur ungern in ihren dumpfen, feuchten Parterreräumen auf. Mittags geht sie zum Essen ins Restaurant des Hotels »Bella vista«. Niemand kennt sie im Dorf, niemand grüßt sie. Manchmal findet sich in Hesses Post ein Brief von Emmy Ball, die sich in Deutschland aufhält, in Wunsiedel, Dresden, Leipzig.

Zu meinem Geburtstag ist sie zurück, dann wirst du sie kennenlernen, verspricht Hesse. Hugo Ball sieht Ninon nur flüchtig, ist erschreckt von seinem leidenden Aussehen, seiner Magerkeit. Er habe Magenprobleme, sagt Ball, aber mit etwas Diät wird das wieder zu kurieren sein. Hesse ist von einer zärtlichen Rücksichtnahme gegenüber dem Freund, gibt ihr die gerade erschienene Biographie zum Lesen. Dieser Mann versteht ihn als einer der wenigen, ist Hesse überzeugt. Hugo Ball weiß, wie sehr das Unverständnis der Umwelt schmerzt, unter dem Hesse leidet, denn Ball selbst »ist sowohl als politischer wie als religiöser Autor bisher auf eine wirklich tragische Art unverstanden geblieben«. Ninon muß gestehen, weder etwas von Ball noch von seiner Frau gelesen zu haben.

Und dann, Ende Juni, kommt Emmy, über deren Briefe Hesse immer wieder schmunzelt oder in Lachen ausbricht, aber für Ninon bleibt sie unsichtbar, denn Balls Zustand hat sich so sehr verschlechtert, daß sie umgehend mit ihm nach Zürich ins Rote Kreuz Spital fährt. Hatten die Tessiner Ärzte noch versichert, es sei nichts Ernstliches, wird in Zürich ein Magenkarzinom diagnostiziert und Ball am 2. Juli, Hesses 50. Geburtstag, operiert. Wie sehr hatten sie sich auf dieses Fest gefreut. Nun ist Hesse bedrückt, wartet auf Nachricht von Emmy, die seine Wohnung im Schanzengraben bezogen hat. Ninon fühlt sich hilflos, ist erleichtert, als Tilly und Max Wassmer mit ihrem Auto vor der Casa Camuzzi halten, um mit ihnen nach Sorengo in ein ländliches Gasthaus zu fahren. Dort ist für alles gesorgt, auch die Gratulanten stellen sich ein: Lang kommt mit seiner Tochter Karli aus Lugano, Annemarie Hennings aus Agnuzzo, Hans Moser steigt aus Wassmers Auto, Louis Moilliets Bruder stellt sich ein, begleitet von seiner schönen Frau. Man stößt an mit Fendant und Chianti, wünscht Glück, lobt Balls Biographie, auch den ebenfalls erschienenen *Steppenwolf.* Die Wirtsleute tragen Minestrone auf, gebratenes Huhn und Kuchen. Im Lauf des Nachmittags geht es zurück in die Casa Camuzzi, wo sich Glückwunschtelegramme und Briefe stapeln. Nichts von Emmy.

Natalina hat auf der Terrasse die neuen Gartenmöbel aufgestellt, den Teetisch gedeckt. Wassmer bringt ein Grammophon, legt einen Foxtrott auf. Man will sehen, ob der Wolf steppen und tanzen kann. Karli, die im Winter 1926 mit Hesse geübt hatte, fordert ihn auf. Dann tanzt er auch mit Annemarie, scherzt, küßt beide Mädchen, »was meine Freundin verstimmte«. Ihn amüsiert die Situation, der kleine Flirt mit Karli und Annemie. Abends im Grotto, bei Brot, Käse und Nostrano, gelingt es ihm für Augenblicke, Emmy und Hugo zu vergessen.

Zwei Tage später schiebt Hesse Ninon wortlos Emmys Schreiben vom 3. Juli zu. »Wie gerne ich Ihnen diesen Brief zu lesen ersparen möchte! Verzeihen Sie mir meine Nachrichten, die unerbittliche Wahrheit, lieber Freund«, liest Ninon. »Hugo ist bereits ein aufgegebener Mensch, ein trauriger, hoffnungsloser Fall.« Man hat das Karzinom nicht gänzlich entfernen können, andere Organe scheinen bereits befallen. Übersteht Hugo die Folgen der Operation, hat er dennoch nur wenige Wochen zu leben. Das jedoch, so bestimmt Emmy, sollen die Ärzte und auch die Freunde ihm verschweigen. Sie fährt ins Tessin, trifft Hesse, gemeinsam suchen sie eine komfortablere Unterkunft als die Wohnung in Agnuzzo. Unweit von Montagnola, in Sant'Abbondio, werden sie fündig, mieten ein Haus, das früher ein Kloster gewesen sein soll. »Das schönste, größte und sonnigste Zimmer mit der Aussicht über die herrliche Tessiner Landschaft, über Berge und Seen hinweg, bekam Hugo zum Wohnen«, erinnert Emmy Ball, die ihren Mann am 24. Juli in Zürich abholt. Lang begleitet die Freunde, hat Morphium gegen die Schmerzen im Gepäck. Hesse wartet in Lugano am Bahnhof, ein Taxi steht bereit. Ausdrücklich hat Emmy gebeten, kein Sanitätsauto zu schicken, um ihren Mann nicht zu beunruhigen. Sie will keine Ärzte, nur Lang, der ihr zeigt, wie sie das Morphium zu spritzen hat. Emmy pflegt ihren Mann, Hesse kommt fast täglich zu Besuch, einmal auch Ninon und Adele. Aber trotz Adeles Anwesenheit, trotz Ninons diskreter Fürsorge fühlt Hesse sich so schlecht, daß er beschließt, Anfang September für ein paar Tage zu Dr. Bodmer nach Locarno zu fahren. Ninon fühlt sich zurückgewiesen, fürchtet sich vor dem Alleinsein. War sie nicht gekommen, um Hesse das Leben zu erleichtern? Warum will er zu Bodmer? Und plant er auch einen Besuch bei Mia in Ascona, bei der Adele zu Gast ist? Hesse schweigt zu ihren Fragen, geht zu Ball, bei dem sich auch Richard Huelsenbeck und Albert Ehrenstein, die alten Freunde aus der Boheme und Dada-Zeit, eingefunden haben. Als er abends zurückkommt, warten Lang und Karli auf ihn, um mit ihm ins Grotto zu gehen. Aber Hesse lehnt schroff ab, rechtfertigt sich später für den verunglückten Abend: »Ninon (...) war schuld, sie hatte den ganzen Tag aus unbekannten Gründen einen Kopf gemacht und mir den Tag ganz verdorben, ich hatte nachher auch eine heftige Aussprache mit ihr. An dieser Verstimmung habet Ihr, Du und Karli, nicht den mindesten Teil gehabt. Wäre Ninon nicht dabei gewesen, mit der ich an jenem Tag einfach nicht auskam, so wäre ich sehr gern mit Euch in den Grotto gegangen.« Und so trennen sie sich, Ninon fährt nach Wien, Hesse nach Locarno. Als er zurückkommt, liegt Ball im Sterben. Am 14. September erreicht ihn Emmys Telegramm, noch am selben Tag läßt er Lang und Englert wissen, daß der Freund am 16. September auf dem Friedhof von Gentilino beigesetzt werden soll.

Englert kauft die Grabstelle, ein Priester hält die Messe. Es stürmt und regnet in Strömen, als sich der Trauerzug von der Kirche zum Friedhof hinüberbegibt: Emmy und Annemie, die Freundin Carla Fassbind, Hesse, Richard und Beate Huelsenbeck, Lang mit seiner Frau Carly, die ein Jahr später ihrem Lungenleiden erliegen wird, Karli Lang, Ehrenstein und Englert, neben dem seine geschiedene Frau Maria Holzleitner geht. »Er wurde von lauter Ketzern zu Grabe getragen«, berichtet Hesse, »auch ich trug bei Sturm und Regen eine lange Kerze hinter seinem Sarge her.« Die »sehr kleine und sonderbare Trauergesellschaft« stand um das ausgehobene Grab, der Priester sprach die Gebete, den Segen, die Kerzen flackerten in den Händen von Englert, dem Magier, Lang, dem exkommunizierten Katholiken, den fanatischen Freigeistern aus Balls früher Zeit. Emmy, fragil geworden wie eine Feder, ist starr vor Schmerz, stumm vor Erschöpfung. Hesse nimmt sie und Annemarie mit in die Casa Camuzzi, wo Natalina für ein Feuer im Kamin gesorgt hat, heiße Schokolade anbietet. In dieser Nacht bleiben Emmy und Annemarie bei Hesse, der sich künftig um beide kümmern wird, denn er ist nicht, so schreibt er im Gedenken an Hugo, »von Deinem Grabe weggegangen ohne das stille Gelöbnis, Deiner würdig zu bleiben und Deines Vorbildes nicht zu vergessen«.

*

Inzwischen sind nicht nur anerkennende, sondern auch abwertende Reaktionen auf Balls Biographie bei Hesse eingetroffen. Besonders der Weggefährte der Tübinger und Gaienhofener Jahre, Ludwig Finckh, ist zutiefst gekränkt. Empört wenden sich dessen Freunde an Hesse und verlangen, die Finckh abwertenden Passagen zu streichen. Zugleich diffamieren sie Ball noch einmal als Vaterlandsverräter, thematisieren Emmys Vergangenheit und ihre »schwülen Romane«. Energisch nimmt Hesse die Freunde in Schutz. »Ich liebe diese Romane sehr (…), und ich kann nicht sehen, was sie gegen Emmy und gegen Ball beweisen sollten«, erklärt er den Kritikern. »Ich finde sie viel weniger ›schwül‹ als Ihre und ganz Deutschlands Auffassung von dem kindlich unschuldigen Deutschland, das anno 14 ahnungslos von andern überfallen wurde, während es doch nur privatim das serbische Volk ein bißchen hatte totmachen wollen.« Und Hesse macht den Deutschnationalen um Finckh unmißverständlich klar, daß 1914 Krieg und Kriegsschuld »für Ball und für mich zur Lebensfrage wurde«. Dennoch räumt er ein, »daß Balls Urteile über Finckh hart sind und diesem weh tun mußten«. 1933 stimmt er, wenn auch widerstrebend, bei einer Neuauflage der Kürzung des Gaienhofen-Kapitels und der Streichung fraglicher Stellen zu, die ein Freund Finckhs »ehrenamtlich« übernimmt.

Anders als Finckh und seine Freunde schweigt Elisabeth La Roche, die 1927 in Locarno, wo sie das jährliche Blumenfest inszeniert, in einer Buchhandlung die gerade erschienene Hesse-Biographie Hugo Balls entdeckt. »Ich kaufte sie mir sogleich«, erinnert sie. Und war »hocherstaunt« von Hesses heimlicher Liebe zu ihr. Zugleich war sie befremdet, meinte, Ball hätte ihr Einverständnis einholen müssen bevor er ihren »Namen preisgab«. Sie beschließt, ihm zu schreiben, erkundigt sich nach seiner Anschrift und erfährt, »Hugo Ball sei gestorben. Ich liess die Sache gehen.«

Auch Ruth ist verletzt, fühlt sich, da Ball sie nicht erwähnt, »ausgelöscht«. Lisa Wenger nimmt ihn in Schutz, weiß, daß Hesse seinen Biographen gebeten hat, die zweite Ehe nicht zu erwähnen. »Wärest du Hesses Geliebte gewesen, als Ball das Buch schrieb, hättest du es sicher nicht gern gehabt, wenn er das gesagt und deinen Namen genannt hätte. Nun warst du aber zuletzt auch nicht Hesses Frau, ganz zuletzt seine geschiedene Frau. Dies aber Hesse anzutun, dass er zweimal in demselben Buch als geschieden dastehen muss (…), das wäre doch auch gar zu peinlich gewesen und arg für Hesse«, zeigt Lisa Wenger Verständnis. Aber sie verspricht ihrer Tochter, Emmy darüber zu befragen. Und fügt hinzu, daß diese ihr schon früher versichert habe, Ball schreibe wesentlich über Hesses Dichtung, vom Privatleben »so wenig als möglich«. Schließlich beruhigt sie Ruth: »Ich glaube wirklich (...) dass Ball in keiner Weise dich betrüben oder hintansetzen wollte. (...) Übrigens, was kann denn Emmy dafür, wenn ihr Mann nicht so schreibt, wie es dir recht wäre? Das ist doch weder ihre Schuld, noch konnte sie es wahrscheinlich ändern.«

Aber Ruth gibt keine Ruhe. Einige Wochen nach Balls Tod berichtet Emmy ihrem »lieben Freund Hesse« aus Baden, wohin er die völlig Erschöpfte zur Erholung geschickt hat: »Ich hab ziemlich viele Kondolenzbriefe bekommen, aber der verrückteste war von Ruth. (...) Sie schreibt, sie habe (an) Hugo, überhaupt an uns, absichtlich nicht geschrieben, weil Hugo sie in der Biographie gar nicht erwähnt. Und sie ist offensichtlich durch Hugo sehr beleidigt, ›trotzdem grüß ich Dich‹, schreibt sie, aber ich merk doch, daß Ruth auch mit mir nicht zufrieden ist. Ich bin doch auch nicht in der Biographie erwähnt und interessiere mich doch beträchtlich für Sie (...) Ich könnt ja vielleicht auch beleidigt sein, warum denn nicht? Ich weiß nicht, was ich auf den Brief antworten soll (...) ich hab doch nicht die Biographie geschrieben (...) und sich nachträglich beim gestorbenen Steffgen beschweren hat auch wenig Sinn.« Ruth jedoch ist nicht gewillt, ihre Zeit mit Hesse zu verschweigen, trägt weiter seinen Namen. Als er aus Stuttgart erfährt, daß dort ein »Duettabend« von Gretel Bloch und Ruth Hesse angekündigt ist, schreibt er Ruth am 23. Februar 1928 einen bösen Brief: »Es ist Dir bekannt, daß wir geschieden sind, und zwar auf Deinen, nicht auf meinen Wunsch hin, und daß ich mir damals alle Mühe gab, Dir zu erklären, wie sonderbar und unerlaubt Dein Begehren sei, meinen Namen weiter zu führen. (...) Es ist mir nicht verborgen geblieben, daß Du Dich in Basel trotzdem weiter Frau Hesse nennst, und zwar nicht nur unter den alten Bekannten, sondern Du lässest Dich auch neuen Bekannten so vorstellen. (...) Ich habe bisher auf Zuschriften von Bekannten und Unbekannten, die mich auf den Mißbrauch meines Namens durch Dich aufmerksam machten, nie reagiert. Aber Deine Anzeige in Stuttgart zwingt mich dazu.« Bis zur Eheschließung mit dem Schauspieler Erich Hauß-mann im Februar 1930 wird Ruth wieder ihren Mädchennamen, da-nach den ihres zweiten Mannes tragen. Der Kontakt zu Hesse bricht ab, doch Ruth zögert nicht, sich weiterhin Hesses Lesern und Ver-ehrern als »Königin der Gebirge« vorzustellen, und genießt deren Überraschung, wenn sie erklärt, daß sie mit dem Dichter verheiratet gewesen ist.

Daß Hesse die »Kareno-Oper« schmerzt, zeigen die Spuren, die Ruth in seinem Werk hinterlassen hat. Da erzählt er in der Betrachtung *Spaziergang im Zimmer* im *Berliner Tageblatt* vom 5. Oktober 1928 von einem gestickten Kissen, auf dem Tamino und Pamina durch die Feu-erprobe gehen. Das geliebte Motiv seiner Lieblingsoper. »Eine Frau hat es gestickt, die mich einst liebte, und wie mir ihr Kissen mit dem holden Sinnbild geblieben ist und viel bedeutet, so möge auch ihr von mir ein kleiner Besitz in der Seele geblieben sein!«

Versöhnliche Worte, geisterten doch zwei Jahre zuvor noch ambiva-lente Bilder durch die Dichtung des *Steppenwolfs*. Zum einen: Ruth, das Rehlein: »In die Rehe bin ich so verliebt, / Wenn ich doch eins fände! / Das ist das Schönste, was es gibt. / Ich wär der Holden so von Herzen gut, / Fräße mich tief in ihre zärtlichen Keulen, / Tränke mich satt an ihrem hellroten Blut, / Um nachher die ganze Nacht zu heu-len...« Zum anderen nach seinem Besuch in Basel im Januar 1926: »Zu meiner Geliebten fuhr ich mit der Eisenbahn, / Kam nachts zu-rück bei Hagel und Regen, / Mußte mich gleich mit Fieber nieder-legen, / Denn die Treue sie ist ja kein leerer Wahn. (...) Meiner Ge-liebten schicke ich viele Küsse / Auf Augen, Mund, Hals, Nacken, Knie und Füße, / Ich habe sie mehr geliebt, als sie ahnt, / Und habe mehr von ihr gelitten, / Als ich sonst auf Erden zu leiden fand.« 1928 ruft er *Einer einstigen Geliebten* nach: »Dann bist Du plötzlich, meiner müd, gegangen / Und tatest mir zum letzten Male weh. / Ein Stück von Dir ist noch in mir gefangen, / Und wenn ich fern dich Schlanke schreiten seh, / Kann ich die fremde schöne Frau begehren, / Als ob wir nie ein Paar gewesen wären.« Aber in den *Krisis*-Gedichten findet sich neben der Erinnerung an Ruth auch schon die Hinwendung zur Nachfolgerin: »Eine hieß Ruth, die hat mich entzückt und gequält, / Sie hat nie begriffen, was mir denn fehlt / Und warum ich nicht zufrieden und glücklich sein kann. / Liebe Ninon, heute bist du mein Mond, / Scheinst in meine bange Finsternis herein, / Wo mein Herz so verhängt und traurig wohnt; / Deine klugen Augen sind voller Liebe. / Ach, daß sie immer und immer bei mir bliebe!«

Das hat sie ihm versprochen, will zurückkommen, wenn sie in Wien die Wohnung aufgelöst hat. Aber Ninon weiß, daß diese Verse etwas anderes sind als das Leben, das an seiner Seite auf sie wartet.

3.

»Mit dem ›Steppenwolf‹, den Versen und der Prosa, sollst Du Dich
gar nicht einlassen und abgeben, es würde Dir bloß weh tun«, rät
Hesse seiner Schwester Adele, als er Ende Januar 1927 das Romanmanuskript beendet hat. Er weiß, daß er mit seiner schonungslosen
Offenheit an eine Grenze gegangen ist, die ihm seine Leser ebenso
verübeln könnten wie die Kritik. Als er Walter Muschg, dem Herausgeber der Zeitschrift *Annalen*, fünf Gedichte zum Abdruck anbietet,
lehnt dieser ab, angeblich wegen zu hoher Honorarforderungen. Der
wahre Grund ist jedoch, so Hesse an Anny Bodmer, daß Muschg nicht
wagt, die Texte zu veröffentlichen, »denn diese Gedichte sind allzu
anti-bürgerlich und unmoralisch«. *Krisis* nennt er die Textsammlung,
die zunächst Bestandteil des *Steppenwolf*-Manuskripts sein sollte. Auf
Drängen Samuel Fischers wurden sie ein Jahr nach dem Erscheinen
des Romans getrennt publiziert und, wie der Vergleich mit dem Ty-
poskript zeigt, vor der Drucklegung teilweise einschneidend korrigiert. So wurde Emmys Name durch »Fanny« ersetzt, folgendes Geständnis im Gedicht *Schizophren* ganz gestrichen: »Was mich betrifft,
so bin ich Zimmergesell, / Psychisch belastet und leicht homosexu-
ell, / Leider aber nicht mehr potent / Oder was der Volksmund so
nennt.« Weder diese Verse noch die des »Irrenhauskönigs« oder des
alternden Mannes, der um das graue Haar an seinem »Schwanz« klagt,
mit dem er nicht mehr »wedeln« kann, der seine Geliebte tötet »mit
diesen Händen«, sollen die Pfarrfrau Adele im Schwäbischen erschrek-
ken und belasten.

Auch Hesses Frauen und seine engen Freunde dürften von »diesem
sehr gewagten und phantastischen Buch«, den Gedichten wie auch
dem Roman, überrascht gewesen sein, obwohl er seinen Lebensüberdruß, seine Selbstmordgedanken nie verhehlt hatte. Doch die bru-
tale Selbstanalyse, das krasse Thematisieren von Sexualität mögen
ihnen befremdlich gewesen sein, sie abgestoßen haben. Emmy und
Hugo Ball verstanden diese Arbeiten jedoch als einen künstlerischen
Befreiungsschlag. Das belegen ihre Briefe ebenso wie Balls letztes

Kapitel der Biographie. Da bezeichnet er den *Steppenwolf* als Hesses »mächtigste Inkarnation«, in der »das Tier im Menschen« zutage gefördert und vielleicht »gebrochen« wird. »Damit wäre ein dämonisches Urbild gehoben, und einer Unsumme von Beängstigungen, von Hysterien, von schillernden Sophismen wäre der Weg verlegt. (…) Man mag ach und weh und vielleicht Schlimmeres rufen; gleichwohl: hier ist der Versuch, die zusammengefaßten und auf eine glückliche Formel gebrachten Dämonismen unserer Zeit abzustoßen, um Raum zu gewinnen für alle Güte und unbehinderte Höhe.«

Mia, die den Roman bei einem Besuch Brunos auf der Oschwand liest, reagiert entrüstet und teilt Hesse am 18. Mai 1927 mit, daß ihr die Lektüre »sehr zu schaffen machte. Furchtbar unangenehm hat es mich berührt, dass ich dabei mit figurieren muss, besonders, da die Art, wie dies geschieht, durchaus nicht den Tatsachen entspricht.« Wäre sie bereits tot, so wie es eines der *Steppenwolf*-Gedichte imaginiert, könnte sie die verzerrte Darstellung ihrer Ehe nicht treffen, schreibt sie, doch »wäre es (…) unsern Kindern gegenüber nicht recht, ein so entstelltes Bild unserer Trennung der Mit- u(nd) Nachwelt (zu) überliefern. In unsrer 14jährigen Ehe gab es doch auch noch andres als nur Konflikt und Resignation…« Es kränkt Mia, daß Hesse ihr erneut die alleinige Schuld am Scheitern ihrer Verbindung zuschreibt, wenn er Harry Haller erklären läßt: »Das andere Mal war über Nacht mein Familienleben zusammengebrochen; meine geisteskrank gewordene Frau hatte mich aus Haus und Behagen vertrieben, Liebe und Vertrauen hatte sich plötzlich in Haß und tödlichen Kampf verwandelt, mitleidig und verächtlich blickten die Nachbarn mir nach. Damals hatte meine Vereinsamung ihren Anfang genommen.« Als besonders bitter empfindet Mia, daß Hesse sein Alter ego Harry in den Armen der Prostituierten Maria nicht nur seine vergangenen Lieben erinnern läßt: »Auch meine Frau erschien, mit der ich manche Jahre gelebt, die mich Kameradschaft, Konflikt, Resignation gelehrt hatte, zu der trotz aller Lebensungenüge ein tiefes Vertrauen in mir lebendig geblieben war bis zu dem Tage, da sie mich, irr und krank geworden, in plötzlicher Flucht und wilder Auflösung verließ – und ich erkannte, wie sehr ich sie geliebt und wie tief ich ihr vertraut haben mußte, daß ihr Vertrauensbruch mich so schwer und fürs Leben hatte treffen können.«

Mia weiß, daß er auf ihre Reise nach Ascona zu Nohl anspielt, sieht die völlige Verkehrung der damaligen Situation und stellt fest, »was nun gar den VERTRAUENSBRUCH betrifft, so finde ich, dass dieser Ausdruck die schlimmsten Missdeutungen zulässt. Mir scheint, es müsste möglich sein, dies Wort wenigstens umzuändern (…) Am liebsten wäre mir ja gewesen, wenn Du mich GANZ eliminiert hättest aus dem Buch, wie Du es mit den Kindern tatest. (…) Ich glaube nicht, dass es eine Überempfindlichkeit meinerseits ist, wenn mich diese Art der Behandlung so kränkt.« Es ist ein kurzer Brief, auf den wir Hesses Antwort nicht kennen. Entsprochen hat er Mias Wunsch nicht.

Wie sehr Mia geschmerzt haben mag, daß Hesse einem »leichten Mädchen«, das »auch in der Liebe mit beiden Geschlechtern erfahren« ist, ihren Namen und den seiner Mutter gegeben hat, verschweigt sie; daß dieser Roman ihr schwer »zu schaffen gemacht« hat, wird sie nicht müde zu gestehen. Zugleich versucht sie, den *Steppenwolf* als Verwandlung des realen Lebens, das sie mit Hesse geteilt hat und das sie durch die Söhne noch immer mit ihm verbindet, in literarische Fiktion zu begreifen, als ein Spiel mit den Personen, die im »Magischen Theater« zu immer neuen Konstellationen gruppiert werden. Und wenn er mit der Hoffnung endet – »Einmal würde ich das Figurenspiel besser spielen. Einmal würde ich das Lachen lernen« –, dann gelingt es Mia, auch die eigene Betroffenheit zu überwinden. Wieder in Ascona, lenkt sie schon wenige Tage später versöhnlich ein, voll Mitgefühl für Hesse, dessen Scheitern seiner Beziehung zu Ruth sie miterlebt hat. Ebenso wie Hermine im Roman weiß auch Mia, daß Hesse eine Geliebte braucht, die »nicht jeden Tag zu haben« ist. Wenn er sie nicht mit andern Männern teilen müßte, wenn sie nicht »bloß ein flüchtiger Gast wäre, ginge es nicht so gut«. Dem ständigen Miteinander ist er nicht gewachsen, braucht Abstand, um arbeiten zu können. Niemand hat das schmerzlicher erfahren als Mia, obwohl sie die »bemutternde Frau« ist, die Hesse sich wünscht. Da Ruth sich dieser Forderung entzogen hat, mag sich Mia gefragt haben, ob Ninon Dolbin, die neue Frau an Hesses Seite, von der Adele ihr erzählt hat, diese Aufgabe zu lösen imstande sein würde.

Den *Steppenwolf* liest Ninon jedenfalls mit anderen Augen als Mia, ist immer wieder »hingerissen«, denn: »Es ist ALLES drin, ein Reichtum, eine Fülle, eine Tiefe erschliesst sich (…) Das ist nicht mehr Erzählen, das ist ein Ergreifen, und wen Du ergriffen hast, den kannst Du nicht mehr verlieren! (…) Wie kann man das alles so aussprechen? Nichts beschönigen, verschweigen, schönfärben? Wie nackt steht dieser Harry vor uns, ecce homo!«[12] Wieder ein Vergleich mit dem Höchsten. Wie sehr muß Hesse dieser Brief gefallen, muß er sich gefragt haben, ob nicht Ninon, die seinen Weg verfolgt hat vom Lauscher und Camenzind bis zu Harry Haller, die Frau ist, die ihn wirklich versteht. Doch er warnt sie, erinnert im Spätherbst aus Baden an sein Alter, seine Krankheiten: »Ich bin kein Mann mehr, mit dem eine Frau Staat machen kann und der einer Frau irgendetwas zu bieten hat: was mir bei dem ewigen ermattenden Kampf um das bißchen Gesundheit und Lebenskraft noch bleibt, brauche ich für meine Dichtung.« Seit drei Wochen liegt er im »Verenahof« im Bett, kann sich nicht mehr vorstellen, »eine Stunde lang oder gar einen Tag lang ohne Schmerzen zu sein«. Eine Lesung in München hat er abgesagt, teilt er Ninon am 2. November mit und mahnt: »Überleg Dir die Zürcher Reise noch gut.«

Da Hesse weiß, daß ihr Zürich nicht sympathisch ist, schlägt er Ninon vor, den Winter in Berlin bei Dolbin, in Rom oder Paris zu verbringen, denn er braucht sie in Zürich nicht, braucht eine Haushälterin wie Natalina, die für sein leibliches Wohl sorgt, ihn pflegt, aber keine junge Frau, die ihn entweder fordert oder – noch unerträglicher – ihm Opfer bringt. Die Zeit, da der Wolf steppte und tanzte, ist vorbei, und der Mann von 50 Jahren lebt seine »scheußliche Krankengeschichte«, schreibt nach Wien: »Lebe wohl, Ninon. Ich wünsche Dir Gutes.« Und er legt den Brief seines Jugendfreundes Franz Schall bei, der ihm dringend abrät, Ninons »Opfer« anzunehmen.

Aber sie gibt nicht auf, versichert, kein Opfer zu bringen. An den Sommer 1927 in der Casa Camuzzi erinnernd, verspricht sie, so mit ihm zu leben, daß er sich nicht gestört fühlt. Zunächst will sie in Zürich bei Nelly wohnen oder im Hotel, danach in einem Untermietzimmer in seiner Nähe. Und sie hilft ihm, seinen Traum vom Winterurlaub zu realisieren. Am 4. Januar 1928 reisen sie gemeinsam für sechs Wochen ins Hotel »Alpensonne« nach Arosa. Elf Jahre waren seit seinem letzten Aufenthalt im Gebirge vergangen, damals plante und packte Mia, die begeisterte Skiläuferin, jetzt übernimmt Ninon diese Aufgaben, obwohl sie dem Wintersport nichts abgewinnen kann. Hesse dankt es ihr, und sie darf ihn im März zu Lesungen in seine Heimat begleiten, wo er ihr die Orte seiner Kindheit und Jugend zeigt und sie der Familie als »seine Sekretärin« vorstellt.

Hermann Hesse u. Ninon Dolbin in Arosa 1928/1929

*

Winter 1927/1928: Zürich, Arosa. Dann die Reise ins Schwäbische, das seltsame Gefühl, wenn er sie nicht als Frau an seiner Seite, sondern wie eine Angestellte behandelt. Die Verwandten sprechen von

Mia, den Söhnen, schweigen von Ruth. In Briefkontakt stehen sie mit allen. Da fühlt sich Ninon ausgeschlossen, fragt sich, ob die Schwestern, die Stiefbrüder, die Freunde nicht merken, was sie, Ninon, mit Hesse verbindet. Was ist das für ein Spiel, auf das sie sich da einläßt? Diskretion? Konvention? Warum mutet Hesse ihr das zu? Er, der so stolz ist auf sein unkonventionelles, sein antibürgerliches Leben! Aber sie dringt nicht in ihn, verordnet sich ein freundliches Schweigen. Erst als sie nach Weimar weiterreisen, löst sich die Anspannung. In Berlin trennen sie sich am 28. März. Ninon hat sich entschlossen, nach Paris zu fahren, braucht nach den Monaten des Miteinanders Abstand, spürt auch, daß in Dolbins Nähe ein Konflikt entsteht. Hesse jedoch bleibt, obwohl er die Stadt weder kennt noch mag. Ein Vorurteil, von dem er auch nach diesem ersten und letzten Besuch nicht abrücken wird. Warum dann der Umweg über Berlin, wenn er von Weimar hätte zurückfahren können? Um seinen Verleger zu sehen, hätte er nicht in die Reichshauptstadt fahren müssen, denn Fischer trifft er regelmäßig in Basel, Zürich oder Lugano, später auch in St. Moritz. Zudem befindet sich Fischer zu dieser Zeit mit seiner Frau auf Reisen in Italien.

Nein, es ist eine heikle Angelegenheit, die Hesse in der Stadt zu erledigen entschlossen ist; er unterzieht sich einer Sterilisation. Eine ungewöhnliche Entscheidung, eine damals nicht risikolose Maßnahme, die er jedoch meint, für sich treffen zu müssen, nachdem Ninon ihm den Wunsch nach einem Kind gestanden hat. Am 2. April, fünf Tage nach ihrer Abreise, teilt er Lang knapp mit: »Ninon hat mich noch bis Berlin begleitet, wo ich aber bisher im Bett liegen mußte und erst nach Ostern loskomme. (…) Ich wollte, ich wäre schon wieder im Süden.« Keine weiteren Erklärungen für den engsten seiner Freunde. Und an Mme Ninon Dolbin geht eine undatierte Postkarte aus Lankwitz nach Paris in die Rue d'Odessa: »Liebe Ninon, wieder ist eine Nacht herum, wieder vollkommen ohne Schlaf. Ich glaube nicht mehr daran, daß ich wieder lebend von hier zurück komme, auch technisch geht es nicht, es gehen keine direkten Flugzeuge nach Zürich. Die Welt, in die Ihr mich da hinein geschleppt habt, bricht mir das Genick, es geschieht mir recht. Ich gäbe zehn Jahre Leben für zwei Stunden Schlaf. Die Menschen sind hier alle so gesund u(nd) froh, daß ich mich vor ihnen fürchte; ich habe zu dieser Welt keinen Zugang, ich kann nicht Granit atmen statt Luft. Behüt Dich Gott, liebes Frauchen, habe Freude in Paris! Wie schön muß es sein, an etwas Freude zu haben! Einen Gruß von Deinem H.« In ihrem Antwortbrief bedauert sie, daß er nicht hat schlafen können, ist beschämt, daß es ihr gutgeht, und bittet ihn, sie nicht zu verstoßen, obwohl sie gesund ist und schlafen kann.

Am 8. April, dem Ostersonntag, geht es ihm offensichtlich besser, hat er doch jetzt das Flugbillett nach Stuttgart in der Tasche. Fliegen begeistert ihn, seit er 1911 von Friedrichshafen aus im Luftschiff des Grafen Zeppelin unter Leitung Hugo Eckeners eine »Spazierfahrt in der Luft« unternommen hatte. Der »Anblick der weit erschlossenen Landschaft und das Gefühl des Draußenseins aus allen irdischen Kleinigkeiten« geben ihm jene Leichtigkeit, die er am Boden so schmerzlich vermißt. Doch trotz der Aussicht auf den Flug ist auch dieser Brief voller Klagen über sein Befinden, seine Gastgeber – großzügig, aber vergnügungssüchtig, die ihn ins Varieté und zum Pferderennen schleppen wollen; Aktionen, denen er sich nur durch Kopfweh und Flucht ins Bett entziehen kann. »Vielleicht hätte ich mich auf dies öde Berliner Abenteuer nicht einlassen sollen. Vielleicht aber mußte es sein, vielleicht mußte ich wirklich einmal 14 Tage in die Luft von Großstadt und Zivilisation gestoßen werden, um wirklich zu erfahren, daß diese Welt die Hölle ist.« Ihm fehlt, klagt er, die Luft zum Atmen, selbst der Besuch des Kaiser-Friedrich-Museums und eine Aufführung der Matthäuspassion bieten keinen ungetrübten Genuß, obwohl ihm beim Choral *Wenn ich einmal soll scheiden* »die dicken Tränen übers Gesicht liefen«. Im Museum kauft er eine Ansichtskarte mit Tilman Riemenschneiders »Gnadenstuhl« und schickt sie an Ninon, die diese Plastik als Hinweis auf Hesses neue Arbeit verstanden haben wird, den Roman um die Freunde *Narziß und Goldmund*, den Mönch und den Bildschnitzer. Seinen Brief beschließt er, nach all den Klagen, mit einer überraschenden Bitte: »Addio, Ninon, liebes Herz, geh mir nicht verloren! Es ist mir nicht recht geglückt jemand zu finden, der mich einigermaßen versteht (mir also verzeiht), einer war Hugo Ball, wenigstens ein Stück weit und jetzt habe ich bloß Dich.« Und er fragt fast ängstlich: »Ob Montagnola noch steht u(nd) meine Stube, meine Werkstatt mit dem Balkönchen? Ich kann es kaum glauben.« Ninon beruhigt, will ihm im kommenden Sommer in Montagnola Ruhe vor unliebsamen Besuchern verschaffen; aber erst einmal braucht sie Zeit für sich, wird in Paris bleiben und wünscht ihrem »lieben Vogel« einen guten Flug.

Aus Stuttgart teilt er ihr am 10. April abends mit, daß ihn sein Kopf noch von dem »scheußlichen Lärm« schmerzt, den die Propeller machten. Fünf Stunden dauerte die Reise, die er Ninon genau beschreibt und begeistert feststellt, »die Erde sieht aus der Höhe von 600 bis 1200 Metern oft wunderbar aus«. Über Nacht bleibt er bei seinem Jugendfreund August Rentschler und fliegt am nächsten Nachmittag nach Zürich, wo er erneut sein Quartier im Schanzengraben bezieht.

Ninon hat die Reise mit der Bahn vorgezogen, ruhig und sehr komfortabel. Fred Dolbin hat sie in Berlin zum Bahnhof begleitet, ihr vor Abreise des Zuges Geld für ein Coupé 2. Klasse zugesteckt, und sie hat es dankbar angenommen. Zunächst fährt sie nach Amsterdam: Hotel »Victoria«, das Rijksmuseum, Haarlem. Am 4. April geht es weiter über Brüssel nach Paris, wo Bruno Hesse, der an der »Académie Julien« sein Studium der Malerei fortsetzt, sie am Bahnhof erwartet. Begeistert feiert sie ein Wiedersehen mit der Stadt, die sie seit Jugendtagen liebt. Damals war sie mit ihrer kunstbegeisterten Mutter durch Museen und Galerien gezogen, jetzt erobert sie die Stadt von ihrem Hotel »Odessa« aus. Manchmal trifft sie sich mit Bruno, aber meistens genießt sie es, allein zu sein, durch die Säle des Louvre oder die »Académie des Beaux Arts« zu streifen, in die Oper zu gehen, ins Theater. Ihre Mahlzeiten nimmt sie in einem kleinen russischen Restaurant, ißt nur kleine Portionen, turnt morgens, bevor sie sich zu den Museen aufmacht. In ihren Briefen schwärmt sie von der Schönheit der Stadt, möchte sie ihm zeigen, mit ihm ins Kino gehen oder in eine Revue, wie mit Bruno. Sie liest die Romane der Colette, die sie bewundert, kauft sich Veilchen, einer neuen Hut, ein »Shawlchen«, überflüssige Dinge, die sie glücklich machen. Schließlich fährt sie noch nach Chartres, wandert andächtig durch die Kathedrale, bestaunt die Fenster, ist ergriffen und verzaubert. Ein Besuch bei Georges Duhamel, für den Hesse ihr ein Schreiben mitgegeben hat, enttäuscht sie ebenso wie das Wiedersehen mit ihrer ehemaligen französischen Gouvernante. Denn nach dem Austausch von Erinnerungen an Czernowitz, an Eltern und Schwestern, der liebenswürdigen Aussage, daß Ninon ihrem Vater ähnlich sähe, bleibt nur noch das oberflächliche Gespräch in einer französischen Bürgerfamilie.

Mitte Mai wird Ninons Sehnsucht nach Hesse jedoch so stark, daß sie ihre Rückkehr ankündigt. Aber als sie am 21. Mai in Zürich ankommt, ist Hesse bereits ins Tessin abgereist. Sie übernachtet in seiner Wohnung, läßt sich von Dr. Bircher wegen einer Diät für den von Magen-Darm-Problemen geplagten Hesse beraten, trifft Nelly und lädt sie für den Sommer nach Montagnola ein, hofft, daß ein näheres Kennenlernen die Bedenken der Cousine gegen Hesse zerstreut. Drei Tage später steigt Ninon in Lugano aus dem Zug und bezieht erneut die Parterre-Wohnung in der Casa Camuzzi.

*

Sehnsüchtige Erwartungen. Vorhersehbare Enttäuschungen. Es ist wie im Sommer vor einem Jahr. Und so wird es auch in den folgenden Sommern sein. »Zweisiedlerliebe« kann man es nennen. Oben der Einsiedler und unten sie, die Einsiedlerin wider Willen. Wieder liegen im Vorzimmer die »Hausbriefe«, seine Mitteilungen zu Essenswünschen, Besorgungen, Verabredungen, aber auch Klagen über das schlechte Befinden. Je nach Stimmungslage setzt er mal eine gezeichnete Blume, mal einen munteren oder zerzausten Vogel unter die wenigen Sätze. Vogel, sagt sie, »lieber, lieber Vogel«, und ist bemüht, ihm das Leben zu erleichtern, liest ihm vor, macht ihm Massagen und Einreibungen gegen die Gichtbeschwerden, überwacht Natalinas Speiseplan. Wenn er sich zurückgezogen hat, um an der Geschichte von Narziß und Goldmund zu arbeiten, tagelang ungestört sein will, liest sie seine Briefe, die er ihr nach Paris geschrieben hat: »Mein liebes Herz, liebste Ninon.« An seinen Erlebnissen hat er sie teilhaben lassen, den Eindrücken beim Fliegen, dem Besuch Martins in Zürich, mit dem er drei Tage verbracht hat. Er schreibt von Heiner, der durch seine Vermittlung im Jelmoli-Kaufhaus, dessen Direktor Fritz Leuthold ist, eine Lehrstelle als Dekorateur bekommen hat, erzählt von Opernbesuchen – »Così fan tutte« und die Aufführung von Schoecks »Penthesilea« –, von der Mozart G-moll Symphonie unter dem Dirigat von Volkmar Andreae in der Tonhalle und von einem Liederabend – Schuberts »Winterreise«, Othmar Schoeck am Klavier. Er trifft Louis Moilliet, fährt mit Leutholds zu einem Ausflug in die Berge. Gemeinsam schicken sie eine Ansichtskarte vom Mürtschenstock. Ausführlich erzählt er vom großen Fest der Zürcher Zünfte, dem »Sechseläuten«, bei dem in der Figur des »Bögg«, eines Pappschneemannes, der Winter verbrannt wird. Er besucht alte Freunde: Els und Max Bucherer, Morgenthalers, Hubacher. Alice Leuthold bittet ihn regelmäßig zum Essen. Sogar Englert trifft er, den jetzt so wohlhabend verheirateten Magier, der auf der Durchreise von Holland nach Italien vorbeikommt und ein Aquarell kauft. Doch nichts ist so anregend oder erfreulich, daß nicht noch Klagen folgen könnten, über den Besuch beim Zahnarzt, die Stapel von Briefen und Büchern, die sich während der langen Abwesenheit angehäuft haben. Er ist anhaltend unwohl: »Ich bin von Reise, Darmsache, Flug, Briefelesen etc. verbraucht und dünn wie Cigarettenpapier (11. April 1928). Es geht schwer mit dem Leben, alles tut weh (Zürich, Freitag, ohne Datum). Es geht sehr wechselnd, der Darm ist immer gereizt (24. April 1928). Ich komme vom Zahnarzt (…) es geht schwer mit dem Leben, die Traurigkeit und das beständige Unwohlsein drückt zu sehr. Du musst Geduld haben. (30. April 1928). Die Augen tun weh, der Darm auch. Der Zahn ist nun zum 10. Mal provisorisch gefüllt (…) ich bin leer wie ein ausgehöhlter Kürbis. Ich sollte packen und komme nicht dazu. Ach es ist nichts los mit mir. Dein H. (4. Mai 1928)«. Und dann kommt auch noch Emmy, nicht um beim Packen zu helfen, sondern um ihn zu bitten, sich bei seinem Verleger für die Publikation eines Manuskripts einzusetzen, das nach Balls Tod entstanden ist. *Hugo Balls Leben in Briefen und Gedichten.* Zudem wollte Emmy der Einsamkeit Agnuzzos entfliehen, dem Haus, in dem alles an ihr Leben mit Hugo erinnert. Hesse hat den Nachmittag mit ihr verbracht, sie mitgenommen zum Abendessen bei Leutholds. »Sie war ziemlich vergnügt und sehr lieb, sieht nicht schlecht aus, es war nett mit ihr.« Das erleichtert ihn, hilft ihm mit seiner Trauer um Ball umzugehen, den Erinnerungen, denen er in der Figur des gelehrten Mönchs Narziß Gestalt gibt. Er weiß, daß ein Teil seines körperlichen Unwohlseins auch seelische Ursachen hat: denn ihm fehlen seit der Badener Kur, seit Arosa und der Reise nach Deutschland »Einkehr und Ruhe, Arbeitsluft und Eingezogenheit«. Er fühlt sich »überladen« mit äußeren Eindrücken, über denen ihm »die Gestalt des Goldmund, die ein paar Mal schon greifbar war, wieder zerlaufen« ist.

Ninon legt die Briefe beiseite, deren einer vom 14. April ein gemaltes Herz schmückt und in dem der Satz steht: »Dass Du fort bist, und immer wieder zeitweise fort sein musst, um Dein Leben in Form zu halten und Dich nicht bei mir zu verlieren, das ist ja ganz natürlich und richtig, ich freue mich, wenn Du in Paris und sonst das Deine findest und dann wieder in meine Nähe kommst.«

Diese Nähe ist jedoch kein Miteinander, sondern gehöriger Abstand, Anforderung bei Bedarf. Aber anders als im vorigen Sommer, als Emmy in Zürich um Hugo bangte, ihn in San'Abbondio bis zu seinem Tod pflegte, gewinnt Ninon jetzt in Hesses Freundin eine geschwisterlich Vertraute. Vielleicht hatte Emmy nach Hesses Scheidung von Ruth und Balls Tod gehofft, daß aus der Freundschaft mehr entstehen könnte. Als sie erkennen muß, daß mit Ninon eine neue Partnerin in Hesses Leben getreten ist, schließt sie diese in ihre Gefühle für den Freund mit ein. Künftig wird Ninon, wenn Hesse sie nicht sehen will, ihm mehr als einmal auf einem flüchtig hingekritzelten Zettel die Nachricht hinterlassen, daß sie bei Emmy in Agnuzzo sei.

Äußerlich könnten die beiden Frauen kaum unterschiedlicher sein als die Jüdin Ninon aus Czernowitz und die katholische Konvertitin Emmy aus Flensburg. Dunkelhaarig und ernst die eine, blond und quirlig die andere. Emmy, das lichte Sonnenkind, Ninon, Hesses »Mondgöttin«, an der er »das Gedämpfte« ihres Wesens schätzt und die Zeit, bevor sie in sein Leben trat, als »vor Deinem Mondaufgang« bezeichnet. Zehn Jahre Altersunterschied zwischen dem studierten Großbürgermädchen aus weltoffener, wohlhabender Anwaltsfamilie und dem Kleinbürgerkind, dem *Mädchen am Kai*, das sich als Hausmagd, Schmierenschauspielerin, Diseuse verdingen mußte. Doch schnell entdecken sie Gemeinsamkeiten: Das Aufwachsen in einer Grenzregion, in der die deutsche Sprache Heimat bedeutete. Erfahrungen in einer ersten Ehe. Reiselust und die Liebe zur Literatur, die ihnen schon früh zuverlässiger Trost und Fluchtmöglichkeit aus der Realität war. Beide haben die Spaltung ihrer Lebenswirklichkeit in »Welt und Zaubergarten«[13] erlebt, beide versuchten, sich schreibend damit auseinanderzusetzen, erfanden in ihren autobiographischen Aufzeichnungen neue Identitäten: Emmy wird zu Dagny und Helga, Ninon zu Martina, Ariadne und Gilberta. Sprache bietet ihnen Möglichkeiten zur Selbstaussage, zur Selbstvergewisserung – und ist die Verbindung zu dem Mann, den sie beide lieben: Hermann Hesse.

Anders als Ruth, die dem chaotisch-kargen Haushalt der Balls mit Unverständnis gegenüberstand, fühlt sich Ninon bei Emmy wohl, liebt die Gespräche mit dem phantasievollen »Paradiesvogel«, sitzt stundenlang mit ihr auf der Treppe, die vom Haus in den Garten führt, und läßt sich von den Jahren der Freundschaft mit Hesse, von den Menschen erzählen, die damals, als sie alle ins Tessin gekommen waren, zum engen Kreis gehörten: den Bodmers, Osswalds, Englert und Maria Holzleitner. Fragt Ninon nach Wengers, nach Oppenheims und Ruth, wird Emmy einsilbig, sagt: Das ist vorbei. Später sprechen sie über Hesses neuen Roman, den er nicht wie den *Steppenwolf* im Jetzt ansiedelt, sondern im Mittelalter, in Städten mit verwinkelten Gassen, Mauern, Toren und Türmen und im Kloster Mariabronn, das jenes Maulbronn beschwört, in das Hesse bei den Besuchen in seiner Heimat oft zurückkehrt. Emmy, die an der Entstehung intensiv Anteil genommen hat, weiß, daß Hugos Denken, seine Überzeugungen und sein Wesen in die Gestalt des Narziß eingeflossen sind. »Trotz aller tiefen Verschiedenheit ihrer Wesen hatten sie beide viel voneinander gelernt; es war zwischen ihnen neben der Vernunftsprache allmählich eine Seelen- und Zeichensprache entstanden«, hat Emmy bei Hesse im vierten Kapitel des Manuskripts zustimmend gelesen. Da ist so vieles, was die beiden Freunde bewegt hat: die Liebe zu den Marienliedern, »den vollen tönenden Vokalen, von den frommen Wiederholungen«, die sie bei den Madonnenfesten gemeinsam gesungen haben. Dann die Astrologie als »ein Versuch, in die vielen verschiedenen Arten von Menschen, Schicksalen und Bestimmungen Ordnung und System zu bringen«. Das bewegte Hugo und Hesse schon am Tag des Kennenlernens. Bald waren es auch die Krankheiten der Seele, die sie beschäftigten, Gespräche über Psychoanalyse und Hugos Überzeugung, daß seelische Leiden zu einer Besessenheit führen, die besser mit den Gebeten und Ritualen des Exorzismus als mit Gesprächen zu heilen seien. Emmy ist überzeugt, daß Narziß seinen Freund Goldmund zu seinem eigentlichen Problem führt, zur verdrängten Mutter, der Urmutter, der Frau Eva, so wie es Hugo in der Biographie für seinen Freund unternommen hat, denn auch Ball hat Hesses »Lebensgeheimnis, seine verborgene Wunde erraten«, und das war möglich, weil er ihn liebte, so wie Narziß den Goldmund liebt.

Über dem Kamin hängt Hugos Totenmaske neben einem Aquarell Hesses. Emmy stellt Blumen auf den Sims, singt: Meerstern ich grüße dich, / o Maria hilf. Sie bricht ab und lächelt entschuldigend, hatte für Augenblicke Ninons Jüdischsein vergessen. Darf ich meine Cousine Nelly mitbringen, fragt Ninon, sie lebt in Zürich und wird mich besuchen.

Emmy Ball-Hennings in Agnuzzo mit Totenmaske Balls

*

Mit Nelly, die sich gerade aus ihrer unglücklichen Verbindung mit Philipp Beer gelöst hat, wird das Leben in der Casa Camuzzi leichter. Findet Ninon abends eine Mitteilung vor, daß Hesse noch arbeiten und sehr früh zu Bett gehen wolle (»mit Veronal«), dann spaziert sie mit Nelly durchs Dorf, sitzt mit ihr bei einem der Roccoli, der Vogelfangtürme, schaut über das Land, das Hesse bei seinen täglichen Malausflügen in brennenden Farben festhält. Will er allein bleiben, »Goldmunds wegen«, macht sie Ausflüge mit der Cousine, zeigt ihr Lugano, wo sie für Hesse auch Besorgungen erledigt. Oder sie besuchen Emmy Ball. Am 24. September, kurz vor Nellys Abreise, schlägt Hesse einen Ausflug vor: »Wenn Ihr wollt, könnten wir vielleicht nach Carona gehen, etwa zehn Uhr oder wenig später hier weg, dann in Carona essen. (…) Schick mir ein Wort, und sage eventuell auch gleich Natalina Bescheid, wenn wir gehen. Sie braucht mir dann kein Essen zu machen. H.« Nach Carona? Was mag ihn gerade dorthin ziehen? Ninon kennt das Papageienhaus in Kareno aus *Klingsors letzter Sommer*. Auch Nelly? Sie erinnert sich viele Jahrzehnte später an diese Ausflüge, »Wanderungen von vielen Stunden, in denen Hesse uns gerne damit unterhielt, daß er uns sämtliche Varianten des Hinkens vorführte«. Und sich ein »diebisches Vergnügen« daraus machte, Touristen, die nach dem Weg zum Haus des Dichters fragten, genau Auskunft zu geben, wohl wissend, daß sie vor verschlossener Tür stehen würden. Sosehr ihm vor solchen Besuchern und ihren pseudo-intellektuellen Gesprächen graute, so sehr genoß er einen Schwatz mit den Einheimischen, auf der Wanderung, bei der Heimkehr mit der Ponte-Tresa-Bahn oder im Grotto. Dann wurde ausführlich über das Wetter, die Ernte, den Wein, über Hausbau und Familienneuigkeiten geredet. Kamen sie heim, hatte Hesse immer Blumen gepflückt, seltene Steine gefunden, erinnert sich Ninons Cousine Nelly. Sie scheint diese Tessiner Wanderungen genossen, sich über Hesses skurilen Humor amüsiert zu haben, dennoch bleibt sie, trotz vieler Begegnungen mit dem Dichter, überzeugt, daß es verhängnisvoll für Ninon ist, ihr Schicksal mit dem Hesses verbunden zu haben. Auch Ninon mag das nach Nellys Abreise Ende September spüren.

Da klagt Hesse wieder über Augenschmerzen, über Kopfweh, hält sie fern, gibt ihr statt dessen jenes Feuilleton zu lesen, in dem er von dem Zauberflöte-Kissen schreibt, das ihm Ruth gestickt hat. Das schmerzt sie. Warum schreibt er über eine Geliebte der Vergangenheit, da sie, Ninon, jetzt bei ihm ist, alles für ihn tut? Als sie den Text liest, weint sie vor Enttäuschung, macht ihm Vorwürfe. Aber er verweigert die Aussprache, zieht sich zurück, schreibt ihr ein paar Zeilen: »Ninon, liebes Kind, ich gehe jetzt ins Bett, voll mit Veronal. Glaub mir, daß ich es gut meine. Ich bin 90 Jahre alt u(nd) krank, u(nd) manches versteh ich nicht mehr, z. B. warum mein Feuilleton für dich so schlimm war. Auf Wiedersehen, liebes Herz, auch diese schlimme Zeit geht vorüber.« Sie aber kann nicht schlafen, antwortet mit einem »Hausbrief«: »Hermann, lieber Hermann, es war nicht das Feuilleton! Es war durch den Inhalt des Feuilletons etwas wieder wach und schmerzlich geworden, das ich lange unterdrückt hatte. Die Beschreibung Deines Zimmers. Dieses Zimmers, vollgehängt mit Bildnissen von Dichtern, Fremden, Frauen – in dem kein Platz für ein Bild von mir ist!«[14] Für das Foto, das schöne Porträt, das sie ihm zum Geburtstag schickte, nachdem sie seine Geliebte geworden war, für die anderen Fotografien, die sie ihm schenkte. Wo sind sie? fragt Ninon. Aber: »Du wurdest wütend! Woher du wissen solltest, wo die seien, bei der Unmasse von Papieren, irgendwo zuunterst würden sie wohl liegen!«[14] Gekränkt hält sie ihm vor, daß andere Männer ein Bild der geliebten Frau »irgendwo obenauf liegen haben, sodass sie es leicht ansehen können«.[14]
Enttäuscht packt Ninon ihre Koffer, fährt nach Wien. Und Hesse klagt Lang: »Lieber Longe! Der Sommer ist zu Ende, körperlich der traurigste und schwerste, den ich je erlebte, auch jetzt noch habe ich beständige Schmerzen.« Kein Wort des Beileids an den Freund, dessen lungenkranke Frau Carly am 6. August 1928 gestorben ist, nur die Mitteilung, daß ihn die Markwalders nach Baden eingeladen haben. Dorthin wird er jetzt reisen, läßt er Lang wissen, und daß Ninon für einige Wochen in ihre Heimat abgereist ist: Wien und die Bukowina.

*

Während Hesse sich bei Anny Bodmer über die »Winterhölle« des Kofferpackens beklagt, das Versenden der Bücher und Unterlagen, die er während seiner Kur in Baden und für die Arbeit im Zürcher Schanzengraben braucht, genießt Ninon Wien: Konzerte, Oper, Theater, Museen, aber auch Schaufensterbummel, den Kauf neuer Kleider, das Treffen mit Freunden und Freundinnen, Gespräche im Kaffeehaus. Einziger Wermutstropfen sind die schmerzhaften Injektionen, die sie sich, wie schon im Vorjahr, gegen ihre Krampfadern geben läßt. Freude machen ihr Emmys muntere Plauderbriefe. Wie wohl tut es Ninon, nach Hesses nachlässigem Umgang mit ihren Fotos zu hören, daß die neue Freundin immer Fotos von Ninon um sich hat. Bei dieser Mitteilung ist der erotische Unterton unüberhörbar: »Schade, daß ich Sie nicht mehr sehen kann, die dunkle Wolke Ihres Haares auf den weißen Kissen, Ihr helles Gesicht, das mein Griechenland ist, und die dunklen Morgenlandaugen, die Juwelenaugen. Ich bin so betrübt, daß ich keine Malerin bin (...) ich hätte etwas Reizendes gemacht in Schmetterlingsfarben, libellenhaft und leichtzitternd.« Ninon ist, so gesteht ihr Emmy, »die liebste, vielleicht einzigste, wirkliche Freundin, (...) zart und dankbar angeliebt«.

Je größer Ninons Abstand von Hesse ist, je länger sie sich in Wien, danach in Krakau bei ihrem Onkel aufhält, desto freier klingen ihre Briefe an den »Liebsten, das arme Kind, ihr liebstes Herz«. Wenn er über die Unverträglichkeit des Essens klagt, bedauert sie ihn, macht – wie auch Mia über lange Jahre – Vorschläge zur Diät, aber sie denkt nicht daran, ihre Reise zu unterbrechen. Sie hat mit der Aufzeichnung ihrer Jugenderinnerungen begonnen, fährt von Krakau über Lemberg nach Czernowitz. Dort bleibt sie vom 21. bis zum 26. November, trifft ihre Freundin Johanna und ihre acht Jahre jüngere Schwester Lilly, die aus Bukarest gekommen ist, wo sie mit ihrem Mann, dem Schriftsteller und Literaturkritiker Lothar Radaceanu, lebt, der als sozialdemokratischer Deputierter im rumänischen Parlament sitzt. Als Lilly nach Bukarest zurückfährt, ahnen die Schwestern nicht, daß sie sich später einmal unter bedrückenden Umständen wiedersehen werden. Da ist Lilly von Radaceanu geschieden und mit dem Juristen Heinz Kehlmann verheiratet.

Über Lemberg und Krakau fährt Ninon nach Berlin, möchte Dolbin wiedersehen. Sie wohnt in seiner Wohnung, während er ein Pensionszimmer in der Nähe bezogen hat. Die Tage und Abende verbringen sie jedoch gemeinsam, und Ninon ist wieder fasziniert von dem Tempo der Stadt, den interessanten Menschen, mit denen Dolbin sie bekannt macht. Sie gehen ins Theater, ins Varieté. Als Josephine Baker gastiert, ist Ninon hingerissen von ihr. Es ist Freds lebhafte Welt, in die Ninon eintaucht, in der sie Abstand findet zu Hesse, der die Großstadt als Blech- und Betonwüste ablehnt, Varietés und »Negermusik« verachtet. Ninon ist gern in Berlin, genießt das Zusammensein mit Dolbin und dessen Freunden und versichert Hesse zugleich in ihren Briefen, daß sie unglücklich wäre, in dieser Stadt leben zu müssen.

Kurz vor Weihnachten fährt sie nach Zürich, wo sie ein Untermietzimmer in Hesses Nähe bezieht. Welch ein Unterschied zu Berlin! War eben noch das Leben bunt und voller Anregungen, so geht es bei Hesse »ziemlich still und verborgen (zu). Ich stehe so gegen 10 auf«, teilt er Anny Bodmer mit, »sitze bis 2 über meiner Post, kriege dann das Essen gebracht, nachher kommt Ninon, es wird etwa 2 bis 3 Stunden vorgelesen, am Abend esse ich wieder allein zuhaus mein Yoghurt und meine Banane und arbeite womöglich noch.« Zum Weihnachtsfest sind Ninon und Hesse bei Leutholds eingeladen.

4.

1929. Ein Krisenjahr. Ninon lebt im Zwiespalt zwischen Hesses Zurückgezogenheit und Dolbins Umtriebigkeit, wechselt zwischen dem Zusammensein mit dem Dichter-Geliebten und dem Karikaturisten-Ehemann, verbringt wie im Vorjahr den Februar mit Hesse in Arosa, fährt jedoch bereits Ende März nach Nizza, um Dolbin zu treffen. Zehn Tage ist sie mit Fred zusammen, während Hesse »unter wüsten Augenschmerzen den Goldmund ins reine geschrieben« hat. Wieder leidet er unter einer Entzündung des Tränenkanals, wieder läßt er seine Launen an Ninon aus. Da verwundert es nicht, daß auch sie bedrückt ist, gereizt reagiert. Schon am 6. April trifft sie sich erneut mit Dolbin in Lugano. Mit ihrem »Roman« kommt sie nicht weiter, kann sich nicht auf ihre Arbeit konzentrieren und hat Angst, diesen Text ebensowenig zu beenden wie ihre Dissertation.

Vielleicht, so hofft Ninon, legt sich Hesses Reizbarkeit im Tessiner Sommer. Die Voraussetzungen sind gut, denn das Manuskript *Narziß und Goldmund* liegt bei Fischer in Berlin und soll, nach einem Vorabdruck in der *Neuen Rundschau*, im kommenden Jahr erscheinen. Hesse wird also Zeit haben zum Wandern, zum Malen, zu Sonnenbädern, die seine Gicht mildern. Ninon wird Emmy wiedersehen und im August, wenn die schwüle Hitze ihr in Montagnola unerträglich wird, ins Wallis fahren, um dort mit Dolbin und einer Freundin zu wandern. Fred kann sie ihre Probleme mit Hesse anvertrauen, ihre Schwierigkeit, selbst literarische Texte zu verfassen, die ihrem hohen Anspruch genügen. Dolbin gelingt es, sie aufzuheitern, seine Briefe wehen »Frischluft« in die bedrückte Stimmung ihres Zürcher Untermietzimmers, die muffige Wohnung in der Casa Camuzzi. Mit Fred fühlt sie sich wohl und entspannt, schwärmt auf einer Ansichtskarte am 21. August 1929 von der Schönheit Saas Fees, ist bester Stimmung, fühlt sich in der Höhenluft wie »bergtoll«. Und, so vermutet Hesse in einem Anflug von Eifersucht, auch von Dolbins Anwesenheit. So beeilt er sich, Ninon mitzuteilen, daß er sie im kommenden Winter zum Urlaub auf die Chantarella oberhalb von

St. Moritz einlade, und versichert, sie müsse auch nicht Ski laufen, es gäbe dort sehr schöne geräumte Spazierwege.

Hesse weiß nur zu gut, wie sehr das Leben an seiner Seite, diese Fern-Nähe die Freundin belastet, hat am 3. Juli 1929 an Lang geschrieben: »Ninon (...) ist übrigens sehr nervös, ich sehe, daß auch sie auf die Dauer das Leben in meiner Atmosphäre nur sehr schwer erträgt; es sind Symptome großer Störungen da, aber sie gibt sich tapfer Mühe, es mit dem Willen und dem Verstand zu zwingen, und ihre weibliche und jüdische Psychologie ist mir doch nicht durchsichtig genug, als daß ich wagen würde, irgendwie einzugreifen.« Im Vordergrund steht immer das eigene Übelbefinden, und er klagt über »erotisch-nervöse Störungen«, bittet Lang, ihm Medikamente zu schicken: Schlafmittel, Schmerzmittel, Aphrodisiaka. Am liebsten würde er mit dem Freund in einer Kneipe hocken und beim Wein »genaue Pläne für den von uns herbeizuführenden Weltuntergang« ausspinnen. »Ich bin froh, daß es wenigstens dich gibt, o Longe. Andre Leute mögen dieses und jenes von Kunst verstehen, aber die dunkle und wilde Seite der Seele versteht niemand so gut wie du.«

Nein, diese Seite versteht Ninon nicht, hat noch immer nicht erkannt, daß für Hesse die physischen und psychischen Probleme der Anstoß für seine Kreativität sind, daß aus seinem Leiden seine Literatur erwächst. Sie glaubt, ihm durch ihre Pflege und Fürsorge zu Wohlbefinden verhelfen zu können, fühlt sich durch seine unwirschen Reaktionen zurückgestoßen. Mißverständnisse. Kränkungen. Dann ziehen sich beide in ihre Zimmer zurück. Manchmal gibt Hesse ein Zeichen zur Versöhnung, wie im September 1929 in einem undatierten Hausbrief mit einer gemalten Blume: »Liebe Ninon! Es ist schon so viele Tage her, seit Du Deine Mißstimmung gegen mich richtest und ein gewisses Gesicht machst. Ich kanns verstehen, aber dumm u(nd) traurig ist es doch, Du sonst so kluges Mädchen. Ich wünsch' Dir Gutes. Dein H.« Und dann läßt er von oben noch ein Blatt Papier mit einem Gedicht das Treppenhaus hinuntersegeln, für das sie in einem Hausbrief überschwenglich dankt.

Es ist ein ständiges Wechselbad der Gefühle, in das sich Ninon geworfen sieht, auch als zu Beginn dieses Monats ein junger Bewunderer Hesses nach Montagnola kommt: Manuel Gasser, der zwei Tage Urlaub von der Schweizer Armee hat und »in der Uniform eines Train-Korporal« in der Casa Camuzzi eintrifft. Dort begrüßt ihn Ninon, und Gasser erinnert sich fast 50 Jahre später: »Sie war eine schöne junge Frau Anfang der Dreißig mit eindrucksvollen dunklen Augen, knapp anliegendem, ebenfalls dunklem Haar und lebhaftem Temperament, das aber einen ernsten, fast melancholischen Unterton hatte; (…) Sie war stolz auf ihre jüdische Abstammung und ihre Herkunft aus Czernowitz.« Ninon, die schon ein Jahr zuvor mit Gasser wegen eines Besuches korrespondiert hatte, unterhält sich mit dem Besucher, bis Hesse gegen Abend bereit ist, Gasser zu empfangen. »Und da ereignete sich etwas, was mich mit einem Schlag aus den Hochgefühlen riß, in die mich das Zusammensein mit Frau Ninon versetzt hatte«, erinnert Gasser. »Kaum war die Begrüßung vorüber, entdeckte Hesse, daß eine Blumenvase in seinem Arbeitszimmer nicht dort stand, wo sie hätte stehen sollen. Ob dieser Bagatelle geriet er in Wut und wies die Freundin mit so schneidend scharfen Worten zurecht, daß es mir durch Mark und Bein ging. (…) das Erschütternde an der blitzartig sich abspielenden Szene war, daß auch kein Gran von Humor in Hesses Zurechtweisung mitschwang.« Gasser hat Mühe, seine Fassung zu bewahren, bewundert Ninon, die die peinliche Situation geschickt überspielt, einen Besuch im Grotto vorschlägt. Für Gasser »liegt das Bild des Dichters in Scherben«, und er wird lange brauchen, um diese Unerbittlichkeit Hesses, von der er sich selbst nicht ausnahm, als zu dessen Charakter und Werk gehörig anerkennen zu können. Später, im Grotto, am grob zugehauenen Steintisch bei Wein, getrocknetem Fleisch, Brot und Käse erlebt Gasser jedoch »das Bild eines sich innig zugetanen, gegenseitig-ergänzenden Paares«. Dabei wirkt Ninon auf ihn reifer als Hesse, dessen jungenhaftes und scheinbar unausgegorenes Verhalten ihn bei dieser ersten Begegnung irritiert. Viele Besuche werden folgen, Gasser wird Hesses Wesen besser verstehen und würdigen, mit Ninon eine lange Freundschaft begründen.

Als der September zu Ende geht, bereitet sich Hesse auf die Abreise zur alljährlichen Kur in Baden vor, auf das Leben im Zürcher Winterquartier und auf eine Lesereise nach Schwaben im November. Ninon hat sich entschlossen, ihn nicht zu begleiten, sondern in Montagnola zu bleiben, um ihre autobiographischen Aufzeichnungen fortzusetzen. Bevor Hesse abreist, bietet er ihr in einem Hausbrief an, »im Notfall« in seiner Wohnung zu arbeiten, da es in seinem Studio einen Petrolofen gibt. Und er stellt in Aussicht, seinen Schreibtisch für sie abzuräumen – und dessen Türen zu verschließen.

Dann ist Ninon allein mit den beiden Katzen, Romulus und Katerchen, genießt die noch warmen Herbsttage, geht mit Hesses Freunden, der Teppichweberin Maria Geroe-Tobler, die alle Mareili nennen, und ihrem Mann, dem Schriftsteller Marcel Geroe, ins Grotto oder ins Kino nach Lugano. Da sich Emmy mit ihrer Tochter zum Besuch der alten Dada-Freunde, Tristan Tzara, Emil Szittya und dem Ehepaar Arp, in Paris aufhält, lädt Ninon ihre Cousine nach Montagnola ein. Aber der Besuch erweist sich als bedrückend, beginnt Nelly doch immer wieder die Diskussion um Dolbin und Hesse, wirbt für den einen, warnt vor dem anderen. »Sie hatte keine Ahnung, dass sie mich verletzte, und als sie es begriff, empfand sie eine solche Reue, dass ICH sie trösten musste – wir schieden als Freundinnen«, schreibt Ninon am 15. Oktober 1929 an Hesse. »Ich kann es ganz besonders nicht ertragen, wenn andere so tun, als wäre ich gezwungenerweise in Montagnola, als zöge ich ›Berlin‹ eigentlich vor.«[15] Das tut sie nicht, obwohl sie Fred versprochen hatte, im Oktober zu kommen, um an der Premiere von Karl Kraus' Schauspiel *Die Unüberwindlichen* teilzunehmen, für das Dolbin Bühnenbild und Kostüme gestaltete – eine Premiere auch für ihn. Schwarzweiß die konsequente Gestaltung der Bühne, ein »Nichts« darauf: Schreibtisch, Stuhl, Klubsessel. Er arbeitet mit Schleiertüchern, Projektionen. Ein Experiment, das zur Sensation wird, wie Dolbin seiner Frau begeistert mitteilt. Vielleicht wird er schon bald ein neues Stück ausstatten. Jungenhaft-unbekümmert empfindet Ninon den 46jährigen, während sie selbst sich plötzlich uralt fühlt, depressiv und in der feuchten Herbstkälte von Ischias geplagt. Hesse gesteht sie, daß Dunkelheit und Einsamkeit sie bedrücken. Oft wird ihr bange, sie denkt ans Sterben und kann den Spuk nur verscheuchen durch den Schein der Lampe und die Wärme des Ofens. Und wieder denkt sie, daß es schön sein müßte, ein Kind zu haben.

Auch Emmys Rückkehr ins Tessin ändert nichts an Ninons Entschluß, die Casa Camuzzi Mitte November zu verlassen und nach Wien zu fahren. Sie sehnt sich nach dem Stadtleben, nach Kultur und dem Wiedersehen mit ihren Freunden, fühlt sich ungeliebt wie ein Hund, der seinem Herrn treu ergeben ist, der den Menschen, den Andersartigen liebt. »Er hat sich verloren, er hat sich dem Menschen hingegeben. Darin liegt seine Stärke und seine Schwäche, darum ist er unglücklich – *unglücklich wie jeder Liebende.*«[16] Das hat Ninon im Vorwort zu einem von Dolbin gezeichneten »Hundebuch« geschrieben. Ihm gratuliert sie zu seinem Erfolg, freut sich mit ihm, sorgt sich jedoch um die Gesundheit des Umtriebigen: »Du mußt Dich wirklich besinnen, Hase, – (…) und bedenke, ---- nicht hundert Jahre kannst Du Dich ergötzen, ---- und darum mußt Du klug leben, als Meister, nicht als Gejagter, Sklave des Geldes!«[17] Aber Dolbin sieht sehr genau, daß seine Frau ihre Sorgen um Hesse auf ihn projiziert, scherzt, versucht sie aufzumuntern, schickt ihr Geld, um die Wienreise zu finanzieren oder etwas zu kaufen, woran sie Freude hat.

Hesse hingegen schreibt lange Klagebriefe aus Stuttgart, eine »todestraurige« Karte aus Blaubeuren. Wieder einmal fühlt er sich unverstanden, ist enttäuscht von dem Publikum, vor dem er liest, dem eiskalten Zimmer im Tübinger Wirtshaus, von seinen Schwestern, der Familie des Stiefbruders Karl Isenberg, von den Molts, bei denen er in Stuttgart übernachtet. »Man liest seine Gedichte vor, mit dem Äußersten an Konzentration, kriegt dann ein wenig auf die Schulter geklopft, und dann kann man den anderen zusehen, wie sie Schnitzel und Bratwurst fressen und sitzt so fremd und entbehrlich dazwischen, daß einem das innerste Herz friert«, klagt er Ninon am 8. November, die ihn bemitleidet, ihn umarmen, ihm Ruhe geben möchte und verspricht, nicht direkt nach Wien zu fahren, sondern den Umweg über

Zürich zu nehmen, um ihn nach seiner Rückkehr aus Deutschland zu sehen. Sie hat ein Hotelzimmer bestellt, die Ankunft des Zuges jedoch nicht angegeben, damit er sich nicht verpflichtet fühlt, sie abzuholen. Er nimmt sie mit zum Abendessen bei Schoeck, sie sprechen über Musik, über Bach, da ist er ihr so nah, daß sie bei ihrer Ankunft in Wien schreibt: »Je mehr ich Dich erkenne, je klarer (…) mir irgend etwas an Dir wird, desto mehr liebe ich Dich. (…) Es ist wahr, ich bin manchmal traurig, weil man Dir nicht widersprechen darf. Ich lerne viel aus Rede und Widerrede. (…) Darum bin ich glücklich, wenn es dazu kommt, dass ich laut widersprechen kann, statt meine Zweifel herunterzuschlucken, und wenn ich dann auf diesem Umweg dahin gelange, wo Du stehst!«[8]

Das will sie, danach sehnt sie sich, ihn zu verstehen, eins zu sein mit ihm. Aber als sie Weihnachten nach Zürich kommt, findet sie ihn ruhebedürftig, und ihre Vorfreude auf den gemeinsamen Silvesterabend wird enttäuscht. Geh zu Nelly, sagt er mit »schmerzverzerrtem Gesicht«. Da schreibt sie ihm wenige Tage später einen bitteren Brief und erklärt, daß sie gerade die Silvesternacht mit dem geliebten Menschen hätte feiern wollen, mit dem sie auch das neue Jahr verbringen möchte. Wohl hat sie sich gesagt, daß dieser 31. Dezember 1929 nur ein bedeutungsloses Datum für ihre Beziehung ist, hat versucht, sich damit zu trösten, daß sie gern allein ist, ihn keinesfalls belästigen will. Aber als er ihr am Neujahrstag abspricht, ihn bei seiner Arbeit am *Goldmund* unterstützt zu haben, packte sie ein heftiger Zorn. War sie nicht dagewesen, wenn er sie brauchte, war unsichtbar, wenn er allein sein wollte? Nein, auch wenn sie ihm versprochen hat, sich ganz nach ihm zu richten, weiß sie jetzt nicht mehr, wie viel sie noch ertragen kann. Und doch begleitet sie ihn wenige Tage später, am 10. Januar 1930, in das auf 2000 Meter Höhe gelegene Grandhotel »Chantarella« oberhalb von St. Moritz, wohin Englert und seine Frau Georgine ihn eingeladen haben, denn: »Einzig beim Skilaufen und beim Malen ist es mir noch möglich, je und je für Augenblicke etwas von dem vollsaftigen Lebensgefühl der Knabenzeit zu spüren.« Und so läuft Hesse Ski, Ninon geht spazieren. Sie fühlen sich wohl in der Anonymität des »Millionärshotels (...), inmitten einer Berliner und internationaler Schieber- und Kapitalistenwelt«. Wie aber mag sich Ninon in der Villa der Englerts gefühlt haben, die sie mit Hesse häufig besucht? Wie anders ist das Leben des »Magiers«, »der mit seiner Frau und einem Rudel drolliger Kinder aus drei Ehen eine merkwürdige und sehr sympathische Völkerschau im Hause hat«. Will sie das nicht auch? Ein Familienleben? Kann mit ihr nicht gelingen, was mit Mia und den Kindern mißlungen ist? Und war Mia, als Bruno geboren wurde, nicht noch älter, als sie es jetzt ist? Wünsche auf ihren einsamen Spaziergängen im Schnee, von denen sie weiß, daß sie nicht in Erfüllung gehen können. Kommt Hesse von seinen Skitouren zurück, liest Ninon ihm vor – die Memoiren Trotzkis –, sie sitzen im Restaurant und in der Bar, trinken Wein, rauchen: Hesse seine Brissago, Ninon Zigaretten der Marke »Simon Arzt«. Vielleicht, so denkt Ninon, könnten sie doch ein gemeinsames Leben wagen. Vorsichtig versucht sie, Hesse zu überzeugen, daß es peinlich für sie ist, als seine Sekretärin vorgestellt zu werden, obwohl alle Freunde wissen, daß sie seine Geliebte ist. Sie wünscht sein Bekenntnis, weiß nicht, wie sich Hesse wenige Wochen zuvor in einem Brief an Bruno zur Ehe geäußert hat: »Für den Künstler, überhaupt für den begabten Phantasiemenschen, ist die Ehe beinahe immer eine Enttäuschung. Im besten Fall ist es eine langsame, erträgliche, mit der man sich halt abfindet, aber es stirbt dabei, ohne viel Schmerzen, ein Stück Seele und Lebenskraft ab, und wir sind nachher ärmer, während wir nach dem Erleben eines echten großen Schmerzes eher reicher sind.«

Ninon spürt seine Ablehnung. Er klagt über seine empfindlichen Augen, die er mit dunklen Brillengläsern schützt, vergleicht seine Kondition beim Skilaufen mit der Moilliets, mit dem er sich zu Abfahrten trifft. Moilliet »läuft so schön wie Vogelflug«, stellt Hesse fest, während ihn die Skitouren viel zu sehr anstrengen. Bei Lang bestellt er Medikamente, besonders Herzmittel sind ihm »willkommen und finden Verwendung. (...) Mit dem Herzen haben wir beide ein wenig zu tun, auch Ninon, und hie und da schleicht eins von uns beiseite und säuft Baldrian, so wie alte Engländerinnen aus dem Kleiderschrank hie und da die Cognacflasche ziehen.«

Schnee und Sonne. Treffen mit seinen alten Freunden, Englert und Moilliet, mit Jakob Wassermann. Schön könnte es sein, aber Hesse empfindet die Zeit mehr und mehr als verdorben, »das Herz unruhig, viel Augenschmerzen und Ninon hat Launen, zürnt halbe Tage«. Moilliet überredet das unwirsche Paar zu einem Ausflug nach Sils-Maria und ins Fextal, das lockert die Stimmung auf, aber Ende Februar verknackst sich Hesse beim Skilaufen den Fuß, hat eine Zerrung und einen Bluterguß, liegt im Bett. Ninon macht kühlende Umschläge, ist selbst unwohl, Magen und Darm rebellieren. Nach fast zwei Monaten auf der »Chantarella« beschließt Hesse abzureisen. Er ist reizbar, spürt, daß die Urlaubszerstreuung nicht jene Leere füllt, die ihn seit Abschluß des Romans *Narziß und Goldmund* quält. Er will etwas Neues beginnen, aber kann es nicht, ist überzeugt: »mit so viel Liebe und Freude werde ich nie wieder arbeiten.« Vielleicht hilft der Ortswechsel. Anfang März packt Ninon die Koffer.

Hermann Hesse u. Joseph Englert in St. Moritz 1930

*

In Zürich wächst der Abstand zwischen ihnen erneut. Waren sie auf der »Chantarella« in zwei nahe beieinander liegenden Einzelzimmern untergebracht, so wohnt Ninon jetzt wieder teils bei Nelly, teils in einer Pension oder in Untermietzimmern. Diese Übergangsquartiere ersetzen kein Zuhause, und das Provisorische ihres Lebens quält sie. In Wien stehen ihre Möbel in einem Lager, in Montagnola warten im Sommer die düster-feuchten Zimmer der Casa Camuzzi. Manchmal denkt sie in dieser Zeit daran, Schluß zu machen, mit Hesse und mit ihrem Leben, ist überzeugt, daß der Tod nicht so weh tun kann wie dieses Leben. Alles scheint aussichtslos: ihre Beziehung, ihr Schreiben.

Noch immer sind ihre autobiographischen Aufzeichnungen nicht abgeschlossen, aber es sind ein paar kurze Geschichten entstanden. Eine, *Die kleine Reise*, schickt Ninon an Emmy. Die äußert sich begeistert, drängt die Freundin, ihre Texte zur Veröffentlichung anzubieten. Emmy weiß aus eigener Erfahrung, wie wichtig es ist, nicht für die Schublade zu schreiben. Aber im Gegensatz zu Ninon hatte sie mit Hugo Ball einen Mann, der ihre Arbeit schätzte, ihr bei der Verlegersuche half. Auch zuvor, während der Boheme-Zeit in Berlin und München, waren die Literaten-Freunde solidarisch und hilfreich gewesen, hatten Emmys Texte in ihren Zeitschriften veröffentlicht und im Verlag Kurt Wolff.

Ninon faßt Mut, schickt ihre Feuilletons an Berliner Zeitungen, gibt Samuel Fischer ein kurzes Manuskript, *Der Sarg*, zum Lesen, eine Geschichte, in der sie den Freitod ihrer Schwester Toka verarbeitet und zu der sich der Verleger anerkennend äußert. Am 9. Mai 1930 erscheinen ihre verschlüsselten autobiographischen Erzählungen *Das Ende der Furcht* und am 2. September 1930 *Die Entscheidung* unter dem Pseudonym Anna Jakob – zusammengesetzt aus den Vornamen ihrer Eltern – in der *Vossischen Zeitung*. Unter Emmys Einfluß und dem Elsy Bodmers, der Frau von Hesses Mäzen Hans C. Bodmer, beschließt Ninon, ihr Verhältnis zu Hesse zu klären, schreibt ihm am 13. März, daß sie ihre Aussage, nicht wieder heiraten zu wollen, zurücknimmt. Sie möchte ihre Stellung zu ihm in der Öffentlichkeit geklärt sehen, wünscht, daß nicht nur Freunde und Bekannte wissen,

daß sie ein Paar sind, möchte ein Ja zu ihrer Verbindung, ein Bekenntnis, daß sie seine Frau ist, seinen Namen trägt. Und gibt ihm Zeit zum
Überlegen, will kein Opfer. Sie wird zu Dolbin fahren, um mit ihm
über ihre Scheidung zu sprechen.

Hesse fühlt sich in die Enge getrieben, reagiert mit heftiger Ablehnung. Auch das Angebot Hans C. Bodmers, ihm im Tessin ein kom-
fortables, mit moderner Technik und Heizung ausgestattetes Haus
zu bauen, lehnt Hesse zunächst ab. Obwohl er oft genug den Wunsch
geäußert hat, seßhaft zu werden, und während seiner Ehe mit Ruth
nach einem Grundstück zum Hausbau gesucht hatte, zögert er jetzt,
will kein Geschenk. Auch fürchtet er, daß ein Haus dem Provisori-
um des Getrenntwohnens mit Ninon ein Ende machen, eine neue
feste Bindung schaffen werde. Ein unerträglicher Gedanke!

Zudem kränkt Hesse das Wissen, daß Ruth wieder verheiratet ist, obwohl er sie stets ermuntert hatte, sich einen zu ihr passenden Mann zu
suchen. Gerade hat er die Nachricht erhalten, daß sie im Februar 1930
in Basel mit Erich Haußmann getraut wurde, einem Schauspieler, den
sie in einer Berliner Künstlerpension kennengelernt hat. Im Freundeskreis erzählt man, daß das junge Paar – Ruth ist 33 und Haußmann gerade 30 geworden – wechselweise in Berlin und Carona leben will. Ruth
mit Ehemann in Carona – auch das ein unerträglicher Gedanke.

Seit Ninons Abreise nach Berlin am 19. April 1930 wird ihm die Zeit
ohne die Freundin von Tag zu Tag unbequemer. Auch von Lang, der
aus Rom und Palermo begeisterte Ansichtskarten schreibt, fühlt er
sich verlassen. Und Emmy irrlichtert von Berlin, wo Dolbin sie gezeichnet hat, nach Pirmasens und Calw, nach Frankfurt und Köln.
Nur am Radio bei Freunden hört Hesse ihre helle, heisere Stimme,
ihre vertrauten Texte bei der Übertragung einer Lesung der »Funk-
stunde« des Berliner Rundfunks. Emmys schnell hingeworfene Briefe und Karten liegen auf Hesses Schreibtisch neben den Mitteilungen
Ninons von Berliner Ausstellungen, Theaterpremieren, Konzerten,
Kino und von Dolbin, mit dem sie so herrlich vergnügt sein und lachen kann. Sie ist zu Gast bei Fischers, auch bei deren Tochter Brigitte und dem Schwiegersohn, Gottfried Bermann Fischer, der seit

fünf Jahren im Verlag mitarbeitet. Mittags ißt sie in einem kleinen russischen Restaurant, Kascha und Borschtsch, das erinnert sie an ihre Kindheit in Czernowitz. Sie genießt Berlin, kann sich nicht entschließen zurückzufahren.

In Zürich leidet Hesse unter dem kalten, nassen Wetter ebenso wie unter seinen Augenschmerzen. Er sehnt sich ins Tessin und faßt den Entschluß, Bodmers Angebot anzunehmen, jedoch unter der Bedingung, daß dieser das Haus als sein Eigentum behält und ihm lebenslanges, mietfreies Wohnrecht zusichert. »Bodmer gibt mir Vollmacht für ihn Land zu kaufen und zu bauen«, lockt er Ninon, »zugleich wird Leuthold zum Verwalter des Geldes ernannt, durch ihn gehen dann die Zahlungen (…) Mit dem von Hubacher empfohlenen Architekten sprachen wir (Leuthold und ich) vorgestern abend, vorläufig unverbindlich (…) Die Lawine ist im Rollen…« Ninons Antwort erreicht ihn umgehend: Sie ist begeistert. Auch hat Dolbin von sich aus die Scheidung vorgeschlagen, um Ninons Unentschlossenheit zu beenden. Obwohl Hesse noch immer eine Heirat ablehnt, will sie auf Freds Vorschlag eingehen, ahnt, daß seine Beziehung zu Ellen Herz tiefer geht, als er ihr gegenüber zugibt. Sie bittet ihren Wiener Advokaten um Auskunft, was sie tun muß, um die Scheidung einzureichen. Vom Plan eines Grundstückskaufs und Hausbaus im Tessin hat sie Dolbin nichts erzählt.

*

Zurück in Montagnola, finden sie sehr schnell ein Gelände, einen nach Süden abfallenden Hang mit freiem Blick auf den Luganer See in Richtung Porlezza. Das 11 000 qm große Grundstück ist terrassiert, mit einem Wäldchen, Sträuchern, Rebstöcken und Obstbäumen bestanden und bietet genügend Platz zum Gärtnern. Darauf freut sich Hesse, zweifelt jedoch, ob er »moralisch wie finanziell« in der Lage sein wird, ein Haus zu führen. Während Ninon mit dem Architekten die Planung beginnt und Emmy begeistert mitteilt, daß sie sich fühle wie in einem Märchen, ist Hesse überzeugt, »das Schlimme werde schon noch kommen«. Ihn quält der Gedanke an die Aufgabe seiner Wohnung in der Casa Camuzzi, an der so viele Erinnerungen vom rauschhaften Neubeginn 1919 hängen. Ihm graut vor dem Abschied vom Zürcher »Asyl«, seinem »Schlupfwinkel«, in dem große Teile des *Steppenwolf* und von *Narziß und Goldmund* entstanden sind. Aber Ninon hat alles in die Hand genommen, versucht mit der Planung ihren gegenseitigen Bedürfnissen Rechnung zu tragen. Und so entstehen zwei Häuser in einem Gebäude, jedes mit eigenem Eingang und Treppenhaus, nur im oberen Stockwerk durch eine Tür zwischen den beiden Badezimmern verbunden. Das kleinere »Haus« wird Hesses Domizil, im größeren befinden sich die gemeinschaftlichen Räume und die Bibliothek, Eßzimmer, Wirtschaftsräume, Gästezimmer, Ninons Schlafraum, Bad und Studio. Es wird ein großes Haus, für das auf dem riesigen Grundstück im Oktober 1930 der Grundstein gelegt wird.

Während der nächsten Monate ist Ninon unablässig mit der Bauaufsicht, dem Aussuchen von Tapeten, Fliesen, Möbeln beschäftigt, gibt Inserate auf, um Personal zu finden. Ganz Großbürgertochter aus Czernowitz, plant sie das standesgemäße Leben mit dem berühmten Dichter. Hesse hingegen fürchtet sich vor dem Zusammenleben, auch vor dem Umzug, mahnt: »Ich brauche nach wie vor die Erlaubnis, krank zu sein und andere Menschen mit meiner Gegenwart verschonen zu dürfen.«

Er fühlt sich unwohl in diesem Sommer, physisch und psychisch, kann Ninons Freude über das entstehende Haus nicht teilen, entwickelt eine »Mordsangst« vor der drohenden Verbürgerlichung und flüchtet ins Schreiben, als müsse er sich des Grundes, auf dem er steht, versichern: die Kulturgeschichte. Mit Lao Tse und Mozart, Novalis, Cervantes und Paul Klee bricht er auf zur *Morgenlandfahrt*, einer Reise, auf die seine Mutter bereits das »Hermännle« mit einem pietistischen Erbauungsbuch geschickt hatte: John Bunyans *The pilgrim's progress from this world to that, which is to come.*

Ninon leidet unter Hesses Reizbarkeit, fühlt sich wie die Gattin von *Klein und Wagner*, ist entsetzt, als er sie unbeherrscht anschreit: »Ich bin ein alter Mann und habe nichts mehr zu tun als zu verrecken.

Dabei soll man mich nicht stören!« Aber sie ist nicht Mia, die 1907 beim Bau des Gaienhofener Hauses und 1912 beim Umzug nach Bern ihren Mann klaglos davonziehen ließ. Ninon versucht, sich zu wehren, thematisiert in ihrer Erzählung *Die Entscheidung* diese Situation zwischen einem nervösen Kreativen und einer Frau, die es sich zur Aufgabe gemacht hat, ihren Mann vor den Ansprüchen der Außenwelt zu schützen. Als Prellbock empfindet sich Ninons Protagonistin Anna, ist erschöpft und kraftlos. Und doch entscheidet sie sich, ihre selbstgewählte Aufgabe zu erfüllen, so wie Ninon, die Hesses Launen erträgt, mit ihm nach Lindau zur Konsultation bei seinem Augenarzt fährt. Zu seiner Kur nach Baden begleitet sie ihn jedoch nicht, sondern fährt nach Wien, um den Versand ihrer eingelagerten Möbel nach Montagnola in Auftrag zu geben, mit dem Anwalt über die Scheidung zu sprechen und ihr Venenleiden behandeln zu lassen. Sie ist voller Vorfreude auf den Umzug und denkt immer wieder: Wenn die Mama das wüßte!

Hesse hingegen erklärt Marulla im Brief zu ihrem 50. Geburtstag im November 1930: »Zu meinem neuen Haus habe ich noch kein rechtes Verhältnis (…) Ich sehe vorerst nur das Lästige dabei: die Dienstbotensorgen, die große Verteuerung der Lebensführung.« Aber niemand scheint ihn zu verstehen, alle gratulieren ihm zu dem Glück, sich ein Haus bauen zu dürfen, ohne es bezahlen zu müssen. Nur einer bringt Verständnis für ihn auf: Lang. »Dass auch ein neues eigenes Haus nun wieder neue Sorgen bringt, verstehe ich gut und ich für mich würde mich wirklich vor einem solchen Geschenk fürchten. Aber so sind die Reichen dieser Erde! Im Grunde suchen sie ja doch nur sich selber eine Freude zu machen, indem sie den andern zur Dankbarkeit zwingen.«

Lang hat recht, weiß Hesse, und kann doch nicht mehr zurück, denkt oft, da die ersten Reaktionen und Rezensionen zu *Narziß und Goldmund* erschienen sind, an den bedürfnislosen Freund Ball, den Asketen und Geistesbruder, dem irdischer Besitz ein Hemmnis zum Geistigen bedeutete. In der *Neuen Rundschau* hat er bereits 1928 »mein persönliches Verhältnis zu Ball, meine mit den Jahren aus Achtung und Bewunderung zu inniger Freundschaft gewordene Liebe zu ihm« bekannt. In *Narziß und Goldmund* wird das Lebensbild des »strengen Mönchs« und »sich selbst opfernden Gewissensmenschen« vertieft, dessen »intellektuelles Ideal eine jeder Kritik standhaltende Wissenschaftlichkeit« war. Dabei hatte Ball ihn auf ungewöhnliche Wege mitgenommen und davon zu überzeugen gesucht, »daß die Dämonologie und Exorzistik des Mittelalters den Krankheiten, namentlich den psychischen, sowohl in der Diagnose wie in der Behandlung mit feinerer Nuancierung beikam als die heutige Heiltechnik, inklusive Freud«. Emmy, die den Roman im Mai 1930 einfühlsam rezensiert, weiß, in welchem Spannungsfeld von erotischer Anziehung und intellektueller Auseinandersetzung sich die Freundschaft zwischen Hesse und Ball bewegt hat, in der sie mit ihrer kreativen Sinnlichkeit die Dritte im Bunde war. Und so finden wir in *Narziß und Goldmund*, wie in fast allen Werken Hesses, auch das homoerotische Element, wenngleich er versichert: »Ich bin geschlechtlich ›normal‹ und habe nie erotische Beziehungen zu Männern gehabt, aber die Freundschaften für völlig unerotisch zu halten, scheint mir doch falsch zu sein. Im Fall Narziß ist es besonders klar. Goldmund bedeutet für Narziß nicht nur den Freund und nicht nur die Kunst, er bedeutet für Narziß auch die Liebe, die Sinnenwärme, das Begehrte und Verbotene.« Auch Ninon sind, nach ihrer Jugendliebe zu Johanna Gold, homoerotische Gefühle nicht fremd. Sie fühlt sich angeregt durch den begehrenden Unterton in Emmys Briefen, die sich scherzhaft als »Nebenliebhaber« bezeichnet, und gesteht Dolbin im Februar 1931, daß sie sich in Frau Mann verliebt habe.

Die so geliebte ist Katia, die mit ihrem Mann Thomas und der jüngsten Tochter Elisabeth ihren Winterurlaub auf der »Chantarella« verbringt. Als Ninon und Hesse Mitte Januar in St. Moritz ankommen, treffen sie sowohl die Familie Mann als auch das Ehepaar Fischer, Brigitte und Gottfried Bermann Fischer, sowie die Wassermanns. Ninon hofft inständig, daß Hesse in dieser anregenden Gesellschaft, aber auch beim Skilaufen, seine nervöse Gereiztheit überwindet, die ihn beim Gedanken an das im Bau befindliche Haus und den Umzug »erdrückt wie ein Alp«. Vergebens. Er hatte Sonne erwartet, Ruhestunden auf dem Balkon, aber es schneit unablässig, ein rauher Wind weht, und er schläft schlecht, hat »schreckliche Träume«. An Lang schreibt er, daß er Ninon und den anderen auf die Nerven geht und wünscht: »Gott schenke uns eine tüchtige Lungenentzündung; mein Leben ist nichts mehr wert, nirgends eine Freude.« Daß sein Mißvergnügen bei besserem Wetter und netter Gesellschaft schnell in Heiterkeit umschlägt, zeigt ein Brief vom 2. Februar 1931 an Heinrich Wiegand, in dem er von Elisabeth Mann, die alle Medi nennen, schwärmt: »Anfängerin im Skilaufen, aber dazu höchst begabt, eifrige Leserin von Karl May, ein reizender, knabenhafter, sehr großgewachsener Kerl, ich gehe je und je mit ihr Skilaufen.« Auch ihr haben diese Ausflüge gefallen, erinnert sich Elisabeth Mann-Borgese noch im hohen Alter. Sie hatte, eingedenk der Unfähigkeit ihres Vaters auf Skiern stehen zu können, geglaubt, daß ein guter Schriftsteller nicht Ski laufen könne. Umso überraschter ist die Zwölfjährige, als Hesse mit ihr auf die Corviglia und zum Piz Nair aufbricht, um von dort abzufahren: »Ich sehe ihn noch vor mir, seine magere Figur in seinem dunkelblauen Skianzug mit norwegischen Wickelgamaschen auf seinen sehr langen Skiern, wie er in eleganten Telemark-Serpentinen durch den frischen Tiefschnee die steilen Hänge hinunterglitt.«

Elisabeth u. Thomas Mann, Ninon Dolbin, Katia Mann 1931;
Hermann Hesse auf der »Chantarella« 1931

Ninon, so erinnert Elisabeth Mann-Borgese, »war weniger zum Skifahren begabt« und hatte »panische Angst vor dem Abfahren«. Sie
unternimmt mit Katia, wenn diese die Bretter abgeschnallt hat, lange Spaziergänge. Frau Thomas Mann hat sehr schnell das Problem
Ninons erkannt und sie davor gewarnt, ihre eigenen Interessen aufzugeben. Nur zu gut weiß die Frau des gerade gekürten Nobelpreisträgers, was es bedeutet, an der Seite eines kreativen Mannes zu leben.
»Ich habe in meinem Leben nie tun können, was ich hätte tun wollen«, sagt sie, und Ninon soll es, da keine Kinder zu versorgen sind,
anders machen. Auch muß sie darauf drängen, daß Hesse sie heiratet. Ninon fühlt sich verstanden, ist dankbar für den Rat und geht
bei der Rückkehr nach Zürich daran, Hesse zu überzeugen, daß mit
der Vollendung des Hauses auch ihre Beziehung nach Legalität ver-
lange. Aber er entzieht sich durch eine Reise nach Calw und zu Adeles Silberhochzeit, sitzt danach unzufrieden im Schanzengraben, wartet ungeduldig, daß Ninon »endlich mit ihren Vorhängen, Lampen,
Tapeten und Kochhäfen« fertig wird. Seine einzige Freude ist die
Reaktion der Freunde auf sein Manuskript von der *Morgenlandfahrt,*
in der sie alle um den Ich-Erzähler figurieren: »Louis der Grausame«,
»Jup der Magier«, »Longus der Sterndeuter«; und auch »die Siame-
sen« bewegen sich mit »Hermann Lauscher« in dem Zug, der bei
Max und Tilly im Schlößchen Bremgarten die »Bundesfeier« begeht.
Ein geheimnisvoller Bund ist das, der sich durch die rätselhaften
Gefilde des Abend- wie des Morgenlandes bewegt, »so waren einst
Pilger, Kaiser und Kreuzritter gezogen«. Und Ninon, die bei Goldmund, der viele Frauen begehrte und liebte, vergeblich ihr Bild gesucht hat, findet sich in der *Morgenlandfahrt* kurz an der Seite des
Erzählers: »Ich traf und liebte Ninon, als ›die Ausländerin‹ bekannt,
dunkel blickten ihre Augen unter schwarzen Haaren, sie war eifersüchtig auf Fatme, die Prinzessin meines Traumes, und war ja doch
wahrscheinlich Fatme, ohne es zu wissen.«
Eine flüchtige Begegnung in dieser Märchenerzählung, in der Realität, so ist Ninon entschlossen, muß es anders werden. Sie bittet Dolbin im Juni 1931 um die schnelle Scheidung und verspricht zugleich,

immer »sein Freund« zu sein. Aber Hesse ist noch nicht bereit, Ninons Wunsch zu erfüllen: »Zugleich mit der Angst wegen des Hauses, das mein stilles und einfaches Leben vollends verändern wird, drückt auch dies andre auf mich, und ich bin in schlechtem Zustand.« Also läßt sie »dies andre« ruhen, feiert mit Emmy, Annemarie und dem Ehepaar Geroe ein letztes Mal in der Casa Camuzzi Hesses Geburtstag. Mia fehlt, hält sich nach einer Operation am Ohr bei ihrer Schwester Tuccia in Muri bei Bern auf. Sie gratuliert verspätet, berichtet von Brunos Reise nach Holland, Martins Militärdienst und fragt, ob Hesse etwas von Heiner gehört habe, der sich mit seiner Frau Hellen und der Tochter »Bimba« in Positano aufhält. Nein, das hat er nicht. Sein Verhältnis zu Heiner gestaltet sich schwierig, nicht nur, weil er gegen Hesses Willen vor zwei Jahren geheiratet hat, sondern auch, weil es mit seinem konservativen Freund Leuthold und dem sozialistischen Feuerkopf Heiner immer wieder zu Kontroversen und schließlich zur Kündigung des Arbeitsverhältnisses gekommen ist.

Dieser Geburtstagsbrief, mit Mias Grüßen an »Frau Ninon«, ist für Hesse wie ein Spiegel, in dem er sein faltiges Gesicht mit den angegriffenen, entzündeten Augen sieht: ein Mann von 54 Jahren, zweimal geschieden, drei erwachsene Söhne, Großvater einer Enkeltochter, der von einer 18 Jahre jüngeren, noch nicht geschiedenen Frau zur Ehe gedrängt wird, weil sie ohne Trauschein nicht mit ihm unter einem Dach leben will. Unbehaust fühlt er sich in seiner halb ausgeräumten Camuzzi-Wohnung, gequält von Ninons »Tempo«, die Architekt und Arbeiter zur Fertigstellung des Hauses antreibt. Er warnt sie, »die Traum- und Dichtungszone« seiner Seele zu stören, bittet, seinen Koffer zu packen, und fährt zu Dr. Markwalder nach Baden, danach zu Gast in das Haus des Ehepaares Welti in Kehrsatz bei Bern. Dort will er den Umzug und das Einrichten des neuen Hauses abwarten.

Dabei wird Ninon von Martin, Natalina und den Möbelpackern unterstützt, die an zwei Tagen Ende Juli den Hausstand den Hügel hinauf in das rot gestrichene Haus schaffen. Gemeinsam mit Martin beginnt Ninon, die Kisten auszupacken und ihr neues Heim, die Casa

Rossa, einzurichten, und versichert Hesse am 23. Juli, daß sie stark sein und alles gut regeln wolle. Abends nimmt sie ein Schlafmittel und am Tag eines gegen Kopfschmerzen, erkundigt sich besorgt danach, wie es ihm geht. Bevor Martin zu Mia nach Ascona fährt, führt Ninon ein langes nächtliches Gespräch mit dem 20jährigen und erfährt, wie sehr Martin unter dem schlechten Verhältnis zum Vater leidet, daß er sich noch, wie zu seiner Kinderzeit, abgelehnt fühlt. Sie versichert Martin, daß Hesse ihn innig liebt, aber es wird dauern, bis das Verhältnis zwischen Vater und Sohn ein vertrauensvolleres geworden ist.

Als Hesse Anfang August nach Montagnola kommt, sind noch immer Handwerker mit Restarbeiten im Haus beschäftigt, vor denen er in die leere Camuzzi-Wohnung flieht. Er ist gereizt, macht sich Sorgen wegen seiner Finanzen. Zum einen ist er durch das mietfreie Wohnen entlastet, andererseits, so schreibt er an Arthur Stoll, »mußte ich, um das Haus einzurichten, sehr viel ausgeben, und da zur Zeit infolge des schlechten Marktes meine Einkünfte auf weniger als die Hälfte des Gewohnten gesunken sind, werde ich in meinem herrschaftlich komfortablen Hause vorerst sehr sparen müssen«.

Ninon jedoch ist in ihrem Element, schafft ein behaglich-großzügiges Ambiente, stellt Personal ein, weil Natalina die Arbeit in dem großen Haus nicht allein schafft. Mitte August wird Emmy geladen, man veranstaltet auf der im Garten angelegten Bocciabahn ein Fest. Am 10. September sind endlich Ninons Scheidungsunterlagen eingetroffen, und sie bittet Hesse, das Aufgebot in Montagnola zu bestellen. Der Termin der Ziviltrauung wird auf den 14. November 1931 festgesetzt. Einen Tag zuvor schreibt Hesse an den Leipziger Schriftsteller Heinrich Wiegand: »Morgen Nachmittag gehe ich aufs Standesamt, um mir den Ring durch die Nase ziehen zu lassen. Es war Ninons Wunsch schon lange (...) und da sie jetzt das Haus so sehr hat bauen helfen etc. etc., kurz, es geschieht nur also.« Und Hubacher läßt er wissen: »Unter anderem muß ich grade noch vor dem Abfahren in meine Badener Gruft aufs Standesamt und dort Ninon als Ehefrau eintragen lassen. Na, wenigstens macht es ihr Spaß, und eine Hochzeitsreise macht sie auch, nach Rom ...«

Für Ninon bedeutet die Eheschließung die Erfüllung ihres Lebenswunsches, für Hesse ist sie ein widerwilliger Akt der Ergebung; eine Trauung »ohne weitere Feier«. Am nächsten Tag begibt er sich zu seiner Rheumakur nach Baden, zwei Tage später tritt Ninon in Lugano ihre »Hochzeitsreise« an, fährt nach Mailand und von dort im Schlafwagen nach Rom. Aus dem Coupé schreibt Ninon Hesse an ihren Mann: »Ich bin noch sehr zerstreut, denke fortwährend ans Haus, an alle Verrechnungen (…) und bin so weit weg von Rom, dass ich erschrecke, morgen früh schon dort zu sein. (…) Es war aber auch heute schwer wegzufahren. Ein himmlisch-schöner Tag. Sonnig, klar, abends glühten alle schneebedeckten Spitzen in vielen rosa und roten Tönen, (…) O unser liebes, liebes Haus! Ich küsse Dich, Vogel. Deine Ninon.«[19]

Frau Hermann Hesse

1.

Beim Eintreffen auf der »Chantarella« im Januar 1932 wird Ninon vom Hotelpersonal nicht mehr als Hesses »Sekretärin«, sondern respektvoll als Gattin des berühmten Dichters begrüßt. Und als der andere berühmte Dichter mit Frau Katia und Tochter Elisabeth eintrifft, begegnen sich Frau Thomas Mann und Frau Hermann Hesse in stillem Einverständnis. Ninon ist am Ziel ihrer Wünsche, lädt die Manns, sollten sie wieder einmal nach Lugano kommen, in die Casa Rossa zum Tee. Eine Beziehung auf Augenhöhe. Das also ist erreicht, dennoch muß sie sich eingestehen, daß Hesses Befinden sich nicht gebessert, sein Verhalten ihr gegenüber sich nicht verändert hat. Zu Weihnachten 1931 war es unerträglich gewesen. Er fühlte sich »in einer schweren Krise«, empfand die Casa Rossa als ein »trauriges Haus, wo man mit dem Leben und den Sorgen nicht mehr fertig wird«.

Während der fünf Wochen auf der »Chantarella« bessert sich die Stimmung etwas; dazu trägt neben den Freunden – Englert, Moilliet und Familie Mann – auch das sonnige Wetter bei, so daß Hesse und Ninon »indianerhaft« gebräunt am 1. März nach Zürich abreisen, um die Wohnung im Schanzengraben aufzulösen. Resümee: »Es war sehr schön, (…) im Ganzen verlassen wir das Gebirg in gutem Zustand und dankbar.« Bei Ninon gab es jedoch »Nervositäten«, denn Hesse klagt über die politische Situation in Deutschland, fürchtet den heraufziehenden Faschismus. Als am 13. März 1932 Hindenburg und

301

nicht Hitler zum Reichspräsidenten gewählt wird, findet er das für den Moment beruhigend, aber im ganzen doch schlimm: »Hitler weiß jetzt, daß er der zweite Mann im Reich ist und über 12 Millionen hinter sich hat.« Anders als Ninon macht Hesse sich auch Sorgen um seine finanzielle Situation, denn für Ausländer, die in Deutschland Konten unterhalten, gibt es bereits Restriktionen, »die Schikanen (…) beginnen mich wieder ähnlich einzukreisen und zu erdrosseln wie in der Inflation. Die Ersparnisse aus dem Goldmund, die für Jahre hätten reichen sollen, sind zur Hälfte durch die Art der Anlage schon wieder verloren.« Und das gerade jetzt, da er mit dem Haus, dem Personal, seiner durch Ninon bestimmten großzügigen Lebensführung mehr Geld benötigt als je zuvor. Sie versucht, seine Bedenken zu zerstreuen, aber engagiert zugleich einen Gärtner, als Hesse darüber klagt, daß ihn der riesige Garten »verschluckt«. »Es ist also«, schreibt er Pfingsten 1932 an Lang, »alles wieder ein bisschen ähnlich wie einst in Gaienhofen und Bern, nur zum Glück nicht gerade Krieg …« Noch kein Krieg, aber ein unruhiges Haus, kein Rückzug zur Arbeit, denn es kommen Sommergäste: Adele (was ihn freut), Ninons Schwester Lilly (was ihn stört), die Söhne (mit denen er Malausflüge unternimmt und Boccia spielt), der Kollege Hans Carossa (auf der Durchreise aus Rom). Lang schneit auf dem Weg von Como nach Zürich zum Mittagessen herein, erzählt vom Studium der orientalischen Sprachen, das er begonnen hat. Wieder in Zürich, versichert er dem Freund: »Du hast ein wunderbares Häuschen. Es gefiel mir sehr gut, und ich musste mich erst wieder in meiner einfachen Bude einleben.«

Und dann taucht plötzlich in Begleitung von Emmy eine Ninon unbekannte Besucherin auf, eine dunkelhaarige Schönheit aus Schwaben: Elisabeth Gerdts-Rupp. Elf Jahre sind vergangen seit jenem Sommer mit Lisel und Ruth. Mißtrauisch bemerkt Ninon das Vertraute zwischen ihrem Mann und dieser Frau, ist eifersüchtig. Nicht nur auf etwas Verborgenes in der Vergangenheit, sondern auch auf das, was die selbstbewußte Elisabeth verkörpert: Unabhängigkeit. Ein mit der Dissertation abgeschlossenes Jura-Studium in Berlin, ein Studium der Völkerkunde in Tübingen, das sie mit einer weiteren Doktorarbeit abzuschließen gedenkt. Lebhaft erzählt sie von den Reisen, die sie mit ihrem Mann unternimmt – und ohne ihn. Hesse hört interessiert zu, lädt sie ein, wiederzukommen. Als sie sechs Jahre später erneut ihren Urlaub im Tessin verbringt, steht vor dem Namen von Dr. jur. Gerdts-Rupp ein zweiter Doktortitel. Den hat sie 1934 an der Universität Tübingen erworben, arbeitet seither in der Amerikanistik-Abteilung des Museums für Völkerkunde in Hamburg.

Wenn die Gäste und zahlreichen Tagesbesucher abgereist sind, fühlt sich Ninon zunehmend erschöpft. Auch belasten sie Hesses Unwohlsein, Gichtanfälle und Depressionen. Einzig die Arbeit im Garten, die »merkwürdig dumm und zufrieden« macht, läßt ihn »dies versaute und auf Nichts reduzierte Leben« ertragen. Und dann sind da noch die Dienstboten, deren Anleitung viel Zeit in Anspruch nimmt. Den Zimmermädchen aus ländlichem Umfeld muß umständlich erklärt werden, welcher Raum wie geputzt werden soll, daß die Betten einmal in der Woche frisch bezogen werden müssen. In ihrem schwarzgefliesten Badezimmer nimmt Ninon jeden Morgen ein Bad, wechselt täglich ihre Kleider, die zum Auslüften herausgehängt werden müssen, weil Ninon »e starchi Rouchere« ist, wie das Zimmermädchen kommentiert. Regelmäßig wird sie in die Cooperativa im Dorf geschickt, um Zigaretten zu kaufen, »Memphis Tradition senza Filtra«. Macht Ninon Einkäufe in Lugano, muß das Mädchen die Taschen tragen und ein paar Schritte hinter ihr gehen. Eintritt ins Haus durch den Dienstboteneingang, um »Madame« von innen die Haupttür zu öffnen. Manches mag Ninon aus ihrem Elternhaus für selbstverständlich gehalten haben, ohne zu beachten, daß in der Schweiz ein anderer Ton üblich ist als im alten Osten Europas, wo zaristische und k.u.k. Maßstäbe das Verhältnis zwischen Herrschaft und Dienerschaft bestimmten. Aber sie spürt sehr wohl, daß die Dienstboten sie nicht mögen, ihre Anweisungen oft nur widerwillig befolgen, den anspruchslosen Herrn Hesse, der mit ihnen auf bärntütsch oder im Tessiner Dialekt des Italienischen plaudert, jedoch gern haben. So wie Natalina und der alte Gärtner Lorenzo, mit denen Hesse ein vertrautes Verhältnis hat, die für die Herrin des Roten Hauses jedoch ebenfalls wenig Sympathie aufbringen. Dem großbürgerlichen Ambiente und Ninons Dienstbotenklagen stehen die alten Freunde ablehnend gegenüber. Lang fühlt sich bei seinen kurzen Besuchen in Montagnola unwohl, und Emmy schreibt am 4. Dezember 1933 ungewöhnlich schroff an Ninon: »Ich bin mir mein Lebtag meine eigene Magd gewesen.«

Es wundert also nicht, daß Ninon schon nach einem Jahr im neuen Haus »nervös und herunter« ist. Mitte September ist sie »in der Stube hingefallen, Sturz aufs Gesicht, und hat seither drei Wochen daran zu heilen gehabt, und erst jetzt kommt noch der Zahnarzt für einen gebrochenen Zahn und andres«. Schaut sie in den Spiegel, fühlt sie sich elend mit den blauen Flecken im Gesicht, dem lädierten Zahn. Dann muß sie an Fred denken, der in diesem Jahr seine langjährige Geliebte Ellen Herz geheiratet hat, und fragt sich, ob nicht doch alles ein Fehler gewesen ist: die Scheidung, das Aufgeben ihrer Dissertation, die sieben Jahre mit Hesse, das Durchsetzen der Heirat, das große Haus. Sie fühlt sich überfordert, wird mürrisch, depressiv, versucht, ihre Unsicherheit durch eine immer perfektere Haushaltsführung zu überspielen, entwickelt einen Reinlichkeitsfanatismus, der Hesse ängstigt. Es ist, als wolle sie mit der Makellosigkeit des Hausstandes die fehlende Harmonie im Zusammenleben überdecken. Als sie merkt, daß dieser Versuch mißlingt, Hesse unwirsch reagiert, fährt sie zu Elsy Bodmer nach Zürich. In einem Brief vom 9. Oktober 1932 macht er ihr Vorwürfe, gegen die sie sich schuldbewußt verteidigt: »Ich will nicht mürrisch, und ich will kein Ölgötze sein, Hermann – (…) Gewiss will ich diesen Zustand nicht pflegen, (…) ich will versuchen, ihm entgegenzuarbeiten, wenn Du glaubst, (…) dass es eine Art Krankheit ist. Ich will mich nicht in Krankheit flüchten, ich will nicht so feige sein!«[20]

Hesse beginnt, sich aus dieser geregelten Bürgerlichkeit zurückzuziehen, nicht nur zu seiner alljährlichen Badener Kur, sondern in eine neue Provinz, weit fort von den täglichen Querelen Montagnolas, nach Kastalien. Er arbeitet an seinem letzten großen Werk, dem Roman *Das Glasperlenspiel,* und schickt Ende 1932 das Motto des Buches, das sein Schulfreund, der Altphilologe Franz Schall, ins Lateinische übersetzt hat, an Josef Bernhard Lang, wohl wissend, daß der Jesuitenzögling den Gruß mit Neugier aufnehmen wird. Doch die Arbeit will in diesem Winter nicht glücken. Im Januar 1933 schreibt er unzufrieden an Hermann Hubacher: »Im übrigen geht das Leben in meinem feudalen Hause wie gewohnt, aber ich fühle mich allmählich degoutiert und eingeschnürt in diesem Leben, seit anderthalb Jahren habe ich den Plan zu einer Dichtung, und bin noch nicht soweit gekommen, eine Zeile zu schreiben, weil ich alt werde, weil es mir zu gut und bequem geht.« Abwechslung von dieser komfortablen Behäbigkeit ist nicht in Sicht, denn Englerts Einladung auf die »Chantarella« ist ausgeblieben, und er selbst kann wegen des aufwendigen Haushalts keine Mittel für einen Skiurlaub erübrigen. Schließlich führt er den alten Tolstoi als sein Vorbild an, »der ging dann im Moment vor dem Tode weg und verschaffte sich wenigstens für die letzten Atemzüge das Gefühl von Landstraße, Freiheit, Luft und Weite«.

Hermann u. Ninon Hesse auf der Terrasse der Casa Rossa um 1932;
Emmy Ball-Hennings u. Elisabeth Gerdts-Rupp in Agnuzzo

*

Mit dem Landstreicherleben des Knulp, dem Umherschweifen des Goldmund ist es jedoch vorbei. Hesse spürt, daß Unheil droht, die politische Situation ihre langen Schatten auch auf sein besonntes

Tessin werfen wird. Eine Ahnung, die er in den letzten Versen des Gedichts *Spätsommer* ausspricht: »Noch einmal, ehe wieder die Welt / Irrsinnig wird und von Kriegen gellt, / Wollen wir auch an den paar schönen Dingen / Uns freuen und ihnen Lieder singen.«

Die häuslichen Unstimmigkeiten mischen sich mit der Furcht vor dem Kommenden:. »Es ist alles wie anno 14«, schreibt er an Adele. »Ich könnte darüber lachen, wenn nicht in meinem eigenen privaten Leben Ähnliches vor sich ginge: es wiederholen sich Zustände und Probleme, die längst gelöst und überwunden schienen (...) Für einen Menschen, der sein Leben an die Literatur und die Gedanken hingegeben hat, ein schäbiges Resultat.« Die beunruhigenden Nachrichten aus Deutschland belasten Hesse, hindern ihn an der Arbeit. Seit der Machtübernahme der Nationalsozialisten im Januar 1933 ist er in ständiger »Sorge um alle die Freunde und Kollegen voran, die jetzt verhaftet, verprügelt, vielleicht totgeschlagen sind«. Mitte März 1933 trifft mit Heinrich Wiegand, »einem Sozialisten aus Leipzig«, der erste politische Flüchtling in Montagnola ein. »Wem von diesen Leuten es gelingt, über die Grenze zu fliehen, der steht mittellos und verlassen da, es wird wieder eine Menge solcher Flüchtlinge geben«, vermutet Hesse in Erinnerung an die Emigranten während des Ersten Weltkriegs. Auch in der »Casa Rossa« nimmt in den nächsten Monaten, den folgenden Jahren der Strom in Schwierigkeiten geratener Besucher aus Deutschland ständig zu. Kurt Kläber, der Herausgeber der Zeitschrift *Die Linkskurve*, und seine Frau, die Jugendbuchautorin Lisa Tetzner, die seit 1924 zeitweise in Carona gewohnt hatten, emigrieren 1933 und beziehen in Carona die Casa Pantrovà, das »Haus des gefundenen Brotes«. Bei ihnen trifft Hesse im Frühjahr 1933 Helene Weigel und Bertolt Brecht, »der einzige wirkliche Dichter unter den deutschen Kommunisten«, den Hesse ebenso schätzt wie den jungen, staatenlosen Peter Weiss, den er während seiner Aufenthalte im Tessin bis zu dessen Emigration 1939 nach Schweden unterstützt.

Emmy erscheint in heller Aufregung, bittet Hesse, ihr bei den Bemühungen um die Freilassung ihres alten Freundes Erich Mühsam zu helfen, der im KZ Oranienburg inhaftiert ist. Als er sich dazu außerstande erklärt, reist sie selbst nach Berlin, kommt jedoch zu spät. Auch die Familie Mann taucht für einige Wochen im Tessin auf, logiert in der noblen »Villa Castagnola« in Lugano. Elisabeth Mann-Borgese erinnert: »Oft haben wir von dort das Ehepaar Hesse in seinem schönen Haus zur Teestunde in Montagnola besucht. (…) Die erste Stunde verbrachte man über einer Tasse Tee, gutem frischen Gebäck und tröstlicher Unterhaltung über Literatur und über die politische Lage. (…) Nach etwa einer Stunde ging man dann in den wohlgepflegten Garten, wo eine blank gekehrte Bocciabahn auf uns wartete.« Das Bocciaspiel, Hesses Ausgleich, seine Freude in den sorgenvollen Zeiten. Die Manns spielen alle: Katia und Medi »mit leidlichem Geschick«, Thomas »mit mehr Glück als Geschick« – Ninon läßt sich entschuldigen, Hesse spielt »mit Meisterschaft.« Er ist, im Gegensatz zu dem konventionell-eleganten Kollegen, »ländlich gekleidet, mit offenem Hemd« und genießt seine »Siege« ganz offensichtlich. Obwohl die Manns in Montagnola erleben, »daß es sich auch im Exil, in der neutralen und geruhsamen Schweiz, gut leben und arbeiten ließ«, verabschieden sie sich, um den Sommer an der französischen Riviera zu verbringen. Kurz darauf reisen Gottfried Bermann Fischer und sein Schwiegervater Samuel Fischer an, um über die Fortführung der Verlagsarbeit zu sprechen, zeichnen sich doch für die jüdischen Besitzer im Sommer 1933 bereits ernste Schwierigkeiten ab, die zwei Jahre später zu Bermann Fischers Emigration und der Spaltung in einen Exilverlag und einen reichsdeutschen unter der Leitung von Peter Suhrkamp führen werden.

Zu den Besuchern, Hesse notiert für 1933 über 100, kommen noch die Briefe von Kollegen, die um Hilfe bei den Schweizer Behörden bitten, bei der Beschaffung von Aufenthaltsgenehmigungen oder Visa, Vermittlung von Bürgen in Großbritannien, den USA, auch um finanzielle Unterstützung. Daß der Anarchist und selbsternannte Analytiker Johannes Nohl, der seit 1927 wieder in Berlin lebt, im Dezember 1933 bei Hesse um Geld bittet, mutet angesichts der Vergangenheit befremdlich an, hat es doch zwischen den beiden Männern nach dem Unglücksjahr 1918 keine Verbindung mehr gegeben. So schreibt Nohl, der nicht weiß, daß Mia und Hesse geschieden sind: »Dankbar wäre ich Ihnen für eine Zeile wie es ihrer lieben Frau geht. Ich habe sie stets in herzlicher Erinnerung.«

Es ist einer dieser zahllosen Briefe, in denen die Absender den Empfänger an eine Bekanntschaft, oft flüchtige Begegnung, erinnern. Manchmal kann Hesse helfen, oft nur, selbst hilflos, mit seinen Antworten Mut zusprechen. Dem emigrierten Kollegen Max Herrmann-Neiße schreibt er im Dezember 1938: »Es war ein schweres Jahr, schwer an Leiden und an Sorgen, denn all das Flüchtlingselend wächst uns über den Kopf.« Noch schlimmer wird es nach dem Einmarsch der Nazis in Österreich, da wird Hesse durch Ninons Freunde und Verwandte auch »in das Wiener Elend und die Fürsorge der Flüchtlinge von dort so stark hineingezogen, daß mir für das Eigene nichts übrigbleibt.«

Fred Dolbin, der laut Reichsschrifttumskammer als Jude »die für die Schaffung von Kulturgut erforderliche Zuverlässigkeit und Eignung nicht besitze«, hat 1935 Europa verlassen und sich mit seiner Frau nach New York eingeschifft. Dabei ist Ellen Dolbins amerikanische Mutter, die für das Paar bürgt und eine Wohnung bereithält, von unschätzbarem Vorteil. Fred ist voller Erwartung und Vorfreude, aber seine Begeisterung für die Metropole wandelt sich schon bald in Enttäuschung: die amerikanische Presse verwendet mehr Fotografien als Zeichnungen, und seine Sprachkenntnisse sind zu mangelhaft, um eigene Texte verfassen zu können. So beginnt er noch einmal neu: lernt Modezeichnen, Gebrauchsgrafik. Seine Frau arbeitet als Zimmermädchen in Hotels und als Verkäuferin. Ninon leidet mit dem Paar, das es so schwer hat, sein neues Leben zu finanzieren. Aber Dolbin klagt nicht, und seine lebhaften Mitteilungen bringen jene Prise »Frischluft«, deren Ninon in Montagnola so sehr bedarf. Als Dolbin ihr im September 1936 zum Geburtstag gratuliert, denkt sie mit Wehmut an die Vergangenheit: »O ja – es war immer schön, mit Dir Geburtstag zu feiern! Nicht, als ob mir jetzt etwas fehlte! H. ist außerordentlich lieb, aufmerksam etc. – aber es fehlt an mir! *Ich* habe nicht mehr die tolle Freude, die ich früher hatte …«[21] Dolbin sorgt sich um sie, sieht seine alten Befürchtungen bestätigt: »Aus der kleinen, fast zaghaften Schrift Deines Geburtstagsbriefes hatte ich bereits entnommen, daß Du Dich nicht ganz wohlfühltest.«[22]

Auch eine Lithographie im Halbprofil von Gunter Böhmer, die Ninon ihm schickt, zerstreut seine Sorgen nicht. Lag es daran, daß Böhmer nicht in der Lage gewesen ist, Ninon so zu erfassen, wie Dolbin sie in Erinnerung hat? »Vielleicht war ich zu sehr gespannt darauf, vielleicht hat mir meine Phantasie einen Streich gespielt«, schreibt er. »Nun sehe ich Dich, aber ohne Leben, ohne Zeichen der Begeisterungsfähigkeit, des Trotzes, der Mitteilungslust, der Empfangsfreudigkeit, der Gabe zu leiden, der Sucht zu gestalten.«[23] Was, so fragt Dolbin, ist aus der »lieben, lieben Ninon« geworden? Daß Dolbin recht hat, fällt Ninon schwer sich einzugestehen. Zu sehr Pflichtmensch, versucht sie immer aufs neue, ihrer selbstgewählten Aufgabe gerecht zu werden. Manchmal gelingt es, dann wieder muß sie erkennen, daß es Menschen gibt, die ihrem Mann viel bedeuten, anderes geben können als sie, wie der junge Zeichner und Grafiker aus Dresden, der im Sommer 1933 in Montagnola aufgetaucht ist: Gunter Böhmer.

43 Jahre später erinnert Böhmer jene Zeit, in der seine Freundschaft mit Hesse begann: »Ich hatte 1933 mein Akademiestudium in Berlin abgeschlossen, erste Schüsse hatten Fenster zerschlagen neben meiner Malstudentenbude, in der so mancher illustrierte Brief nach Montagnola, das scheinbar irdische Paradies, geschrieben wurde, bis von dorther der Vorschlag eintraf, in diese ›sagenhaften Gegenden‹ aufzubrechen.« Erfreut vermittelt Hesse dem 22jährigen die freie Camuzzi-Wohnung, öffnet ihm sein Haus. Bald ist der Dichter nicht nur von Böhmers zeichnerischer Begabung überzeugt, sondern spürt auch eine innere Übereinstimmung, so daß er dem jungen Künstler den Vorschlag macht, eine Neuausgabe des *Hermann Lauscher* zu illustrieren. Damit beginnt eine Freundschaft mit dem »Mal- und Gartenbruder«, die bis zu Hesses Tod besteht. Ninon reagiert darauf wie immer mit Eifersucht, wenn sie spürt, daß ein Mensch Hesse nahesteht. Als sich Böhmer während einer Romreise Ninons um

Hesse kümmert, beneidet sie die beiden Männer um ihr Miteinander und plant, vorzeitig heimzufahren, als sie erfährt, daß nicht nur Böhmer die Aufmerksamkeit und Zuneigung ihres Mannes bindet, sondern noch ein zweiter, der Arzt und Schriftsteller Hans Carossa, der sich inzwischen in Montagnola eingefunden hat. Er »ist mir unter den Lebenden wohl der liebste deutsche Dichter«, schreibt Hesse an Alfred Kubin. Aber er zweifelt, ob »der Katholik« Carossa auch ihn schätzt, hat er doch nach einer Begegnung in München 1929 den Kontakt zu Carossa vergeblich gesucht, »schickte ihm noch ein andersmal ein Zeichen meiner Liebe, aber es kam nie ein Ton der Antwort«. Doch Hesse irrt. Auch Carossa ist beeindruckt, schildert seine Begegnung mit Hesse in einem Brief an seine Freundin Hedwig Kerber vom 19. April 1929: »Nun saßen wir eine Stunde beisammen in einem äußerst fröhlichen Gespräch (...) Er umarmte mich alle Augenblicke, (...) hatte eine sehr schöne Freundin mitgebracht (...) Sie stammt aus Czernowitz und war sehr erstaunt, daß ich diese Stadt und ihre Umgebung aus dem Krieg so genau kannte.«

1932 besucht Carossa das erste Mal auf der Rückreise von Italien die Casa Rossa, im Oktober 1933, zur Zeit von Ninons Romreise, erscheint er erneut, dann wieder im Februar 1935. Dieses Mal ist auch Ninon anwesend, hat den Besucher ebenso ungeduldig erwartet wie ihr Mann. »Es war dunkel, als ich ankam«, erinnert Carossa, »ich sah den See mit unzähligen Lichtern bekränzt, die seine Form genau abzeichneten. Ich legte meine Tulpen in den Arm der begrüßenden Hausfrau.«

Ninon, die bereits bei Carossas erstem Besuch erfahren hatte, daß seine Familie aus Oberitalien stammt, erkannte bald in ihm einen Gleichgesinnten: Auch Carossa liebt Arkadien, ist ein Kenner der antiken Welt, in deren Geschichte sich Ninon mehr und mehr vertieft. Und sie, die ehemalige Studentin der Medizin und Kunstgeschichte, ist ebenso beeindruckt von Carossas autobiographischen Romanen, *Eine Kindheit* und *Der Arzt Gion*, wie von seinem jahrelangen Wirken in seiner Passauer und Münchener Praxis.

Wenn Hesse sagt, er empfinde sein Verhältnis zu Carossa wie das zwischen Narziß und »Bruder Goldmund«, ist Ninon tief getroffen, muß sie doch erkennen, daß es ihr im Leben mit dem zunehmend asketischen Narziß / Hesse an der Weltzugewandtheit und Lebendigkeit Goldmund / Carossas fehlt. Erzählt sie Carossa von ihren Sehnsuchtszielen Italien und Griechenland, empfindet sie seine Worte als Antwort auf eigene Fragen, als Echo ihrer Gedanken: »Warum denn überfällt uns zuweilen Sehnsucht nach dem Anschauen der entschieden schönen großen und strengen Form? Warum wollen wir ihr Nachbild ewig in der Seele tragen? Doch nur, damit wir unser Wesen zu ihm hinordnen können, damit uns das Leben einfacher werde.« Liest Ninon das, spürt sie, daß Carossa sich einschwingen kann in ihr Empfinden, beginnt, auf ihn zu projizieren. Er wird ihr unsichtbarer Reisegefährte, ein Schattengeliebter, den sie in ihrem Reisetagebuch herbeischreibt. Während ihr Mann ablehnt, sie auf ihren Reisen zu begleiten, einmal sogar, als sie ihn schon zu einer Romfahrt überredet hat, in Parma wieder umkehrt, imaginiert sie Carossas Nähe und reflektiert zugleich: »Wenn ich nur auf die geheimnisvolle Verbindung mit Hans Carossa verzichten wollte! Ist das nichts weiter als eine schlechte Gewohnheit aus Backfischtagen, immer mit dem zusammenzusein, der nicht da ist? Zu rufen und Rufe zu vernehmen?«[24] Geht sie zwischen den Ruinen der antiken Tempel und Theater, rezitiert sie Carossas Verse – und in Agrigent empfindet sie ihn so nah, daß sie sich spontan nach ihm umdreht. Als sie im Gästebuch eines Hotels überraschend seinen Namen entdeckt, dazu ein Gedicht, schreibt sie ihm, und er antwortet nach Rom, vorsichtig distanziert und zugleich bedauernd, daß er nicht bei ihr sein kann, sondern erst einige Wochen später nach Rom kommen wird. Einmal schon, im Jahr zuvor, hatten sie sich um zwei Tage verfehlt. Das hatte sie traurig gemacht, denn auch wenn sie Hesse lange Briefe schrieb, fürchtete sie, daß ihn ihre Reiseberichte eher störten, langweilten oder ermüdeten. Und doch war sie dankbar, daß er ihr diese Auszeiten ermöglichte: 1933 Florenz und Rom, 1934 Neapel, Sizilien, Rom. 1935 die archäologischen Sammlungen in Paris und London. 1936 Rom. 1937 das »Erweckungserlebnis« Griechenland:

Athen, Delphi, Peloponnes, ägäische Inseln. 1938 Paris mit dem »Louvre-Griechenland«. 1939 Athen, Attika, Argolis, Orchomenos / Böotien, Delphi. Hier vergißt sie für Wochen die Bedrängnisse, die über ihre Familie und ihr Volk gekommen sind, vergißt auch die Situation in Montagnola, die Carossa im Sommer 1937 als bedrückend empfindet: »Hesses Ehe hat mir diesmal einen eigenen, fast beklemmenden Eindruck gemacht; Ninon hat da ein schweres Amt auf sich genommen.« Diese Begegnung zwischen Ninon und Carossa wird die letzte vor Ausbruch des Krieges sein. Herrliche Tage seien das gewesen, berichtet sie Dolbin nach New York. Danach stocken die Briefwechsel, sind sowohl Ninon als auch Hermann Hesse enttäuscht, daß sich Carossa den Werbungen der Nationalsozialisten nicht widersetzt, sondern sich in die innere Emigration begibt.

Ninon und Hermann Hesse im Garten der Casa Rossa; Hans Carossa

Stimmen

Hermann Hesse:

Zweitens ist meine Heirat nichts andres als was bei mir eben eine Heirat sein kann: ein Akt der Ergebung nach langem Sträuben, eine Gebärde des Nachgebens und Fünfe-grade-sein-Lassens der Frau gegenüber. Immerhin, ich bin dieser Frau dafür dankbar, daß sie mich an der Grenze des Alters noch einmal in Versuchung geführt und zu Fall gebracht hat, daß sie mein Haus führt und mich mit leichten bekömmlichen Sachen füttert, da ich meistens krank bin. Aber zwischenein fühle ich doch den Zustand des Wohlergehens als kläglich und stünde lieber nackt im Regen.

HH an Alfred Kubin, Ende März 1932, in: Hermann Hesse. *Gesammelte Briefe*. Zweiter Band 1922-1935. In Zusammenarbeit mit Heiner Hesse herausgegeben von Ursula und Volker Michels. Frankfurt am Main 1979, S. 330.

Trude Fein:

Hesse lebte nach einer strengen Diät, die von Ninon mit der ihr eigentümlichen, etwas starren Pünktlichkeit genau überwacht wurde. Da ich diese wenigen Erinnerungen nun einmal vom Köchinnenstandpunkt niederschreibe, darf ich vielleicht sagen, daß ich selbst ihm auf Grund der allgemeinen Diätvorschriften gern und leicht etwas abwechslungsreicher gekocht hätte, aber Ninon traute meinen theoretischen Darlegungen nicht, und so blieb es bei einem sehr beschränkten Speisezettel.

Trude Fein, *Als Köchin bei Hermann Hesse*, in: *Hermann Hesse in Augenzeugenberichten*, S. 238.

Elisabeth Gerdts-Rupp:

(...) das Schlimmste ist vor allem, dass ich das, was mir seine Freunde vorhergesagt hatten, bestätigt fand, nämlich, dass die Verbindung mit Ninon sich je länger je mehr als ein fürchterlicher Missgriff erweist und

er daran sehr leidet. Was ist da zu machen? Er wird nicht die Energie haben, sich dieser weiblichen Hartnäckigkeit zu erwehren, und sie wird ihn, wie Emmy Ball sagt, völlig austrocknen und lähmen, bis die Produktion vollends zerstört ist, was für ein Jammer! Und dabei sieht Ninon selber so kreuzunglücklich, alt und verbraucht aus, dass sie einem auch leid tun muss, aber schliesslich hat sie es ja erzwungen.

Elisabeth Gerdts-Rupp an Adele Gundert, 12. August 1938. Hesse Editionsarchiv.

Hermann Hesse:

Deine Zustände von Traurigkeit und Unlust, Deine oft fanatische Hingabe an die Sorge um die Stubenböden und ums Essen sind mir oft ein Rätsel gewesen.

HH an Ninon Hesse, 9. Oktober 1932, DLA Marbach.

Kató Stefanek-Monós:

Das Parkett wurde mit einem Drahtlappen abgerieben und nachher der auf diese Weise produzierte Dreck mit dem Besen aufgefegt (...) und dann mußten wir auf dem Parkettboden das Wachs mit der flachen, harten Bürste unter den Füßen auf Hochglanz bringen (...) Einen Staubsauger gab es nicht im Haus. Frau Elsy Bodmer war denn auch verwundert darüber und fragte, warum das Zimmermädchen mit dem Handbesen und der -schaufel putzen mußte. Das Mädchen sagte, es sei einfach Vorschrift, daß wir auf den Knien die Zimmer fegten (...) Als Frau Bodmer Ninon Hesse befragte, bekam sie die Antwort, einen Staubsauger anzuschaffen hätte keinen Sinn, denn schließlich bezahle sie ja zwei Dienstmädchen.

Kató Stefanek-Monós, *Erinnerungen an Montagnola*, nach einem Tonbandgespräch aus dem Ungarischen übersetzt von Magda Kerényi, in: *Hermann Hesse in Augenzeugenberichten*, S. 277.

Hermann Hesse:

Das Haus ordentlich zu führen, kostet ziemlich viel, und Ninon ist darin eifrig und ehrgeizig, für Zigeunerwirtschaft hat sie gar keinen Sinn.

HH an Fritz Leuthold, 15. August 1932. Hesse Editionsarchiv.

Martha Schüpbach-Hofmann:

Jede Tag vom Morge am haubi achti bis zmittag am zwölfi putze, u das genau nach Stundeplan. Das isch mir komisch vorcho, jede Tag das glyche putze, we scho ke Dräck is gsi (...) u bi Madams Bett abwächlingswys iis vo de beide Chopfchüssi obedruuf lege. (...) We d Madam is ga Kommisione mache uf Lugano, han i mängisch mitmüsse oder se ömu de vom Poschtouto ga abhole: d Täsche ga useriiche us em Outo u hiitrage u de no uf der richtige Syte vor Madam luuffe, nachhär hurti voruus, bim Dientschteygang yche u de Madam bim Houptygang d Tür uftue u eventuell der Schirm abnäh u d Pantöffeli zwäg ha (...) I ha o ds Ässe serviert u ha derzue gäng es wysses Schürzli müsse trage. (...) We d Herrschaft fertig si mit Ässe, hii d Chöchi un ig i der Chuchi no d Räschte ggässe.

Martha Schüpbach-Hofmann. *Zimmermeidschi bim Herr Hesse u angeri Gschichte vo frücher.* Zytglogge Verlag. Oberhofen am Thunersee 2004, S. 41 ff.

Josef Bernhard Lang:

Dann ärgerte mich das »Feudale« bei Hesse: alles tipp-topp, auch die ganz bourgeoise Fr(au) Hesse gab mir gewaltig auf die Nerven, ich fand keinen Anschluss, war ganz in mich versunken.

Aus Langs Tagebuch vom 2./3. März 1936. In: Hermann Hesse, *»Die dunkle und wilde Seite der Seele«*, S. 337.

Hermann Hesse:

Wir haben gestern Bescherung gehabt. Es war hübsch und es wurde viel geschenkt, auch ein Bäumchen war da mit Kerzen. Ich konnte Ninon einiges schenken, was ihr Freude machte, und wurde selber sehr beschenkt. Aber es war mir, wie mein ganzes jetziges Leben, alles doch viel zu hübsch, viel zu bürgerlich, spielerisch und oberflächlich. Ich möchte, wenn ich etwas zu sagen hätte, viel lieber keinen Baum haben und keine Dienstboten vor überladenen Geschenktischen stehen haben, für die man vorher 14 Tage sich nervös gesorgt hat (...) es war wie bei einem Kommerzienrat, ich schämte mich eigentlich.

HH an Adele Gundert, Weihnachten 1932, in: Hermann Hesse, *Gesammelte Briefe.* Zweiter Band, S. 359.

Emmy Ball-Hennings:

Es ist auch rein äusserlich zwischen meinem Agnuzzo-Dasein und Montagnola ein so krasser Kontrast, dass ich ihn nicht mehr zu überbrükken vermag, doch von diesem Leiden soll man nicht ausführlich sprechen.

Emmy Ball-Hennings an Gunter Böhmer, undatiert, verm. Dezember 1939. Schweizerisches Literaturarchiv, Bern.

Maria Geroe-Tobler:

Ich sah heute Ninon an der Post. Ich sagte ihr gleich (...) es täte mir leid, dass ich nicht geschrieben hätte. Da schaute sie mich kalt an und sagte in lehrerinnenhaftem Schulton: ja, das hat mich auch gewundert, ausser Ihnen haben mir alle geschrieben. Ich wurde ganz rot, aber Purrmann, der ein herrlicher Menschenkenner ist, lächelte mir zu. Er sagte (...) es ginge ihm eigentlich ähnlich wie Frau Ball bei Hesses, er fühle schon jetzt einen Zwang, den er nicht ertragen wolle. Er ginge hin, wann er möge, aber diese Einlad(ungen) auf die Minute (...) könne er nicht einhalten.

Maria Geroe-Tobler an Emmy Ball-Hennings, 23. Februar 1945. Schweizerisches Literaturarchiv, Bern.

Elisabeth Gerdts-Rupp:

Mein Besuch bei H. war leider unerfreulich. Frau Hesse in Moscia hatte mir schon gesagt, dass er durch Ninon in die österreichische Emigrantenmisere verwickelt sei und darunter furchtbar leide. Zum Unglück führte Ninon das Gespräch so ungeschickt, dass wir alsbald auf dies böse Thema kamen und da lief er, – völlig unbeherrscht, – einfach aus dem Zimmer und kam nicht wieder. (…) Nun ich bin ja von ihm manches gewöhnt.

Elisabeth Gerdts-Rupp an Adele Gundert, 12. August 1938. Hesse Editionsarchiv.

Kató Stefanek-Monós:

Wegen der vielen Auseinandersetzungen mit Frau Ninon akzeptierte ich schließlich das Angebot einer Amerikanerin in Lugano, zu ihr zu gehen. Frau Hesse beschwor mich zwar zu bleiben und Herr Hesse bot mir jährlich eine Extra-Prämie an, doch sagte ich, die materiellen Vorteile hätte ich auch anderswo, ohne dafür noch danken zu müssen und ohne die Probleme mit seiner Frau.

Kató Stefanek-Monós, in: *Hermann Hesse in Augenzeugenberichten*, S. 279.

Elisabeth Gerdts-Rupp:

Sie sehen also in N(inon) vor allem die aufopfernde Pflegerin, ohne die es nicht ginge. Aber man vernichtet eben die Männlichkeit eines Mannes, wenn man ihn von früh bis spät päppelt und gängelt wie einen hilflosen Säugling. Davon WIRD *man hilflos.* MEIN *Hesse von 1920 hätte sich nicht die ganze Post und jedes Gespräch eines jeden Besuchers kontrollieren lassen – o nein!*

Elisabeth Gerdts Rupp an Adele Gundert, 1. September 1938. Hesse Editionsarchiv.

2.

Bitte keine Besuche steht auf einem Schild am Pfosten des Gartentores zum Roten Haus. Wie schon in Gaienhofen ist das die einzige Möglichkeit, Touristen und Neugierige fernzuhalten. Daß auch unangemeldete Besucher kehrtmachen, obwohl sie willkommen gewesen wären, ist ebenso überliefert wie das Eindringen besonders dreister Verehrer, die sich über die Rückseite Zutritt verschafften oder klingelten und sich dem Hausmädchen als Freunde Hesses vorstellten. Ninon versucht, in den Jahren der Arbeit am *Glasperlenspiel* nicht nur ungebetene Gäste fernzuhalten, sondern auch Hesses Freunde. Nur wenige sind von diesen Restriktionen ausgenommen: Gunter Böhmer, der nach Mareilis Trennung von Marcel Geroe 1935 mit der Teppichweberin zusammenlebt. Auch Emmy ist, fast wie ein Familienmitglied, in der »Casa Rossa« immer willkommen, wohnt bei Ninon, wenn Hesse sich zur Kur in Baden aufhält.

Lang gehört ebenfalls zu den von Hesse bevorzugten Gästen. Er ist mit seiner zweiten Frau Gertrud nach Locarno gezogen, um dort den Verlauf eines Prozesses abzuwarten. Beihilfe zur Abtreibung in zahlreichen Fällen, lautet die Anklage. Die Zürcher Praxis ist geschlossen, gilt doch Lang in der Stadt bald als unerwünschte Person, in deren ärztliche Behandlung sich niemand mehr begeben will. In Locarno, so hofft er, ist er unbekannt, kann weiter als Analytiker arbeiten. Und er vertraut darauf, daß sein Verteidiger ein schnelles, günstiges Urteil erreichen wird, fühlt sich durch den prominenten Wladimir Rosenbaum-Ducommun bestens vertreten. Diesen Star unter den Zürcher Strafverteidigern hatte Lang in C. G. Jungs »Psychologischem Club« kennengelernt, in dem Rosenbaum und seine Frau, die Schriftstellerin Aline Valangin, in den 1930er Jahren verkehrten. Zunächst gelingt es dem Anwalt, den Analytiker aus der Haft freizubekommen. »Jene 24 Stunden Untersuchungsgefängnis mit all den Demütigungen und Beleidigungen waren zu hart«, klagt Lang. »Und doch habe ich nur meine Menschenpflicht getan und meiner Überzeugung nach gehandelt. (...) Ich bin dieser Grobheit und Gemeinheit, die auf mich wartet, kaum gewachsen. Und vor die Menagerie eines Schwurgerichts geschleppt zu werden (…) ich empfinde das als unerträglich.« Hesse antwortet mit »einem Gruß und einem Händedruck« und rät: »Erlebe die ganze Prozeßgeschichte wie einen Traum, wie ein böses Märchen mit Hexen, Teufeln und bösen Bedrohungen, und laß es drauf ankommen, was am Schluß draus wird, denn das läuft ja doch nicht rational, und es wäre hübscher, solche Prozesse wie bei manchen alten Völkern durch Würfelspiel zu entscheiden statt durch eine Gerechtigkeitskomödie.« Was weder Lang noch der »Glasperlenspieler« Hesse ahnen können, ist, welchen Verlauf der Prozeß nehmen und daß Rosenbaum 1937 das Anwaltspatent entzogen, er selbst zum Angeklagten wird. Der Anwalt steht im Verdacht, an einer dubiosen Waffenhandelsaffäre beteiligt gewesen zu sein. Vermutlich ist er jedoch wegen seiner jüdischen Herkunft in den Fokus der Justiz geraten, die nach 1933 zunehmend durch die »Fronten«, die nationalsozialistischen Zusammenschlüsse in der Deutsch-Schweiz, beeinflußt wird, denen sich auch der Kollege und einstige Gaienhofenbesucher Jakob Schaffner anschließt. Antisemitismus ist plötzlich en vogue, auch Jung sympathisiert mit den Nazis, diffamiert öffentlich die »jüdische« Psychoanalyse.

Hermann Hesse
und Josef
Bernhard Lang
in Montagnola
um 1942

Aus Zürich teilt Lang, vor seiner Übersiedlung ins Tessin, dem Freund Hesse mit: »In der Welt sieht es bös aus; letzte Woche hatten wir hier einen bösen Frontenrummel, und hässlicher, weil alles nur eine Kopie von draussen war.« Braunes Gift, das über die Grenzen eindringt und auch die neutralen Schweizer zu verseuchen beginnt. Immer schlechtere Nachrichten erreichen Montagnola, und Hesse klagt: »Die Jugend in D(eutschland) ist vollkommen militarisiert.« Auch in Maulbronn, seinem »altberühmten schwäbischen Klosterseminare« sind »die Buben (…) uniformiert und der SA angeschlossen, exercieren den halben Tag«, anstatt die griechischen Philosophen zu lesen. Der Freund Ludwig Finckh, noch immer in Gaienhofen, hat sich den Nazis ebenso angeschlossen wie der einst so bewunderte Emil Strauß. Daß auch Ruth und Erich Haußmann mit der NSDAP sympathisieren, erfährt Hesse von seinem ehemaligen Schwager Erich Oppenheim, der als Jude seine Praxis im badischen Steinen nicht weiterführen konnte und seit 1934 mit seiner Familie im »Papageienhaus« in Carona lebt. Oppenheim hat den Kontakt zu Ruth abgebrochen, weiß jedoch von Lisa Wenger, daß seine Schwägerin ein kleines Bauerngut mit 9 ha Land im Dorf Zeisertsweiler bei Lindau erworben hat und dort mit ihrem Mann und dem 1935 geborenen Sohn Edzard lebt.

Hesse ist verblüfft. Ruth, die Verwöhnte, eine Bäuerin? Der Schauspieler Haußmann als Landwirt? Er fragt sich, ob die bisher so wankelmütige Tier- und Naturfreundin nur der »Blut- und Bodenideologie« gefolgt ist oder endlich ihre Bestimmung gefunden hat: ein Leben als Landfrau. Auch Elisabeth Gerdts-Rupp ist erstaunt, als sie Adeles Nachricht von Ruths Umzug aufs Land erhält. »Daß Ruth Bäuerin würde, hätte ich auch nicht gedacht, es muß doch – tief verborgen – irgend ein tüchtiger Kern in ihr stecken«, antwortet sie Hesses Schwester. Wiedersehen wird Lisel Rupp ihre einstige Rivalin ebensowenig wie Hesse, obwohl Ruth nach dem Krieg eine briefliche Verbindung zu ihrem geschiedenen Mann sucht. In Carona ist sie mit ihrer Familie nicht mehr willkommen, teilt sie Hesse mit, der sie ermuntert hat, ihn in Montagnola zu besuchen: »Mein Schwager hat uns wahrscheinlich nie verziehen, dass wir Nationalsozialisten waren. Es tut mir leid um Erich, denn wenn ich auch im Leben nichts erreicht habe, so doch das eine, nicht und nirgends mehr zu hassen.«

*

Seit dem »Anschluß« Österreichs als Ostmark an das Deutsche Reich ist Ninon ständig in Sorge um ihre Verwandten, für die sie bei der Fremdenpolizei um Aufenthaltsgenehmigungen nachsucht, Dolbin um Vermittlung von Bürgen für die Einreise in die USA bittet. Auch Emmy Ball wird eingespannt, fragt bei den emigrierten Freunden an, bei Richard Huelsenbeck, der in New York unter dem Namen Charles R.(ichard) Hulbeck als Analytiker praktiziert. Doch je mehr Exilsuchende kommen, desto schwieriger wird es. Für einige Wochen sucht Simon Guttmann Unterkunft bei Emmy, bringt ihre Gefühle durcheinander, bevor er nach London ausreisen kann. Auch Thomas Mann, der sich seit dem Herbst 1933 in Küsnacht am Zürichsee niedergelassen hat, kehrt 1938 von einer Vortragsreise in die USA nicht zurück, seine Kinder und Bruder Heinrich mit Frau folgen.
Beim Gedanken an seine Kollegen ergreift Hesse eine zunehmende Verzweiflung. Einerseits wird die Liste der im Exil lebenden täglich länger, andererseits werden die Gefährdeten und Hilfesuchenden von Monat zu Monat zahlreicher. Emmy berichtet ihm verstört von der Internierung ihres alten Boheme-Freundes Hardekopf in Frankreich, von Flucht und Selbstmord Walter Benjamins. Auch mehren sich die Angriffe gegen Hesse im Reich. Noch erscheinen seine Bücher, aber der Autor kann über die Verkaufserlöse nur bedingt verfügen. »Der Verlag ist nur noch eine Ruine«, erkennt Hesse, »aber wenigstens besteht der Verlag, der sehr klein und arm geworden ist, weiter, und zwar unabhängig.« Sein Hexametergedicht *Stunden im Garten* erscheint im Exilverlag Bermann Fischers in Wien, nachdem sein Verleger das Papier für den Druck aufgetrieben hat. Und wie während der Inflationszeit beginnt der 60jährige Dichter wieder, Abschriften seiner Gedichte anzufertigen, sie mit Aquarellen zu versehen und zum Kauf anzubieten.

»Es steht schlecht mit mir«, klagt er Lang, von dem er kostenlose Ärztemuster seiner Medikamente bekommt. Er trauert um seinen Halbbruder Karl Isenberg, leidet unter dem Selbstmord seines Bruders Hans, der, gerade als Hesse selbst wieder einmal versucht war, sich das Leben zu nehmen, diesen Vorsatz ausführt. »Ich habe das seither nicht verdaut«, gesteht er Lang und fügt hinzu: »Jetzt ist kein Bruder mehr da, der das an meiner Statt tut.« Zudem gibt es in diesen Jahren zunehmend Streit mit Ninon. Hesse fühlt sich überflüssig, der strenggeregelte Tagesablauf, Ninons Emigrantenbesucher stören ihn, so daß er überlegt, in ein Sanatorium zu gehen, denn »schon jetzt stört meine Gegenwart im Hause«. Als Ninon nach Wien abreist, um sich einer gynäkologischen Operation zu unterziehen, eskaliert die schlechte Stimmung erneut. »Ich war schon angezogen und bereit, um sie nach Lugano an die Bahn zu begleiten. Aber in der letzten Stunde ging sie mir wieder so auf die Nerven, daß ich sie ziehen ließ und wir uns zum Abschied kaum die Hand gaben«, klagt er Lang. Aber der Freund ist Hesse in dieser Zeit keine Hilfe, steckt selbst zu tief in den Verhören, dem sich hinziehenden Prozeß, trauert um seine Tochter Karli, die an einer Blutvergiftung gestorben ist. Er leidet unter Selbstzweifeln, fühlt sich als »kleine Null, (…) ein Gescheiterter, ein Schiffbrüchiger«. Eine, so scheint es, aussichtslose Situation zwischen den Freunden, denn Hesse bedürfte in dieser Zeit eines starken Beistandes, den Lang nicht geben kann. Auch Ninon hat sich entzogen, ihre Gedanken und ihre Gefühle auf einen anderen ausgerichtet, einen Mann, den sie im Spätherbst 1935 kennenlernt: Joachim Maass.

Er ist Norddeutscher, stilsicher gekleidet, bewegt sich mit der Weltläufigkeit und Selbstsicherheit, wie man sie bei Hamburger Kaufleuten findet. Der 34jährige Schriftsteller hat bereits einige Romane veröffentlicht, die Hesse als »von erlebtem Leben, von genau und gewissenhaft gesehener Wirklichkeit ganz gesättigt« lobend rezensierte. Im Spätherbst 1935 fragt Maass bei Hesse an, ob er ihn in Montagnola aufsuchen darf, und erhält eine Einladung. Als Ninon ihn in der Casa Rossa begrüßt, ist sie sofort von dem jungen Kosmopoliten einge-

nommen, der lebhaft von seinen Reisen, der Zeit im Ausland erzählt.
Er spricht über seine Redakteurstätigkeit bei der *Vossischen Zeitung*
in Berlin. Ninon erinnert an ihre Beiträge für das Blatt, aber das, sagt
er, war vor seiner Zeit. Jetzt hat er wieder den Wohnort gewechselt,
lebt in Altona. Auf den ersten Besuch im Tessin folgen weitere, und
Ninon läßt Dolbin begeistert wissen, daß Maass zwei Monate in
Lugano war, oft nach Montagnola heraufkam.

Bringen Fred Dolbins Briefe »Frischluft« in die gedrückt-depressive
Stimmung des Roten Hauses, inspiriert Hans Carossas Interesse an
der Antike Ninon zu intensiver Reise- und Forschertätigkeit, so gelingt es dem positiv-zupackenden Maass, der sechs Jahre Älteren in
Gesprächen und Briefen ein neues Selbstbewußtsein zu geben, wenn
er sagt: »Ich hab für die Verzweifelten nichts übrig! Ich halte mich
an die Devise der alten Rauhbeine: Wer nicht das Leben setzet ein,
dem wird das Leben nicht gewonnen sein.« Dann fühlt sich Ninon
ermutigt, erlebt beglückend, auch als Frau wahrgenommen zu werden – nicht nur als »Frau Hermann Hesse«.

Wenige Wochen später, im Februar 1936, ist Maass erneut in Lugano. Die politische Situation in Deutschland bedrückt ihn, ein nächt-
licher »Besuch« von SA-Männern hat ihn veranlaßt, über die Emigration nachzudenken, nicht die »innere«, sondern den Wechsel als
Protest. Er plant einen Neubeginn in den USA, was Ninon einerseits
bewundert, andererseits mit Sorge erfüllt. Als sie sich Ende März, kurz
vor seiner Abreise, in Zürich treffen, gibt sie ihm Dolbins Anschrift
mit der Bitte, ihn aufzusuchen. Hesse, der glaubt, daß Ninon nur wegen einer Zahnbehandlung an die Limmat gefahren ist, bekommt unter dem Datum des 31. März 1936 die kurze Mitteilung: »Herr Maass
war zweimal im Bodmer-Haus, einmal zusammen mit Nelly zum
Nachtessen, einmal nach dem Essen. Er war ergriffen und bezaubert
von der Schönheit dieses Hauses, wir gingen jedes Mal durch alle
Räume, verweilten lange in dem einen und dem anderen.«[25]

Mehr erzählt sie ihrem Mann nicht, berichtet jedoch ausführlich von
Elsy Bodmer, Els Bucherer und deren Arbeit an einer Theorie der
Entsprechung von Farben und musikalischen Klängen, von einem

Vortrag Martha Wassermanns, bei dem sie auch Katia Mann mit ihrer aus Deutschland emigrierten »schönen Mutter«, Hedwig Prings-heim, trifft. Ninon schreibt ausführlich von allen Begegnungen, ihre Gefühle für Maass jedoch verheimlicht sie. Als er abgereist ist, bittet sie Dolbin, sich in New York um den Freund zu kümmern, der in den Staaten nach einer Lebens- und Arbeitsmöglichkeit suchen will: »Ich empfehle ihn Dir sehr! Du musst entzückend zu ihm sein! Wenn Du ihn je zeichnen solltest, schenke mir das Blatt, ja?«[26] Den Wunsch erfüllt ihr Dolbin, der sehr genau gespürt hat, wieviel dieser Ham-burger Kaufmannssohn Ninon bedeutet. Er lädt Maass nach dessen Ankunft in New York ein, Ellen Dolbin plaudert mit dem Schrift-steller, fragt ihn nach seinen Plänen, Maass raucht, Dolbin zeichnet. Aber er, der mit wenigen Strichen das Wesentliche eines Gesichts her-ausarbeiten kann, versagt bei diesem Besucher, so daß Ninon ihn zunächst nicht erkennt, als Dolbin ihr das Blatt im September 1937 zum Geburtstag schickt. Er versucht sich damit zu rechtfertigen, daß Maass ihm zu glatt erschienen ist, zu angepaßt: »Als er damals im halbdunklen Winterlicht (…) brillenlos vor mir saß, (…) suchte ich vergeblich den Dichter, als den Du ihn mir empfohlen hattest. Da ist eben das Porträt auf der Suche nach dem Inneren schon im Äu-ßeren steckengeblieben.«[27] Nein, denkt sie enttäuscht, Dolbin ist es nicht gelungen, das geliebte Gesicht zu bannen.

Als Maass im Januar 1937 aus den USA zurückkommt, schenkt er Ninon mit einer sehr persönlichen Widmung die auf der Überfahrt entstandene Erzählung *Der Schnee von Nebraska*. An Emmy schreibt sie am 22. Februar von dem »wunderbaren Manuskript« und ver-gleicht den Text mit der Dichtung Julien Greens. Am 21. Februar 1939 kommt Maass noch einmal nach Montagnola, um Abschied zu neh-men. Wenige Tage später wird er gemeinsam mit jüdischen Freunden Europa verlassen. Kein Wiedersehen. Nur Briefe. Ninons sind nicht erhalten, wurden, so Gisela Kleine, zum Teil von Maass' Lebensge-fährtin und Alleinerbin vernichtet. Für Ninon bedeuteten seine Mit-teilungen, die sie vor ihrem Mann geheimhält, Trost im schwierigen Zusammenleben mit Hesse. Während sie noch am 9. Oktober 1949 im Tagebuch notiert: »Ob H. traurig oder missmutig ist, ist selten zu unterscheiden. (…) Ich möchte unter die Räder. Wie kann man so leben?« Heißt es einen Tag später: »J. M. schönster Brief, den er mir je schrieb. Ich bin nicht mehr allein.«[28]

Erst 1947 findet Hesse einen Brief von Joachim Maass an Ninon, der ihm versehentlich mit anderer Post in das Sanatorium in Préfargier nachgeschickt worden ist. Verunsichert durch den vertrauten Ton des Schreibens, stellt er seine Frau brieflich zur Rede. »Lieber Hermann«, antwortet sie ihm am 24. Januar 1947, »es tut mir sehr leid, dass Du ganz unversehens erfuhrst (anstatt, dass ich es Dir erzählte!), dass J. M. und ich eine schöne und herzliche Freundschaft geschlossen haben, die sich in einem (übrigens ziemlich spärlichen) Briefwechsel äusserte und äussert. Sie hat Deine Sphäre nicht berührt und hat mir oft sehr wohl getan, wenn ich mich sehr einsam fühlte. (…) Ich habe mich der Freundschaft mit ihm nicht zu schämen, und ich bitte Dich, wenn es Dir möglich ist, unseren Briefwechsel zu dulden. Deine Ninon.«[29]

Benedikt Fred Dolbin in New York;
Joachim Maass, gezeichnet von B. F. Dolbin 1936

*

325

1939. Trotz der unsicheren politischen Verhältnisse hat sich Ninon entschlossen zu reisen. Vielleicht ahnt sie, daß es für lange Zeit ihre letzte Fahrt nach Griechenland sein wird. Vielleicht möchte sie auch nach dem Abschied von Joachim Maass allein sein, kann, nach der kraftvollen Zukunftsplanung des jungen Freundes, seine Hoffnung auf ein Leben in Freiheit, auf die »Neue Welt«, ihr Eremitendasein mit dem leidenden 62jährigen Dichter nur schwer ertragen, der in den Lebensläufen seines »Magister ludi«, Josef Knecht, feststeckt und verzweifelt bei Langs Ärztemustern Hilfe sucht. Am 8. April reist Ninon aus Montagnola ab, ist bereits einen Tag später an Bord eines Dampfers, der sie von Neapel nach Griechenland bringen soll. Dort faßt sie den Plan zu einer Arbeit über Apollon, dessen Mythos und Wesen sie darstellen will. Ein Vorhaben, das Ninon, wie so viele vorher, nicht beenden wird. Anfang Mai kehrt sie zurück, entflieht jedoch bereits im August erneut. Grund ist die Tessiner Sommerhitze, die sie nicht verträgt. Begleitet von Maria Geroe-Tobler, erholt sie sich in Sils-Berselgia. Als sie zurückkommt, ist Krieg. Auch Heiner Hesse wird zum Militärdienst eingezogen, weil die Schweizer Armee die Grenzen zu Nazi-Deutschland und dem faschistischen Italien, das sich 1936 mit Hitler in der Achse Berlin–Rom verbunden hat, streng kontrolliert.

Hesse fühlt sich angesichts dieser militärischen Einschnürung der Schweiz, die sich bald an den Grenzen zum von Deutschland eroberten Frankreich fortsetzen wird, zurückversetzt in die Zeit von 1914 bis 1918. »Die Belastung, auch an Arbeit und Zeit, ist fast ebenso groß wie einst die im Weltkrieg mit der Gefangenenfürsorge etc. war. Auch ist man heute nicht umsonst mit einer österr(eichischen) Jüdin verheiratet«, schreibt er an Lang. »Ich will dazu stehen, auch wenn ich dabei kaputt gehe.« Er unterstützt jüdische Freunde, sieht sie in ein ungewisses Schicksal davonfahren, nach England, Südamerika, in die USA und nach Palästina, in jenes Land, in das vor vielen Jahren einer seiner Besucher zog: »Einst in Gaienhofen, etwa 1907 oder 1908, habe ich einmal einen jungen Wiener Juden bei mir aufgenommen, der sich nach einem einfachen primitiven Leben mit Landarbeit etc.

sehnte, er war einige Monate bei uns, wurde dann Zionist und war der erste meiner Bekannten, der nach Palästina ging und dort blieb. Doch wird er längst nicht mehr leben, sonst hätte er sich doch irgend einmal wieder gemeldet.«

Hesses Solidarität mit den Verfolgten. Sein Abscheu vor Diskriminierung, vor Antisemitismus. Und so verläßt er unter Protest das Haus von Tilly Wassmer in Ascona, nachdem Ninon im Schlafzimmer der Hausherrin ein Hitlerporträt entdeckt hat. Nelly Seidl-Kreis erinnert sich Jahrzehnte später an die Einladung, die Max Wassmer von seiner geschiedenen Frau überbracht hat, an die gemeinsame Fahrt mit Wassmer, Hesse und Ninon an der Lago Maggiore, die Hausbesichtigung, das Mittagessen, Ninons Gang ins Badezimmer, ihre verstörte Rückkehr und die geflüsterte Bemerkung vom Hitlerbild. Als Hesse Aufklärung verlangt und Tilly Wassmer bekennt: »Ich verehre Hitler über alles«, springt er auf, »dunkelrot im Gesicht, zitternd, mit geschwollenen Stirnadern«. Wassmer versucht, zu beschwichtigen, erklärt, Tilly sei einem »Nazi-Gigolo« aufgesessen, der auch Grund für die Scheidung ist. Aber Hesse verläßt das Haus und bricht den Kontakt zu der einstigen Herrin von Schloß Bremgarten ab, die er kurz zuvor noch zu seinen »Morgenlandfahrern« gezählt hatte.

Weniger kompromißlos geht er mit Lang um, der Ende August 1939, entnervt von seinem endlosen Prozeß, den Anwälten und Gutachtern schrieb: »Mayer ist ein getaufter Jude, Mayer und Sigg sind Freimaurer, Rom ist ein beschnittener Jude. Nach den Erfahrungen mit meinen beiden jüdischen Rechtsanwälten, die mich ausgesogen haben, und nach diesem Erlebnis bin ich auch Antisemit geworden.« Hesse antwortet umgehend: »Aber was soll das heißen, daß Du jetzt ›Antisemit‹ geworden seiest! Ich glaube, Du hast keine Ahnung, was mit diesem Wort für Vorstellungen, Leiden und Sorgen für uns verknüpft sind. Wärest Du Antisemit, Lieber, so könntest Du ja auch nicht mehr zu uns kommen, meine Frau ist Jüdin, und Dein Bekenntnis zum Antisemitismus hat ihr tief wehgetan und sie erschreckt. Allerdings nimmt sie es zu ernst. Ich meinerseits glaube Dir den Antisemitismus nicht, sondern bin nur besorgt, weil Deine Worte mir eine so große Bangigkeit und innere Wehrlosigkeit zeigen.« Es ist, trotz dieser Anmerkung, ein verständnisvoller Brief, der den »lieben Longus« ermutigen soll. Aber der Arzt, der inzwischen mit seiner zweiten Frau Gertrud von Locarno in Hesses Nähe nach Lugano umgezogen ist, fühlt sich durch persönliche Schicksalsschläge, wie auch die Anklage, von der er vom Zürcher Geschworenengericht erst 1940 freigesprochen wird, gesundheitlich so beeinträchtigt, daß er nicht mehr arbeiten kann und sich in okkulten Studien, dunkler Magie, befremdlichen Malereien verliert, »von denen (…) eine beklemmende dämonische Bannkraft ausging«. Und so wendet sich das Verhältnis des Analytikers zu seinem Analysanden endgültig ins Gegenteil: Hatte Lang in den Jahren seit 1916 Hesse helfend zur Seite gestanden, so unterstützt nun der Dichter seinen leidenden Arzt bis zu dessen Tod 1945. Diese entscheidende Beziehung, die Hesses *Demian* und den *Steppenwolf* ebenso beeinflußt hat wie seinen Weg in die Malerei, aber auch Mias Internierungen und ihre verhängnisvollen Folgen, hat Gunter Böhmer sehr genau beobachtet. »Man sah Hesse durch Lang um eine Spur geheimnisvoller, rätselhafter, beunruhigender, man sah Dr. Lang durch Hesse eine Spur gesicherter«, erinnert der Künstler, der in den kommenden Jahren zum Wegbegleiter des Dichters und Illustrator seines Werkes wird.

*

Krieg. Das Spukwort während sechs langer Jahre. An Thomas Mann schreibt Hesse im April 1942: »Meine drei Söhne sind seit drei Jahren Soldat, mit Unterbrechungen und Urlauben, aber überall ist das zivile, menschliche, natürliche Leben eingeschüchtert vom Staatlichen.« Auch Ninon ist betroffen, fühlt sich in der Schweiz eingesperrt, denn nicht nur die Fluchtwege der Emigranten sind verschlossen, sondern auch ihre eigenen. Italien, Griechenland, die Museen von Wien, Berlin, Paris und London werden zu fernen Sehnsuchtsorten, geliebte Menschen unerreichbar: Fred Dolbin, Joachim Maass, Hans Carossa, die Freundinnen Johanna Gold und Elisabeth Löbl, um deren Einreise nach England sich auf Hesses Bitte Stefan Zweig erfolgreich bemüht hatte. Nun praktiziert die Vertraute der Wiener Jahre in London als Ärztin und Psychoanalytikerin, zu fern, um Ninon in ihren Problemen beistehen zu können. Die größte Sorge quält sie jedoch um ihre Schwester Lilly, die sich mit ihrem zweiten Mann, Heinz Kehlmann, in Czernowitz aufhält. Vergeblich versucht Ninon in Bern, für das Ehepaar Aufenthaltsbewilligungen für das Tessin zu erhalten, Visa für Kuba zu bekommen oder Bürgen in den USA zu finden. Trifft sie Emmy Ball, deren warmherziger Humor Ninon in vielen trüben Stunden aufgeheitert hat, findet sie jetzt bei der Freundin keinen Trost, denn Emmy sorgt sich um Annemarie, die mit drei kleinen Kindern in Rom lebt, während ihr deutscher Ehemann zur Wehrmacht eingezogen worden ist. Eine Einreise Annemaries aus dem faschistischen Italien ins Tessin ist ausgeschlossen. Zudem bringen die ständig wechselnden einquartierten Soldaten, die in den Dörfern entlang der italienischen Grenze stationiert sind und von der Bevölkerung versorgt werden müssen, Unruhe und Arbeit in Emmys bescheidenen Haushalt. Hesse ist von diesen Beeinträchtigungen ausgenommen, weil der Bürgermeister von Montagnola seinen berühmten Bewohner vor Einquartierungen bewahrt. Den übrigen Unbilden, wie der Rationierung von Lebensmitteln, aber können sich auch Ninon und Hermann Hesse nicht entziehen. Im Garten der »Casa Rossa« wird Gemüse ausgesät, wird gejätet, geerntet. Und Ninon muß, in Ermangelung von Personal, mit zupacken. Doch anders als ihr Mann liebt sie weder den Garten noch die Gartenarbeit, fühlt sich als »Büchermensch« und ist verärgert über das Bild, das Hesse in seiner Idylle *Stunden im Garten* von ihr entworfen hat. Da finden die Leser den Gärtner Hesse mit seiner Landfrau zwischen den Beeten, denn »Hier verbringen wir, Mann wie Weib, einen Teil unserer Tage, / Weit vom Hause, verborgen im Grün, und wir lieben dies Pflanzland…« Eine einseitige Liebe, ein vertrautes Bild; nur, daß es nicht Mia in Gaienhofen oder in Bern ist, die in den Beeten schafft, sondern Ninon. »Zwar sind von diesen Gemüsen / Nahezu alle gesät und betreut von der Frau, doch zuweilen / Seh ich auch hier ein wenig zum Rechten. Denn groß ist die Arbeit, / Und es hat eine Hausfrau auch außer dem Garten viel Pflichten (…) Forschend durchwandert mein Blick die stattliche Reihe der Beete; / Wahrlich, sie stehen nicht schlecht; auch eine geborene Bäurin oder Gärtnersfrau hielte sie besser kaum…«

Hesse, den Strohhut auf dem Kopf, »sieht nach dem Rechten«, begutachtet, schneidet Trockenes ab, recht es zusammen, entzündet ein Feuer. Das liebt er: das Zündeln, das Aufflammen und Knistern, den Geruch des brennenden Holzes, die rauchende graue Asche. Ninon reckt den schmerzenden Rücken, betrachtet ihre erdverkrusteten Hände, sehnt sich zwischen Gemüse und Unkraut an ihren Schreibtisch, zur Lektüre Pindars oder in eine Stadt. An Dolbin, dem sie *Stunden im Garten* schickt, schreibt sie von der Traubenernte am Rebhang: »Heuer ist das Putzen: das Lesen sehr mühsam und unappetitlich. Es sind unendlich viele verfaulte Beeren zwischen den guten (…) – die Finger werden elend verklebt von all dem Zeug, es riecht nach Schimmel und Moder.«[30]

Aber wohin flüchten, wenn Haus und Garten zur Plage werden? Als sie im Juli 1942 zu Weltis in deren Landhaus in Kehrsatz bei Bern reisen, stirbt Helene Welti unerwartet am Ankunftsabend. Schockiert

Hermann u. Ninon Hesse bei der Gartenarbeit;
Traubenernte in Montagnola

ziehen Hesses bis zum Beerdigungstag ins Hotel nach Bern, danach zu Wassmers nach Schloß Bremgarten. Aber bald werden die Einladungen von dort seltener, denn Koch und Diener sind zum Militär eingezogen, Gäste können nicht versorgt werden. So geht es auch in den anderen großen Häusern der Freunde und Mäzene, in denen das Leben ohne Dienstboten zunehmend schwierig wird. Selbst vor der Casa Rossa machen die Probleme nicht halt: »… es geht auch bei uns so schwer, dass wir je und je daran denken, das Haus vielleicht aufzugeben.« Verschärft wird die Situation durch den Tod der 74jährigen Natalina, die seit 1919 in der Casa Camuzzi für Hesse gesorgt hatte und nach dem Umzug »in Haus und Garten als guter Geist waltete«.

Und was tun, wenn die Abgeschiedenheit Montagnolas zur Belastung wird? Hesse behält seine Kuraufenthalte im Frühjahr und Herbst in Baden bei, besucht vor der Heimreise Leutholds oder Bodmers in Zürich, geht ins Konzert. Doch werden ihm Reisen und kulturelle Veranstaltungen zunehmend unwichtig. Ninon hingegen fühlt sich abhängig von Anregungen, von Begegnungen mit Menschen. Bleibt sie in Montagnola und kümmert sich um Haus, Garten und Hesses Post, sucht sie Ablenkung in Lugano. Am 26. April 1940 berichtet sie ihrem Mann vom Besuch eines Tanztees im Hotel »Continental« in Lugano, das der Freundin Carla Fassbind gehört. Während sie sitzt und zusieht, lassen die Musik und die Bewegungen der Tanzenden wehmütige Erinnerungen aufsteigen: an Wien 1919/1920, die Begegnung mit Fred, sein mitreißendes Lachen, seine Zärtlichkeit, der Kreis von Literaten, Musikern, Malern, in den er sie einführte.

Als plötzlich die Sirenen heulen, hätte Ninon am liebsten vor Verzweiflung mitgeheult. Doch dann wird sie wütend, gerät in maßlosen Zorn auf Hitler, auf die Deutschen, die die Nazis gewählt, den Krieg gewollt haben und findet einzig Trost in dem Gedanken, daß dieser Krieg auch die Bevölkerung trifft. Denn anders als im Ersten Weltkrieg sind nicht mehr nur die kämpfenden Soldaten, sondern auch die Zivilisten den tödlichen Angriffen ausgeliefert.

Ninon flieht in die Arbeit, intensiviert ihre Studien der Antike: Archäologie, Philosophie, Literatur. Und Hesse scheint damit nicht unzufrieden, erklärt der Kollegin Luise Rinser: »Ja, man hielte gern die Frauen vom Geistigen ab, aber ich mache das nicht mit. Meine Frau, die einst Kunstgeschichte studiert hat, ist, soweit ihr Leben es erlaubt, ganz mit Griechischem beschäftigt (…). Wenn ich jeweils in Baden bin, wohnt sie in Zürich, sitzt die Vormittage in der Bibliothek und besucht mich nachmittags im nahen Baden.«

Und so nimmt Ninon im März 1942, während Hesse kurt, erstmals an einem Seminar des ungarischen Religionswissenschaftlers und Mythenforschers Karl Kerényi über Dionysos teil. Das findet vor geladenen Gästen, vorwiegend aus dem Kreis um C. G. Jung, im Hotel St. Peter in Zürich statt. Hier trifft Ninon auch Christine Oppenheim, Ruths Nichte, um die sich Ruth einst so rührend gekümmert hatte. Ob sie mit Ninon über ihre Tante gesprochen hat, die, seit Erich Haußmann eingezogen wurde, ihren Bauernhof allein bewirtschaftet, ist Ninons Briefen an Hesse nach Baden nicht zu entnehmen. Vermutlich ist Ninon ihre frühere Rivalin nicht mehr wichtig.

Bei dieser Tagung begegnet Ninon die Altphilologin Paula Philippson, die zahlreiche Studien zur Genealogie der griechischen Götter veröffentlicht hat, in denen die Wissenschaftlerin die historischen und räumlichen Bedingungen der Kulte und Kultstätten nachweist. Mit diesen Texten hatte sich Ninon bereits während ihrer Griechenlandreisen intensiv beschäftigt, jetzt findet sie in Philippson eine Gesprächspartnerin, mit der sie sich über ihre Arbeit zu Apollon austauschen kann und die nicht nur Interesse an Ninons Ideen bekundet, sondern die Autodidaktin ernst nimmt. Sie verabreden ein Wiedersehen am 2. August 1942 bei der von Kerényi geleiteten Eranos-Tagung in Ascona-Moscia, bei der über »Das hermetische Prinzip in Mythologie, Gnosis und Alchemie« referiert wird. Ninon ist begeistert von dem jungen ungarischen Emigranten, schreibt am 5. August 1942 an ihren Mann: »Was mich dabei so hinreisst, ist das lebendige Einbeziehen des antiken in unser Leben – es ist ja genau das, was ich mit schwachen Gaben, geringem Wissen aber ebenso grosser Leidenschaft und dabei Selbstverständlichkeit immer tue: Für mich sind das alles Wirklichkeiten, ist das alles Gegenwärtiges, es ist Erbe, Wurzel und Aufgabe.«[31]

Dieser Aufgabe will sie sich auch künftig widmen, lädt Philippson nach Montagnola ein, um mit ihr die griechischen Tragödien, die Philosophen und Oden Pindars im Urtext zu lesen, macht mit Kerényi einen Spaziergang über den Monte Verità, kommt an Mias Haus vorbei, wandert weiter zur Kapelle der Madonna della Fontana und schwärmt von der herrlichen Kirche, ihrer Lage, dem Blick ins Maggiatal, nach Losone! Und schwärmt auch von dem jungen Wissenschaftler, der sie in seine Welt mitnimmt, die immer mehr auch zu ihrer geistigen Heimat wird. Montagnola ist fern, fern auch Hesse, der sich, nur betreut von Köchin und Hausmädchen, einsam und vernachlässigt fühlt, um so mehr, als auch Freund Lang, trotz seiner physischen und psychischen Beschwerden, mit einem Vortrag über »Demiurgen des Priesterkodex« bei der Eranos-Tagung vertreten ist. Als Ninon zurückkommt und sich voller Begeisterung ihren Studien zuwendet, klagt er Lang am 18. August 1942: »Seit Ninon (…) mir nicht mehr viel bei der Arbeit helfen kann, werde ich nur sehr mühsam mit dem Nötigsten fertig.« Denn während er mit dem Zusammenstellen einer ersten Gesamtausgabe seiner Gedichte beschäftigt ist und auf Nachrichten von Peter Suhrkamp wartet, dem er *Das Glasperlenspiel* nach Berlin geschickt hat, zieht sich Ninon bei Paula Philippsons Besuch im September in ihr Studio zurück. Als die neue Freundin im November erneut in die Casa Rossa kommt, hält sich Hesse in Baden auf. Dorthin bringt Suhrkamp das Manuskript zurück, »das sieben Monate unnütz in Berlin lag. Es kann dort nicht erscheinen, und da Brand oder Bombe mir die Arbeit meines Lebensabends vernichten könnte, muß ich das Buch nun eben irgendwo in der Schweiz drucken lassen, damit es wenigstens erhalten bleibt«, bemerkt Hesse bitter. Der Roman erscheint, ebenso wie *Die Gedichte,* bei Fretz & Wasmuth in Zürich.

*

Der Teilnahme an der Eranos-Tagung 1942 in Ascona sollten in den nächsten Jahren weitere folgen, denn Ninon ist entschlossen, ihre wissenschaftliche Arbeit weiter so intensiv zu verfolgen wie die doppelt promovierte Lisel Rupp, die Hesse stolz mitgeteilt hat, daß sie als Dozentin an der Universität Tübingen Seminare abhalten darf. Im August 1943 trifft sich, anläßlich der 9. Eranos-Tagung, die Gruppe um Olga Fröbe-Kapteyn, C. G. Jung, Karl Kerényi und Paula Philippson in einem anthroposophischen Sanatorium an der Collinetta, um Vorträge über »Alte Sonnenkulte und die Lichtsymbolik der Gnosis« zu hören. Ninon ist enttäuscht, schreibt nach der Tagung an Kerényi, daß sie nur bei Griechischem, allenfalls noch Römischem »mitschwingen« könne. Johannes-Evangelium, Corpus Hermeticum und Byzanz vermögen ihr Interesse nicht zu wecken. Erneute Begeisterung entfacht im August 1944 das Thema »Die Mysterien«, zu dem Ausführungen zur Bedeutung des Labyrinths gehören. Zwischen den Vorträgen geht Ninon auf dem Weg oberhalb des Lago Maggiore in Richtung Ronco spazieren, rastet auf einer Bank und liest Hölderlins *Tod des Empedokles*. An Hesse schickt sie Grüße nach Bremgarten, wo er während ihrer Abwesenheit von Margrit, Wassmers zweiter Frau, betreut wird. Er bleibt die erste Augusthälfte bei den Freunden, die ihm zu Ehren einen festlichen Abend geben, an dem ein neuer Liederzyklus von Othmar Schoeck zur Aufführung kommt; es singt Felix Löffel, am Klavier begleitet von Fritz Brun. Ein Fest der »Morgenlandfahrer«, zu dem auch Mia, Hesses Söhne und ihre Frauen eingeladen sind.

Von Bremgarten aus besucht Hesse Martin, der im nahen Bern ein Fotoatelier betreibt, und dessen Frau Isabelle, die am 22. Juli 1944 geheiratet haben. Er ist bei dem Fest, das Johanna Ringier ihrem Pflegesohn in Kirchdorf ausgerichtet hat, nicht dabeigewesen, »wie denn das Nichtdabeisein eine Spezialität meines Lebens und Charakters ist«.

*

Seine Familie! Ninon bemerkt, daß dem einstigen Familienflüchtling die Söhne, deren Frauen und die Enkelkinder immer wichtiger werden. Bruno, der Maler, ist mit Kläri Friedli, einer Bauerntochter, verheiratet und lebt mit ihr und den Kindern Christine und Simon, der zärtlich Simeli genannt wird, in Spych. Auch Heiner, nach kurzer Ehe von Hellen Guggenbühl geschieden, ist wieder verheiratet und hat mit seiner Frau Isa zwei Kinder, Silver und Eva. Diese Isa, eine junge Zeichnerin, Tochter des Künstlerpaares Stefi von Bach und Gregor Rabinovitch, gefällt Hesse besonders gut. Er schätzt ihre phantasievolle Kreativität ebenso wie ihre Fähigkeit, mit Zeichnungen für Modejournale und Werbeanzeigen zum finanziellen Unterhalt der Familie beizutragen. Auch ihr Interesse an Yoga und Meditation freut ihn. »Die eigentlichen indischen Yoga-Übungen kann man nur durch einen indischen Lehrer, einen Guru, lernen«, erklärt er ihr und bedauert, selbst nie einen indischen Lehrer gehabt zu haben. »Ich habe auch nie die genaue Verbindung von Atemübungen mit Meditation gelernt. (…) Die besten Atemübungen habe ich durch einen Freund und Nachbarn gelernt (…). Wenn wir uns wieder einmal sehen, zeige ich Dir gern die, die ich noch weiß.« Und er grüßt sie als »Dein Vater Hesse«. Liebevoll auch die Briefe an Martin, mit dem sich ein immer engerer Kontakt entwickelt. Ist Ninon auf Reisen, kommt Martin, ebenso wie Heiner und Bruno, nach Montagnola, um dem Vater Gesellschaft zu leisten, ihn bei der Erledigung seiner Post zu unterstützen. Und ihn zu fotografieren: am Schreibtisch, in der Bibliothek und immer wieder im Garten.

Hatten in den Jahren zuvor die Söhne nur während Ninons Abwesenheit ihren Vater besucht, legt Hesse jetzt Wert darauf, daß sie mit ihren Familien auch dann nach Montagnola kommen, wenn seine Frau zu Hause ist. Eifersucht plagt Ninon, wenn sich ihr Mann, der ihr eigene Kinder versagte, mit den Enkeln beschäftigt, zwei kleinen Mädchen, drei Buben. Sogar bei der Namensgebung der Kinder schaltet er sich ein. So erinnert er die schwangere Isa im Dezember 1941 daran, daß der Name David »heute unter Umständen für ein Kind eine Belastung und Erschwerung des Lebens bedeuten« könnte. »Die antisemitische Welle ist längst noch nicht verlaufen, sie wird mehr und mehr auch in der Schweiz hochkommen.« Als der Sohn des

Paares am 2. Januar 1942 geboren wird, schlägt Hesse den Namen Silver vor, da man bereits zu Silvester mit seiner Geburt gerechnet hat. Ein zweiter, 1954 geborener Sohn von Isa und Heiner Hesse wird – jetzt mit Zustimmung des Großvaters – David genannt. Aber nicht nur den Familien seiner Söhne fühlt sich Hesse verbunden, sondern auch seine Beziehung zu Mia ist im Alter von großer Herzlichkeit. Sie schreiben sich regelmäßig, tauschen sich über alte Gaienhofener und Berner Freunde, über Mias Geschwister aus, die Ninon nicht kennt. Besorgt reagiert Hesse auf Mias Unterbringung im Sanatorium Casa Modesta in Ascona im Juni 1938, wohin Freunde die depressive, fast 70jährige gebracht haben. Vor ihrer Entlassung im Juli geht ein Brief an Martin nach Zürich: »Ich schrieb Dir wegen Mutti, und ob Du vielleicht jemand in Ascona bewegen könntest, sich um einen Taglöhner für den Garten zu bemühen, ich würde es gern zahlen, damit Mutti ihren Garten nachher nicht so verwildert antrifft.«

Hermann, Heiner u. Isa Hesse mit Silver 1942 in Montagnola;
Hermann Hesse mit Sibylle 1946

Nach ihren Zusammenbrüchen während der gemeinsamen Analyse 1918 und ihrer Trennung hatte sich Mias psychische Situation stabilisiert. Aber Hesse wußte, daß starke Erschütterungen, wie das Heim-

Hermann, Mia, Bruno u. Martin Hesse beim Bocciaspiel

holen der Söhne aus Rütte oder der plötzliche Tod ihres Bruders Adolf, Mias sensibles Gleichgewicht stören können. Daher versetzt ihn der Brand, bei dem Mias Haus im November 1942 zerstört wird, in Aufregung und große Sorge. Wie wird sie, die sich zu dieser Zeit in Arlesheim aufhält, die Katastrophe aufnehmen? Wird sie in depressive Apathie versinken wie ihr Bruder Fritz, der allein im Haus war, sich jedoch hatte in Sicherheit bringen können? Wird sie zusammenbrechen, wieder interniert werden müssen? Hesse schreibt ihr umgehend, und sie antwortet am 21. November. Ihre Schrift ist klar und sicher, ihr Brief, in dem sie für seine »teilnehmenden Worte« dankt, beruhigt ihn. »Nun habe ich jetzt erfahren, was viele tausende Menschen erleben mussten, denen auch alles zerstört worden ist«, schreibt sie in Gedanken an den Krieg, dankt ihm, daß er »gleich an Fritzi gedacht u(nd) ihm von Deinen Sachen geschickt hast«. Sie macht sich mehr Sorgen um die Unterbringung des unverheirateten Bruders als um ihre eigene Zukunft. An der Spekulation, daß der Brand durch eine Nachlässigkeit der Waschfrau ausgelöst sein könnte, wie man in Ascona »schwatzt«, beteiligt sich Mia nicht. »Aber letzten

Endes ist es Schicksal«, erkennt sie, gesteht Hesse jedoch, daß sie der
Verlust seiner Briefe, Zeichnungen, Aquarelle und Bücher, »auch ver-
schiedene deiner Manuscripte, die nie gedruckt worden sind«, schmerzt.
Erst langsam begreift sie den Verlust. Alles zerstört: die vertrauten Möbel aus Gaienhofen und Bern, ihr Klavier, Geschirr aus dem Basler
Elternhaus. Aber sie ist entschlossen, sich nicht unterkriegen zu lassen,
zieht zunächst zu Bruno und seiner Familie nach Spych, dann zu
dem damals noch unverheirateten Martin nach Bern. Sie verhandelt
mit der Versicherung, trifft sich mit Hesse in Baden. Gemeinsam
überlegen sie, was zu tun ist. Soll Mia ihr Haus wieder aufbauen? Weiter an Gäste vermieten? Oder soll sie das Grundstück verkaufen und
mit dem Erlös einen Neubeginn wagen? Die Zahlungen der Versicherung lassen auf sich warten. »Wegen Mutti mache ich mir etwas Sorgen«, schreibt Hesse am 7. Mai 1943 an Martin, »da ja ihre Aufenthalts-
bewilligung in Bern bald abläuft.«
Neue Überlegungen: Heiners Schwiegereltern, Stefi und Gregor Rabinovitch erwägen einen Umzug ins Tessin. Vielleicht könnten sie einen
Teil des neu zu errichtenden Hauses mieten, so daß Mia keine Feriengäste mehr aufnehmen müßte. Martin zeichnet Pläne, und Heiner
baut ein hölzernes Modell, »an dem man sogar das Dach abnehmen
kann«. Ende 1944 ist Mia sicher: »die Aussicht, Rabinovitchs als Haus-
genossen zu haben, wäre mir sehr angenehm. Da wäre ich doch nicht
ganz allein, sondern mit sympathischen Menschen zusammen.« Und
doch: Ist es ein vernünftiger Plan, mit einem Künstlerpaar zusammenzuziehen, das sie kaum kennt? Was bedeutet ihr Ascona, nachdem
alte Freundinnen wie Marianne von Werefkin gestorben und Antoinetta von St. Léger ins Altersheim nach Intragna gezogen ist? Ihre Heimat, das weiß Mia, ist nicht im Tessin, sondern diesseits des Gotthard, wo Tuccia, Bruno, Heiner und Martin mit ihren Familien leben.
Und liegt es nicht nahe, jetzt, da sie 77 wird, das Vermieten aufzugeben?
Hesse fühlt sich außerstande, Mia zu raten. Sein Brief an Martin vom
28. Dezember 1944 klingt verzweifelt: »Seit mir klar geworden ist, daß
Ninon solche geplagten Zeiten wie dies Jahr 44 nicht mehr ertragen

könnte, und daß sie die Geschicklichkeit nicht hat, in Notzeiten mit dem Haushalt fertig zu werden und fünfe grad sein zu lassen, seither gehört Haus und Garten, Bibliothek und Atelier nicht mehr mir, es ist alles unwirklich geworden und hat seinen Wert verloren, wie das Leben überhaupt (...) Ich bewundere es, wie Mutti mit all dem fertig wird, und sogar noch die Courage zum Bauen hat.«

So kennt er Mia, praktisch, ohne Ansprüche an Komfort, in Notzeiten zupackend. Aber er weiß auch um ihre psychische Labilität, schreibt wenige Tage später, am 3. Januar 1945, beunruhigt an Martin: »Muttis Baupläne machen mir auch Sorge. Sie schrieb mir, sie möchte auf den Bau schon darum nicht verzichten, weil du soviel Mühe in die Pläne gesteckt habest! Aber sie müßte doch wissen, daß es dir lieber wäre, wenn sie gar nicht bauen würde! Daß Ihr da, im Grunde nur für Heiners Schwiegereltern, Euch so engagieret, scheint mir nicht ganz das rechte. Aber ich mische mich nicht ein.« Mia, das betont er immer wieder, soll tun, »was sie freut«.

Fritz Bernoulli und Mia Hesse in Ascona;
Mia Hesse u. Gregor Rabinovitch mit Silver um 1943

Als jedoch zu Beginn des Jahres 1945 Martins Wohnung gekündigt wird, hat sich Mia entschlossen, nicht in Ascona zu bauen, sondern für sich, Martin und die schwangere Isabelle ein Haus zu kaufen. Mit der ihr eigenen zielstrebigen Energie setzt sie diesen Entschluß um, verkauft das Grundstück in Ascona, gibt jedem der Söhne 6 000 Franken aus dem Erlös und beteiligt sich mit ihrer Versicherungssumme an Martins Hauskauf. Ihre neue Adresse in Bern: Müslinweg 4. Nach Ascona wird sie künftig nur noch als Feriengast zurückkommen. »Denk, ich war kürzlich mit Heiners und Kindern zusammen im Tessin«, schreibt sie der Freundin Ida Huck am 30. Juli 1946 an den Bodensee. »Mein Grundstück ist im Frühjahr verkauft worden, u(nd) ich bin zufrieden darüber. Nun habe ich doch etwas pekuniäre Ellbogenfreiheit, u(nd) wenn ich auch nicht geuden kann, so muss ich doch nicht mehr so ängstlich sparen wie bisher. Und ich habe mich ganz gelöst von Ascona – es ist nicht mehr wie früher.« Unbeschwert besucht sie mit ihren Söhnen, Schwiegertöchtern und Enkeln die wenigen Freunde, die ihr im Tessin geblieben sind, wie Martins ehemaligen Privatlehrer, »Köbi« Flach, im nahen Arcegno. »Dort war beim Haus ein Bach, wo die Kinder ihre Segelschiffe schwimmen liessen.«

Auch Hesse ist erleichtert, Mia bei Martin und in Tuccias Nähe zu wissen, die mit ihrer Familie in Muri bei Bern lebt. Denn nach ihrer Entscheidung war Mia verwirrt und ziellos herumgeirrt, erschöpft von der langen Unsicherheit, der Haussuche mit Martin, dem Umbau des Hauses, der Planung ihrer Wohnung. Sie weiß nicht, »wo Tuccia mich aufgelesen hat, nur dass wir im Auto hierherfuhren«, schreibt sie am 29. April 1945 aus dem Sanatorium »Sonnenfels« bei Spiez an Hesse. Und beruhigt ihn zugleich, daß sie gut untergebracht ist, sehr komfortabel. »Die Tapeten habe ich in Bern noch ausgelesen«, teilt sie nach Montagnola mit, »auch die Farbe fürs Esszimmer bestimmt, das graulich dunkelbraun u(nd) schwarz war. Brunos Ofenkacheln sind sicher hübsch geworden.« Das klingt wie damals, beim Hausbau in Gaienhofen 1907. Haben die schmerzlichen Erinnerungen beim Aussuchen von Tapeten und Ofenkacheln, an die Last der früheren Umzüge zu Mias erneutem Zusammenbruch beigetragen? Kein Wort zu Hesse, der Martin umgehend 300 Franken geschickt hat, »damit du das Geld für Mutti verwendest«. Zuversichtlich schreibt Mia: »Dass ich immer wieder gesund werde, weiss ich längst aus meinem Horoscop, das ein fabelhaftes Sonnentrigon über den ganzen Himmel hat – während der schlecht aspektierte Neptun die verschiedenen Verwirrungen schafft.« Und sie wird auch dieses Mal gesund, zieht zu Martin und Isabelle, deren Tochter Sibylle im August 1945 geboren ist.

Fährt Hesse künftig auf die Oschwand zu Amiets, nach Bremgarten zu Wassmers, besucht er immer auch Mia in Bern. Er nimmt, das belegen ihre zahlreichen Briefe, weiter regen Anteil an ihrem Leben – und sie an dem seinen. Nach einer Hesse gewidmeten Sendung von Radio Basel im Juni 1944, in der er einige Gedichte spricht, teilt Mia ihm umgehend mit, daß ihr seine Gedichte sehr gefallen, die eingespielte Musik jedoch mißfallen hätte. Und er antwortet zustimmend: »Mit der Radiosendung ging es mir fast so wie Dir. Namentlich war mir der Wettlauf zwischen gesprochenem Text und Schubertquartett sehr zuwider (...) Vielleicht sollte man da überhaupt nicht mittun...« Die meisten Zuhörer jedoch sind begeistert, so auch seine älteste Enkelin, die 15jährige Helen, genannt Bimba, die ihm »entzückt« schreibt, er »sei ja ein großer Dichter!« Und noch eine schreibt ihm, »Elisabeth, jene Elisabeth des Camenzind, und der frühen Gedichte«. Zufällig hatte er sie einige Jahre zuvor nach einem Konzert in Basel getroffen. Sie erkannten einander in der Menschenmenge, und Elisabeth La Roche, die damals bereits Balls Hesse-Biographie gelesen hatte, notiert ihre Verlegenheit, seine herzliche Begrüßung. »Er fragte, wann und wo wir einander treffen könnten, um alte Erinnerungen auszutauschen. Ich schlug vor, daß er mich in meinem Hotel treffen sollte, abends nach Tisch. Er kam, und ich war erstaunt, in ihm einen liebenswürdigen, auf andere eingehenden Gesprächspartner zu finden.« Seither schreiben sie sich ab und zu, und er schickt ihr Bücher mit Widmungen.

Stimmen

Mia Hesse:

Lieber Martin,
Ich freue mich, dass Du zu Papi fahren kannst. Wenn dort zuviel Logier-
gäste sind, so jage alle zum Tempel hinaus, die nicht hergehören. Die
können im Hotel Bella Vista unterkommen. Ninon muss endlich ihre
wohlverdiente Ruhe haben u(nd) Papi AUCH. *VIELLEICHT komme ich ein-*
mal mit Heiner herüber (...)

Mia Hesse an Martin Hesse aus Ascona am Pfingstsonntag 1938. Privatbesitz
Sibylle Siegenthaler-Hesse, Bottmingen.

Mia Hesse:

Lieber Hermann,
Ist Ninon schon abgereist? Den Fotoapparat half ich in Bern besorgen,
da sie ja für ihre Aufnahmen nicht 1/1000 Sek. Geschwindigkeit braucht,
wie es bei Sportaufnahmen nötig ist!

Mia Hesse an HH aus Ascona am 12. Juni 1938. Privatbesitz Sibylle Siegenthaler-
Hesse, Bottmingen.

Hermann Hesse:

Liebe Isa! Ich bin so überbürdet mit Arbeit, daß ich Dir nur mit dieser
Karte für Deinen lieben Brief danken kann! Unsere Gäste aus Korntal
sind nun auch da. Hoffentlich ist der liebe Silver bald wieder ganz ge-
sund! Ihr ruft uns dann an, wenn Ihr in die Gegend kommt, aber nicht
gerade in den Tagen um meinen Geburtstag, vor dem ist mir ohnehin
schon bang.

HH an Isa Hesse-Rabinovitch aus Montagnola o. D. (verm. Ende Juni 1949). Privatbesitz Silver Hesse, Zürich.

Mia Hesse:

Lieber Hermann (...) Ob Ihr wohl diesen Sommer noch nach Bremgarten kommt? Die Hochzeit ist nun auf den 22. Juli festgesetzt u(nd) soll in Kirchdorf sein.

Mia Hesse an HH aus Bern am 9. Juli 1944. Privatbesitz Sibylle Siegenthaler-Hesse, Bottmingen.

Hermann Hesse:

Zum erstenmal feierst du Deinen Geburtstag als Ehemann. Bis dahin ist man am Geburtstag vor allem das Kind seiner Eltern, denkt an sie und an die Geburtstage seiner Kinderzeit, aber mit der Ehe wird vieles anders und neu, und auch ein Geburtstag bekommt ein andres Gesicht. (...) Lass Dich jetzt von der Ehe in die Schule nehmen, mein Lieber, von den Frauen kann man viel lernen. Und fanget in Eurer kleinen ersten Wohnung ein heiteres und liebevolles Leben an. Dass Wohnung und Werkstatt getrennt sind, gefällt mir; es wird es dir leichter machen, in die Wohnung und Ehe möglichst wenig von den Sorgen und Aergern des Geschäfts mitzubringen (...) Viele gute Wünsche schickt dir und Isabelle dein Vater.

HH an Martin Hesse aus Montagnola am 26. Juli 1944. Privatbesitz Sibylle Siegenthaler-Hesse, Bottmingen.

Mia Hesse:

Lieber Hermann,
Nun muss ich dir doch noch einmal sagen, wie sehr mich eure freundliche Aufnahme gefreut hat. Ich wurde ja empfangen u(nd) bewirtet wie ein prominenter Gast – der festlich gedeckte Tisch u(nd) das auserlesene Menu haben mich tief beeindruckt – alles war lieb u(nd) schön. Und zum Schluss hat Ninon in Lugano mich noch mit Reiseproviant versorgt, dafür gebührt ihr noch ein Extradank!

Mia Hesse an HH aus Bern am 1. November 1954. Privatbesitz Sibylle Siegenthaler-Hesse, Bottmingen.

3.

Mit dem Abschluß seines Romans *Das Glasperlenspiel*, das ihm, wie er Martin schreibt, »ein Panzer gegen die häßliche Zeit und eine magische Zuflucht« war, »wohin kein Ton aus der aktuellen Welt klang«, treten auch die körperlichen Beschwerden wieder in den Vordergrund: Augenschmerzen, Rheuma- und Gichtbeschwerden. Er leidet unter Magendruck, Sympathikuskrämpfen, »großer Bangigkeit«, ist stark abgemagert. Aber eine intensive Untersuchung im Kantonsspital in Zürich Mitte Juli 1941, »weil Ninon neugierig war«, hat keine besorgniserregende Diagnose erbracht. Angesichts fehlender Therapievorschläge fühlt er sich hilflos, klagt: »Irgend etwas muß doch geschehen, mit den kostbaren wissenschaftlichen Untersuchungen zu Händen meiner Frau ist mir nicht geholfen.« Und begibt sich, weil auch die starken Schmerzmittel nicht mehr wirken, in die Behandlung eines homöopathischen Arztes in Lugano, nimmt Colcicum-Tropfen, läßt sich Bienengift spritzen, ohne eine wirkliche Besserung zu erreichen. Verhindert wird diese auch durch die zunehmend bedrückender werdenden Nachrichten aus Deutschland, wo Freunde und Verwandte unter den ständigen Luftangriffen und der Nahrungsmittelknappheit leiden. Kommen Briefe, enthalten sie Mitteilungen vom Tod junger Neffen, wie Carlo Isenberg, dem Carlo Ferromonte im *Glasperlenspiel*, von Vermißten und Verschleppten. Die Gestapo hat Peter Suhrkamp festgenommen, und Marulla schreibt aus Stuttgart, daß sie am Abend nicht wisse, ob sie nach den nächtlichen Luftangriffen am Morgen wieder erwache. Adeles Mann, Hermann Gundert, ist vom Pfarrdienst suspendiert. Und schließlich bleiben die Briefe ganz aus.

Auch im Tessin spitzt sich die Situation zu. Tausende italienischer Juden fliehen, als die Deutschen in Oberitalien einmarschieren und Mussolini in seiner Schein-»Republik Salò« festsetzen, in die rettende Schweiz. Ganze Familien queren, vom Piemont oder der Lombardei kommend, nachts auf Schleichwegen die Pässe, den See. Auf dem Monte Verità wird ein Flüchtlingslager eingerichtet. Schließlich be-

kommt die Kantonspolizei Anweisung, die Flüchtlinge zurückzu-
schicken. Man hetzt gegen die Fremden, die in Ascona, Locarno und
Lugano festsitzen und auf Visa für die USA warten oder ein Affida-
vit. Ausweisen! ist die Parole derer, die mit den italienischen Faschisten oder mit Hitler sympathisieren, wie der deutsche Konsul in Lugano, der in strammer Haltung mit erhobenem Arm grüßt. Asyl
gewähren! fordern die Arbeiterinnen der Zigarrenfabrik in Brissago,
die sich schützend vor die Verfolgten stellen. Gerüchte machen die
Runde: So soll auf den Brissago-Inseln, in der Prachtvilla des verstorbenen Besitzers Max James Emden, ein Depot mit Schmuggelwaren
angelegt worden sein, die von Kurieren über die Grenze nach Itali-
en geschafft werden – oder von dort ins Tessin. Das ist kein Schmug-
gel, sagen die jungen Burschen in den Dörfern, sondern ein Gebot
der Menschlichkeit. Denn es wechseln nicht nur Lebensmittel, Tessiner Tabak und Zigaretten, sondern auch Medikamente und Waffen
die Seiten. Sogar deutsche Uniformen zur Tarnung sollen die italienischen Widerstandskämpfer bekommen haben. »Centro di Collega-
mento« ist das Zauberwort. Dahinter verbirgt sich eine Geheimorga-
nisation desertierter italienischer Offiziere, die, versehen mit Schweizer
Ausweisen, Kontakt zu den Partisanen und zu General Badoglios
Regierung in Rom halten.
Der Winter 1944/1945 ist auch im Tessin sehr kalt, die Pässe sind tief
verschneit, aber die Schmuggler bringen Ärzte zu den Verwundeten,
Agenten der Alliierten nach Italien und völlig erschöpfte Widerstandskämpfer in geheime Tessiner Unterkünfte, wo sie sich ausschlafen und
erholen können. Im Frühling 1945 findet auf neutralem Schweizer
Boden ein Treffen von Allen Dulles und dem SS-General Wolff statt.
Der Amerikaner fordert: *unconditional surrender*. Am 29. April ka-
pitulieren die deutschen Truppen in Caserta, und das Tessin wird
überrollt von flüchtigen Faschisten, die, nach der Ermordung Musso-
linis und seiner Geliebten Petracci, ihre Haut retten wollen.
Ninon nimmt in diesem unruhigen April 1945 in Ascona an einer
Eranos-Tagung teil, träumt davon, daß ein Dieb in die Casa Rossa eindringt und »alles, alles Geld« stahl. Hesse mag dieser Traum erstaunt

haben, ist er doch der Meinung, daß jetzt ganz anderer Diebstahl drohen könnte. »Die Welt sieht finster aus«, schreibt er während der Konferenz von Jalta, bei der Roosevelt, Churchill und Stalin darüber verhandeln, was mit Deutschland nach der Kapitulation geschehen soll. »Wenn ich so lese, wie die Amerikaner das künftige Europa managen wollen, dann fällt mir der Spruch über Konfuzius ein, der bei einem alten Chinesen steht: ›Ist das nicht der, der weiß, daß es nicht geht, und es doch tut?‹« Am 8. Mai 1945 kapituliert Deutschland, und die Alliierten treffen sich in Potsdam, um das besiegte Land aufzuteilen. Und Hesse stellt in einem Brief an Martin sarkastisch fest: »Nun sind Mussolini und Hitler weg, und man hat ihnen kaum einen Augenblick Aufmerksamkeit geschenkt. So schnell werden die Affen, die Geschichte machen wollen, vergessen.«

*

Im August 1945 lernt Ninon die einstige große Liebe ihres Mannes in dem auf 1400 m Höhe gelegenen »Hotel Rigi-Kaltbad« kennen, wo sie Erholung vor der Tessiner Sommerhitze sucht. »Wir sitzen in Wolken und Regen bei bitterer Kälte in diesem öden Grand Hotel«, meldet sich Hesse bei Martin am 11. August. »Ich halte es nicht aus, aber die Höhe, die Kühle etc. tun Ninon, die völlig erschöpft war, zum Glück so gut, dass ich so lang wie möglich aushalte.« Eine Qual für Hesse, der Sonne und Wärme vermißt und sich beim Blick ins Tal weit in die Vergangenheit zurückversetzt fühlt. »Tief unter mir liegt Vitznau und die blaugrüne Seebucht, wo ich einst von 1899 an die ersten Eindrücke zum Peter Camenzind erlebte und das Tagebuch Lauschers schrieb.« Da erscheint es fast zwingend, daß jene Frau von Luzern heraufkommt, »an die die Liebesgedichte meiner Basler Jugendjahre gerichtet waren«, erfährt Martin am 20. August. »Sie will für einen Tag herkommen, um mich wiederzusehen.« Ein Zimmer ist für Elisabeth La Roche reserviert, und Hesse rät ihr besorgt, sich wegen des abrupten Höhenunterschiedes hinzulegen. Abends treffen sie sich im Speisesaal zum Essen, sitzen später im »kleinem Privatsalon« der Hotelbesitzerin Carla Fassbind und reden von längst vergangenen Tagen: den Hauskonzerten bei Wackernagels, der Basler Mission, den befreundeten Pfarrersfamilien Gundert, Hesse, La Roche und Stockmeyer, den Ferien bei Sarasins, als der kleine Hermann »beständig sich am Rock der Mutter hielt und sie plagte«. (Elisabeth La Roche) »Hermann Hesse war von einer ungewöhnlichen Frische und Liebenswürdigkeit (…) wurde nicht müde, alte Erinnerungen an gemeinsame Bekannte in den Basler Familien aufzufrischen.« Stellt Ninon, der die Namen und Ereignisse nichts sagen, Fragen, fühlt er sich gestört, wehrt ab: »Ach, das spielt jetzt gar keine Rolle.« Ninon soll ihn nicht unterbrechen; bleibt außen vor. Am nächsten Morgen, als er sich mit Elisabeth La Roche zu einem Spaziergang trifft, ist Ninon nicht dabei. »Er führte mich«, notiert Elisabeth, »an alle seine Lieblingsaussichtspunkte; und als wir auf das sogenannte Känzeli kamen, sagte er zu mir: Sehen Sie, da unten liegt Vitznau, wo ich damals so verzweifelt war.« Sie nickt, denkt wie er an jene Stelle, da Hermann Lauscher »in alle Foltern einer verzweifelten, raffinierten Traurigkeit« gefallen war, »die bis zum heftigen körperlichen Schmerz zu steigen vermag. Elisabeth« – Damals hatte sie seinen Aufschrei nicht hören können, jetzt schweigen sie beide. Wiedersehen werden sie einander nicht.

Als sie 1965 drei Jahre nach Hesse stirbt, schreibt Ninon am 15. April an Irmgard Gundert, wie sehr sie die Nachricht vom Tod Elisabeth La Roches bewegt habe. Und sie erinnert sich an die Begegnung im Sommer 1945, an die Schönheit der damals 69jährigen, an ihre eigene Bewunderung. Seither war nicht nur Hesse mit Elisabeth La Roche in Verbindung geblieben, sondern auch Ninon telefonierte gelegentlich mit ihr, schickte die *Ausgewählten Briefe*, die sie 1964 neubearbeitet und erweitert herausgegeben hat. Daß in Elisabeths Todesjahr die ebenfalls von Ninon herausgegebene *Prosa aus dem Nachlaß* erstmals die Veröffentlichung der beiden *Gertrud*-Fragmente enthält, ist ein sonderbarer Zufall. Das editorische Anliegen der Publikation war, die unvollendeten oder von Hesse verworfenen Arbeiten im Kontext des Gesamtwerks einzuordnen, um die Entwicklung des Dichters deutlicher werden zu lassen. »Ich glaube«, rechtfertigt Ninon dieses

Vorhaben: »es ist etwas anderes, wie ein Autor selbst zu seinem Werk steht und wie es nachträglich besteht. Der Autor, der die ›Gertrud‹ noch einmal neu beginnt und neu schreibt, kann nicht gleichzeitig die erste gutheißen, die späteren können möglicherweise die fragmentarische erste Fassung besser finden als die endgültige.«[32] Hesse selbst hatte bereits im Herbst 1919, während der Jahre seiner Analyse, selbstkritisch erkannt, daß er in einigen seiner früheren Werke »eine verlogene Welt« aufgebaut habe. Die »dunkle und wilde Seite der Seele«, die er mit Lang ausgelotet hatte, fand erst während seiner Analyse Eingang in sein Werk. Und so habe er, gesteht er Carl Seelig 1919, »eine verlogene Welt« in seinen frühen Romanen aufgebaut, das »Reine« und »Gute« betont und damit Figuren geschaffen wie Camenzind und Gertrud, die sich in einer »edlen Anständigkeit und Moral um tausend Wahrheiten gedrückt hätten«. Auch Ninon wird gesehen haben, daß die lebensvolle, emanzipierte Malerin Gertrud Flachsland des zweiten Fragments der realen Elisabeth La Roche sehr viel näher war als die passiv-leidende und ihr Schicksal stumm erduldende Frau des Sängers Muoth, die Hesse im Roman entworfen hat und die seinen verdrängten Lebenskonflikt spiegelt, für den das unbewältigte Elisabeth-Erlebnis ein Auslöser gewesen ist.

*

Herbst 1945. Warten auf Nachrichten. Neue Hoffnung für Ninon, vom Verbleib Lillys und den polnischen Verwandten zu erfahren. Die Erwartung Hesses, seine Schwestern wiederzusehen. Aber der Bahn- und Postverkehr ist unterbrochen, nur langsam können die Verbindungen wieder aufgenommen werden. Zu seiner Erleichterung erfährt Hesse, daß Adele und Marulla leben, daß Peter Suhrkamp, obwohl krank von der KZ-Haft, den Verlag wieder aufbauen will. Elisabeth Rupp meldet sich, deren Reutlinger Haus durch Brandbomben zerstört worden ist und deren Mann, Johannes Gerdts, sich in den letzten Kriegstagen erschossen hat. Endlich, Ende November 1945, erhält auch Ninon ein erstes Lebenszeichen von ihrer Schwester. Freude in Montagnola über die Freunde und Verwandten, die in Deutschland wie auch im Exil überlebt haben. Trauer um die, die umgekommen sind, sich, wie Stefan Zweig in Brasilien, das Leben genommen haben. Aber auch Ablehnung denen gegenüber, die plötzlich wieder Hesses Nähe, ja Entlastung suchen. So wie Ludwig Finckh, dem Hesse auf einen Brief, in dem der Jugendfreund Gemeinsamkeiten beschworen hat, antwortet, »ich halte es für unmöglich, daß wir einander verstehen: ich teile Deine Kampfideale nicht, und Du gibst mir manche Ohrfeige, ohne es selber zu merken. Da muß man einhalten und eine Weile schweigen. Die Welt geht weiter, Ugel, wir finden uns dann schon einmal wieder. Aber immer so tun, als sei alles gut, und der tiefe Gegensatz nicht da, das überanstrengt mich, und darum will ich warten. Laß es so!«

Wie Finckh war auch Emil Strauß früh in die NSDAP eingetreten und von Goebbels 1936 in den Kultursenat berufen worden. Mit seinen »völkischen Gedanken deutscher Lebensgemeinschaft« gehörte er zu den vielgelesenen Autoren im Dritten Reich. Obwohl Hesse nicht »fürs Rachenehmen« ist, lehnt er ein Gesuch Wilhelm Schäfers, dem geächteten und darbenden Strauß zu helfen, im September 1946 ab: »Um Strauß tut es mir leid, ich habe ihn einst geliebt. Aber ich kann mir nicht denken, daß sich in der Schweiz ein Finger für ihn rühren würde. Er war seit 1914 ein typischer Deutsch-Nationaler, seit 19 Saboteur und Verhöhner der jungen Republik, dann fanatischer Hitlerjünger und von der Partei auf einen Ehrenposten gestellt. Man hat hier dafür so wenig übrig wie für Hamsuns Landesverrat. Fanatischer Antisemit war er auch. Wir haben längst unter Trauer von ihm Abschied genommen.« Resignation hat Hesse erfaßt, auch Mitgefühl mit »dem nichtnazistischen Teil des deutschen Volkes«. Dennoch ist er überzeugt: »das Unglück und die Schande Deutschlands besteht ja nicht darin, daß es jetzt auch einiges leiden muß und besiegt wurde, sondern daß es viele Jahre lang diese Scheußlichkeiten ausgeübt hat. Wir haben vor Wut geknirscht, als Eure Rekruten schon vor 1939 sangen: ›Heute gehört uns Deutschland, morgen die ganze Welt‹, und wir sind traurig darüber, wie wenig Euer Volk bis jetzt zu ahnen scheint, was es eigentlich angerichtet hat.«

Der Bruch ist endgültig. Hesse ist Schweizer und wird als solcher, auf Vorschlag Thomas Manns, im Dezember 1946 mit dem Nobelpreis für Literatur geehrt. Die Deutschen, die seine Bücher für »unerwünscht« erklärten, haben es eilig, Hesse den Goethepreis der Stadt Frankfurt zuzuerkennen. Sie verstehen auch den Nobelpreis als Auszeichnung eines deutschen Dichters. Der Geehrte jedoch zieht sich ins Sanatorium von Dr. Riggenbach in Préfargier zurück, will allein sein, weder zur Preisverleihung nach Stockholm fahren noch Interviews geben. Ninon, als Wintergast bei Bodmers in Zürich, plant, stellt Fragen, macht Vorschläge, aber er antwortet abwehrend und knapp: »Deine Briefe kommen aus einer Welt, zu der ich die Beziehung verloren habe. In dieser Welt mußt Du tun, was Dir richtig erscheint, auch ohne mich zu fragen.« Und so nimmt der Schweizerische Gesandte in Stockholm die Urkunde entgegen und verliest beim Bankett am 10. Dezember 1946 eine Briefbotschaft des Preisträgers. In Zürich läßt sich Frau Hermann Hesse beglückwünschen.

*

Gattin eines Nobelpreisträgers. Neue Augenhöhe mit Katia Mann, denn die war nach der Heirat 1931 noch keineswegs gegeben, wie der Brief Ninons an Hesse vom März 1936 aus Zürich zeigt, als sich Frau Thomas Mann und Frau Hermann Hesse anläßlich jenes Vortragsabends trafen, bei dem ein »sehr gutes Publikum, lauter Köpfe« erschienen war, so auch Thomas Mann mit Frau, Tochter Medi und seine Schwiegermutter Hedwig Pringsheim. »Frau Mann stellte mich ihrer (wunderschönen) Mutter vor, sprach lange mit mir über Dich, sehr lieb und besorgt um Dein Befinden, und bat, Dich zu grüssen. Mich aufzufordern, sie zu besuchen, fiel ihr gar nicht ein. Wie recht hatte ich, dass ich mich gar nicht bei ihnen meldete.«[33] Eine deutliche Kränkung, denn die Manns führten in der gemieteten Küsnachter Villa ein gastliches Haus, Katias Einladungen waren begehrt, und Ninon hätte es genossen, dort verkehren zu dürfen. Statt dessen nur die freundliche Nachfrage nach Hesses Befinden, von dem Katia überzeugt ist, daß er trotz aller Klagen über seine Krankheiten, auf sie keineswegs wie ein »Todeskandidat«, sondern »wie ein zäher, vergeistigter, alter Bauer« wirkt.

Was also könnte, da Hesse und Thomas Mann – ihr Briefwechsel belegt es – eng miteinander verbunden waren, der Grund für Katias Distanz sein? Teilte sie nicht mit Ninon die Erfahrung, mit einem überempfindlichen Kreativen verheiratet zu sein, von dem Alltagsdinge, Aufregungen und Störungen fernzuhalten sind? War nicht auch Katia »a dragon at the gate«, wie sie es während der Emigration in den USA formulierte, eine Hausfrau, die für das reibungslose Funktionieren der »Firma Mann« zu sorgen hatte? Zweifellos. Aber es gab einen gravierenden Unterschied, der die beiden Frauen trennte. Während Ninon ausschließlich für die Casa Rossa und Hesses Betreuung zuständig war und daneben genügend Zeit fand, ihren eigenen Interessen nachzugehen und zu reisen, kümmerte sich Katia Mann um ihre sechs Kinder, später um Schwieger- und Enkelkinder, bewerkstelligte in den Jahren der Emigration zahllose Umzüge von Hotels in gemietete Wohnungen und Häuser bis zum Bau der Villa im kalifornischen Pacific Palisades, immer bemüht, dem »Zauberer« sein vertrautes Arbeitszimmer und Ruhe zu schaffen. Als von Thomas Mann der Entschluß gefaßt wurde, 1952 endgültig in den deutschen Sprachraum zurückzukehren, obwohl Katia lieber wieder nach Princeton gezogen wäre, ging sie erneut auf Haussuche, fand ein Übergangsdomizil in Erlenbach, schließlich das Haus Alte Landstrasse 39 in Kilchberg am Zürichsee. Für Ninons Klagen über ihre Belastung mit Haus und Personal hatte die geborene Pringsheim aus dem Palais in der Münchner Arcisstraße daher nur wenig Verständnis.

Ninons Launen gegenüber dem Personal im Roten Haus waren bekannt, aber auch die Besucher bekommen sie zu spüren. Auf unerwünschte Begegnungen und Gäste reagiert sie schroff, abweisend gegen Hesses alte Freunde, eifersüchtig auf Kinder und Enkelkinder, klagt Emmy Ball, daß Hesse mit seinen Söhnen am Tag Boccia spielt und zum Malen geht, daß er darauf besteht, die Abende im Familienkreis zu verbringen. Schließlich bricht es aus ihr heraus, daß sie froh ist, keine Kinder zu haben, und bittet Emmy zugleich, ihrer schwangeren Tochter Annemarie diesen Brief nicht zu zeigen. Auch der Griechenlandfreundin Lis Andreae, Mutter eines Sohnes, teilt sie am 8. Dezember 1961 kategorisch mit, daß Hesses Söhne, Schwiegertöchter und Enkel zu Weihnachten »strikt« nicht von ihr beschenkt werden, daß auch sie keine Geschenke von ihnen erhält, und fügt, fast trotzig hinzu, daß sie froh darüber ist.

Unfreundliche Gesten. Als solche empfinden es die Söhne auch, wenn sie mit ihren Familien ins Tessin kommen, um den Vater und Großvater, den »Nonno«, zu besuchen, daß Mütter und Kinder nicht im Haus schlafen dürfen, sondern im nahen Hotel »Bella vista« einquartiert werden.

Doch neben diesen unerwünschten gibt es auch »gfreute Besuche«, den Verleger Peter Suhrkamp, Hesses Mäzene, bedeutende Zeitgenossen, die den Nobelpreisträger aufsuchen. Als erstmals seine Schwestern Adele und Marulla wieder nach Montagnola kommen, ist Hesse überglücklich, aber »Frau Ninon konnte mit Hermann Hesses Schwestern, obwohl sie sehr lieb zu ihr waren, nie richtig warm werden«. Auch bei Ninons eigener Schwester vermißt Kató Stefanek-Monós, das ungarische Hausmädchen, »eine wirkliche schwesterliche Beziehung«. Ein Jahr waren Lilly und Heinz Kehlmann in Montagnola zu Gast, nachdem sie 1948 endlich aus Rumänien ausreisen durften. Aber obwohl Kehlmanns »bescheiden und zurückgezogen in einem kleinen Zweibettzimmer im Parterre« wohnen und Hesses nur bei den Mahlzeiten treffen, ist Ninon oft ungeduldig mit ihren Besuchern. »Herr Hesse war sehr lieb zu ihnen«, erinnert Stefanek-Monós. Ninon jedoch läßt die Schwester spüren, daß ihr der Aufenthalt lästig wird; »Frau Lilly weinte manchmal bei mir.«

Freudig begrüßt werden hingegen Ninons Vertraute Elisabeth Löbl, Paula Philippson oder Nelly Seidl-Kreis, die oft über Wochen im Haus wohnen. Sie wissen, daß Hesse nicht gestört sein möchte, halten sich an den festen Tagesplan, sehen ihn bei den Mahlzeiten. Manchmal lädt er sie zu einer Ausfahrt, einem Spaziergang, zum Bocciaspielen ein. Die Abende verbringen die Gäste in ihren Zimmern, weil

Ninon ihrem Mann vorlesen muß. Gegen diese Regelung würde sie gern aufbegehren, wagt es jedoch nicht. Seit 1929 trägt sie die Titel der gelesenen Bücher in ihr Notizbuch ein; bis zu Hesses Tod sind es 1447 Werke!

Heinz u. Lilly Kehlmann, Ninon u. Hermann Hesse

*

Ninons Befindlichkeiten. Während Hermann Hesse im Alter immer nachsichtiger und zugewandter wird, reagiert Ninon zunehmend angespannt, so als sei das Leben an Hesses Seite eine große Anstrengung. Auch werden die beiden Monate Juli und August, die das Paar seit 1949 jedes Jahr im Hotel »Waldhaus« in Sils-Maria verbringt, mehr durch Ninons Mißempfinden getrübt als durch das des Dichters. Er kennt das Engadin aus jener Zeit, als er von Gaienhofen oder Bern kommend mit Freunden dort wanderte, und liebt die Landschaft als »wohl die schönste, am stärksten auf mich wirkende«. Auch ist er mit der Preisgeldsumme aus Stockholm erstmals in der Lage, sich den Aufenthalt in einem Grandhotel wie dem »Waldhaus« leisten zu können, ohne auf die Einladung eines Mäzens warten zu müssen. Er hat Ninon, die, um unabhängiger zu sein, Fahrstunden genommen hatte, 1948 ein Auto gekauft, eine Standard Fourteen Limousine, silbergrau mit Schiebedach. Mit diesem Wagen chauffiert sie künftig ihren

Mann nicht nur nach Lugano, Locarno, Ascona und in die Dörfer entlang der Seen, sondern auch durchs Bergell und über den Maloja-Paß nach Sils. Dort treffen sie die Manns, Theodor W. Adorno und den deutschen Bundespräsidenten Theodor Heuss, den einstigen Mitstreiter Hesses in der Redaktion der Zeitschrift *März*. Ein halbes Jahrhundert ist seither vergangen, und Hesse bezeichnet sich und den schwäbischen Freund in einem Brief an Mia als »alte Mannli«.

Ninon schätzt nicht nur die frische Bergluft, sondern auch die gediegene Atmosphäre des Hotels, den Umgang mit bedeutenden Künstlern, Musikern und Literaten, die im »Waldhaus« absteigen. Marie-Anne Stiebel erinnert die Silser Sommer: »Im schönen, weißgestrichenen Restaurant-Speisesaal des Hotels stand unser großer Tisch am Fenster fast neben demjenigen von Hermann Hesse (...), einem runden Tisch, geborgen in der Ecke des Saals.« Stiebel, damals eine junge, noch unsichere Autorin, beobachtet den bewunderten Dichter, bemerkt, »daß Frau Ninon weitgehend die Auswahl derjenigen bestimmte, mit denen sie nach Tisch beisammen waren«. Das sind andere Berühmtheiten, aber auch »ein gut aussehendes, hochgewachsenes, snobistisches Ehepaar, das jeden Sommer das Privileg hatte, die am meisten Vorgelassenen zu sein. Hesse machte dabei oft einen gelangweilten Eindruck, aber das Paar, das sie mit katzenbucklerischer Liebenswürdigkeit verwöhnte, schien sich der besonderen Sympathie von Ninon zu erfreuen.«

Nein, nicht jeder kann zu Hesse vordringen, in Sils ebensowenig wie in Montagnola. Ninon wacht über seinen Umgang, läßt die Bedeutenden vor, ignoriert die Anliegen der Unbedeutenden. Zu denen gehört in den Jahren von 1954 bis 1961 auch Marie-Anne Stiebel. Erst als sie Hesse einmal zufällig allein trifft, kommt es zu einem Gespräch und am folgenden Abend zu einer Einladung in sein Zimmer auf der Beletage mit der Aufforderung, ihm und Ninon ihre Texte vorzulesen. Sein Urteil: »Ihre Gedichte zählen zu den schönsten, die ich seit langem von jungen Dichtern gesehen habe. Arbeiten Sie so weiter.« Stiebel ist beglückt, Ninon jedoch verstimmt. Auch Hesses unverkrampfter Umgang mit dem Personal, seine persönliche Anteilnahme und sein Humor anderen Gästen gegenüber ärgern sie. Schließlich besteht Ninon während des Sommers 1956 darauf, früher als geplant abzureisen. Der Tisch neben Stiebel im Restaurant bleibt von einem Tag auf den anderen leer. Daß sie der Grund für den überstürzten Aufbruch gewesen sein könnte, der Hesse »einen ganzen Sommer gekostet hat«, kommt der jungen Frau nicht in den Sinn. Erst als der Dichter eine Schallplatte nicht annimmt, die sie ihm zum 80. Geburtstag am 2. Juli 1957 geschickt hat, wird ihr aus dem beiliegenden Brief klar, daß Ninon »in Sils plötzlich eine heftige Aversion gegen mich gefaßt, aus Eifersucht und völlig unvernünftig«. Damals hatte Ninon, schreibt Hesse, ihn zur Abreise gedrängt, das Geburtstagsgeschenk hat sie »wieder völlig krank gemacht«. Will er weiteren Ärger vermeiden, muß er auf Distanz zu Marie-Anne Stiebel gehen. In den folgenden Sommern grüßt Hesse die Tischnachbarin und ihre Familie förmlich, persönliche Worte werden nicht mehr gewechselt. Ninon hatte ihren Mann »gleichsam auf eine andere unerreichbare Ebene gerückt«, und wenn Stiebel grüßt, »wendet Ninon mit einem ostentativen Ruck den Kopf ab«.

*

Ninon, die Abweisende, die Eifersüchtige. Selbst Martin, dem sie mehr zugetan zu sein scheint als den beiden älteren Hesse-Söhnen, bekommt das im Sommer 1953 zu spüren. Da hatte er seinem Vater angeboten, nach Sils zu kommen, um ihm bei der Erledigung der Post zu helfen. Aber Hesse muß ablehnen, schreibt am 21. August aus dem »Waldhaus«: »Danke für deinen Brief. Aber dass du dich entschuldigst, weil du mir so lieb deine Hilfe anbotest, ist wahrlich nicht nötig. (…) Wir hätten herrlich miteinander arbeiten können, aber Ninon hat nun einmal das Laster der Eifersucht in hohem Grad, darum konnte ich Dir nicht Ja sagen.« Auch als Adele bei ihrem Besuch in Montagnola 1949 an Elisabeth Rupp schreibt und Hesse einen Gruß anfügt, ist Ninon verstimmt, ahnt sie doch, daß eine Antwort folgen wird. Eifersucht quält Ninon auch, als der Lyrikband *Hotoma* mit den Hesse gewidmeten Gedichten erscheint. Und wenn die noch immer schöne und sehr selbstsichere Witwe von Johannes Gerdts ins Tessin reist, sich mit Mareili Geroe-Tobler und Ursula Böhmer in Montagnola trifft, wacht Ninon darüber, daß Elisabeths Besuche in der Casa Rossa nur von kurzer Dauer sind. Obwohl Ehefrau und Hausherrin, scheint sie ein Gefühl der Minderwertigkeit verspürt zu haben, denn Rupp hatte erreicht, was sie selbst, trotz der nach dem Krieg wieder aufgenommenen Reisen und Studienaufenthalte nicht geschafft hat: Sie hat ihre Forschungen konsequent verfolgt, sie in wissenschaftliche Veröffentlichungen, in ihre Dissertation einfließen lassen und vertritt als erste Frau in der Bundesrepublik das Fach Völkerkunde an einer Universität. Vor ihrer Pensionierung teilt Rupp Hesse mit, daß sie sich in Radolfzell am Bodensee ein Haus baut, unweit von Gaienhofen, wo er einst mit Mia gelebt hatte, die Elisabeth während ihrer Tessin-Aufenthalte häufig in Ascona-Moscia besuchte. Auf dem Foto, das Rupp ihm nach ihrem Umzug schickt, sieht Hesse, daß das schlichte, rotgestrichene Gebäude verblüffend der Casa Rossa ähnelt! Im Herbst 1958, Rupps Umzugsjahr ins neue Haus, fährt Ninon mit Elsy Bodmer an den Bodensee. Hesse kurt in Baden und bekommt eine Ansichtskarte aus Gottlieben vom 12. Oktober, in der sie ihm mitteilt, daß es in Strömen regnet und sie Gaienhofen nur undeutlich von Ferne gesehen haben. Das nahe Radolfzell wird nicht erwähnt.

Elisabeth Rupps Haus in Radolfzell

Aber nicht nur mit Elisabeth Gerdts-Rupp beginnt nach dem Krieg ein erneuter Briefwechsel, sondern auch mit Ruth Haußmann. Aus dem Freundeskreis hatte Hesse von ihrer Inhaftierung erfahren, schreibt am 17. November an Martin: »Ruth, meine einstige Frau, sitzt samt ihrem Mann noch immer als Nazi im Gefängnis.« Daß sie noch einmal in Kontakt mit ihm treten würde, hatte er nicht vermutet. Aber am 2. Juli 1947 findet sich unter der zahlreichen Post zu seinem 70. Geburtstag auch ein Brief von Ruth aus Bösenreuthin-Zeisertsweiler, in dem sie bedauert, über zwei Jahrzehnte keine Verbindung mit ihm gehabt zu haben. Sie gratuliert, wünscht ihm, der »höchste Leistung und höchsten Ruhm« erreicht hat, Glück und »das Beste«, hofft, ihn einmal wiederzusehen; und verschweigt nicht ihr Verschulden am Mißlingen ihrer Ehe, die sie als verwöhntes, verzogenes Mädchen ertrotzte, dem »ein Halbgott gerade gut genug schien«. Hesse antwortet unverzüglich: »Ich habe wohl etwa tausend Briefe vom Geburtstag noch ungeöffnet liegen, (…) Aber ich möchte dir doch ohne Zögern für deinen Brief danken, (…) der zum Besten gehört, was dieses etwas anstrengende Jubiläum mir bisher gebracht hat.« Es ist ein kurzes herzliches Schreiben, das Ruth ermutigt, auch in den folgenden Jahren zum Geburtstag zu gratulieren, sich nach seinen Söhnen zu erkundigen, nach Adele. »Wie geht es Emmy Ball?« fragt sie und: »Lebt Deine erste Frau noch?« Sie schickt ihm Fotos und Gedichte, malt ihm ein Stilleben, erzählt von ihrem Sohn Edzard. Auch Erich Haußmann schreibt an Hesse. Er revanchiert sich mit Sonderdrukken von Erzählungen und 1952 mit den *Gesammelten Dichtungen* in sechs Bänden, die in seinem neuen, dem von Peter Suhrkamp gegründeten gleichnamigen Verlag erschienen sind.

Die Vergangenheit wird in ihren Briefen weitgehend ausgespart, Fragen nach seiner Familie, nach alten Freunden werden knapp beantwortet. Daß er Eva Oppenheim im nahen Carona seit Jahren nicht gesehen hat, eine Randnotiz. Kein Wort darüber, daß Ninon diesen Kontakt nicht wünscht. Auch Ruths Ankündigung, eine Reiseerlaubnis für die Schweiz beantragt zu haben, beunruhigt Ninon. Erleichterung, als sie Ruths Brief vom 28. Juni 1949 liest: »Ich hatte gedacht, dich besuchen zu können (…) Endlich wurde mir die Erlaubnis, respektive die Einreise abgeschlagen. Warum erfuhr ich nie, in der Partei war ich ja nicht. Jedenfalls aus demselben, mir unbekannten Grunde, aus dem ich neun Monate eingesperrt war, jedenfalls im Namen der neuen Freiheit und Menschlichkeit.« Das war 1946, als Ruth und Erich Haußmann, die mit den Nazis sympathisiert hatten, nach einer Denunziation von der französischen Besatzungsmacht verhaftet und im Lager Balingen interniert wurden. Aber davon schreibt Ruth nichts, nur: »So ist also aus meinem Besuch bei dir nichts geworden und wir werden uns nun wohl kaum mehr wiedersehen.« Ihre Ahnung trügt Ruth nicht, deren Leben zunehmend schwieriger wird. Beide Haußmanns können nicht mit Geld umgehen, müssen ihren Hof verkaufen, dann ihr Haus und umziehen. »Wir sitzen hier in Eglofs«, teilt Ruth am 24. März 1952 mit, »in ganzer Einsamkeit, am Wald und mitten in den Bäumen.« Es ist ein »Häuschen«, die Jagdhütte eines Chirurgen, die sie in der Nähe von Wangen im Allgäu beziehen und in der sie eine Weinstube betreiben. Aber auch dieses Vorhaben schlägt fehl, nach und nach müssen sie, um leben zu können, Ruths ererbte Bilder, Möbel, Schmuck und Antiquitäten verkaufen. Schließlich leihen sie Geld bei einem Bekannten, der Hesses Briefe an Ruth als Pfand verlangt. Als der vereinbarte Rückzahlungstermin verstreicht, bietet der Gläubiger das Konvolut zum Verkauf an. Obwohl Ruth ihm von »viel Widrigkeiten und Schlimmerem« geschrieben hatte, ahnte Hesse nichts, wußte auch nicht, daß Haußmanns Ende 1955 die Bundesrepublik verlassen hatten und in die DDR übergesiedelt waren. Im Januar 1957 schreibt er an den Suhrkamp Verlag, daß er bereit ist, »4000 Mark oder etwas darüber dafür zu opfern«, seine Briefe zurückzukaufen. Auch Erika Mann, die nach dem Tod ihres Vaters 1955 den Briefwechsel mit Hesse weiterführt, erzählt er von der »leidigen Affaire«: »Ninons Vorläuferin, meine einst sehr geliebte Freundin und Frau, hat dann wieder geheiratet, einen Nazi, sie lebt seit langem in sehr bedrängten Verhältnissen. Jetzt hat der Mann meine Liebesbriefe an sie, siebzig Briefe, viele mit Aquarellen, für viertausend Mark verkauft.« In den Briefen, die er mit Ruth in den

nächsten Jahren wechselt, und in denen sie über die ständigen Umzüge von Stadt zu Stadt klagt, in denen Erich Haußmann am Theater
engagiert ist, bleibt die »Affaire« mit den Liebesbriefen unerwähnt.
Erst kurz vor Hesses Tod, als Ruth in einem langen Schreiben auf ihre
Zeit mit ihm zurückblickt und ihr Verhalten zu begründen und zu
rechtfertigen versucht, antwortet Hesse: »Ich sehe alles etwas anders
als du, habe aber dir gegenüber weder etwas von Anklagen noch
von Schuldgefühl im Herzen behalten. Auch daß ich meine Liebesbriefe für Geld zurückkaufen mußte, hat mir damals nur für kurze
Zeit weh getan. Ich denke an dich stets freundlich, und dankbar für
die schöne Zeit unsrer Liebe. Herzlich Hermann.« Und er fügt hinzu,
daß niemand außer ihm den Inhalt ihrer Briefe kennt. Aber Ruth
findet keine Ruhe, rechtfertigt sich erneut zu Hesses 85. Geburtstag,
erklärt ausführlich ihr Verhalten und den Verkauf der Briefe: »Schmitts
Rache war es, sie nicht wie abgemacht zu behalten (…), sondern mich
bei dir zu diffamieren. (…) Ich glaube, du kennst mich genug, um mir
zu glauben.«
Statt einer Antwort erhält Ruth die Nachricht von Hesses Tod am
9. August 1962. Da lebt sie bereits in Berlin, »wo mein Mann ein
Engagement am Berliner Ensemble hat. Mein Sohn ist jugendlicher
Held am Deutschen Theater in Berlin.« Auf dem 1600 qm großen
Gelände in Berlin-Biesdorf, auf dem die Haußmanns einen Bunga-
low beziehen, kann Ruth endlich wieder Hunde und Katzen halten.
Zwanzig Jahre wohnen sie in dieser ländlichen Umgebung, Ruth malt,
schreibt, kümmert sich um ihre Menagerie wie einst in Delsberg
und Carona. Dorthin, wo die »Oper« zwischen Hesse und der »Königin der Gebirge« begann, wo Paul Barth, Lang und Carl Hofer sie
umwarben, ist Ruth nie zurückgekehrt. Weiß sie vom Tod Langs 1945?
Und daß die einstigen Rivalen um ihre Liebe, Barth und Hofer, beide 1955 gestorben sind? Die Gräber ihrer Mutter und Schwester auf
dem kleinen Dorffriedhof von Carona wird sie nicht besuchen. Ruth
bleibt in der DDR, und als der 8ojährige Erich Haußmann seine Karriere am Berliner Ensemble beendet hat, zieht das Paar nach Weimar in eine Zweizimmerwohnung in dem herrschaftlichen Gebäu-

de eines Altersheims für Schauspieler. Hier lebt Ruth bis zu ihrem Tod am 30. Mai 1994. An der Wand im Wohnraum hängt das Aquarell einer Tessiner Landschaft von Hermann Hesse.

Ruth u. Erich Haußmann in Weimar 1976

4.

Ninon hat erreicht, was sie erreichen wollte, hat den Traum einer 14jährigen Gymnasiastin aus Czernowitz mit zielstrebiger Energie zur Wirklichkeit werden lassen. Sie ist ihrem Idol nicht nur begegnet, sondern lebt an seiner Seite, ist Gattin eines Nobelpreisträgers, Herrin des repräsentativen Roten Hauses. Zum Einzug kauft Hesse von Maria Geroe-Tobler einen Wandteppich: *Liebespaar II*. Es ist der »Gestaltenreigen« eines Liebespaares mit Fabeltieren, magischen Masken, exotischen Pflanzen, ein Kunstwerk aus »Seide und Webtechnik, nicht aus einem delikaten Farbensinn allein«, sondern »aus der schöpferischen Freude, aus der Lust, Neugierde, Träumerei und Sehnsucht einer ungewöhnlichen, einer dichterischen Seele«. Hesse weiß, daß er Ninon mit dieser Arbeit der Freundin eine Freude macht, denn Mareili ist neben Emmy Ball-Hennings eine von Ninons wenigen Vertrauten im Tessin. Auch zu ihrem 50. Geburtstag, am 18. September 1945, überreicht Hesse ihr ein besonderes Geschenk: sein Porträt, gemalt vom Freund Ernst Morgenthaler, zwei Jahre später einen antiken »griechischen Kopf«, den Hans Purrmann in seinem Auftrag besorgt hat. Ein Ausgleich für die Griechenlandreisen, die in den Kriegs- und ersten Nachkriegsjahren nicht möglich sind. Ninon weiß, daß ihr Mann sich bemüht, ihre oft unleidliche Laune aufzubessern: mit dem Kauf des Autos, den Sommeraufenthalten auf Rigi-Kaltbad, in Sils-Maria. Er, der sich nackt der heißen Tessiner Sommersonne ausgesetzt hat, der Feuchtigkeit und Kälte wegen seiner rheumatischen Beschwerden scheut, zieht jetzt klaglos Jahr für Jahr nach Sils. »Wir können erst heimfahren, wenn im Tessin die Hitze vorbei ist«, schreibt er am 21. August 1953 an Martin, »Ninons wegen, wir sind jetzt schon bald 5 Wochen hier, zum Glück bei meist schönem Wetter, aber ich sehne mich sehr nachhaus«. Nein, er mag nicht mehr reisen. Nur die Aussicht, im »Waldhaus« alte Freunde zu treffen, macht die Aufenthalte auch für ihn angenehm.

»Im Speisesaal saßen Hesse und seine Frau nicht weit von uns«, erinnert Erika Mann, »doch war es stillschweigend beschlossene Sache,

daß man die Mahlzeiten gesondert einnahm.« Aber am Abend, nach
Tisch, sitzen sie in der Bar beisammen, trinken Wein, erzählen. Die
Herren rauchen Zigarren. »Hesse lacht gern, kann auf eine bäurisch-
geruhsame Art und mit exakt illustrierenden Handbewegungen selbst
sehr drollig sein (…) Urgemütlich und plauderhaft, gesellig, ja galant,
so kennen wir den ›Steppenwolf‹, dessen Weltscheu und Einsamkeitsbedürfnis verfliegen, sobald er mit Freunden um den Tisch sitzt.« Nur
dann kann er das, erkennt Ninon bitter, wenn vertraute Menschen
um ihn sind, seine Schwestern, die Söhne, Gunter Böhmer und seit
1944 auch der Maler Hans Purrmann, der vor den Nazis nach Montagnola geflohen ist. Über Emmys Kabarett-Kunststücke amüsiert
er sich, in ihre Lieder stimmt er lachend ein. Nie sieht Ninon ihn ge-
löster als beim Bocciaspiel, wenn er überlegen gewinnt. Auch mit den
Enkeln spielt er, am Boden hockend, selbst wieder ein Kind, scherzt
mit den Schwiegertöchtern, verwahrt sorgsam Isas zartkolorierte
Blumenzeichnungen, die Fotos von Söhnen und Enkeln. Die Ven-
demnia, die Weinernte am Rebhang, die Ninon haßt, stimmt ihn heiter. Dann arbeitet er unermüdlich mit den Tessiner Helfern, der an-
gereisten Familie.

Sind sie jedoch allein miteinander, wird er schnell mißmutig und
launisch. Am 3. Januar 1945 liest sie in einem Brief an Martin: »Bei
uns sieht es traurig aus, das Leben hier hat irgendwie seinen Sinn und
Wert verloren. Ninon und ich plagen einander nur, und da ich die
ganzen langen Tage, einen wie den andern, vollkommen allein herum-
sitze und liege, und mich nur wenig beschäftigen kann, nimmt der
Überdruß immer mehr zu.« Und auch Ninon klagt, daß ihr Mann
immer schwieriger wird, immer jähzorniger. Statt ihrer wäre ein Go-
lem der rechte Gefährte für Hesse, bemerkt sie bitter, fühlt sich durch
seine Worte so verletzt, als habe er sie geschlagen. Ihren Tagebüchern
vertraut sie die Qualen des Alltagslebens an, so im Oktober 1949:
»Hesse in elender Laune, ißt fast nichts, schneidet furchtbare Gesichter, stumm spazierengegangen (…) vorgelesen, dann entlassen.«[34]
Manchmal entschuldigt er sich später, oft jedoch spricht er tagelang
nicht mit ihr, würdigt sie keines Blickes. Dann fragt sie sich, wie lange

sie das aushalten kann, gerät in verzweifelte »Selbstmörderstimmung«. Was soll, was kann sie tun? Sich trennen? Aber wovon soll sie leben? Mitte 50 ist sie, ohne Beruf, ohne eine Familie, die ihr beistehen könnte. Und was, hätte sie den Mut, sich das Leben zu nehmen, würde aus ihm?

Resigniert läßt sie seine Klagen über die schmerzenden Augen, den Kopf, die Magen-Darm-Beschwerden, die hohen Kosten, die der Hausstand macht, über sich ergehen. Seine Vergleiche mit Mia kränken sie. Mit Mia war alles anders, denn das Leben in Gaienhofen, in Bern war jenseits jeder Konvention; nackt sprangen die Kinder durch den Garten, nackt schwammen Mia und Hesse im See. Die Arbeit in Haus und Garten war für Mia eine Selbstverständlichkeit, ihre unkomplizierte Gastfreundschaft wird gerühmt. Repräsentation liegt ihr fern. Sie besitzt eine natürliche Würde, eine in der Tradition der Bernoulli-Familie gewachsene Selbstsicherheit, die keiner äußeren Attribute bedarf. Wenn die Enkelin Sibylle sagt, daß sie, als sie den Postbus verpaßt hatten, mit der Großmutter per Anhalter gefahren ist, findet Ninon das ebenso würdelos wie den rosa Badeanzug, mit dem die 80jährige im Thuner See schwimmt. Doch sie weiß, daß Hesse gerade das gefällt, das Unkonventionelle, Antibürgerliche – und

Hermann u. Sibylle Hesse; Mia Hesse

Mias Musikalität, ihr Klavierspiel. Auch in Martins Haus im Müslinweg steht ein Instrument. Ist die kleine Sibylle krank oder kann nicht schlafen, spielt die Großmutter, bis dem Kind die Augen zufallen. Erinnerungen daran, noch heute.

Familie Hesse im Müslinweg, Bern, v. links: Isa mit Sibylle, Silver, Mia u. Heiner mit Eva um 1948

*

Ninon fühlt sich unverstanden. Sie will ihre Pflicht erfüllen, so wie sie es versteht, leidet unter der Ablehnung und den häufigen Kündigungen des Personals. Und ist eifersüchtig auf deren Zuneigung zu Hesse, der, wenn Ninon auf Reisen ist, Zimmermädchen und Köchin einlädt, ihn und seine Söhne auf Ausflugsfahrten zu begleiten. Denn die liebt er im Alter, Ausflüge im Auto in die Tessiner Täler, ins Valle Maggia, wo er früher mit Rucksack und Malzeug unterwegs war, ins Valle Verzasca, wo in Lavertezzo eine steinerne Römerbrücke über das smaragdgrüne Wasser des schnell herabströmenden Flusses führt, ins hügelige Hinterland des dicht bewaldeten Malcantone. Höhepunkte sind jene Überraschungsfahrten, bei denen Max Wassmer und die

Familie ihn an seinem Geburtstag entführen: in die Grotti des Luganese und Mendrisiotto, ins Misox oder anläßlich des 80. nach Ambri-Piotta am Gotthard, des 85. nach Faido im Valle Leventina. Dann erlebt Ninon ihn in Feierlaune, bezaubert er als humorvoller Erzähler seine Gäste. Was, so fragt sie sich immer wieder, wenn sie allein sind, was ist es, das ihr Zusammenleben so mühsam und quälend macht? Hatte Nelly doch recht mit ihren Warnungen? Bedeuten ihm Mia, seine Söhne und deren Familien mehr als sie? Was ist sie für seine Schwestern? Die nützliche Krankenpflegerin ihres schwierigen Bruders? Kommt Elisabeth Rupp nach Montagnola, trifft man sich im Grotto oder den Ateliers mit Mareili und Purrmann, Böhmer und seiner schönen jungen Frau Ursula, fordern sie Ninon nicht auf mitzukommen. In der Casa Rossa sitzt sie steif am Teetisch, wenn Rupp mit Hesse plaudert. Dann wird Ninon immer abweisender, immer unfreundlicher, bis auch Hesse die Freude an seiner Besucherin vergeht und er sie verabschiedet. Ninon ist eifersüchtig und hilflos zugleich, versucht, Post und Besucher zu kontrollieren. Streit, als Hesse das bemerkt. Auflehnung gegen Ninons Bevormundung. Aber mit zunehmendem Alter fügt er sich in »ihr Regiment«. Als Peter Weiss 1962 kurz vor Hesses Tod noch einmal nach Montagnola kommt, um seinen »hochverehrten Meister« zu sehen, konnte er nicht mit Hesse über das sprechen, was ihn bewegte, »Frau Ninon hielt während der Mahlzeit alles Beunruhigende von uns ab, sie wachte über den Alten (...) und ich hatte nichts von dem, was ich sagen wollte, aussprechen können«. Später, wieder in Lugano, »waren mir die Tränen gekommen – war ein Besucher zwischen tausenden«.

Sind die sorgfältig ausgewählten Gäste fort, zieht sich Hesse wortlos in sein Arbeitszimmer oder in den Garten zurück. Ninon ist unglücklich, fühlt sich unverstanden. Dann flieht sie aus der Casa Rossa zu einer ihrer Freundinnen. In den ersten Tessiner Jahren zu Emmy Ball, später nach Zürich zu Elsy Bodmer, denn die einst so enge Beziehung zu Emmy hatte sich durch die Veränderung ihrer Lebensverhältnisse getrübt. Distanz statt Nähe, war doch der Unterschied zwischen der Hausherrin in Montagnola und der immer wieder »zügelnden«

Witwe Hugo Balls, die sich als Arbeiterin verdingen mußte, um ihren Lebensunterhalt zu verdienen, kaum zu überbrücken. Dennoch trifft Ninon der Tod Emmys im August 1948 tief, mehr noch ein Jahr später der Tod von Paula Philippson. Auch Mareili, diese Freundin, mit der Ninon einst ins Gebirge reiste und in deren beheiztem »Roccolo« sie vor dem Hausbau oftmals in der Winterkälte unterkam, entzieht sich ihr. Hatten sie früher jedes Fest gemeinsam gefeiert, sonntags miteinander zu Mittag gegessen, hält Mareili in den Nachkriegsjahren mehr und mehr Abstand, denn Ninons Ansprüche an die Freundin, ihr Besuche bei Ämtern abzunehmen, bei Personalmangel beim Einkaufen einzuspringen, empfindet Mareili ebenso als unangemessen wie Ninons Umgang mit ihren Dienstboten und ihre Gewohnheit, Besuche bei Hesse – ohne dessen Wissen – zu reglementieren. In das Haus des Nobelpreisträgers gibt es nur noch förmliche Einladungen, die früheren spontanen nachbarlichen Stippvisiten sind Ninon unerwünscht.

Als Mareili jedoch Ende 1947 einen Schlaganfall erleidet, kommt es noch einmal zu einer Annäherung. Ninon lädt die Freundin, der ihr fast 70jähriger Lebensgefährte Purrmann keine Hilfe sein kann, im Januar 1948 zur Erholung in die Casa Rossa ein. Aber die Entfremdung ist zu groß, Mareilis angeschlagene Gesundheit führt zu erhöhter Reizbarkeit, die Spannungen zwischen den beiden Frauen nehmen immer mehr zu. Auch glaubt Mareili, daß Ninon gegen sie, die Kranke, Pflegebedürftige bei Purrmann intrigiere, sie auseinanderbringen wolle. Ihre Vermutung ist, liest man Ninons Briefe an Purrmann, nicht abwegig. Es herrscht ein vertrauter Ton zwischen ihr und dem »lieben, verehrten Herrn Professor«, der ihr Interesse an der Antike teilt. Offensichtlich fällt es Ninon auch schwer, mit anzusehen, wie Mareili mit Purrmann noch einmal eine neue Liebe erlebt, glücklich ist.

Nach einer Einladung Purrmanns in die Casa Rossa Anfang Juni 1951, die Mareili ausschloß, kommt es zu einem Anruf Mareilis bei Ninon, der zum endgültigen Bruch führt. Von »törichten und zum Teil empörenden Beschuldigungen« schreibt Hesse an Purrmann und teilt mit, daß er »keinerlei Kontakt zu Frau G. mehr wünsche«. Purrmann antwortet umgehend, entschuldigt den »bedauerlichen Gesundheitszustand« seiner Freundin, gibt sich selbst eine Mitschuld an der Verstimmung, da er die kranke Mareili oft zurückgehalten habe, »weil ich wusste, dass sie es einfach nicht bewältigen konnte, auf Büros zu laufen und den Wünschen Ihrer Frau (...) nachzukommen«. Er, der 1944 durch Mareili in den Kreis um Hesse eingeführt worden ist, will alles tun, um zur »Beseitigung« des Konfliktes beizutragen. Zwei Tage später trifft Hesses Brief mit einer überraschenden Aussage bei Purrmann ein. »Sie sind in dieser Sache, wo es gilt einem erkrankten Menschen durch Liebe und Geduld beizustehen, mir überlegen«, beginnt er, um dann auf die »Ursache« seines »Versagens« zu kommen: »Ich habe einst meine erste Frau, die Mutter meiner Söhne, dadurch verloren, dass sie an einer schweren Psychose erkrankte. Die Erfahrung, dass ein Mensch, der einem ganz nahe steht, (...) sich plötzlich in Gehaben und Charakter verändert, dass er unzuverlässig, böse, schadenfroh werden kann, war damals mehr, als ich ertragen konnte: meine Frau war Jahre in Irrenhäusern und ich löste nach einigen Jahren die Ehe. Die Wunde, die ich damals empfing, ist nie ganz verheilt.«

Vielleicht ist dieser letzte Satz, dieses Geständnis seiner tiefen Verletzung durch Mias damaliges Aufbegehren gegen seine ständigen Abwesenheiten, Befindlichkeiten und Kränkungen, die zu ihrem Zusammenbruch beigetragen haben, der Grund für sein Festhalten an der Behauptung von den »Jahren in Irrenhäusern«, die jeweils nur einige Wochen betrugen und – wie die ärztlichen Gutachten belegen – bei Ruhe und Schonung zu vermeiden gewesen wären.

Während Purrmann künftig weiterhin in der Casa Rossa verkehrt, wurde Mareili zur Persona non grata erklärt. Ninon lehnt es ab, sich mit ihr auszusöhnen, obwohl sie in unmittelbarer Nähe wohnt und, unterstützt von Ursula Böhmer-Bächler, weiter an ihren phantasievollen Gobelins arbeitet. Der Teppichweberin, die 1963 stirbt, und ihrem Werk *Liebespaar II* widmet Isa Hesse-Rabinovitch viele Jahre später eine eindrucksvolle filmische Impression, unterlegt mit dem Text *Über einen Teppich* von Hermann Hesse.

Maria Geroe-Tobler im Atelier; Isa Hesse-Rabinovitch

*

Er nennt Ninon Keuper. Wie das Gestein aus der ältesten geologischen Formation des Mesozoikums, das aus Sandstein, Mergeln, Gips und Letten, einem plastischen bunten Ton besteht. Ein Kosename aus Hesses »Geheim- und Nebensprache«, der auch im Roman *Das Glasperlenspiel* als Name einer der kastalischen Schulen auftaucht: »Keuperheim«. Es ist der Ort, an dem die Altphilologie gelehrt wird, eine einseitig ausgerichtete Institution im Gegensatz zu »Waldzell«, der Schule des Josef Knecht, in der traditionell eine Tendenz zur Universalität und zur Verschwisterung zwischen Wissenschaft und Künsten gepflegt wird. Nur diese berühmte Schule bringt, so heißt es im Roman, »das kunstreiche Völkchen der Glasperlenspieler hervor«. Obwohl auch an den anderen Schulen diese Kunst gelehrt wird, ist »Waldzell«, die Schule mit der kleinsten Schülerzahl, der exklusivste Ort Kastaliens, »eine engste Elite innerhalb der Elite«, an dem der Schüler Josef Knecht in das höchste Amt aufsteigen wird, das des Magister ludi.

Hat Ninon in dem Jahrzehnt der Entstehung des Werkes bemerkt, daß der oberste Spielemeister die Altphilologen ausgrenzt, jene Wissenschaftler, denen sie sich durch ihre intensiven Studien des Altgriechischen verbunden fühlt? Spricht Hesse ihr, die sich immer tiefer in die antike Götter- und Heldenwelt eingelebt hat, jene Geschmeidigkeit des Denkens und kombinatorische Kreativität ab, die die Gelehrten Waldzells auszeichnet? Keine Äußerungen Ninons dazu. Vielleicht, weil Hesse in Kastalien eine Männerwelt entwirft, eine frauenlose, klösterliche Provinz der Gelehrsamkeit, nicht anders als das Benediktinerkloster, in das Knecht in diplomatischer Mission gesandt wird. Schon mit dem Kloster Mariabronn, in dem die Geschichte von Narziß und Goldmund ihren Anfang nimmt und zu Ende geht, ist diese Stätte spirituellen Lebens als Gegensatz zur Welt gezeichnet. Jener Welt, die Goldmund durchstreift und in der er seine amourösen Abenteuer erlebt, aus der er jedoch zurückkehrt zu dem Menschen, den er tiefer liebt als alle Frauen, zu Narziß, dem Abt, der das Streben nach spiritueller Erkenntnis verkörpert. Dieses Schwanken des Künstlers Goldmund zwischen »der Hingabe an das Naiv-Sinnliche, auch ans Verrückte und Gefährliche« und an eine »auf Vergeistigung zielende Askese« ist auch der Konflikt seines Alter ego Hermann Hesse, der gesteht: »Ich habe zeitlebens die Religion gesucht, die mir zukäme.« Da ihm die Psychoanalyse diese Möglichkeit nicht bieten konnte, da es bei Freud keine Erlösung aus der Konflikthaftigkeit des Menschen gibt, wählt Hesse in seinem Werk den mit Ball intensiv diskutierten Weg: »die Flucht aus der Zeit« in eine klösterliche Welt männlicher Selbstzucht, aus der die Frau, die Verführerin, ausgeschlossen bleiben muß. Obwohl der kastalische Student »weder die Ehe mit ihren Verlockungen und Gefahren« kennt noch »die Prüderie mancher vergangener Epoche«, entwirft Hesse auf einer knappen Seite im Kapitel »Studienjahre« eine Sexualität jenseits jeglicher Sexualmoral. »Die Studentenliebste in Kastalien kennt die Frage nicht: wird er mich heiraten?« Nein, das wird er nicht, denn die jungen Eliteschüler sind mittellos und bieten den Mädchen keine Zukunft, obwohl es auch hin und wieder einmal Abtrünnige gegeben haben soll, die sich ihr Leben ohne Frauen nicht vorzustellen vermochten. Auch Hesses Leser, besonders seine Leserinnen, können das nicht nachvollziehen und bedrängen den Autor mit ihrer Frage: »Warum kommen im ›Glasperlenspiel‹ keine Frauen vor?« Er hat, erklärt

Hesse in einem Brief »An seine Leser«, der in der Zürcher *Weltwoche* am 16. Februar 1945 veröffentlicht wurde, eigentlich keine Lust, diese Frage zu beantworten, »denn die Leser welche solche Fragen stellen, haben meistens die erste der Spielregeln beim Lesen nicht eingehalten: das zu lesen und anzunehmen, was da steht, und nicht an dem zu messen, was man selber etwa gedacht oder erwartet hat«. Doch dann stellt er sich den Fragenden mit der knappen Anmerkung: »Ihre Frage ist kaum zu beantworten.« Um es dennoch zu versuchen: Zunächst schreibt er über die Bedingungen, unter denen Dichtung entsteht, zeichnet danach das Bild des Autors als eines alten Mannes, der, je älter er wird, das Bedürfnis hat, »nur von Dingen zu sprechen, die er wirklich kennt. Die Frauen aber sind ein Stück Leben, das dem Alternden und Alten, auch wenn er sie früher reichlich gekannt hat, wieder fernrückt und geheimnisvoll wird, worüber etwas Wirkliches zu wissen, er sich nicht anmaßt und traut. Die Spiele der Männer dagegen, soweit sie geistiger Art sind, die kennt er durch und durch, dort ist er zu Hause.« Schließlich spielt Hesse den Fragenball geschickt an seine Leser zurück und behauptet, daß diejenigen mit Phantasie sich in seinem Kastalien »alle klugen und geistig überlegenen Frauen von Aspasia bis heute schaffen und vorstellen« können.

*

Ninon ist von Hesses freundlicher Abgeklärtheit, mit der er Frauen begegnet, betroffen. Jetzt macht sich der Altersunterschied zwischen ihnen empfindlich bemerkbar. Als er die Arbeit am *Glasperlenspiel* beginnt, ist Ninon 37, als er sie beendet 47 Jahre alt. Er jedoch fühlt sich als alter Mann, immer gebrechlicher aussehend, immer asketischer. Doch mit ungeahnter Zähigkeit überlebt er all jene, bei denen er jahrelang über seine Krankheiten geklagt, mit Selbstmord gedroht hat: seine Ärzte aus der Gaienhofener Zeit, Karl Huck und Alfred Schlenker, seinen Psychiater und Analytikerfreund Josef Bernhard Lang, den Arzt aus frühen Tessiner Tagen, Hermann Bodmer, in dessen Kurklinik in Locarno er immer wieder Erholung suchte, und seinen langjährigen Badener Badearzt, Josef Markwalder. Immer häufiger treffen schwarzumrandete Briefe in der Casa Rossa ein. Seine Weggenossen sterben: die Musikerfreunde Fritz Brun, Ilona Durigo und Othmar Schoeck, Hans Sturzenegger, der Gefährte »Sturz« seiner Indienreise, Brunos Pflegeeltern Anna und Cuno Amiet. Fast zwei Jahrzehnte vor ihm stirbt Richard Woltereck, mit dem er in der Kriegsgefangenenfürsorge zusammenarbeitete und die Zeitschrift *Vivos voco* gründete. Kleiner wird auch der Tessiner Freundeskreis. Kaum noch Überlebende aus der »Klingsor-Zeit«; der einst so wichtige Freund Josef Englert, »Jupp der Magier«, starb 1957 im französischen St. Jean-Cap-Ferrat.

Hesse kondoliert Mia, als ihre Schwestern, Bertha, Anna und Emma, sterben, ihr Bruder Fritz Bernoulli und der unternehmungsfreudige Schwager »Jimmy« Böhringer. Mia trauert mit Hesse um seine Halbbrüder Karl und Theodor Isenberg, den Neffen Carlo, um Hans, Marulla und Adele. Sie weiß, wie sehr Hesse der Verlust seiner Lieblingsschwester schmerzt. Oft teilt nicht nur Mia seine Trauer, sondern auch Ninon machen die Todesnachrichten betroffen, die Jahr für Jahr zahlreicher werden: Georg Reinhart (1955), Alice (1957) und Fritz Leuthold (1954), Hans C. Bodmer (1956). In diesem Jahr stirbt auch Hans Carossa, ein Jahr zuvor Thomas Mann. Der Tod Peter Suhrkamps 1959 geht Hesse besonders nah und mahnt ihn, sich intensiver mit der Regelung seines Nachlasses auseinanderzusetzen. Obwohl er Ninon bereits 1929 als seine Nachlaßverwalterin eingesetzt hatte, ist die Frage, wohin dieser nach seinem Tod gehen sollte, ungeklärt. Zurück in seine schwäbische Heimat, wo der Direktor des Schiller-Nationalmuseums in Marbach, Bernhard Zeller, mit der Zusammenstellung der ersten Bildbiographie des Dichters beschäftigt ist? Oder sollte Hesse, der Bürger Berns, den Nachlaß einer eidgenössischen Institution anvertrauen? Noch zögert der Dichter, der immer häufiger von Ninon ins Spital nach Bellinzona zu seinem Arzt, Clemente Molo, gefahren werden muß. Er leidet, ohne es zu wissen, an einer Leukämie, die ihn mehr und mehr schwächt, anfällig macht und ans Haus bindet. Ninon mag Hesse nicht zu einer Entscheidung drängen, hat zu Beginn der fünfziger Jahre ihre Reisen wieder aufgenommen: vom

12. bis 18. Juni 1951 nach Rom, vom 28. August bis 13. Oktober 1952 nach Griechenland zur Quellensammlung für eine Arbeit zur Göttin Hera, der Gattin des Zeus.

Doch das Glück, wieder in Griechenland reisen zu können, wird überschattet von einem Ekzem, das so quälend und schmerzend ist, daß sie daran denkt, vorzeitig nach Montagnola zurückzukehren. Sie hält durch, muß sich jedoch nach ihrer Ankunft im Tessin umgehend im Spital in Bellinzona in stationäre Behandlung begeben. Aber die Erkrankung ist hartnäckig, überzieht ihren ganzen Körper. Als die Therapie in Bellinzona erfolglos bleibt, wird Ninon in der Dermatologischen Klinik des Kantonspitals in Genf weiter behandelt. Am 5. Februar 1953 teilt sie Hesse mit, daß es ihr endlich besser geht, daß der Professor jedoch nichts über die Ursache der Erkrankung sagen könne.

Hesse reagiert gelassen auf die lange Abwesenheit seiner Frau und erklärt: »Wenn Du für die Kur und Heilung halb soviel Energie und Hingabe aufbringst wie für die Erwerbung Deiner Krankheit unter Griechenlands allzu blauem Himmel, wirst Du es schaffen, liebes Herz. Weder die Zeit, noch die Kosten darfst Du scheuen, soviel ist eine Keuperhaut schon wert.« Aber Ninon ist auch nach ihrer Entlassung aus dem Spital im Frühjahr 1953 nervös und ungeduldig, weiß sie doch, daß sie in diesem Jahr ihre Reise über die Ägäis nach Kleinasien und Istanbul nicht würde durchführen können. Noch in den Monaten Juli und August in Sils ist sie angegriffen. »Ninons Krankheit hat sich trotz Engadin, Ferien und täglicher Pflege nicht gebessert«, schreibt Hesse am 21. August 1953 aus dem »Waldhaus« an Martin. Erst im Herbst, als die von ihr edierte Auswahl der *Kinder- und Hausmärchen* der Gebrüder Grimm für Kinder erscheint, bessert sich ihr Befinden. Wieder beginnt sie zu reisen: Vom 4. bis 21. April 1954 Gruppenreise nach Kleinasien, danach Süditalien, Paestum und Florenz. »Nun ist Ninon unterwegs. Ich hoffe, sie hat es gut und stößt sich nicht an der Reisegesellschaft«, sorgt sich Peter Suhrkamp. »Das scheint mir wichtig, damit ihre Allergien nicht wieder auftreten.« Aber alles geht gut, und bereits Anfang 1955 plant sie ihre nächste

Griechenlandfahrt im kommenden Frühjahr. Am 31. Januar schreibt Hesse an Martin: »Dieser Tage, wenn ihre Abfahrtszeit festgelegt sein wird, wird Ninon mit dir oder Heiner telefonisch drüber sprechen.« Denn sobald sie reist, erwartet Hesse erst den einen, dann den anderen Sohn in Montagnola, versichert jedoch: »Ostern sollst du mit den deinen feiern, mein Lieber, wir werden es schon einrichten.« Anfang April ist Ninon an Bord der »Filippo Grimani«, fährt über Neapel, um Sizilien, durch den Kanal von Korinth nach Piräus, bleibt einige Tage in Athen, fährt weiter nach Mykene und in die Argolis, dann nach Kreta und schließlich in die Türkei. Begeistert schreibt sie am 29. April aus Istanbul an ihren Mann: »Und denke Dir, Prof. Kurt Bittel, der beste Kenner Kleinasiens, Archäologe, redete mir zu, mich seinen Studenten anzuschließen, mit denen er vom 12.-15. Mai eine Troja-Exkursion macht! Ich entschloß mich schnell.«[35] Ninon fühlt sich durch die Einladung Bittels, des Direktors des Deutschen Archäologischen Instituts in Istanbul, mit ihrem Forschungsanliegen ernst genommen. Eine Tatsache, die Hesse zu einer teils ironischen, teils ärgerlichen Anmerkung veranlaßt: »Mir ist natürlich bei Ninons neuer Reise nicht wohl, doch muß man die Leute machen lassen. Natürlich genügt ihr auch die Gesellschaftsreise mit dem Archäologenschiff nicht ganz, sie schließt dann bei der Rückkehr noch eine Alleinreise von etwa zehn Tagen in Süditalien an.« Zu Ninon, von der er weiß, wie wichtig ihr diese Reisen sind, kein Wort der Verstimmung, sondern Ermunterung – wenn auch mit einem spöttischen Unterton: »Mache deine Reise ruhig zu Ende. Nur hetze dich nicht tot! Du wirst am jüngsten Tag nach ganz anderen Sachen gefragt werden als danach, ob du 79 Kirchen besucht hast oder bloss 67.« Umgehend rechtfertigt sie sich damit, daß sie glaubt, sich das Glück reisen zu dürfen mit Besichtigungs-»Arbeit« verdienen zu müssen.

Im September 1955 feiert Ninon ihren 60. Geburtstag. Noch fühlt sie sich jung genug, Ausgrabungsstätten zu besuchen, ihre archäologischen Studien in Museen und Bibliotheken fortzusetzen: 1956 erneut in Griechenland, in der Toskana und in Umbrien, 1959 in Griechenland, 1960 in Paris, 1961 im British Museum in London und im Herbst desselben Jahres wieder in Griechenland. Aber sie mag nicht mehr allein reisen, sucht zwei Freundinnen zur Begleitung zu gewinnen. Vergeblich. Beide sagen ab. Und so wendet sie sich an Lis Andreae, die Schwiegertochter des Hesse-Freundes Volkmar Andreae, und bittet die junge Frau, die »ihr Herz an Hellas verloren« hat, sie nach Griechenland zu begleiten. Und Lis, die Pianistin und Musikpädagogin, die Neugriechisch-Kurse besucht, willigt begeistert ein. Sie reisen mit Schiff und Bahn, setzen mit der Fähre zu Inseln über, rumpeln mit Autobussen oder Taxen zu den antiken Stätten. Die Unternehmungslust der 14 Jahre Jüngeren beflügelt Ninon, die zunehmend unter Herzbeschwerden zu leiden beginnt.

Am 2. November 1961 bedankt sich Ninon bei der »lieben Frau Andreae«, schwärmt, wie schön die Reise war, wie gern sie sich der gemeinsamen Unternehmungen erinnert. Beim Schreiben dieses Briefes mag sie daran gedacht haben, daß nicht jede Reise in Begleitung von Freunden harmonisch verlaufen war. Im Gegenteil. Denn fünf Jahre zuvor, im April 1956, war es bei der gemeinsamen Fahrt durch Böotien und auf den Peloponnes mit dem befreundeten Ehepaar Kerényi zu heftigen Auseinandersetzungen zwischen Ninon Hesse und Karl Kerényi gekommen. Der einst so bewunderte Referent der Eranos-Tagungen hatte seine Forschungen immer tiefer mit Mythologischem verknüpft, eine Auffassung, die weder Paula Philippson noch die von ihr beeinflußte Ninon zu teilen vermochten. »Mit Philologie hat das alles nichts mehr zu tun«, erklärte sich Hesse solidarisch, dem seine Frau ihre sich gegensätzlich entwickelnde philologisch-archäologische Sicht erläutert hatte. Ninon störte zunehmend Karl Kerényis religionswissenschaftliche Zusammenschau antiker Phänomene; den ungarischen Professor machte Ninons penibles Quellenstudium ungeduldig, in dem sie sich immer mehr verlor. Er warf ihr vor, sich zu sehr in Einzelheiten zu verzetteln, sie widersprach gekränkt. Und so kam es, angesichts antiker Tempel und laufender Ausgrabungen, zu heftigen Auseinandersetzungen. Man trennte sich im Zorn, Ninon reiste allein weiter, erklärte ihre Freundschaft mit den Kerényis für beendet. Als sie einen Monat später nach Montagnola kommt, hat auch Hesse sich entschlossen, um Unstimmigkeiten mit seiner Frau zu vermeiden, den Kontakt mit Kerényi abzubrechen.

*

Während Ninon reist, einen Kommentar zu Homers *Ilias* verfaßt, ihre Studien in den Bibliotheken von Paris und London auf die Gorgo-Medusa ausweitet, sich mit Märchen- und Motivforschung beschäftigt und dazu 1960 einen Essay mit dem Titel *Das Erdkühlein* in der *Neuen Zürcher Zeitung* veröffentlicht, nimmt Hesse regen Anteil an Mias Leben und dem seiner Söhne. Er hat, wie Mia ihrer alten Freundin Ida Huck mitteilt, jedem Sohn »ein Schübeli Geld von seinem Nobelpreis zukommen lassen«. Martin hilft das beim Bau eines neuen Hauses, auch Heiner und Isa haben »in Küsnacht am Zürisee ein Häuschen gekauft (...) Es gefiel mir gut«, schreibt Mia, »hat zieml(ich) viel Garten, ist am Wald u(nd) ganz ländlich«. Bruno erwarb einen Volkswagen und holte Mia am Himmelfahrtstag 1951 zu einem Ausflug ab. Hesse unterbricht seine Fahrten nach Baden zur Kur, um Heiners Familie zu besuchen, deren unkonventioneller Künstlerhaushalt ihm mehr behagt als die Casa Rossa. Interessiert läßt er sich von der Reise des Paares nach Israel berichten, vermittelt Isa Illustrationsaufträge für die Veröffentlichung einiger seiner Erzählungen in der Büchergilde Gutenberg. Belustigt berichtet er ihr vom Druckfehler in einem Artikel, der anläßlich der Nobelpreisverleihung in der *Gazette de Lausanne* erschienen war. »Es sollte heißen, ich sei in einer Familie von Missionaren aufgewachsen, aber statt Missionare stand da Millionäre gedruckt.«

Auch Mia geht in den fünfziger Jahren, trotz ihres hohen Alters, noch auf Reisen: zu Ida Huck an den Bodensee, nach Tübingen, wo die Familie ihrer verstorbenen Schwester Anna Gmelin lebt und ihre älteste Enkelin »Bimba« als Schauspielerin engagiert ist. Noch mit weit über 80 Jahren fährt sie zu Konzerten nach Basel, Konstanz und mit 91 Jahren zu den Musikwochen nach Ascona. Als das nicht mehr möglich ist, weil sie, fast erblindet, im Altersheim lebt, ersetzt ihr das Radio die Konzerte, und sie tauscht sich mit Hesse, der ebenfalls ein eifriger Radiohörer ist, darüber aus. Briefe über Musik, Erinnerungen an alte Freunde, an gemeinsam Erlebtes. So dankt Mia ihm am 10. Januar 1956 in einem Brief aus Muri, wo sie nach Neujahr ihre Schwester Tuccia besucht, für den Band *Beschwörungen. Späte Prosa – Neue Folge,* den Hesse ihr zu Weihnachten geschickt hat. »Ich habe mit Interesse gelesen, besonders was du über den alten Antiquar Julius Baur schreibst. Dort am Pfluggässlein war ja für uns in der Baslerzeit ein sicherer Treffpunkt, wo wir von niemand gestört wurden, u(nd) wie verständnisvoll hat der gute Antiquar uns seine Räume überlassen u(nd) sich nach der freundlichen Begrüssung jedes Mal zurückgezogen! Bei uns im Atelier waren wir nicht so ungestört!« Gedanken auch an Vergangenes, als sie Hesse zum 81. Geburtstag Muranogläser schickt, die ihn »an unsere gemeinsame Italienreise erinnern mögen«. Die liegt 55 Jahre zurück und scheint Mia doch wieder so nah. Als sie kurz danach im August 1958 ihren 90. Geburtstag feiert, holen die drei Söhne sie zu einer mehrtägigen Autofahrt ab, die sie dankbar genießt. Aber Mias Kräfte nehmen ab, und sie gesteht Hesse, daß sie »gehen« möchte. Aber erst ein Jahr nach Hermann Hesse stirbt Maria Hesse-Bernoulli 1963 im Alter von 95 Jahren und wird auf dem Schosshalden-Friedhof in Bern beerdigt.

Mia, Bruno, Heiner u. Martin Hesse 1958; Mia Hesse in Bern

*

Ninon, am 1. November 1961 aus Griechenland zurück, bemerkt beunruhigt Hesses labilen Gesundheitszustand. Im Dezember erkrankt

er an einer Grippe, die ihn, wie sie Lis Andreae schreibt, sehr erschöpft und geschwächt
hat und von der er sich auch im Januar 1962
noch nicht erholt hat. Regelmäßig fährt sie
mit ihm ins Spital nach Bellinzona, wo Dr.
Molo Bluttransfusionen vornimmt. In diesem Jahr wird Ninon weder nach Griechenland reisen noch vor der Tessiner Sommerhitze mit Hesse ins »Waldhaus« fliehen.
Immer furchtsamer erlebt sie seinen körperlichen Verfall. Er aber scheint nichts zu ahnen, freut sich über die Besuche von Erich
Kästner und dem jungen Kollegen Uwe
Johnson. Und mehr als über den ihm 1946
verliehenen Goethepreis der Stadt Frankfurt

Mia Hesse

und den Friedenspreis des Börsenvereins des Deutschen Buchhandels
von 1955 beglückt ihn, den Bürger von Bern, die Verleihung des Eh-
renbürgerrechts von Montagnola anläßlich seines 85. Geburtstags.
»Es begann«, berichtet er Ende Juli dem Freund Purrmann, »zwei
Tage vor dem Geburtstag mit einem einstündigen Abendständchen
der Filarmonia Liberale, etwa 24 Mann Blasmusik, auf dem Plätz-
chen vor unsrer Haustür (...) Am nächsten Vormittag fand sich der
Sindaco, der Gemeinderat, Vertreter von Vereinen etc. ein, die Bibliothek war voll Menschen, die Urkunde wurde mir überreicht, Reden
gehalten. Auch ich bedankte mich in sorgfältigem Toskanisch in
einer kleinen Rede, die ich aufgeschrieben hatte und vorlas.« Den
Musikern am Vortag hatte er ebenfalls eine »kleine italienische Dank-
rede« gehalten. Diese Geste ist ungewöhnlich für Hesse, der sich bei
Preisverleihungen und Ehrungen stets vertreten und andere seine
Dankadressen verlesen ließ, so durch Ninon bei der Verleihung des
Friedenspreises in der Frankfurter Paulskirche. Hier jedoch, in seinem »Montagsdorf«, ist er seit 43 Jahren Nachbar unter Nachbarn,
die um den 1919 in abgeschabtem Anzug in die Casa Camuzzi ein-
ziehenden Fremden ebensowenig Aufhebens gemacht hatten wie 1946

um den Nobelpreisträger in der Casa Rossa und seine berühmten Gäste. Zwanglos geht es in der sonst so stilbewußten Casa Rossa bei Weißwein, Schinkenkipfel und Bocconcini zu, gelöst plaudert Hesse mit seinen Gästen, besteht auf einem Gruppenfoto, diesen Augenblick festzuhalten.

Ninon u. Hermann Hesse mit Elsy Bodmer am 1. Juli 1962 in Montagnola

Am nächsten Tag, dem 2. Juli, erscheint, wie so viele Geburtstage zuvor, Max Wassmer, »war wieder mal unser Gastgeber und hat uns ein geglücktes prächtiges Fest gegeben. Es fand in Faido statt, im reservierten Hotelsaal, mit meinen 3 Söhnen, 2 Schwiegertöchtern, meinem Arzt, man war etwa 5 Stunden beisammen, ein Berner Streichquartett, von Max mitgebracht, spielte Mozart, das Festmahl war delikat. Es war ein schöner Ausklang ...«

Ein Ausklang? War sich Hesse bewußt, der bei seinen Spaziergängen immer wieder den geknickten Ast einer Robinie betrachtete und sich fragte, wie lange er noch standhalten würde, daß dieses sein letztes Geburtstagsfest gewesen war? Hat er geahnt, während er pflichtbewußt für die Glückwünsche dankte, daß in diesen Tagen und Wochen alles ein Ausklang war? Es geht ihm nicht gut, und er entschuldigt sich bei Purrmann Ende Juli dafür, ihm erst so spät für die guten

Wünsche zum Geburtstag und den Wein aus Purrmanns pfälzischer Heimat zu danken, aber »der alte Kopf wollte nicht, er tat nicht mit, sträubte sich mit Kopfweh und Schwindel, und erst heute, nach bessrer Nacht, hat dieser Kopf die Courage, sich vor Ihnen zu zeigen und Reverenz zu machen«.

Ninon hilft ihm beim Sortieren der mehr als 900 Briefe, Karten und Telegramme, auch beim Beantworten, mahnt ihn, sich zu schonen. Muß er wirklich allen Gratulanten danken? Eine Antwort auf diese Frage hatte er ein Jahrzehnt zuvor bereits seiner Schwiegertochter Isa gegeben: »Wenn ein Mensch sein Leben in den Dienst einer Arbeit oder Leistung gestellt hat, nicht aus Edelmut, sondern einfach weil sein Naturell und seine Art von Begabung ihn dazu trieben, dann, glaube ich, muss er das, was ihm die Welt als Antwort auf seine Arbeit zuträgt, auch auf sich nehmen. Die Berühmtheit und den Nobelpreis einzustecken, die lästigen und verantwortungsvollen Folgen aber abzulehnen, schiene mir unrecht und eine nachträgliche Entwertung einer solchen Lebensarbeit zu sein.«

Und so beantwortet er Brief um Brief, schreibt an Gisèle Freund, die ihm wenige Wochen zuvor im Garten aufgenommene Fotos zum Geburtstag geschickt hat, daß es ihm wieder besser geht, legt ihr ein Gedicht bei, geschmückt mit einem kleinen Aquarell. Auch am Nachmittag des 8. August empfängt er eine junge Besucherin aus Frankreich, Edwige Friedlaender, die Übersetzerin von *Gertrud*, unterhält sich angeregt mit ihr, lebhaft, interessiert. Abends liest Ninon ihm vor, sie hören im Radio eine Klaviersonate von Mozart. Alles ist wie immer, wie schon am Morgen, als Ninon ihn zum nahen Wald begleitete. Dort riß er, wie so oft, an dem geknickten Ast und murmelte zufrieden: »Der hält noch!« Da war auch sie erleichtert, dankbar für den Aufschub, fand am Abend sein Gedicht *Knarren eines geknickten Astes* neben ihrem Bett. Die Ausgangsverse verhießen Hoffnung: »Hart klingt und zäh sein Gesang, / Klingt trotzig, klingt heimlich bang / Noch einen Sommer, / Noch einen Winter lang.« Aber am nächsten Morgen, am 9. August 1962, ist Hesse tot, bleibt Ninon allein zurück.

Hermann Hesse auf dem Totenbett. Bleistiftzeichnung von
Isa Hesse-Rabinovitch

Beerdigung am 11. August 1962 auf dem Friedhof von Sant'Abbondio
(von links im Uhrzeigersinn: Helen Hesse, Siegfried Unseld, Clemente Molo,
Elsy Bodmer, Ninon Hesse, Max Wassmer)

5.

Sie waren davon ausgegangen, daß er zuerst sterben würde, hatten
Testamente gemacht, gemeinsam eine Grabstelle auf dem Friedhof
von Sant'Abbondio ausgesucht, unweit des Grabes von Emmy und
Hugo Ball. Aber als Hesses hohes Alter, seine schwere Krankheit und
zunehmende Schwäche das Ende ankündigten, hat Ninon das nicht
sehen wollen. War er doch erstmals in den 35 Jahren ihres Zusammenlebens in diesem letzten Jahr heiter und ausgeglichen. Vergangen seine Selbstmordphantasien, die ständigen Klagen über seine Gesundheit, seine Ungeduld, kein Streit mehr mit dem sonst so Streitbaren.
Ein friedliches Miteinander – und dann der Tod. Man sagt ihr, sie
solle dankbar sein. Wofür? fragt sie verzweifelt. Doch sie wahrt Haltung, erledigt pflichtbewußt, was erledigt werden muß, ist nicht allein: Dr. Molo hält mit ihr Totenwache, Heiner, Martin und die Enkel kommen, Isa zeichnet das Gesicht des Toten, bevor sie ihn in den
Sarg legen. Elsy Bodmer, deren Mann sechs Jahre zuvor gestorben ist,
steht ihr zur Seite. Purrmann, selbst gebrechlich, schickt rote Rosen.
Rote Rosen auch in dem Kranz, den Siegfried Unseld, Peter Suhrkamps Nachfolger, auf Hesses Grab legt. Er erinnert, daß es »ein kling-
sorscher Sommer« war, als sie sich auf dem Friedhof von San'Abbondio versammeln. Der Dekan Hans Völter, Hesses Schulkamerad aus
Göppingen und Maulbronn, hält die Trauerrede, dann sprechen der
Sindaco von Montagnola und der Verleger. Die Söhne und zwei Enkel tragen den Sarg von der Kapelle zum offenen Grab. »Die Zahl
derer, die sich eingefunden hatten, war nicht sehr groß, Kurgäste in
hellen Sommerkleidern standen um die kleine Trauergemeinde«, zu
der auch Bernhard Zeller aus dem schwäbischen Marbach, Schillers
Geburtsort, gehört.
Dann sind alle fort, Ninon allein im Roten Haus. Neben den noch
unbeantworteten Geburtstagsbriefen türmen sich täglich mehr Kon-
dolenzschreiben. Sie versucht, Hesses Vorbild folgend, zu antworten.
Hatte sie sich zu Lebzeiten ihres Mannes oft nach mehr Unabhängig-

keit gesehnt, mehr Zeit für ihre eigenen Arbeiten gewünscht, ist sie jetzt wie gelähmt, flieht nach London, sucht im British Museum an ihre Recherchen zu den griechischen Göttinnen anzuknüpfen, aber es gelingt ihr dort ebensowenig wie in Rom, wohin sie Weihnachten 1962 reist. Erst jetzt wird ihr bewußt, daß ein wichtiger Impuls der Reisen ihr Mann gewesen war, dem sie davon berichten konnte. Ohne ihn, so scheint es ihr in den ersten Monaten nach Hesses Tod, hat ihr Leben seinen Sinn verloren. Selbstmordgedanken quälen sie. Warum nicht ihm folgen? Nichts erscheint ihr nach dem Verlust des Ehepartners richtiger als der indische Ritus der Witwenverbrennung, schreibt sie deprimiert am 30. Mai 1963 an Lis Andreae. Aber über ihre Verzweiflung siegt ihr Pflichtgefühl, hat doch Siegfried Unseld sie gebeten, sich um noch Unveröffentlichtes aus Hesses Nachlaß zu kümmern.

Bei dieser Arbeit bewähren sich Ninons wissenschaftliche Genauigkeit und ihre Erfahrung im Umgang mit Texten. Weder Mia noch Ruth hätten die Publikationen aus Hesses Nachlaß so leisten können wie Ninon: *Späte Gedichte von Hermann Hesse* (1963), *Ausgewählte Briefe* (1964), *Prosa aus dem Nachlaß* (1965) und in ihrem Todesjahr (1966) *Kindheit und Jugend vor 1900, Hermann Hesse in Briefen und Lebenszeugnissen 1877-1895.* Während sie bei dieser letzten Arbeit erstmals in die pietistisch-strenge Erlebnis- und Gedankenwelt des rebellierenden jungen Hesse eintaucht, befindet sie sich in einer ständigen Auseinandersetzung mit seinen Söhnen um den Verbleib des Nachlasses. Bruno, Heiner und Martin Hesse, Schweizer von Geburt, bestehen darauf, ihn einer Schweizer Institution zu übereignen, denn, so argumentieren sie, ihr Vater habe sich einst bewußt gegen Deutschland entschieden. Und Max Wassmer schlägt ihr vor, durch eine Stiftung Studio und Bibliothek in der Casa Rossa als eine »ewige Hesse-Stätte« einzurichten. Aber Ninon lehnt ab, will kein Museum, sondern einen Ort, an dem Hesses Nachlaß sorgfältig archiviert der literaturwissenschaftlichen Forschung offensteht. So prüft sie sowohl die Schweizerische Landesbibliothek in Bern als auch das Deutsche Literaturarchiv in Marbach am Neckar und kommt zu dem Schluß, den Nachlaß der Marbacher Institution anzuvertrauen, mit deren Leiter,

Bernhard Zeller, zu Hesses Lebzeiten bereits ein verständnisvoller Austausch bestanden hatte. Aber die Söhne beharren ebenso auf ihrer Forderung wie Ninon auf ihrem Entscheidungsrecht als der von Hesse eingesetzten Nachlaßverwalterin. Bundesrat Tschudi schaltet sich ein, erinnert Ninon daran, daß Hesse Nobelpreisträger der Schweiz ist, des Landes, das ihm im Ersten Weltkrieg Wohnrecht geboten, ihm die abgelegte eidgenössische Staatsbürgerschaft zurückgegeben hat. Wilhelm Hoffmann, der Direktor der Württembergischen Landesbibliothek und Präsident der Deutschen Schillergesellschaft, schlägt eine Teilung des Nachlasses zwischen Marbach und Bern vor. Ein Ansinnen, das Ninon empört ablehnt. Noch 1956 weigert sie sich, Hoffmann zu treffen, den sie des Komplotts mit Hesses Söhnen bezichtigt. Damit habe er sie »fast umgebracht«, schreibt sie empört an Grete Gundert. Und auch sie bekommt Ninons Zorn zu spüren: »Obwohl ich ganz außerhalb der Verhandlungen war, ist mir ja Ninon sichtlich auch böse, wohl nur, weil ich mit Wilhelm verwandt bin.«
Zahllose Briefe werden gewechselt, bis sich im Mai 1964 endlich eine Lösung abzeichnet, der alle Beteiligten zustimmen können: In Bern wird eine *Hermann-Hesse-Stiftung* begründet, in die die Erben den größten Teil des Nachlasses einbringen, der zu Forschungszwecken als Depositum dem Deutschen Literaturarchiv des Schiller-Nationalmuseums in Marbach überlassen wird. In den folgenden Wochen sichtet Ninon Aufzeichnungen, prüft Manuskripte und Briefe, fertigt Listen an, macht Abschriften, Notizen, Kopien. Der vereinbarte Termin zwingt sie zur konzentrierten Arbeit, jedes Stück, das sie fortgeben muß, schmerzt, besonders schwer trennt sie sich von Hesses Arbeitsbibliothek.
Am 18. November 1964 hält ein Lastwagen vor der Casa Rossa, kommen Bernhard Zeller, zwei Bibliothekarinnen und ein Packer, um den Nachlaß abzuholen. Hesses Bücher werden in Aluminiumkörben aus dem Studio getragen. Leere Regale bleiben zurück. Schließlich ist alles verstaut, und Zeller begleitet Ninon zum abfahrtsbereiten Auto. »Als wir (...) den Lastwagen voll gepackt hatten, mit Büchern, mit Manuskripten, mit Korrespondenzen, verschnürt in vielen Pake-

ten und zur Abfahrt rüsteten, bat sie den geschlossenen Verschlag noch einmal zu öffnen«, erinnert Zeller. Mühsam klettert Ninon auf den Wagen und steht schweigend vor den Kisten, in denen ein Teil ihres Lebens mit Hesse davonfahren wird.

*

Denkt Ninon an Marbach, denkt sie jedoch nicht nur an Hesses Nachlaß, der dort archiviert wird, sondern auch an das Grab jenes Mannes, der ihre Entscheidung für das Deutsche Literaturarchiv wesentlich beeinflußt hat: Kurt Wolff. Der Verleger, der mit seiner Frau Helen nach der Rückkehr aus dem amerikanischen Exil seit 1953 in Locarno lebte, stand in regelmäßigem Kontakt mit Hermann Hesse. Die beiden Männer verband ein gegenseitiger Respekt, obwohl Wolff nie ein Werk Hesses verlegt hatte, sondern in der Reihe *Der jüngste Tag* die literarische Avantgarde – auch die Gedichte von Emmy Hennings – publizierte und Werfel, Kafka und der expressionistischen Literatur ein Forum bot. Nach Hesses Tod sucht Ninon verstärkt die Nähe des Ehepaares Wolff. Sie weiß, daß er Erfahrung mit Dichternachlässen hat, Kontakte zu Archiven unterhält, berät sich mit ihm. Immer häufiger trifft sie Wolff, läßt sich von der Tatkraft des 75jährigen mitreißen. Plötzlich erscheint es ihr feige, aus dem Leben scheiden zu wollen. Sie hat, schreibt sie an Lis Andreae, Hesses Tod akzeptiert, hat ihn »begraben«, um weiterleben zu können. Und ist sicher, daß er sehr einverstanden damit wäre.

So kann sie, von Kurt Wolff ermutigt, Unselds Wunsch folgen und Hesses nachgelassene Schriften herausgeben, aber auch sich wieder ihren eigenen Studien zuwenden. Im April 1963 reist sie erneut mit Lis Andreae nach Griechenland, weiß, daß es im Tessin wieder einen Menschen gibt, der auf ihre Briefe wartet. Ein letztes Mal wenden sich Ninons Gedanken und Gefühle einem Mann zu. Wie eng sich diese Freundschaft gestaltete, ist laut Gisela Kleine nicht belegt, da der Briefwechsel zwischen Ninon Hesse und Kurt Wolff von den Nachlaßverwaltern vernichtet wurde, und auch Ninons Notizbuch aus dem Jahr 1963 fehlt.

Dank Wolffs Zuwendung kehrt nicht nur Ninons Lebensfreude zurück, sondern sein Interesse an ihren Forschungen befeuert den neuerwachten Enthusiasmus. Das läßt diese Griechenlandreise ebenso zum Erfolg werden wie ein Treffen mit der 22jährigen Studentin der Altphilologie Irmgard Gundert in Athen. Kennengelernt hatten sich Ninon und das junge Mädchen im Oktober 1958, als Irmgard ihren Großvater, Wilhelm Gundert, nach Montagnola begleitete. Im Frühjahr 1963 hält sie sich als Stipendiatin des DAAD in Athen auf, und Ninon lädt sie ein, mit ihr das Heraion von Perachora zu besuchen, übernachtet mit ihr in Loutraki nahe Korinth und ist beglückt, mit Irmgard einen Menschen gefunden zu haben, der ihre Begeisterung für das teilt, was ihr wichtig ist, die ebenso wie Ninon in der geliebten Antike lebt.

Beide Frauen, sowohl Lis Andreae als auch Irmgard Gundert, gehören zu den von Ninon geschätzten »Elite«-Frauen. Wie wenig Ninon allgemein von ihren Geschlechtsgenossinnen hält, wird in einem Brief an Lis vom 2. November 1961 deutlich, in dem sie sich zum Wahlausgang in Griechenland äußert, wo die Frauen – im Gegensatz zur Schweiz – das Wahlrecht haben. Ausführlich legt sie dar, daß Frauen zu emotional, zu beeinflußbar und unkritisch seien, um politisch urteilen zu können. Allein der »Elite«, definiert durch Bildung, billigt sie das passive, jedoch keineswegs das aktive Wahlrecht zu.

Zweifellos gehörte Paula Philippson, nach deren Tod Ninon mit »allem Griechischen allein« gewesen war, zu diesen Frauen. Jetzt wird auch Irmgard Gundert in den Kreis aufgenommen, und es beginnt ein lebhafter Briefwechsel. Ninon gibt der Studentin Lektürehinweise, diskutiert mit ihr Forschungsergebnisse, macht sie auf Ausstellungen aufmerksam und lädt sie nach Montagnola ein. Als sie Anfang August 1963 in der Casa Rossa eintrifft, vertieft sich der Austausch, und Ninon bietet der 46 Jahre Jüngeren das Du an.

Erneut wendet sich Ninon nicht nur ihren eigenen Studien zu, besonders der Hera-Thematik, sondern widmet sich auch der weiteren Veröffentlichung nachgelassener Schriften Hermann Hesses. Und sie fährt mit Lilly und Heinz Kehlmann im Juli 1963 in die Bretagne.

Anfang August, zu Hesses Todestag, ist sie wieder in Montagnola – auch in der Nähe Kurt Wolffs, der sie sowohl bei ihrer Editionsarbeit als auch der Auswahl des geeigneten Archivs für Hesses Nachlaß berät. Aber dieses Miteinander findet ein unerwartetes Ende. Auf dem Weg zum Deutschen Literatur Archiv in Marbach wird Wolff von einem Auto erfaßt und stirbt am 21. Oktober 1963 an den Folgen des Unfalls. Als Ninon zur Beisetzung nach Marbach fährt, soll sie das als ein Zeichen gedeutet haben, Hesses Nachlaß ins Deutsche Literaturarchiv zu geben. Von der Totenmaske Kurt Wolffs, die sich im Archiv befindet, erbittet Ninon einen Bronzeabguß, ein Wunsch, dem sich Helen Wolff nicht verschließt, und so stehen von 1964 bis zu Ninons Tod 1966 die Büste Hesses von Otto Bänninger und Kurt Wolffs Bronzemaske nebeneinander in ihrem Studio.

Büste von Hermann Hesse; Bronzemaske von Kurt Wolff

Mit Wolffs Tod ist Ninons Lebenswille erneut erschüttert. Gisela Kleine berichtet von einem Zwerchfellriß, den Ninon meint sich auf Wolffs Beerdigung beim Unterdrücken eines »Angstschreis« zugezogen zu haben. An Lis Andreae schreibt Ninon am 22. November 1963, daß Dr. Molo bei einer Untersuchung festgestellt hatte, daß sie sich einen Lendenwirbel gebrochen hat, der ihr seit zwei Monaten heftige Schmerzen verursacht. Fest eingeschnürt in ein »orthopädisches Mieder« sitzt sie am Schreibtisch, erledigt ihre umfangreiche Korrespondenz, zu der auch Briefe an Hesses Söhne gehören. Deren noch immer fehlende Zustimmung zum Verbleib des Nachlasses macht sie mutlos. Aber sie will nicht aufgeben. Noch zwei Tage vor Unterzeichnung des Stiftungsvertrags warnt sie Bruno, daß sie sich, wenn die Vereinbarung nicht erreicht würde, etwas antun werde. Einen Tag später, am 14. Mai 1964, stimmen die Söhne zu, und Bernhard Zeller kann die Überführung des Nachlasses vorbereiten. Obwohl jetzt alles nach ihrem Wunsch geregelt ist, geht es ihr »seelisch« nicht gut. Sie, die das Reisen liebt, kann sich nicht einmal mehr vorstellen, Montagnola zu verlassen. Wie gern hätte sie in Paris oder London gelebt, auch in Zürich. Wie sehr hatte sie Bibliotheken und Museen vermißt. Und wie oft war sie aus der Tessiner Einsamkeit geflohen. Jetzt aber, nach Hesses Tod, empfindet sie Montagnola als Heimat, spürt, daß er für sie im Dorf und in der Landschaft weiterlebt – und kann sich zu keiner Reise »aufraffen«. Weihnachten 1963 verbringt sie allein, zum Jahreswechsel kommt Elisabeth Löbl, zum Frühjahr 1964 lädt sie Irmgard Gundert zu sich ein.

Als am 23. Februar 1965 das Hermann-Hesse-Archiv in Marbach eröffnet wird, ist das eine Genugtuung für Ninon. Bei der Feier bleibt jedoch ihr Platz neben Bruno, Heiner und Martin leer. Sie fürchtet sich vor ihren Emotionen, will weder Hesses Söhne noch Wilhelm Hoffmann begegnen und läßt sich erst Wochen später von Zeller das Archiv zeigen. Die Besuche im Archiv, wie auch an Kurt Wolffs Grab, nehmen sie jedoch so sehr mit, daß die Trauer sie erneut übermannt. In ihren Briefen an die Freundinnen beklagt sie immer wieder ihre Einsamkeit, den Verlust Hesses, von dem sie überzeugt ist, daß er nur deshalb mit ihr leben konnte, weil sie ihn von allen Störungen freigehalten, ihre eigenen Bedürfnisse zurückgestellt, sich seiner Arbeit untergeordnet hatte. Vergessen der Schmerz, wenn Hesse sie zurückgewiesen, auf seinem Bedürfnis nach Ruhe bestanden hatte, verdrängt die heftigen Auseinandersetzungen, die Ninon einst in Verzweiflung und Selbstmordgedanken stürzten. Was bleibt, ist eine immer verklärtere Erinnerung und ihre Bewunderung für Hesses Werk.

Erst im Mai 1965 gelingt es Ninon, sich aus der lähmenden Depression zu befreien. Sie fährt nach Florenz, fühlt sich wie verwandelt. Ihre Begeisterung für Kunst und Architektur erwacht erneut, unermüdlich durchstreift sie die Stadt, Galerien, Kirchen, Museen. Plant eine Griechenlandreise mit Irmgard Gundert im Frühjahr 1966 und versichert, daß sie noch viel aushalte. Ja, gemeinsam mit ihren Gefährtinnen fühlt sie sich stark, fühlt sich verstanden von den alten Freundinnen Elisabeth Löbl und Elsy Bodmer, den jungen, Lis Andreae und Irmgard Gundert. Sie ermutigen Ninon, wecken erneut ihre Freude am Reisen.

1964 fährt sie mit Lilly und Heinz Kehlmann wieder in die Bretagne, genießt die Tage mit der Schwester, der es noch immer schwerfällt, in den USA heimisch zu werden. Während der Tessiner Augusthitze 1965 unternimmt sie lange Spaziergänge in den Höhenwäldern von Flims. Die Aussicht auf die Griechenlandreise im Frühjahr 1966 erfüllt sie mit Vorfreude, motiviert zur erneuten Beschäftigung mit Hesiod und Thukydides – und immer wieder mit Hera. Im Februar 1966 stehen die Reisedaten fest: Abreise von Mailand im Schlafwagen nach Bari am 4. April, weiter per Schiff nach Korfu. Aber noch arbeitet sie am Manuskript von *Kindheit und Jugend vor 1900*. Irmgard Gundert klagt sie, wie gehetzt sie sich fühle. Neun Stunden arbeitet sie täglich, immer unter dem Druck, bis zur Abreise fertig werden zu müssen. Eine Virusgrippe, Venenentzündung, zudem noch eine »Zahngeschichte« lassen sie um die Fertigstellung des Manuskripts zittern. Zeittafel und Register müssen erstellt, ein Nachwort geschrieben werden. Davor fürchtet sich Ninon besonders, denn einerseits ist ihr Hesse während der Arbeit nah, andererseits sehr fern, war ihr doch der bedingungslose pietistische Missionsdrang seiner Familie ebenso fremd geblieben wie die klaglose Unterordnung der frommen schwäbischen Frauen unter ihre Ehemänner, denn für Ninon ist der Weg von Mann und Frau nicht der zur Erlösung durch den HERRN, sondern ein gleichberechtigter mit dem Ziel der Individuation. Bei den

Gunderts und Hesses soll Ninon sich, wie Irmgard Yu-Gundert meint, einem »Sondergeist« gegenübergesehen haben, dem sich die Mitglieder seit Hermann Gunderts Zeit verpflichtet fühlten, einer spirituellen Erfahrung aus christlich-mystischer Tradition, die der bewunderte Großvater verkörpert hatte und die auch Hermann Hesse mit seinen Verwandten einte, von der Ninon jedoch ausgeschlossen war. Und so führt sie die Vorbereitung der Edition von Briefen und Aufzeichnungen aus den Jugendjahren in jene fremde Welt, gegen die sich der junge Hermann Hesse einst verzweifelt auflehnte und der Ninon, auch durch Quellenstudium nicht näher kommt. Vehement weist sie Irmgard zurück, die rühmt, daß Ninon sich mit dem Pietismus vertraut gemacht habe. Keineswegs erklärt sie, ein paar Pietisten habe sie bei der Arbeit kennengelernt, aber sie bezweifle, ob ihr die Darstellung gelungen wäre. Dieser Zweifel treibt sie auch noch um, als sie das Manuskript an den Verlag geschickt hat und nach Griechenland aufgebrochen ist.

Im Land ihrer Sehnsucht angekommen, ist Ninon jedoch voller Unternehmungslust, fühlt sich nach »allem schwäbischen Pietismus« wieder zu Hause, fühlt sich jung neben ihrer jungen Begleiterin, plant, die Hera-Arbeit endlich abzuschließen, will ihre altphilologischen Studien wieder aufnehmen. Am 9. Mai kehrt sie nach Montagnola zurück, korrigiert die inzwischen eingetroffenen Druckfahnen von Hesses Jugendbriefen, freut sich an den drei Heften »Griechenlandtagebuch,« die Irmgard ihr geschickt hat und in denen sie beglückt die Reise nacherlebt. Neue Lebensfreude erfüllt sie. Pläne werden gemacht: Irmgard soll sie im Sommer in Montagnola besuchen, im Herbst will sie mit Elsy Bodmer in die USA reisen. Für den 11. Oktober bucht sie eine Schiffspassage nach New York, möchte endlich das Lebensumfeld von Lilly und Heinz Kehlmann kennenlernen, Fred Dolbin wiedersehen.

Aber als die sommerliche Hitze einsetzt, Hesses Geburtstag naht, überfallen sie erneut ihre Herzbeschwerden. Sie erwägt, nach Sils zu fahren, verwirft den Gedanken wieder, weiß, daß die Erinnerungen sie auch im »Waldhaus« verfolgen würden und verbringt die Tage einerseits gelähmt von der Hitze, andererseits voll Unruhe, die sie immer wieder zu Hesses Grab zieht. Zunehmend quält sie der Gedanke an die bevorstehende Veröffentlichung von *Kindheit und Jugend vor 1900*. Hat sie mit der Herausgabe zuviel Privates, Intimes preisgegeben? Wie werden Kritik und Leser diesen Hesse aufnehmen, der so anders ist als das verbreitete Bild des Eremiten von Montagnola? Ablenkung bringt eine Reise nach Klobenstein in der Provinz Bozen, wo Ninon sich im Hotel »Bemelmans« mit Lilly und Heinz Kehlmann trifft und mit dem britischen Arzt, Edwin Gold, dem Sohn ihrer Jugendfreundin Johanna aus Czernowitz. Ungetrübt sind die Tage jedoch nicht, denn Kehlmann erkrankt an einer Gastroenteritis, Gold vermutet eine infektiöse Gelbsucht und veranlaßt die Verbringung des Kranken nach Rom ins amerikanische »International Hospital«. Allein mit Gold, irritiert Ninon dessen »schwieriger Charakter«, zudem ärgern sie die vielen Österreicher, die in Südtirol ihre Ferien verbringen. Hätte sie um die Begegnung mit diesen Feriengästen gewußt, denen sie ihre »Hitlerfreudigkeit« nicht verzeihen kann, schreibt sie am 10. August 1966 an Irmgard Gundert, wäre sie nicht nach Klobenstein gefahren. Österreicher will sie nicht sehen, nichts mit ihnen zu tun haben, erklärt sie kategorisch. Ein für Ninon typisches Verhalten. Wer ihre Gunst verspielt, sie enttäuscht hat, wird abgelehnt und gnadenlos ausgegrenzt!

Wieder in Montagnola, wo es drückend-heiß ist, befällt sie an Hesses Todestag eine schwere Depression. Panikattacken quälen sie, Zustände lähmender Apathie wechseln mit ängstlicher Unruhe. Verstärkt wird die Depression durch die Absage Irmgard Gunderts, die versprochen hatte, nach Montagnola zu kommen. Allein verbringt Ninon am 18. September ihren 71. Geburtstag, und als Elsy Bodmer am nächsten Tag in Montagnola ankommt, findet sie Ninon unbeweglich, mit schmerzhaft geschwollenem Bein und vereinbart einen Arzttermin für den 22. September. Doch am Morgen des 22. erleidet Ninon einen schweren Herzanfall, und als die Ärztin aus Lugano eintrifft, ist Ninon Hesse tot.

Vier Tage später wird sie an einem kühlen, aber sonnigen Herbsttag auf dem Friedhof von Sant'Abbondio beigesetzt. Auf ihrem Grab, etwas abgerückt von dem Hermann Hesses, ein kleiner Stein mit ihrem Namen, Sinnbild einer Beziehung, in der Ninon sich »mitten im Reich Hermann Hesses ihr eigenes schuf«. (Siegfried Unseld) Doch aus diesem Reich ist zu ihren Lebzeiten nur weniges in die Öffentlichkeit gedrungen: einige Rezensionen, Aufsätze und autobiographische Erzählungen, ihre Auswahl und Herausgabe *Deutsche Märchen vor und nach Grimm*. Das »Romanchen«, an dem sie seit 1927 / 1928 geschrieben hatte, ist ebensowenig zum Abschluß gekommen wie die zahlreichen Studien zu den griechischen Göttern, zu Apollon und Hera. Was hat sie gehindert? Ihr Perfektionismus? Oder waren es die Bedenken, als Autodidaktin mit ihren eigenwilligen Theorien nicht ernst genommen zu werden? Eine Arbeit jedoch erscheint postum, betreut von Irmgard Gundert, in der Zeitschrift *Antike und Abendland* unter dem fragenden Titel *Dyskolos oder Menschenfeind?* Es ist ein Text, angeregt durch die Lektüre des *Dyskolos* von Menandros, den Ninon mit Enthusiasmus geschrieben, aber selbst nicht zur Veröffentlichung vorgesehen hatte, weil er ihr, wie sie Dolbin 1961 schreibt, noch nicht abgeschlossen schien. Sie bewegt in diesem Essay die Frage, was einen Misanthropen ausmacht, und sie kommt zu dem Schluß, daß es Menandros nicht um Menschenhaß geht, sondern »um das Leiden des Einzelnen an der Aggression der Meute«. Bei dieser Interpretation mag Ninon an Hermann Hesse gedacht haben; ob sie auch ihre eigene verletzliche Persönlichkeit gespiegelt fand, muß ihr Geheimnis bleiben.

Nachwort

»Ich weiß noch wohl, wie ich zum erstenmal / Sie sah.« So beginnt die Verserzählung *Elise*, die der junge Hermann Hesse um 1900 auf der Rückseite der Reproduktion »Mädchenblüte«, dem Bildnis eines nackten Mädchens, notiert. Es sind Erinnerungen an jene erste Liebe, von der wir nur den Namen kennen: Elise, im gleichnamigen Gedicht wie auch im *Albumblatt für Elise* der frühen Prosa *Eine Stunde hinter Mitternacht*. »Mein Erstling du, meine Blonde, meine Frühlingsbekränzte! (…) In einem unvergeßlichen Frühsommer, zur Zeit meiner ersten Lieder, war parküberschattet wenig Tage lang eine selige Nähe um mich, ein auferstandener Traum, mit unfaßbarem Traumgesicht (…) Das warst du. (…) Du Fee! Du Blüte, du Leichte, Körperlose! (…) Nimm meinen heimlichen Gruß! (…) Nimm auch noch, Prinzessin, ein Lied von mir!« Diese »Prinzessin« Elise war, wie danach Julie Hellmann, Hesses »Lulumädele«, und die unausgesprochen-angebetete Elisabeth La Roche, eine »Körperlose«, mehr seinen Träumen zugehörig als der Realität. An diesen ersten, fernen Geliebten entzündet sich die erotische wie auch die literarische Phantasie Hesses, zugleich meldet sich jedoch das pietistisch-strenge Gewissen, wird jedes sexuelle Begehren zur Sünde. Erst Maria Bernoulli sollte es gelingen, den scheuen, introvertierten Jüngling an sich zu binden.

»Sie war älter, als er sich seine Frau gewünscht hätte. Sie war sehr eigen, und es würde schwierig sein, neben ihr zu leben«, schreibt Hesse 1918 in dem Mia gewidmeten Märchen *Iris*. Es ist ein Abgesang auf seine Ehe und zugleich der Versuch, Mia sein in der Analyse erkanntes Problem zu zeigen: »die Sehnsucht nach einer Urheimat, nach dem Quellgrund alles Lebens«. Hesse findet dafür die Metapher der Schwertlilie, der Iris, nach der Anselm, sein Alter ego, unbewußt sucht und die er in dem »besonderen Mädchen Iris« gefunden zu haben glaubt. Aber anders als Mia erkennt Iris, daß er sich »beim Aussprechen meines Namens jedes Mal (...) an etwas Vergessenes erinnert fühlt, was dir einst wichtig und heilig war«. Dieses zu suchen, schickt Iris ihn fort und verspricht: »Am Tage, wo du es wiedergefunden hast, will ich als deine Frau mit dir hingehen, wohin du willst...« Und Anselm folgte ohne Widerspruch, fand vieles »auf seinen rastlosen Wanderungen durch die Schlünde des Gedächtnisses (...) aber das eine fand er nicht, was der Name Iris für ihn bedeutete«.

Es ist sein eigener unruhiger Weg der Regression, von dem Hesse erzählt: »Er war ohne Stätte, fremd lief er durch die Lande (...) Vielen war er ein Narr, vielen war er ein Zauberer.« Am Ende dieses Weges, den ihm ein Vogel weist, steht jedoch nicht Iris, die Frau, sondern »es war die Schwertlilie im Garten der Mutter, in deren blauen Kelch er schwebend trat«. Und es ist »wie damals in den Frühlingen seiner Kindheit, als alles ihm getönt und geleuchtet hatte«, ist die Rückkehr zur Mutter, dem »Urbild und ewigen Symbol«, denn »der Mutterzauber ist eine Macht, gleich der Musik (...) ist eine Daseinsfülle, die den Mann im Walde seiner eigenen Erinnerungen und Kinderträume verschlingt und erdrosselt« (Hugo Ball). Für Hesse bedeutet das, in jeder Frau die Mutter zu suchen, hat doch »der Mann (...) diesem Zauber nichts Gleichwertiges entgegenzusetzen; er bleibt immer eigensinniges, wehrloses Kind«. Er bleibt auf der Suche nach dem Glück, wie »Piktor« in Hesses 1922 Ruth gewidmetem Märchen *Piktors Verwandlungen*.

Wieder ist es ein Wanderer, aber anders als Anselm, dem erst am Ende Erlösung zuteil wird, befindet sich Piktor bereits im Paradiesgarten. »Eine von den Blumen hatte große blaue Augen, eine andre erinnerte ihn an seine erste Liebe. Eine roch nach dem Garten der Kindheit, wie die Stimme der Mutter klang ihr süßer Duft.« Ein Vogel begegnet Piktor, wird zur Blume, zum Schmetterling, zum leuchtenden Kristall, wandelt sich immerfort verführerisch, und Piktor wünscht nichts sehnlicher, als sich auch verwandeln zu können, in einen Baum.

Doch als sein Wunsch erfüllt ist, muß er erkennen, daß er gebannt ist, ausgenommen von den ständigen zauberhaften Verwandlungen um ihn her. Er altert, nimmt »immer mehr jene müde, ernste, bekümmerte Haltung an, die man bei vielen alten Bäumen beobachten kann«. Bis sich eines Tages ein junges Mädchen mit blondem Haar und blauem Kleid dem Baum Piktor nähert und dieser sich unsterblich verliebt. Er beginnt, sie mit dem Rauschen seiner Blätter zu locken. Da läßt sie sich unter ihm nieder, lehnt sich an seinen Stamm, fühlt ihn erschauern und wünscht sich nichts als »hinüberzuschmelzen zu ihm, in ihn, den schönen Einsamen«. Da kommt ein Vogel geflogen und läßt einen Kristall aus seinem Schnabel fallen. Den hebt das Mädchen auf, beseelt von dem Wunsch, sich dem Baum anzuverwandeln. Und kaum gewünscht, ist der Zauber erfüllt, sie »wurde eins mit dem Baume, trieb als starker junger Ast aus seinem Stamm, wuchs rasch zu ihm empor. Nun war alles gut (…) nun erst war das Paradies gefunden. Piktor war kein alter bekümmerter Baum mehr (…) weil aus einem Halben ein Ganzes geworden war.« Fortan konnte Piktor sich verwandeln so oft und in was immer er wollte. »In jeder Gestalt aber war er ganz, war ein Paar, (…) hatte Mann und Weib in sich, (…) stand als Doppelstern am Himmel.«

Doch dieses Glück erblüht dem realen Paar nicht im Paradiesgarten, sondern welkt in der Realität, auch dort, wo das Märchen mit Ruth begann, im Tessin. Hier, in der Gegend »von Careno bis nach Morbio«, läßt Hesse zehn Jahre später, 1932, die Suche nach »Vogel« stattfinden, der in früheren Zeiten in der »Gegend des Montagsdorfes« lebte, ein sonderbares Tier, das keiner »Art noch Gattung« angehört und von dem man »seit Menschengedenken« wußte. Ein scheues Wesen, wie der Dichter Hesse in Montagnola, dem Zeichner gern einen Vogelkopf aufsetzten und den Ninon liebevoll »Vogel« nennt.

In alten Zeiten, so das Märchen *Vogel*, hat man ihn hier und da gesehen, glaubt, daß er ein »verzaubertes, verwandeltes oder verwünschtes Wesen« ist, ein Prinz, der in längst vergangener Zeit mit dem Zug der »Morgenlandfahrer« in die Gegend gekommen, »ein Zauberer, welcher einst ein rotes Haus am Schlangenhügel bewohnte und in

der Gegend großes Ansehen genoß«. Andere, »auf eine Schicht mutterrechtlicher Kultur zurückführende Sagenreste, in welchen die ›Ausländerin‹, auch Ninon genannt, eine Rolle spielt«, führen, so das Märchen, ebenfalls auf *Die Morgenlandfahrt* zurück. So hält sich auch das
Gerücht, daß Ninon den »Vogel« noch kannte, als er in Gestalt eines
Magiers im Roten Haus lebte und dort »lange schwarze Schlangen
und grüne Eidechsen mit blauen Pfauenköpfen« gezüchtet hatte.
Andere Stimmen versichern, daß Ninon den Zauberer nicht gekannt
habe, sondern erst zu »Vogel« ins Dorf gekommen wäre. Soweit mag
die Angesprochene der Erzählung gern gefolgt sein, andere »Stimmen« im Märchen jedoch verletzen Ninon so sehr, daß sie verlangt,
die Zeilen bei der Veröffentlichung zu streichen: »Manche Fabeleien
berichten, dieser Ausländerin sei es gelungen, Vogel einzufangen und
jahrelang gefangenzuhalten, bis das Dorf sich einst empört und seinen Vogel wieder befreit habe.«
»Schade«, schreibt Hesse verärgert am 16. Juli 1945, »daß Du mit Deinem Einwand gewartet hast, bis das Buch fertig gesetzt ist! Es wäre
vorher viele Jahre Zeit gewesen.« Sein Verleger wird wenig Verständnis für diesen Eingriff haben, fährt er fort, und erklärt, daß er »über
jene Zeilen in ›Vogel‹ anders denkt«. Schließlich weist er Ninon darauf hin, daß er sich nie bei kritischen Stellen im Text eines anderen
Autors »einen Eingriff erlaubt« habe. Er hatte ihr, schreibt er enttäuscht, mit der Veröffentlichung des Märchens eine Freude machen
wollen, bietet jedoch an, es unter der Voraussetzung zurückzuziehen,
daß sie seinen Verleger davon in Kenntnis setzt, »daß wir aus Familiengründen eins der Hauptstücke des Buches weglassen müssen.
(…) Doch kannst Du ihm anbieten, daß ich die Satzkosten für den
unnütz gewordenen ›Vogel‹ zu ersetzen bereit bin«.
Ninons Antwort kennen wir nicht. In den Band *Traumfährte*, der
1945 bei Fretz & Wasmuth in Zürich erscheint, ist *Vogel* jedoch als
abschließende Erzählung aufgenommen worden. In diesem Märchen
wird »Vogel« nach einem Anschlag, der im Montagsdorf auf ihn
verübt wurde, nicht wiedergesehen, denn »Vogel liebte die Freiheit,
er liebte die Wälder und die Stille (…) Vielleicht war er in das Haus

am Schlangenhügel heimgekehrt, (…) Vielleicht war er noch weiter in die Räume und Zeiten zurück entflohen …« Oder Hesse war, wie sein Freund Hugo Ball schon 1927 imaginiert, »als Wappen- und Totemtier« an der Spitze eines Bundes von »heimlich Versunkenen« davongezogen, jenes Geheimnis zu suchen, »das hinter allen Bildern liegt«.

Anhang

Zeittafel

1868 Geburt von MARIA (MIA) BERNOULLI in Basel.

1875 Geburt von Adele Hesse in Calw.

1876 Geburt von Elisabeth La Roche in Basel.

1877 Geburt von Hermann Hesse (HH) in Calw.

1880 Geburt von Marie Hesse, gen. Marulla, in Calw.

1881 Johannes Hesse zieht mit seiner Familie nach Basel.

1883 Familie Hesse, aus der russischen Staatsbürgerschaft entlassen, erwirbt die Schweizer Staatsangehörigkeit.

1886 Rückkehr der Familie Hesse nach Calw.

1888 Geburt von Elisabeth Rupp in Reutlingen. Eintritt Hesses ins Reallyzeum Calw.

1891 HH's Teilnahme am Landexamen. Stipendiat in Maulbronn.

1892 HH's erste Liebe zu Elise in Bad Boll; Selbstmordversuch, Heilanstalt Stetten.

1893 HH besucht das Gymnasium in Cannstadt – Zurückweisung durch Eugenie Kolb.

1894 HH als Schlosserlehrling in der Turmuhrenfabrik Heinrich Perrot in Calw.

1895 Geburt von NINON AUSLÄNDER in Czernowitz. HH beginnt seine Lehre in der Buchhandlung Heckenhauer in Tübingen.

1897 Geburt von RUTH WENGER in Basel. Tod Eugenie Kolbs. Beginn des Briefwechsels HH mit Helene Voigt-Diederichs.

1898 HH beendet seine Lehrzeit, bleibt als Buchhandelsgehilfe in Tübingen. *Romantische Lieder*.

1899 HH lernt Julie Hellmann, gen. Lulu, kennen. Umzug nach Basel als Sortimentsgehilfe in der Reich'schen Buchhandlung. *Eine Stunde hinter Mitternacht*.

1900 HH in Basel; begegnet Marie u. Elisabeth La Roche. *Hinterlassene Schriften und Gedichte von Hermann Lauscher*.

1901 HH kündigt die Stellung. 1. Italienreise; danach als Buchhändler im Antiquariat Wattenwyl in Basel.

1902 *Gedichte*. Tod von Marie Hesse. HH trifft MARIA BERNOULLI in ihrem Fotoatelier.

1903 April: Italienreise HH's mit MARIA BERNOULLI. 31. Mai: Verlobung gegen den Willen von Fritz Bernoulli. Besuch bei Hesses Familie in Calw.

1904 Februar: *Peter Camenzind* erscheint. 18. Mai: Offizielle Verlobung HH's mit MARIA BERNOULLI. 2. August: standesamtliche Trauung in Basel. Umzug nach Gaienhofen.

1905 Oktober: *Unterm Rad* (Jahresangabe 1906) erscheint. 9. Dezember: Geburt des Sohnes Bruno. HH zur Erholung in Klosters. RUTH WENGER zieht mit ihrer Familie von Basel nach Delsberg.

1906 März: HH mit Fritz Widmann in Italien. Juni: HH in München. MIA mit Bruno bei ihrer Familie in Spiez am Thuner See.

1907 Februar: Erwerb des Grundstücks »Am Erlenloh« und Hausbau. April: HH im Kurhaus Monti in Locarno u. auf dem Monte Verità in Ascona. Herbst: Einzug in das neue Haus.

1908 Januar: HH in München. Mai: HH bei Albert Welti in Bern. September: HH beim Vater in Korntal. Oktober: HH in Wien u. auf dem Semmering, danach in München. NINON AUSLÄNDER begegnet Johanna Gold.

1909 Februar: HH bei Wilhelm Schäfer u. in Frankfurt. MIA in Basel, Geburt des Sohnes Heiner am 1. März. April: HH in Zell. Juni / Juli: HH's Kur zur Behebung von »Störungen des Nerven- u. Stimmungslebens« bei Prof. Albert Fraenkel in Badenweiler. September: MIA mit den Kindern in Spiez. Johanna Gold schenkt NINON den *Peter Camenzind*. Oktober: HH auf Vortragsreise in Norddeutschland. November: HH's Blinddarmoperation in Frankfurt am Main. 2. Dezember: Rückkehr nach Gaienhofen

1910 Januar: HH in München.

Februar: Beginn der Korrespondenz mit NINON AUSLÄNDER. März: HH auf Lesereise. Mai: Erneute Kur bei Prof. Fraenkel. Sommer: HH in Amden am Walensee. MIA mit den Kindern in Spiez. Oktober: *Gertrud* erscheint.

1911 Januar: HH in München, danach Badenweiler. Februar: Kurzreise zum Skilaufen nach Graubünden. April / Mai: Mit Fritz Brun und Othmar Schoeck in Italien; HH lernt Ilona Durigo kennen. Juli: Geburt des Sohnes Martin. HH 4.9. bis 11.12. mit Hans Sturzenegger in Hinterindien.

1912 Frühjahr: Entschluß, das Haus zu verkaufen. HH auf Vortragsreise u. a. Dresden. Juli: HH in Sils-Maria, MIA beim kranken Vater in Basel. August: HH bei Prof. Fraenkel in Badenweiler. MIA bereitet den Umzug vor. September: HH zieht mit seiner Familie am 15.9. nach Ostermundigen b. Bern, Melchenbühlweg 26.

1913 Januar: HH zum Skilaufen in Grindelwald, Lesungen in Aargau u. Brugg, Besuch bei Dr. Schlenker in Konstanz. April: *Aus Indien* erscheint. 2.-19. Italienreise HH mit Othmar Schoeck u. Fritz Widmann. März: NINON besteht die Matura. Juli: HH in Brunnen am Vierwaldstätter See. MIA mit den Kindern in Spiez u. am Brienzer See. August: NINON mit ihrer Mutter in St. Moritz, Luzern u.

am Bodensee. HH lehnt gewünschtes Treffen ab. Oktober: NINON beginnt ein Medizinstudium in Wien.

1914 Januar: HH in Frankfurt, Essen, Weimar und Korntal. MIA nach dem Tod des Vaters in Basel. März: Martin erkrankt an Meningitis. *Roßhalde* erscheint. HH bei Dr. Schlenker in Konstanz. April: HH in Gardone / Rivera, Rückreise über den Lago Maggiore. Juli: HH in Maulbronn u. in Konstanz. MIA wandert mit Bruno u. Heiner am Thuner See. 28. 7. Kriegsausbruch. HH wegen Augenschwäche ausgemustert. Oktober: HH am Bodensee u. in Stuttgart. RUTH WENGER besucht für ein Jahr eine Haushaltungsschule in Lausanne. Dezember: Martin zur Pflege bei den Schwestern Ringier in Kirchdorf.

1915 Januar: HH und MIA zum Skilaufen in Gstaad. MIAS Skiunfall. März: MIA zur Behandlung in Baden bis Mitte April, danach Klink »Im Bergli« in Luzern. Juni: *Knulp* erscheint. Juli: *Am Weg* erscheint. Familienferien in Kandersteg. September: Beginn von HH's Arbeit für die Gefangenenbibliotheken. November: HH in Zürich, Stuttgart, Eisenach.

1916 Januar: Erneute Musterung; nicht felddienstfähig. Abreise nach Davos zum Skilaufen bis Mitte Februar. März: Tod von Johannes Hesse am 8. 3. HH zur Beerdigung in Korntal. Nervenzusammenbruch in Bern. HH ab 20. 3. nach Locarno-Minusio zur Erholung. Mai: Sanatorium Sonnmatt bei Luzern, Beginn der Psychoanalyse bei Dr. Josef Bernhard Lang. Sommer: HH in Bern und Luzern. MIA zum Wandern mit den Kindern in Adelboden. September: HH nach Locarno-Monti in die Pension »Neugeboren«. 18.-27. 9. MIA bei HH in Locarno, danach Bern. NINON leistet Krankenpflege in Wiener Spitälern. RUTH in psychoanalytischer Behandlung, nimmt Malunterricht bei Paul Basilius Barth in Basel. Elisabeth Rupp schickt HH ihren Gedichtband *Wiesenlieder*. Beginn der Korrespondenz.

1917 Februar: HH erhält Einberufung zum bewaffneten Kriegsdienst, befreit mit ärztlichen Attesten u. a. von Lang. Skiurlaub auf der »Chantarella« oberhalb von St. Moritz. März: HH von St. Moritz über Zürich nach Locarno-Monti. Mitte Mai: Rückkehr HH nach Bern. Sommer: Analyse bei Lang in Luzern u. Zürich. MIA ab Ende Juli mit den Kindern zum Wandern in Adelboden. September: HH's erstes Treffen mit C. G. Jung in Bern. Oktober: HH schickt sein Romanmanuskript *Demian* unter dem Pseudonym Emil Sinclair an seinen Verleger.

1918 März: NINON studiert Kunstgeschichte in Wien, lernt Benedikt Fred Dolbin kennen. HH ab 22. 3. mit Bruno über Luzern nach Locarno-Monti. April: HH bringt Bruno am 9. 4. nach Brunnen, um MIA zu treffen. MIA mit Bruno über Luzern (Gespräch mit Lang) nach Bern, HH zurück nach Locarno. Ende April besucht Lang HH in Locarno. Mai: HH beginnt eine Analyse bei Johannes Nohl in Ascona. Juli: HH in Bern. MIA depressiv und überlastet. August: Am 7. begeht MIA ihren 50. Geburtstag. September: Nohl für 10 Tage in Bern zu analytischen Gesprächen mit MIA u. HH. Oktober: MIA am 5. 10. mit Martin zu Nohl nach Ascona. 24. 10. überstürzte Abreise MIAs, Zusammenbruch und Internierung im Sanatorium Dr. Brunner in Küsnacht. November: Kriegsende. Generalstreik in der Schweiz. Besuch von HH in Küsnacht. Am 7. 11. heiratet NINON in Wien Fred Dolbin. Dezember: HH zu Weihnachten bei Louis Moillet. Heiner bei MIA in Küsnacht.

1919 Januar / Februar: HH in Bern, die Kinder in auswärtiger Unterbringung. März: MIA bei Familie Dr. Brun in Luzern u. bei Dr. Huck am Bodensee. Mitte April: HH zieht nach Lugano-Sorengo. MIA zurück nach Bern, holt die Kinder nach Hause. Mai: Am 11. 5.

zieht HH nach Montagnola in die Casa Camuzzi. Briefwechsel mit Elisabeth Rupp. RUTHS Vater, Fritz Wenger, kauft ein Anwesen in Carona. Juni: *Demian* erscheint. MIA zur Haussuche in Ascona. Juli: HH trifft erstmals RUTH WENGER. MIA kauft ein Haus an der Collinetta in Ascona-Moscia. HH mit Freunden am 24. 7. bei Wengers in Carona. August: Weitere Treffen mit RUTH. HH schreibt *Klingsors letzter Sommer.* September: MIAs Umzug von Bern nach Ascona. Erneuter Zusammenbruch. Internierung im Sanatorium Dr. Huber in Kilchberg. Lang kümmert sich um die Unterbringung der Kinder. Dezember: Hesses Anthologie *Alemannenbuch* erscheint mit einem Beitrag von Elisabeth Rupp.

1920 Januar: Bruno u. Heiner zu Ambühl nach Rütte. Martin in Kirchdorf. MIA in Thun. Februar: MIA in Ascona. März: MIA holt die Kinder aus Rütte. April: Erneuter Zusammenbruch; Internierung mit Heiner in Mendrisio. Juni: MIA in Kilchberg bei Dr. Huber, danach in Montagnola, fordert von HH die Kinder zurück. *Klingsors letzter Sommer* u. *Blick ins Chaos* erscheinen. RUTH in Carona. Treffen mit HH. Juli-September: MIA in Ascona. RUTH in Carona. Elisabeth Rupp bei HH in der Casa Camuzzi.

Oktober: *Gedichte des Malers* u. *Wanderung* erscheinen. HH nach Rüschlikon, Luzern, Basel, Zürich und Delsberg. NINON verläßt Dolbin, zieht zum WS nach Berlin. Dezember: HH lernt Emmy und Hugo Ball kennen. HH Weihnachten in Delsberg, Jahreswechsel in Bremgarten.

1921 Februar: HH zu psychoanalytischen Gesprächen bei C. G. Jung in Küsnacht. März: RUTH trifft Elisabeth La Roche in Basel. Mai: HH bei C. G. Jung in Zürich. August: RUTH in Carona. Theo Wenger drängt zur Heirat. September: RUTH zieht nach Zürich. HH mit RUTH nach Ermatingen, danach im Oktober allein nach Stuttgart, Calw, Maulbronn, Hopfau. November: *Ausgewählte Gedichte* erscheinen. Dezember: Söhne bei MIA in Ascona, HH in Delsberg bei Wengers.

1922 Elisabeth Rupp als Hauslehrerin in Argentinien, ihre Erzählung *Malén und Eobar* erscheint. Januar: HH mit RUTH in Basel u. Zürich. März: HH in Davos u. Zürich. April: RUTH in Carona. Mai: RUTH in Steinen u. Delsberg. Juni-August: RUTH in Carona. September: *Piktors Verwandlungen* entsteht. Oktober: HH im Kurhaus Sennrüti bei Degersheim. *Siddhartha* erscheint. November: HH in Degersheim, Bremgarten, Olten, Bern u. Zürich. Dezember:

HH Weihnachten in Delsberg, Jahreswechsel bei Bruno u. Amiets auf der Oschwand. MIA mit Heiner u. Martin in Ascona.

1923 März: Elisabeth Rupp zurück aus Argentinien, heiratet Johannes Gerdts. April: RUTH in Carona. Mai / Juni: HH in Baden zur Kur. Juli: Scheidung von MIA am 14. 7. Juli / August: RUTH in Carona. September: RUTH u. Lisa Wenger auf Wohnungssuche in Basel. 18. 9.-15. 10. HH zur Nachkur in Baden. Ende November: HH zieht zu RUTH ins Hotel »Krafft« in Basel.

1924 Januar: Eheschließung mit RUTH am 11. 1. in Basel. März: Rückkehr von HH am 27. 3. in die Casa Camuzzi. Mai: HH wird wieder Schweizer Staatsbürger (Berner Gemeindebürgerrecht). Juli / August: RUTH in Carona. Oktober: HH zur Kur in Baden. November: HH bezieht Wohnung in der Lothringer Str. in Basel. NINON trennt sich von Dolbin, Arbeitsaufenthalt für ihre Dissertation in Paris. Dezember: HH mit RUTH zur Familie nach Höfen, Stuttgart und Ludwigsburg. Weihnachten in Delsberg. MIA mit Martin bei Familie Dr. Huck in Singen u. am Bodensee.

1925 HH im Winter in Basel. März: HH nach Montagnola. April: *Kurgast. Aufzeichnungen von einer Badener Kur* erscheint. April: Erkrankung RUTH. Mai: Selbstmord Adolf Bernoullis. MIA Zusammenbruch. Juni / Juli: MIA in Mendrisio. RUTH zur Liegekur in Carona. Elisabeth Rupp beginnt im Sommersemester in Tübingen ein Studium der Völkerkunde, Geographie u. Religionswissenschaft. August: MIA in Ascona. Oktober: HH zur Kur in Baden. RUTH in Arosa bis März 1926. November: MIA in Basel u. Zürich. HH auf Lesereise. Dezember: HH bezieht sein Winterdomizil im Züricher Schanzengraben 31. Fred Dolbin zieht von Wien nach Berlin.

1926 Winter: RUTH in Arosa. MIA in Ascona. HH in Zürich mit J. B. Lang. *Steppenwolf*-Gedichte. Februar: HH besucht Maskenbälle in Zürich. März: RUTH in Basel. NINON mit Dolbin in Genf, danach am 21.3. zu HH nach Zürich. Mai: HH bei RUTH in Basel. NINON in Wien. Juli: RUTH in Carona, Verhältnis mit Carl Hofer. August / September: NINON in Salzburg u. im Montafon. Oktober: HH zur Kur in Baden. November: HH Lesereise nach Marburg, Frankfurt, Darmstadt, Stuttgart, Ludwigsburg. Treffen mit Hugo Ball in Zürich. Dezember: NINON bei Dolbin in Berlin. MIA in Ascona. RUTH in Basel. HH in Zürich mit Lang u. Leutholds. Arbeit am *Steppenwolf.*

1927 Januar: RUTHs Scheidungsbegehren. NINONs endgültige Trennung von Dolbin. Februar: HH krank in Baden, NINON kommt zu ihm. März: NINON bei HH in Zürich. 18.3. RUTHS Scheidungsklage. April: NINON nach Wien. Scheidung von RUTH am 24. 4. vor dem Kantonsgericht Basel. Juni: MIA bei HH in Montagnola. NINON zieht in die Casa Camuzzi. *Der Steppenwolf* und Hugo Balls Hesse-Biographie erscheinen. Juli: 2. 7. Hesses 50. Geburtstag. September: Abreise NINONs nach Wien. Oktober / November: HH zur Kur in Baden. Dezember: HH in Zürich, NINON in seiner Nähe.

1928 Januar: HH mit NINON sechs Wochen zum Skilaufen in Arosa. März: HH mit NINON nach Schwaben, Weimar und Berlin. April: *Krisis* erscheint. HH 28.3.-6.4. zur Sterilisation bei Dr. Ch. Reichenbach in Lankwitz / Berlin. NINON für zwei Monate in Paris. Ende Mai: NINON in Montagnola. Sommer: HH arbeitet in Montagnola an *Narziß und Goldmund*. Oktober / November / Dezember: HH in Baden u. Zürich. NINON in Wien. Weihnachten: NINON in Zürich. MIA in Ascona.

1929 Februar: NINON mit HH in Arosa. März: HH in Zürich. NINON trifft sich mit Dolbin in Nizza. Mai: HH und NINON in

Montagnola. August: NINON in Saas Fee, trifft Dolbin. HH auf Rigi-Klösterli. Oktober: HH in Baden. NINON in Montagnola. November: HH zu Lesungen in Schwaben. Ende des Monats NINON nach Wien. Dezember: NINON in Wien. HH in Zürich. Weihnachten: NINON u. HH in Zürich. RUTH lernt in Berlin Erich Haußmann kennen.

1930 Januar / Februar: HH u. NINON Skiurlaub auf der Chantarella/ St. Moritz. Februar: RUTH heiratet Erich Haußmann. März: HH und NINON in Zürich. April: NINON wegen ihrer Scheidung bei Dolbin in Berlin. HH in Basel, Zufallstreffen mit Elisabeth La Roche. Verhandlungen in Zürich wegen Grundstückskauf und Hausbau. Juni: H. C. Bodmer kauft das von HH ausgesuchte 11 000 m² große Grundstück. Juli-September: HH arbeitet an der Erzählung *Die Morgenlandfahrt*. August: *Narziß und Goldmund* erscheint. Oktober: Grundsteinlegung. Danach HH in Lindau und Baden, NINON in Wien. November: HH in Zürich. NINON in Wien.

1931 Januar / Februar: Skiurlaub auf der Chantarella. Ende Februar bis Mitte Mai: HH u. NINON in Zürich. Mai: MIA in Bern wegen einer Operation am Mittelohr. Juni: MIA in Muri bei Tuccia. HH

und NINON in Montagnola. Hausbau. Juli: MIA in Ascona. HH nach Baden und Kehrsatz bei Bern. NINON besorgt mit Martin den Umzug in die Casa Rossa. September: Scheidung NINONs von Dolbin. November: Heirat HH u. NINON am 14. 11. Anschließend HH zur Kur nach Baden, NINON nach Rom.

1932 Januar / Februar: HH u. NINON Skiurlaub auf der Chantarella. März Letzter Aufenthalt am Schanzengraben in Zürich. *Die Morgenlandfahrt* erscheint. Am 10. 3. wird NINON durch Erbvertrag zur Verwalterin von Hesses literarischem Nachlaß bestimmt. Sommer: Elisabeth Rupp im Tessin. 24.-26. August: Hans Carossa in Montagnola. Oktober / November: NINON in Zürich. HH in Baden.

1933 Februar: Lang in U-Haft. Beginn der Emigrantenbesuche in Montagnola, u. a. Brecht u. Weigel (19. 3.), März / April: Familie Thomas Mann. Oktober: NINON in Florenz u. Rom. HH in Montagnola mit Heiner u. Martin. November / Dezember: HH in Baden.

1934 Promotion von Elisabeth Gerdts-Rupp in Tübingen. Stelle an der Amerikanistik-Abteilung des Museums für Völkerkunde in Hamburg bis 1939. Oktober – Anfang November: NINON am Golf von Neapel, auf Sizilien, in Rom. Schwärmerei für Hans Carossa. November / Dezember: HH zur Kur in Baden. NINON in Zürich.

1935 RUTH Haußmanns Sohn Edzard wird geboren. Februar: Besuch Hans Carossas in Montagnola. Oktober: Lang zieht nach Locarno. NINON zu archäologischen Studien in London und Paris. Adele bei HH in Montagnola. Besuch von Joachim Maass in Montagnola. November: HH zur Kur in Baden. 27. 11. Selbstmord des Bruders Hans.

1936 RUTH kauft ein Bauerngut in Zeisertsweiler. Februar: Joachim Maass in Montagnola. März: NINON in Zürich; trifft sich mit Maass. Mai: NINON zur Operation nach Wien. September *Stunden im Garten* erscheint. August: HH nach Stuttgart, Bad Eilsen, Treffen mit Peter Suhrkamp. September: HH bei seinen Schwestern. Oktober: NINON in Rom. Maass reist in die USA, trifft in New York Fred Dolbin. Mitte November – Mitte Dezember: HH in Baden. NINON in Zürich.

1937 Februar: *Neue Gedichte*. März: HH und NINON in Zürich, Kehrsatz b. Bern, Tod Karl Isenbergs. Joachim Maass aus den USA zurück, widmet NINON die Novelle *Schnee von Nebraska*. April / Mai NINON 1. Griechenlandreise. Adele und Lene Gun-

dert sowie Martin bei HH. September: Dolbin schickt NINON das gezeichnete Porträt von Maass. Oktober: Lang zieht nach Lugano. November: HH in Baden, NINON in Zürich. 1. 12. Besuch Hesses bei Thomas Mann in Küsnacht.

1938 März: »Anschluß« Österreichs. April: NINON in Paris. Juni / Juli: MIA für einen Monat im Sanatorium »Casa Modesta« in Ascona. August: Besuch von Elisabeth Gerdts-Rupp bei Hesse in Montagnola. November: HH in Baden. NINON in Zürich.

1939 Februar: 20. 2.-1. 3. Joachim Maass in Lugano, zahlreiche Besuche bei NINON u. HH in Montagnola. April / Mai: NINON 2. Griechenlandreise. August: NINON mit Maria Geroe-Tobler in Sils-Baseglia. September: Kriegsausbruch. Erich Haußmann wird bis 1945 Soldat, RUTH bewirtschaftet den Hof allein. Elisabeth Gerdts-Rupp zieht nach Reutlingen, ehrenamtliche Assistentin am Institut für Völkerkunde in Tübingen.

1940 April: HH in Baden. NINON in Montagnola. August: NINON in Sils-Baseglia. November: HH in Zürich u. Baden.

1941 Heirat von Heiner Hesse u. Isa Rabinovitch. Juli: HH zur Untersuchung im Kantonsspital Zürich.

1942 Januar: Geburt des Enkels Silver Hesse. März: NINON in

Zürich zum Seminar von Karl Kerényi, lernt Paula Philippson kennen. 20. 3.- Mitte April: HH in Baden, bereitet mit NINON die Herausgabe des Lyrikbandes *Die Gedichte* vor. Deutschland verweigert die Druckgenehmigung für *Das Glasperlenspiel*. August: Teilnahme NINONs an der 9. Eranos-Tagung in Ascona. September: Paula Philippson in Montagnola. November: Paula Philippson in Montagnola. MIAs Haus in Ascona brennt ab. Ab 16. 11. HH zur Kur in Baden. MIA besucht ihn.

1943 August: Teilnahme NINONs an der 10. Eranos-Tagung in Ascona. November: Hesse *Das Glasperlenspiel* erscheint. Mitte November – Mitte Dezember: HH in Baden.

1944 MIA lebt bei Martin Hesse in Bern. Mai: Bruno, Kläri und die Kinder Christine und Simon in Montagnola. Juli: Radiosendung mit Hesse. Martin Hesse heiratet Isabelle von Wurstemberger. August: NINONs Teilnahme an der 11. Eranos-Tagung in Ascona. 2.-18. 8. HH bei Wassmers in Bremgarten.

1945 Februar: Martin Hesse kauft ein Haus im Müslinweg 4 in Bern. MIA zieht zu ihm. April: NINONs Teilnahme an der 12. Eranos-Tagung in Ascona. Mai: MIA im Sanatorium in Spiez. Kriegsende. August: HH und NINON auf

Rigi-Kaltbad. Besuch von Elisabeth La Roche. September: *Traumfährte* erscheint mit u. a. dem Märchen »Vogel«. November: NINON erhält ein erstes Lebenszeichen von ihrer Schwester Lilly. HH bis 18. 12. in Baden.

1946 RUTH u. Erich Haußmann nach einer Denunziation wegen ihrer nationalsozialistischen Aktivitäten in franz. Lagern interniert. Frühjahr: MIA verkauft ihr Grundstück in Ascona. Juli: Adele in Montagnola. MIA mit Isa, Heiner und den Enkeln zum Urlaub in Ascona. August: HH und NINON in Bremgarten u. Bern. Verleihung des Goethe-Preises der Stadt Frankfurt. 28. 10.-12. 2. 1947 HH in Préfargier im Sanatorium Dr. Ringerbach. NINON in Zürich bei Elsy Bodmer. Dezember: Verleihung des Nobelpreises in Abwesenheit von HH.

1947 Januar: HH entdeckt in Préfargier durch Zufall den Briefwechsel NINONs mit Joachim Maass. Februar / März: 13. 2.-18. 3. HH zur Kur in Baden. 31. 3.-2. April NINONs Teilnahme an der 15. Eranos-Tagung in Ascona. Juni: RUTH gratuliert HH zum 70. Geburtstag, Beginn eines erneuten Briefwechsels. Juli: HH Ehrendoktor der Universität Bern. Ferien in Bremgarten u. Wengen. September: NINON nimmt Fahrstunden. November / Dezember: HH in

Baden. Am 20. 11. besteht NINON
die Fahrprüfung.
1948 Februar: Ankunft von Lilly
und Heinz Kehlmann in Montagnola. April: HH kauft ein Auto.
August: MIA 80. Geburtstag,
Kurzreise mit den Söhnen in den
Solothurner Jura. Adele und Marulla in Montagnola. August: HH
trifft MIA in Bern. Ferien bei
Wassmers in Bremgarten. NINONs
Teilnahme an der 16. Eranos-
Tagung in Ascona. Mitte Oktober – Mitte Dezember: HH u.
NINON in Baden.
1949 Februar: Kehlmanns verlassen
Montagnola. Besuch Adeles. Erneuter Briefkontakt zu Elisabeth
Gerdts-Rupp. Juni: RUTH wird
die Einreise in die Schweiz verwei-
gert. September: Tod von Adele
Gundert, geb. Hesse.
1950 Januar: NINON zur Antiken-
ausstellung in Bern. Mai: Thomas,
Katia u. Erika Mann in Lugano,
mehrmals bei Hesse in Montagnola. Juli: 20.7.-17.8. HH u. NINON
in Sils-Maria. September: MIA in
Ascona bei Margherita Osswald-
Toppi u. in der Casa San Christo-
foro. Oktober: MIA in Zürich u.
am Bodensee. 13. 11.-14. Dezember:
HH in Baden.
1951 März: *Späte Prosa* erscheint im
Suhrkamp Verlag. HH gibt seinen
Söhnen Geld vom Nobelpreis.
Mai: MIA reist nach Tübingen u.
an den Bodensee zu Ida Huck. Isa

und Heiner Hesse in Israel. *Briefe*
erscheinen. Juni: NINON in Rom.
Martin bei HH in Montagnola.
27.7.-16.8. HH u. NINON in
Sils-Maria, danach in Bremgarten.
November / Dezember: HH in
Baden, NINON in Zürich.
1952 Januar: RUTH zieht mit Hauß-
mann nach Eglofs bei Wangen /
Allgäu. Juni: *Gesammelte Dichtun-
gen* in sechs Bänden erscheinen.
Juli: 18.7.-12.8. HH u. NINON in
Sils-Maria, danach in Bremgarten.
September / Oktober: NINON in
Griechenland. Nach der Rückkehr
im Spital in Bellinzona.
1953 Januar: NINON in der Derma-
tologischen Klinik in Genf. Febru-
ar: Rückkehr nach Montagnola.
Tod von Marulla Hesse. Juli: Ab
20. 7. bis 25. 8. HH u. NINON in
Sils-Maria. Sommer: Elisabeth
Gerdts-Rupp im Tessin bei Maria
Geroe-Tobler u. Ursula Böhmer.
September: Heiner Hesse in Mon-
tagnola. Mehrere Besuche des
Ehepaares Mann. Oktober:
NINON gibt eine Märchenaus-
wahl für Kinder heraus. Novem-
ber: Karl u. Magda Kerényi in
Montagnola.
1954 April: Studienreise NINONs
nach Kleinasien, anschließend
Paestum und Florenz. Juli: 22.7.
bis 7.8. HH u. NINON in Sils-
Maria; erstes Treffen mit Marie-
Anne Stiebel im Hotel »Wald-
haus«. RUTH leiht Geld u. ver-

pfändet Hesses Briefe. November: HH kauft Grab auf dem Friedhof von Sant'Abbondio.

1955 RUTH verläßt mit ihrer Familie die BRD und zieht nach Stendal (DDR). April / Mai: NINON in Griechenland u. Kleinasien. Juli: 21.7.-23.8. HH u. NINON in Sils-Maria. September: NINONs 60. Geburtstag. Oktober: NINON nimmt am 9.10. in Frankfurt den Friedenspreis des Deutschen Buchhandels für HH entgegen, verliest eine Grußadresse.

1956 April / Mai: NINON mit Ehepaar Kerényi in Griechenland. Zerwürfnis u. endgültiger Bruch. Juli: 24.7.-18.8. HH u. NINON in Sils-Maria; vorzeitige Abreise nach Montagnola. September: NINON bei Elsy Bodmer in Zürich, Studien in der ZB.

1957 Januar: NINON bei Elsy Bodmer zu Studien in Zürich. HH bemüht sich, die Briefe an RUTH zurückzukaufen. Tiefe Verbitterung gegenüber RUTH. Mai: NINON in Zürich. Juni: *Gesammelte Schriften* in sieben Bänden erscheinen. Juli: HH 80. Geburtstag, Feier in Ambri-Piotta am Gotthard. 22.7.-22.8. HH u. NINON in Sils-Maria, Besuch von Erika Mann. August: RUTH zieht mit Haußmann nach Zittau.

1958 RUTH zieht mit Haußmann nach Dresden. Elisabeth Gerdts-Rupp bezieht ihr neuerbautes Haus in Radolfzell am Bodensee. Juli: MIA im Altersheim »Sonnenblick« in Bern. September / Oktober: NINON mit Elsy Bodmer in Umbrien u. in der Toskana, anschließend in Zürich u. am Bodensee. Oktober: HH empfängt Besuch von Wilhelm Gundert u. seiner Enkelin Irmgard in Montagnola, danach zur Kur in Baden.

1959 Juli: 23.7.-24.8. HH u. NINON in Sils-Maria. Oktober: Vom 3.10.-7.11. NINON in Griechenland.

1960 Juli: 25.7.-28.8. HH u. NINON in Sils-Maria. August: RUTH zieht mit Haußmann nach Zwickau. Oktober / November: 26.10.-8.11. NINON zu archäologischen Studien in Paris.

1961 April: NINON vom 12. bis 27.4. zu Studien in London. Juli: 22.7.-21.8. HH u. NINON in Sils-Maria. Oktober: Vom 1.10. bis 1.11. NINON in Griechenland, teilweise mit Lis Andreae.

1962 Juni: Umzug von RUTH nach Berlin-Biesdorf. Juli: 1.7. HH wird Ehrenbürger von Montagnola. 2.7. HH 85. Geburtstag, Feier in Faido im Val Levantina. August: 9.8. Tod Hermann Hesses. 11.8. Beercigung. NINON schließt sich dem Ehepaar Helen u. Kurt Wolff an. Dezember: 4.12. NINON in Marbach, 8.12. in Bern, um Archive für HH's Nachlaß zu prüfen. Weihnachten nach Rom.

1963 NINON beginnt ein *Tagebuch der Zeichen*. Arbeit an HH's Nachlaß. April: NINON reist nach Griechenland, teilweise begleitet von Lis Andreae, trifft in Athen Irmgard Gundert, 18/19. 4. gemeinsame Fahrt nach Perachora u. Loutraki. Juli: Reise in die Bretagne mit Lilly u. Heinz Kehlmann. August: 3./4. Irmgard G. in Montagnola bei NINON. MIA stirbt in Bern. Oktober: NINONs Edition der *Späten Gedichte* erscheint. Tod von Kurt Wolff. November: Besuch von Lis Andreae. Dezember: 20. 12.-3. 1. 1964 Reise nach Rom.

1964 NINON regelt die Nachlaßübergabe. Dissens mit HH's Söhnen. NINON gibt *Ausgewählte Briefe* heraus. Mai: Vertragsunterzeichnung der Hesse-Stiftung in Bern am 13. 5. August / September: Reise in die Bretagne mit Lilly und Heinz Kehlmann. November: Abholung des Nachlasses nach Marbach.

1965 Februar: 23. 2. Eröffnung der Hesse-Gedenkstätte in Marbach. Herausgabe der *Prosa aus dem Nachlaß* u. a. die *Gertrud*-Fragmente und *Vierter Lebenslauf Josef Knechts*. April: Tod von Elisabeth

La Roche. Juni: 10.-20. 6. NINONs Reise nach Florenz. August: NINONs Urlaub in Flims.

1966 NINON bereitet die Herausgabe von *Kindheit und Jugend vor 1900* vor. 4. 4.-9. 5.: NINONs Reise nach Griechenland mit Irmgard Gundert. Mai: Rückkehr nach Montagnola. Angina pectoris. Juli: 22. 7. nach Klobenstein (Bozen) mit Kehlmanns u. Edwin Gold. August: 7. 8. Rückkehr nach Montagnola mit Gold. Ab 26. 8. Besuch von Elisabeth Löbl. September: Umbruchkorrektur und Register von *Kindheit und Jugend vor 1900* Bd. 1. Um den 20. 9. Besuch von Elsy Bodmer. Am 22. 9. stirbt NINON. 26. 9. Beerdigung neben HH auf dem Friedhof von Sant'Abbondio.

1968 Freitod von Martin Hesse.

1972 sterben Julie Hellmann (»Lulu«) und Elisabeth Gerdts-Rupp.

1979 RUTH zieht mit Erich Haußmann in das Marie-Seebach-Stift in Weimar.

1984 Tod von Erich Haußmann.

1994 Tod von RUTH.

1999 Tod von Bruno Hesse.

2003 Tod von Isa Hesse-Rabinovitch und Heiner Hesse.

2010 Tod von Edzard Haußmann.

Personenverzeichnis

thematiker in Basel u. St. Petersburg.

Bernoulli, Johann I. (1667-1748). Mathematikprofessor in Groningen u. Basel.

Bernoulli, Johann II. (1710-1790). Jurist u. Mathematiker.

Bernoulli, Johann III. (1744-1807). Mathematiker, Physiker, Astronom in Berlin.

Bernoulli, Maria, gen. Mia (1868-1963). Fotografin; s. Hesse, Maria.

Bernoulli, Mathilde, gen. Tuccia (1878-1976). Fotografin; s. Böhringer, Tuccia.

Bernoulli, Nicolaus (1623-1708). Spezereihändler u. Ratsherr in Basel. Vater der Mathematiker Jacob I. u. Johann I. sowie des Basler Kunstmalers Nicolaus Bernoulli (1662-1716).

Bernoulli, Nicolaus I. (1687-1759). Professor der Mathematik in Padua, Professor der Logik u. des Rechts in Basel.

Bernoulli, Nicolaus II. (1695-1726). Professor der Rechte in Bern, Professor der Mathematik in St. Petersburg.

Bernoulli, Theresia Thekla, geb. Comas (*1877, Todesdatum nicht ermittelt).

Bernus, Alexander von (1880-1965). Dichter u. Übersetzer.

Bircher-Brenner, Maximilian (1867-1939). Arzt, Verfechter der Rohkostbehandlung.

Bloch, Ernst (1885-1977). Philosoph.

Arbeitete mit Hugo Ball ab 1917 für die *Freie Zeitung* in Bern.

Blümel, Otto (1881-1973). Maler, Grafiker u. Scherenschnittkünstler. Stattete Hesses Gedichtband *Unterwegs* aus.

Blumhardt, Christoph Friedrich (1842-1919). Theologe u. Leiter eines Heilu. Erweckungszentrums in Bad Boll.

Bodmer, Anny, geb. Beck (1882-1930). Schweizer Malerin.

Bodmer, Elsy, geb. Stünzi (1893-1968).

Bodmer, Hans Conrad (1891-1956). Musiker u. Musikaliensammler. Mäzen Hesses.

Bodmer, Hermann (1876-1948). Hesses Arzt in der Kurklinik »Victoria« in Locarno.

Böhmer, Gunter (1911-1986). Maler u. Zeichner. Illustrator mehrerer Werke Hesses.

Böhmer, Ursula, geb. Bächler (1920-1995). Gobelinweberin.

Böhringer, Rudolf, gen. Jimmy (1878-1952). Ingenieur.

Böhringer, Tuccia, s. Bernoulli, Mathilde.

Briand, Aristide (1862-1932). Franz. Politiker.

Brun, Fritz (1878-1959). Schweizer Komponist. Leiter des Berner Symphonieorchesters.

Brun, Hans (1874-1946). Professor für Chirurgie.

Brunn, Friedrich Albert von (1858-1894). Ehemann von Bertha Bernoulli.

Buber, Martin (1878-1965). Jüdischer Religionsphilosoph u. Schriftsteller.

Bucherer, Els, geb. Feustel (1888-1967). Schweizer Künstlerin.

Bucherer, Max (1893-1974). Schweizer Maler, Radierer u. Lithograph. 1905 / 06 als Kunsterzieher in der Internatsschule Gaienhofen.

Carossa, Hans (1878-1956). Arzt u. Schriftsteller.

Cavadini, Natalina, verh. Bazzari (1868-1942). Hesses Haushälterin von 1919 bis 1936.

Colette, Gabrielle-Sidonie (1873-1954). Franz. Schriftstellerin.

Diederichs, Eugen (1867-1930). Verleger. Seit 1898 verheiratet mit Helene Voigt, ab 1916 mit Lulu von Strauß und Torney.

Dolbin (eigentl. Pollak), Benedikt Fred (1883-1971). Ingenieur, Zeichner u. Karikaturist.

Dolbin, Ninon, s. Ausländer, Ninon. Zweite Ehefrau von B. F. Dolbin.

Duhamel, George (1884-1966). Franz. Lyriker, Erzähler, Essayist u. Dramatiker.

Duncan, Angela Isadora (1877-1927). Amerik. Tänzerin u. Choreographin.

Durigo, Ilona (1881-1943). Konzertsängerin ungarischer Herkunft.

Eckener, Hugo (1868-1954). Luftschiffpionier in Friedrichshafen am Bodensee.

Eeden, Frederik Willem van (1860-1932). Niederl. Dichter u. Nervenarzt.

Ehrenstein, Albert (1886-1950). Österr. Schriftsteller.

Emden, Max James (1874-1940). Geschäftsmann. Käufer der Brissago-Inseln 1927.

Englert, Joseph (1874-1957). Ingenieur u. Astrologe. »Jup der Magier«, »der Armenier«, »der armenische Sterndeuter« in Hesses Werk.

Erdberg, Baron Eduard von (1884-1965). Baltischer Emigrant in Ascona.

Euler, Leonhard (1707-1783). Mathematiker.

Fassbind, Carla (1887-1974). Inhaberin von Hotels in Rigi-Klösterli u. in Lugano (Hotel Continental). Verh. seit 1930 mit dem poln. Kunstmaler Adolph(e) Milich (1884-1964). Sie war verwandt mit Othmar Schoeck, durch den sie Hesse u. die Balls kennenlernte.

Finckh, Ludwig, gen. Ugel (1876-1964). Arzt u. Schriftsteller. Jugendfreund Hesses.

Fischer, Samuel (1859-1934). Verleger. Verh. mit Hedwig, geb. Landshoff (1871-1952).

Flach, Jakob, gen. Köbi (1894-1982). Schweizer Maler, Puppenspieler u. Schriftsteller.

Flake, Otto (1880-1963). Elsäss. Schriftsteller u. Kulturphilosoph.

Fraenkel, Albert (1864-1938). Psychiater. Ärztl. Leiter des Sanatoriums »Villa Hedwig« in Badenweiler, das Hesse 1907 u. 1909 aufsuchte.

Freud, Sigmund (1856-1939). Österr. Psychiater u. Kulturtheoretiker.

Freund, Gisèle (1908-2000). Deutschfranzösische Fotografin.

Frick, Wilhelm (1874-1956). Schwäbischer Lehrer u. Schriftsteller, der sein Pseudonym Wilhelm Schussen nach seinem Geburtsort Schussenried wählte.

Fröbe-Kapteyn, Olga (1881-1962). Initiatorin der Eranos-Tagungen in Ascona.

Gamper, Gustav (1873-1948). Schweizer Schriftsteller u. Maler. »Thu Fu« in *Klingsors letzter Sommer*.

Gasser, Manuel (1909-1979). Schweizer Schriftsteller u. Journalist.

Geheeb, Reinhold (1872-1939). Chefredakteur der politisch-satirischen Wochenschrift *Simplicissimus* in München.

Gerdts, Johannes, gen. Jan (1885-1945). Schiffsoffizier. Ehemann von Elisabeth Rupp.

Geroe, Marcel (1899-1975). Schweizer Dramaturg u. Autor.

Geroe-Tobler, Maria, gen. Mareili (1895-1963). Schweizer Teppichweberin. Lebte nach ihrer Scheidung von Marcel Geroe zunächst mit Gunter Böhmer, danach mit Hans Purrmann zusammen.

Glauser, Friedrich (1896-1938). Schweizer Schriftsteller.

Gmelin, Eduard Ludwig (1859-1945). Theologe. Ehemann von Anna Bernoulli.

Gold, Johanna (*1881; Todesdatum nicht ermittelt). Ninons Jugendfreundin, deren Sohn Edwin im Sommer 1966 mit Ninon Ferientage in Klobenstein u. Montagnola verbringt.

Gräser, Gustav Arthur, gen. Gusto (1879-1958). Dichter u. Wanderprediger. Mitbegründer der Naturheilanstalt Monte Verità, verh. mit Elisabeth Gräser (1876-1955).

Green, Julien (Julian) Hartridge (1900-1998). Franz. Schriftsteller mit amerik. Staatsangehörigkeit.

Gross, Otto (1877-1920). Österr. Psychiater u. Anarchist.

Gulbransson, Olaf (1873-1958). Norw. Zeichner u. Karikaturist.

Gundert, Hermann (1814-1893). Ev. Missionar, Indologe, Sprachwissenschaftler u. Herausgeber. Großvater mütterlicherseits von Hermann Hesse.

Gundert, Hermann (1876-1956). Pfarrer. »Vetter Hermann«. Ehemann von Adele Hesse.

Gundert, Marie, s. Hesse, Marie.

Gundert, Paul (1883-1918). Verlagsbuchhändler. Cousin Hermann Hesses.

Gundert, Wilhelm (1880-1971). Japanologe. Hesses »japanischer Vetter«.

Guttmann, Wilhelm Simon, Pseudonym Ravien Siurlai (1891-1990). Fotograf u. Publizist.

Haas, Hermann (1878-1935). Architekt, Maler u. Keramiker.

Hardekopf, Ferdinand (1876-1954). Schriftsteller u. Übersetzer.

Hauptmann, Carl (1858-1921). Schriftsteller.

Haußmann, Conrad (1857-1922). Anwalt, Politiker, Mitarbeiter der Zeitschrift *März*.

Haußmann, Edzard Amadeus Jasmin, gen. Meister (1935-2010). Schauspieler.

Haußmann, Erich (1900-1984). Schauspieler.

Haußmann, Ruth, s. Wenger, Ruth.

Hellmann, Julie (1878-1972). Jugendliebe Hesses. »Lulu« im *Hermann Lauscher*.

Hennings, Annemarie, verh. Schütt (1906-1987). Textilkünstlerin.

Herder, Johann Gottfried (1744-1803). Theologe u. Philosoph.

Hermann-Neiße, Max (1886-1941). Lyriker u. Erzähler.

Herz, Ellen, gesch. Dreyfuß (1898-1974). Schauspielerin. Heiratet nach ihrer Scheidung 1932 Benedikt Fred Dolbin, emigriert 1935 mit ihm nach New York.

Hesse, Adele, verh. Gundert (1875-1949). Hesses Lieblingsschwester. Herausgeberin von *Marie Hesse. Ein Lebensbild in Briefen und Tagebüchern*.

Hesse, Bruno, gen. Bu(t)zi (1905-1999). Schweizer Maler.

Hesse, Frieda, geb. Gerber (1889-1966). Ehefrau von Hans Hesse.

Hesse, Gertrud (1879-1880).

Hesse, Hans, eigentl. Johannes (1882-1935). Korrespondent bei der Firma Brown, Boverie & Cie. in Baden (Aargau). »Fritz« in Hesses Erzählung *Schön ist die Jugend*.

Hesse, Heiner (1909-2003). Nachlaßverwalter von Hesses Werk von 1966 bis 2003.

Hesse, Helen, verh. Geerling, gen. Bimba (*1929). Schauspielerin.

Hesse, Hellen, geb. Guggenbühl (1909-1981). Erste Ehefrau von Heiner Hesse.

Hesse-Rabinovitch, Isa (1917-2003). Schweizer Zeichnerin, Film- u. Videokünstlerin. Zweite Ehefrau von Heiner Hesse.

Hesse, Isabelle, geb. von Wurstemberger (1906-1990). Bibliothekarin. Ehefrau von Martin Hesse.

Hesse, Johannes (1847-1916). Ev. Missionar, Autor u. Herausgeber.

Hesse, Klara, geb. Friedli, gen. Kläri (1910-1966). Ehefrau von Bruno Hesse.

Hesse, Maria, s. Bernoulli, Maria.

Hesse, Marie, geb. Gundert, verw. Isenberg (1842-1902). Missionarin u. Autorin.

Hesse, Martin, gen. Brüdi (1911-1968). Schweizer Fotograf.

Hesse, Marulla (1880-1953). Lehrerin. 1887 widmete Hesse die Erzählung *Die beiden Brüder* »Für Marulla«.

Hesse, Ruth, s. Wenger, Ruth.

Hesse, Sibylla, verh. Siegenthaler (*1945). Tochter von Isabelle und Martin Hesse.

Hesse, Silver (*1942). Architekt u. Raumplaner. Sohn von Isa Hesse-Rabinovitch u. Heiner Hesse. Seit 2003 Nachlaßverwalter des Werkes von Hermann Hesse.

Heuss, Theodor (1884-1963). Politiker u. Publizist, Mitherausgeber der Zeitschrift *März*.

Hindenburg, Paul von Beneckendorff und von Hindenburg (1847-1934).

Hindermann, Hans (1877-1963). Schweizer Architekt.

Hofer, Karl (1878-1955). Maler u. Grafiker.

Hoffmann, Wilhelm (1901-1986). 1945-1969 Direktor der Württemb. Landesbibliothek, Stuttgart, 1954-1979 Präsident der Deutschen Schillergesellschaft, Marbach.

Hofmann, Ida (1864-1926). Österr. Pianistin u. Lebensreformerin.

Holzleitner, Maria Theresia, verh. Englert (1884-1964). Österr. Malerin u. Bildhauerin.

Huck, Karl, (1880-1947). Freund u. Hausarzt der Familie Hesse von 1905 bis 1912. Verheiratet mit Mias Freundin, der Mundartdichterin Ida Huck-Guldenschuh.

Hubacher, Hermann (1885-1976). Schweizer Bildhauer.

Huelsenbeck, Richard (1892-1974). Arzt u. Schriftsteller. Praktizierte während der Emigration als Psychoanalytiker Charles R. Hulbeck in New York.

Isenberg, Carlo (1901-1945). Philologe. »Carlo Ferromonte« in *Das Glasperlenspiel*.

Isenberg, Charles (1840-1870). Missionar. Erster Ehemann von Marie Hesse.

Isenberg, Karl (1869-1937). Gymnasiallehrer. Halbbruder von Hermann Hesse.

Isenberg, Marie, s. Hesse, Marie.

Isenberg, Theodor, gen. Theo (1866-1941). Apotheker. Halbbruder von Hermann Hesse.

Johnson, Uwe (1934-1984). Schriftsteller.

Jung, Carl Gustav (1875-1961). Schweizer Psychiater u. Psychoanalytiker.

Jung-Neugeboren, Hildegard, gen. Hilde (1891-1979). Inhaberin der Pension »Neugeboren« in Locarno-Monti, seit 1917 verheiratet mit Dr. Felix Jung.

Kästner, Erich (1899-1974). Lyriker, Erzähler u. Kinderbuchautor.

Kalidas Nag (1891-1966). Professor für Geschichte in Kalkutta.

Kehlmann, Heinz (1909-1979). Rechtsanwalt.

Kehlmann, Lilly, s. Ausländer, Lilly.

Kerber, Hedwig, seit 1927 mit Hans Carossa befreundet. Heirat 1943.

Kerényi, Karl (1897-1973). Ungar. Religionsforscher.

Kleine, Gisela (*1926). Autorin u. Herausgeberin.

Kolb, Eugenie (1856-1897). Jugendliebe u. mütterliche Vertraute von Hermann Hesse.

Kraus, Karl (1874-1936). Österr. Lyriker, Essayist, Dramatiker u. Kulturkritiker.

Kreidolf, Ernst (1863-1956). Schweizer Maler, Zeichner u. Kinderbuchautor.

Kreis, Cornelia, gen. Nelly (*1902, starb in den 1990er Jahren in Wien). Juristin. Verheiratet von 1922 bis 1928 mit Philipp Beer, seit 1941 mit Robert Seidl.

Kubin, Alfred (1877-1959). Maler u. Grafiker; zeichnete Umschlag u. Titelvignette zu Hesses *Morgenlandfahrt*.

Lang, Gertrud, geb. Schmitz, gen. Trudel (1900-1981). Zweite Ehefrau von J. B. Lang.

Lang, Josef Bernhard (1883-1945). Schweizer Psychiater u. Psychotherapeut. »Pistorius« im *Demian*, »Sterndeuter Longus« in *Die Morgenlandfahrt*.

Lang-Buser, Karolina Friederike, gen. Carly (1886-1928). Erste Ehefrau von J. B. Lang.

Lang, Karolina, gen. Karli (1909-1933). Tochter von J. B. Lang.

Lang, Maria Elisabeth, gen. Marli / Marly (1912-1999). Tochter von J. B. Lang.

Langen, Albert (1869-1909). Verleger in München.

La Roche, Elisabeth (1876-1965). Schweizer Pianistin, Tänzerin u. Choreographin. Vorbild für einige Frauenfiguren in Hesses Frühwerk sowie im Roman *Gertrud*.

La Roche, Marie (1840-1952). Schweizer Malerin.

La Roche-Stockmayer, Esther (1861-1921). Mutter von Elisabeth u. Marie La Roche.

Lette, Wilhelm Adolf (1799-1869). Begründer des »Lette-Vereins« in Berlin 1866.

Leuthold, Alice, geb. Sprecher (1889-1957). Ehefrau von Fritz L. Beide werden von Hesse als »die Siame-

sen« bezeichnet; so auch in der Erzählung *Die Morgenlandfahrt*.

Leuthold, Fritz, gen. Fredy (1881-1954). Schweizer Kaufmann, Direktor u. Mitglied des Verwaltungsrates der Grands Magasins Jelmoli F.A. in Zürich. Mäzen Hermann Hesses.

Löbl, Elisabeth, gen. Lisl (1905-1996). Österr. Ärztin u. Psychoanalytikerin.

Maass, Joachim (1901-1972). Schriftsteller, Germanist, Professor in South Hadlley/ USA.

Mann, Elisabeth, gen. Medi, verh. Borgese (1918-2002). Pianistin, Schriftstellerin, Meeresschützerin, Professorin für intern. Seerecht in Halifax.

Mann, Erika (1905-1969). Schauspielerin, Kabarettistin u. Schriftstellerin.

Mann, Heinrich (1871-1950). Schriftsteller.

Mann, Katharina Hedwig, geb. Pringsheim, gen. Katia (1883-1980).

Mann, Thomas (1875-1955). Romancier, Erzähler, Essayist. Besuchte seine kranke Frau Katia im Februar/ März 1924 im Kurhaus »Clavadel« bei Davos, ein Aufenthalt, der ihn zum Roman *Der Zauberberg* inspirierte. »Thomas von der Trave« im *Glasperlenspiel*.

Markwalder, Josef (1883-1953). Hesses Arzt in Baden, wo H. während seiner Kuren im »Verenahof« oder »Ochsen« von Franz Xaver Markwalder (1884-1952) wohnte.

Maurer, Karl-Heinrich (1880-1942).

Journalist. Wirt des Gasthofes »Adler« in Ermatingen.

Messchaert, Johannes M. (1857-1922). Niederl. Konzert- u. Oratoriensänger.

Michels, Volker (*1943). Lektor. Herausgeber von Hesses Werk.

Moilliet, Louis (1880-1962). Schweizer Maler. »Louis, der Grausame« in *Klingsors letzter Sommer* u. in *Die Morgenlandfahrt,* »Ludovico Crudelis« u. »Ludwig Wassermaler« im *Glasperlenspiel.* M. heiratete 1921 Margaretha Barth, geb. Zaeslin, Scheidung 1930.

Molo, Clemente (1909-1998). Hesses Arzt in Bellinzona seit 1951.

Molt, Emil (1876-1936). Schulkamerad Hesses. Begründer der Waldorf-Astoria-Zigarettenfabrik u. ersten »Freien Waldorfschule« in Stuttgart.

Morgenthaler, Ernst (1878-1962). Schweizer Maler.

Morgenthaler, Sascha (1893-1975). Schweizer Malerin u. Puppengestalterin.

Mühsam, Erich (1878-1934). Schriftsteller u. anarchistischer Aktivist.

Müller, Albert (1887-1926). Schweizer Maler u. Glasbildner.

Müller, Georg (1877-1917). Verleger.

Muehlon, Johann Wilhelm (1878-1944). Industrieller, Pazifist, Diplomat im AA.

Muschg, Walter (1898-1965). Schweizer Literaturhistoriker.

Musil, Robert, eigentl. Robert Edler von Musil (1880-1942). Österr. Schriftsteller.

Nohl, Herman (1879-1960). Erziehungswissenschaftler. Bruder von Johannes Nohl.

Nohl, Iza-Gustava Gabriele, geb. Prussak. (*1885, Datierung ungenau) in Lodz. Studierte seit 1903 Medizin in Bern, lernte dort Johannes Nohl kennen. Heirat 1918. Zwei Kinder, Friedrich u. Ursula, die nach der Scheidung 1927 beim Vater blieben. Iza Nohl lebte mit ihrem 2. Mann Thomas S. (ulzer)? in Madrid. Todesdatum (nach 1963) nicht ermittelt.

Nohl, Johannes (1882-1963). Anarchist, Autor u. Laienanalytiker. Zog 1920 von Ascona nach Berlin. Lebte nach dem Zweiten Weltkrieg in der DDR. Heiratete 1950 die Schauspielerin, Schriftstellerin u. Bildende Künstlerin Dora Wentscher (1883-1964).

Oedenkoven, Henri (1875-1935). Belg. Industriellensohn. Begründete mit Ida Hofman die Naturheilanstalt auf dem Monte Verità in Ascona.

Oppenheim, Erich (1886-1964). Psychiater. Schwager von Ruth Wenger.

Oppenheim, Eva, geb. Wenger (1891-1959). Schwester von Ruth Wenger. Ehefrau von Erich O. Mutter von Meret, Christine, gen. Christinli (*1915) u. Burkhard (*1919).

Oppenheim, Meret (1913-1985). Künstlerin. Nichte von Ruth Wenger.

Osswald, Paul, gen. Paolo (1883-1952). Schweizer Maler u. Bildhauer. »Agosto« in *Klingsors letzter Sommer.*

Osswald-Toppi, Margherita (1897-1971). Ital. Malerin u. Bildhauerin, »Ersilia« in *Klingsors letzter Sommer.*

Philippi, Maria (1875-1944). Schweizer Konzertsängerin.

Philippson, Paula (1874-1949). Altphilologin.

Pringsheim, Hedwig, geb. Dohm (1855-1942). Mutter von Katia Mann.

Prussak, Cecha, verh. Jaró. (*1887, Datum ungenau, in Lodz). Schwester von Iza Nohl. Emigrierte mit Max Jaró nach Buenos Aires. Todesdatum (nach 1963) nicht ermittelt.

Purrmann, Hans (1880-1966). Maler. Lebte seit 1944 in Montagnola.

Raabe, Wilhelm (1831-1910). Erzähler u. Romancier.

Rabinovitch, Isa, s. Hesse, Isa.

Rabinovitch, Gregor, eigentl. Grigori Idelew R., gen. Grischa (1884-1958). Schweizer Zeichner u. Grafiker jüdisch-russ. Herkunft. Karikaturist der Zeitschrift *Der Nebelspalter.*

Rabinovitch, Stefanie, geb. von Bach-Hansberg, gen. Stefi (1884-1966). Schweizer Künstlerin österr. Herkunft.

Radaceanu, Lilly, s. Ausländer, Lilly.

Radaceanu, Lothar, eigentl. Lothar Wurzer, Pseudonym Walter Rohuz (1895-1955). Schriftsteller, Literaturkritiker u. Politiker. Bis 1940 verheiratet mit Ninons Schwester Lilly. Von 1944 bis 1946 / 47 rumän. Arbeitsminister.

Reinhardt, Max, eigentl. Max Goldmann (1873-1943). Österr. Regisseur u. Theaterleiter.

Reinhart, Georg (1877-1955). Schweizer Großkaufmann. Mäzen Hermann Hesses.

Rentschler, August (1876-1958). Zeitw. Direktor der Waldorf-Astoria Tabakwarenfabrik.

Ringier, Alice (gest. 1935) und Johanna (1877-1958). Lehrerinnen, auf deren Landgut »Im Winkel« in Kirchdorf Martin Hesse von 1914 bis 1920 zeitweise als Pflegekind lebte.

Ringier, Martha (1874-1967). Schriftstellerin u. Redakteurin, bei der Hesse im Winter 1924 / 25 eine Mansarde in der Lothringer Str. 7 in Basel bewohnte.

Rinser, Luise (1911-2002). Schriftstellerin.

Rolland, Romain (1866-1945). Franz. Erzähler, Dramatiker u. Musikhistoriker.

Rosenbaum-Ducommun, Wladimir (1894-1984). Schweizer Anwalt jüd.-russ. Herkunft.

Rupp, Elisabeth, verh. Gerdts, gen. Lisel (1888-1972). Juristin, Völkerkundlerin, Schriftstellerin, verm. »Edith« in *Klingsors letzter Sommer.*

Rupp, Oskar (1876-1963). Oberamtmann. »Oskar Ripplein« im *Hermann Lauscher.*

Schädelin, Walter (1873-1953). 1899-1924 Oberförster der Burgergemeinde Bern. 1924-1940 Professor für Waldbau an der ETH Zürich.

Schäfer, Wilhelm (1868-1952). Schriftsteller. Gab die Zeitschrift *Die Rheinlande* heraus.

Schaffner, Jakob (1875-1944). Schweizer Schriftsteller.

Schall, Franz (1877-1943). Altphilologe, Gymnasiallehrer. »Clangor« im *Glasperlenspiel*.

Schickele, René (1883-1940). Elsäss. Schriftsteller, Journalist u. Herausgeber.

Schlenker, Alfred (1876-1950). Zahnarzt u. Komponist in Konstanz.

Schoeck, Othmar (1886-1957). Schweizer Lieder- u. Opernkomponist.

Schütt-Hauswirth, Francesca (*1934). Enkelin von Emmy Ball-Hennings.

Schultz-Hencke, Dankmar (1857-1913). Chemiker u. Physiker. Richtete im »Lette-Verein« Berlin u. a. den Ausbildungsgang für wissenschaftliche Fotografinnen ein.

Schussen, Wilhelm, s. Frick, Wilhelm.

Schwarzenbach, Mathilde (1854-1920). Tante von Hesses Mäzen Georg Reinhart.

Seidel, Heinrich Wolfgang (1876-1945). Pfarrer u. Schriftsteller.

Seidl-Kreis, Nelly, s. Kreis, Cornelia.

Steiner, Rudolf (1861-1925). Österr. Theosoph u. Begründer der Anthroposophie.

St. Léger, Antoinetta von, geb. Beyer (1856-1948). Seit 1885 Besitzerin der Brissago-Inseln im Lago Maggiore, die sie 1927 an Max James Emden verkaufen mußte.

Steffen, Albert (1884-1963). Anthroposoph, Schriftsteller u. Herausgeber.

Stiebel, Marie-Anne (1914-1989). Schweizer Übersetzerin u. Lyrikerin.

Strauß, Emil (1866-1960). Schriftsteller.

Stoll, Arthur (1887-1971). Gründer der pharm. Abteilung der Firma Sandoz, der Hesse mit Medikamenten, auch solchen, die noch nicht im Handel waren, versorgte.

Sturzenegger, Hans, gen. Sturz (1875-1943). Schweizer Maler.

Szittya, Emil, eigentl. Adolf Schenk (1886-1964). Schriftsteller, Verleger u. Maler.

Taeuber, Sophie, verh. Arp (1889-1943). Schweizer Grafikerin u. Textilkünstlerin.

Thoma, Ludwig (1867-1921). Jurist u. Schriftsteller. Mitherausgeber der Zeitschrift *März*.

Tucholsky, Kurt (1890-1935). Jurist, Schriftsteller, Redakteur u. Herausgeber.

Tzara, Tristan, eigentl. Sami Rosenstock (1896-1963). Rumän. Dichter.

Unseld, Siegfried (1924-2002). Verleger.

Valangin, Aline, verh. Ducommun (1889-1986). Schweizer Schriftstellerin.

Vermeer, Georgine, holländ. Ehefrau von Joseph Englert seit 1927.

Völter, Hans (1877-1972). Pfarrer u. Dekan. Jugendfreund Hesses.

Voigt-Diederichs, Helene, geb. Voigt (1875-1961). Schriftstellerin.

Wackernagel-Burckhardt, Rudolf (1855-1925). Basler Historiker u. Staatsarchivar.

Wassermann, Jakob (1873-1934). Romancier.

Wassermann-Karlweis, Marta (1889-

1965). Psychoanalytikerin u. Schriftstellerin.

Wassmer, Max (1887-1970). Schweizer Zementfabrikant u. Kunstmäzen. Besitzer von Schloß Bremgarten bei Bern, wohin er Künstler, Musiker und Schriftsteller einlud. Diese Gesellschaft thematisiert Hesse in seiner Erzählung *Die Morgenlandfahrt.*

Wassmer, Margarethe, gen. Margrit (1900-1977). Zweite Ehefrau von Max Wassmer.

Wassmer, Mathilde, gen. Tilly (1888-1972). Erste Ehefrau v. Max Wassmer.

Weiss, Peter (1916-1983). Dramatiker, Romancier u. Filmregisseur.

Welti, Albert (1862-1912). Schweizer Maler u. Radierer.

Welti, Helene (1872-1942). Frau des Schweizer Rechtshistorikers Fritz Emil Welti (1857-1940). Briefpartnerin u. Gastgeberin Hesses in Kehrsatz bei Bern.

Wenger, Claudia Ruth (1897-1994). Sängerin, Instrumentalistin. 1924-1927 verheiratet mit Hermann Hesse, seit 1930 mit dem Schauspieler Erich Haußmann.

Wenger, Lisa, geb. Ruutz, gen. Hüsi (1858-1941). Schweizer Erzählerin u. Malerin.

Wenger, Theo (1868-1928). Stahlwarenfabrikant.

Werefkin, Marianne von, eigentl. Werjofkina, Marijanna Wladimirowna (1860-1938). Russ. Malerin, die von 1918 bis 1938 in Ascona lebte.

Widmann, Fritz (1869-1937). Schweizer Maler. Sohn von Josef Viktor Widmann.

Widmann, Klara Margarethe, geb. Meyer, gen. Gret (1875-1931). Schweizer Malerin u. Fotografin. Ehefrau vor Fritz Widmann.

Widmann, Josef Viktor (1842-1911). Schweizer Schriftsteller u. Feuilleton-Redakteur der Berner Tageszeitung *Der Bund.*

Wiegand, Heinrich (1895-1935). Musik- u. Literaturkritiker.

Wolf, Helen, geb. Mosel (1906-1994). Verlegerin.

Wolf, Kurt (1887-1963). Verleger.

Woloschin, Maximilian Alexandrowitsch (1877-1932). Russ. Maler u. Dichter. W. war gemeinsam mit seiner Frau, der Malerin Margarita Wassiljewra Woloschina, geb. Sabaschnikowa (1882-1973) an der künstlerischen Ausgestaltung des Goetheanums in Dornach tätig.

Woltereck, Richard (1877-1944). Zoologe. Während des Ersten Weltkriegs Leiter der Kriegsgefangenenfürsorge bei der Deutschen Gesandtschaft in Bern. Gab 1919-1923 mit Hermann Hesse die Zeitschrift *Vivos voco* heraus.

Yu-Gundert, Irmgard (*1941). Altphilologin. Enkelin von Hesses »japanischem Vetter«, Wilhelm Gundert. Begleitete Ninon Hesse auf ihren Griechenlandreisen 1963 u. 1966.

Zeller, Bernhard (1919-2008). Litera-

turhistoriker u. Archivar; seit 1955
Leiter des Schiller-Nationalmuseums in Marbach, das er zum Deutschen Literaturarchiv erweiterte.

Zeppelin, Ferdinand Graf von (1838-
1917). Flugpionier u. Luftschiffkon-
strukteur.

Zweig, Stefan (1881-1942). Österr.
Erzähler, Dramatiker, Lyriker u.
Übersetzer.

Benutzte Literatur (Auswahl)

Amm, Marita. »*Damit das Mögliche entsteht, muß immer wieder das Unmögliche versucht werden*«. *Eine Hommage an Hermann Hesse zu seinem 125. Geburtstag*. In: Zeitschrift f. prakt. Augenheilkd. 23. 2002. Ophtalmologischer Schauplatz, S. 503-509.

Ball, Hugo. *Hermann Hesse. Sein Leben und sein Werk*. Berlin 1927.

Carossa, Hans. *Aufzeichnungen aus Italien*. Lizenz-Auflage im Verlag der Bücherstube Fritz Seifert. Hameln 1948.

Dudek, Peter. *Ein Leben im Schatten. Johannes und Herman Nohl – zwei deutsche Karrieren im Kontrast*. Bad Heilbrunn 2004.

Götz von Olenhusen, Albrecht. »*Il poeta bello*« *oder Der Mann, der immer dabei war*. In: 1. Internationaler Otto Gross Kongress, Bauhaus-Archiv, Berlin 1999. Hg. von Raimund Dehmlow & Gottfried Heuer, Marburg u. Hannover 2000.

Hesse, Hermann. *Sämtliche Werke* in 20 Bänden. Herausgegeben von Volker Michels. Frankfurt am Main 2001 – 2007.

Hesse, Hermann. *Kindheit und Jugend vor 1900. 1877-1895*. Ausgewählt und herausgegeben von Ninon Hesse. Frankfurt am Main 1966.

Hesse, Hermann. *Kindheit und Jugend vor 1900. 1895-1900*. Herausgegeben von Ninon Hesse. Fortgesetzt und erweitert von Gerhard Kirchhoff. Frankfurt am Main 1978.

Hesse, Hermann, *Gesammelte Briefe*. Vier Bände. In Zusammenarbeit mit Heiner Hesse herausgegeben von Ursula und Volker Michels. Frankfurt am Main 1976, 1979, 1982, 1936.

Hermann Hesse–Thomas Mann. Briefwechsel. Herausgegeben von Anni Carlsson u. Volker Michels. 3. erw. Ausgabe. Frankfurt am Main: Suhrkamp Verlag/ S. Fischer Verlag 1999.

Hesse, Hermann. *Briefwechsel mit Hugo Ball und Emmy Ball Hennings. 1921-1927*. Herausgegeben von Bärbel Reetz. Frankfurt am Main 2003.

Hesse, Hermann. »*Liebes Herz!*« *Briefwechsel mit seiner zweiten Frau Ruth*. Herausgegeben von Ursula und Volker Michels. Frankfurt am Main 2005.

Hesse, Hermann. »*Die dunkle und wilde Seite der Seele*«. *Briefwechsel mit seinem Psychoanalytiker Josef Bernhard Lang. 1916-1944*. Herausgegeben von Thomas Feitknecht. Frankfurt am Main 2006.

Hermann Hesse – Conrad Haußmann. Von Poesie und Politik. Briefwechsel. Herausgegeben und kommentiert von Helga Abret. Berlin 2011.

Hermann Hesse – Hans Purrmann. Briefe 1945-1962. Herausgegeben von Felix Billeter u. Eva Zimmermann. Berlin 2011.

Hermann Hesse. Sein Leben in Bildern und Texten. Herausgegeben von Volker Michels. Frankfurt am Main 1987.

Hermann Hesse in Augenzeugenberichten. Herausgegeben von Volker Michels. Frankfurt am Main 1991.

Hesse, Hermann. *Jahre am Bodensee.* Erinnerungen, Betrachtungen, Briefe und Gedichte. Herausgegeben von Volker Michels mit Bildern von Katharina und Siegfried Lauterwasser. Berlin 2010.

Marie Hesse. Die Mutter von Hermann Hesse. Ein Lebensbild in Briefen und Tagebüchern von Adele Gundert. Frankfurt am Main 1977.

Hesse, Ninon. *Lieber, lieber Vogel.* Briefe an Hermann Hesse. Ausgewählt und erläutert von Gisela Kleine. Frankfurt am Main 2000.

Kehlmann, Heinz. *So weit nach Westen. Von Czernowitz nach New York.* Aachen 2004.

Kleine, Gisela. *Zwischen Welt und Zaubergarten. Ninon und Hermann Hesse: Ein Leben im Dialog.* Frankfurt am Main 1998.

Reetz, Bärbel. *Emmy Ball-Hennings. Leben im Vielleicht.* Frankfurt am Main 2001.

Wamister, Christof (Hg.) *Es ging am Anfang nicht leicht mit uns. Der Briefwechsel Jakob Schaffner – Hermann Hesse.* Zürich 2009.

Zimmermann, Eva u. Ostinelli, Simona (Hg.). *Begegnungen auf der Collina d'Oro – Incontri in Collina d'Oro. Hermann Hesse. Maria Holzleitner. Margherita Osswald-Toppi. Elisabeth Rupp.* Montagnola 2009.

Konsultierte Archive

Deutsches Literaturarchiv Marbach am Neckar. Hesse Editionsarchiv, Volker Michels, Offenbach am Main. Nohl-Wentscher-Archiv der Akademie der Künste, Berlin. Schweizerisches Literaturarchiv Bern.

Unveröffentlichte Korrespondenzen aus Privatbesitz

Marc Andreae (Sorengo), Silver Hesse (Zürich), Gisela Keller-von Brunn (Zürich), Francesca Schütt-Hauswirth (Viry/ Frankreich), Sibylle und Hanspeter Siegenthaler-Hesse (Bottmingen), Dr. Irmgard Yu-Gundert (Gyeonggi-Do / Südkorea).

Anmerkungen

Da der Nachlaß Ninon Hesses von der Rechteinhaberin gesperrt ist, stützt sich die Darstellung der Beziehung Hermann Hesses und seiner dritten Ehefrau neben zahlreichen anderen Quellen auch auf die Publikationen von Gisela Kleine: Ninon Hesse. *Lieber, lieber Vogel. Briefe an Hermann Hesse.* Ausgewählt und erläutert von Gisela Kleine. Frankfurt am Main 2000 und Gisela Kleine. *Zwischen Welt und Zaubergarten. Ninon und Hermann Hesse: ein Leben im Dialog.* Frankfurt am Main 1998. Auf Wunsch von Gisela Kleine wurden alle hieraus entnommenen Zitate im Text mit Hochziffern gekennzeichnet und wie folgt nachgewiesen:

1. *Lieber, lieber Vogel,* S. 50. / 2. Ebenda, S. 58. / 3. Ebenda, S. 73 f. / 4. Ebenda, S. 127 f. / 5. Ebenda, S. 81. / 6. *Zwischen Welt und Zaubergarten,* S. 209. / 7. *Lieber, lieber Vogel,* S. 122. / 8. Ebenda, S. 126. / 9. Ebenda, S. 133. / 10. *Zwischen Welt und Zaubergarten,* S. 212 f. / 11. Ebenda, S. 214. / 12. *Lieber, lieber Vogel,* S. 169 f. / 13. Titel der Biographie (s. o.). / 14. *Lieber, lieber Vogel,* S. 216. / 15. Ebenda, S. 241. / 16. *Zwischen Welt und Zaubergarten,* S. 249. / 17. Ebenda, S. 250. / 18. *Lieber, lieber Vogel,* S. 254. / 19. Ebenda, S. 291. / 20. Ebenda, S. 304 f. / 21. *Zwischen Welt und Zaubergarten,* S. 342. / 22. Ebenda, S. 342. / 23. Ebenda, S. 343. / 24. Ebenda, S. 346 f. / 25. *Lieber, lieber Vogel,* S. 366. / 26. *Zwischen Welt und Zaubergarten,* S. 352. / 27. Ebenda, S. 353. / 28. Ebenda, S. 354. / 29. *Lieber, lieber Vogel,* S. 485. / 30. *Zwischen Welt und Zaubergarten,* S. 357. / 31. *Lieber, lieber Vogel,* S. 461. / 32. *Zwischen Welt und Zaubergarten,* S. 503. / 33. *Lieber, lieber Vogel,* S. 365. / 34. *Zwischen Welt und Zaubergarten,* S. 354. / 35. *Lieber, lieber Vogel,* S. 528.

Auf den Einzelnachweis aller übrigen Zitate wurde wegen der besseren Lesbarkeit verzichtet.

Im Dialog der **Stimmen** fehlt die Stimme Ninon Dolbins / Ninon Hesses, da eine Abdruckgenehmigung nicht zu erhalten war.

Dank

Zu danken habe ich Silver Hesse (Zürich) sowie Sibylle und Hanspeter Siegenthaler-Hesse (Bottmingen), die mir Einsicht in unveröffentlichte Korrespondenzen
ermöglichten, daraus zu zitieren gestatteten, Fotos aus der Familie zur Veröffentlichung freigaben und mir von ihren Großeltern, Mia und Hermann Hesse, sowie
von Ninon Hesse erzählten.

Volker Michels (Hesse Editionsarchiv Offenbach am Main) half mit seinem Rat bei
der Recherche und mit der Überlassung von Korrespondenzen und Fotos. Unterstützt wurde ich von den Mitarbeiterinnen des Deutschen Literaturarchivs (Marbach am Neckar), des Nohl-Wentscher-Archivs der Akademie der Künste (Berlin)
und des Schweizerischen Literaturarchivs (Bern).

Marc Andreae (Sorengo) ermöglichte Einblick in Briefe Ninon Hesses an seine Mutter, Lis Andreae. Gisela Keller-von Brunn (Zürich) erzählte lebhaft von den Begegnungen mit ihrer Großtante Mia Hesse-Bernoulli und vermittelte ausführliche In-
formationen zur Familiengeschichte des Basler Zweiges der Bernoulli. Francesca
Schütt-Hauswirth (Viry/ Frankreich), die Enkelin von Emmy Ball-Hennings, die seit
1948 bei Ninon und Hermann Hesse in der Casa Rossa verkehrte, sprach mit mir über
ihre Eindrücke. Dr. Irmgard Yu-Gundert (Gyeonggi-Do / Südkorea) gab wertvolle Hin-
weise zu Ninons Studien der griechischen Antike, zu der gemeinsamen Griechenlandreisen sowie zur Familie Gundert / Hesse. Und Eva Eberwein öffnete gast-
freundlich Haus und Garten in Gaienhofen, wo an die Bewohner zwischen 1907
und 1912, Mia und Hermann Hesse, erinnert wird.

Ihnen allen möchte ich am Ende dieser Arbeit danken, die sie mit ihren Beiträgen
und ihrem Entgegenkommen gefördert und inspiriert haben.

Berlin, im Frühjahr 2012.   Bärbel Reetz

Bildnachweis

Akademie der Künste, Berlin: 128 (Nohl-Wentscher-Archiv Nr. 277.2), 135 rechts (Nohl-Wentscher-Archiv Nr. 277.1)

Bildarchiv Volker Michels, Offenbach: 40, 51, 84 links (Gret Widmann), 104 rechts, 135 links, 147, 157, 203, 220 links, 235 links, 235 Mitte, 289, 319, 360, 376 rechts, 380

Deutsches Literaturarchiv, Marbach (Nachlaß Hermann Hesse): 14, 17 links, 22, 65, 75, 152, 170 rechts, 176, 196, 235 rechts, 269, 296, 305 links, 312 links, 325 rechts, 330 links, 353, 378, 386

Nachlaß Ruth Haussmann, gesch. Hesse, Berlin: 181 Mitte

Heimatmuseum Reutlingen (Nachlaß Elisabeth Rupp): 109, 181 links, 214, 356

Silver Hesse, Zürich: 336 links, 339 rechts, 364, 368 rechts

Institut für Zeitungsforschung, Dortmund (Nachlaß Benedikt Fred Dolbin): 325 links

Gisela Keller-von Brunn, Zürich: 339 links

Kulturstiftung Collina d'Oro, Montagnola (Nachlaß Maria Holzleitner): 170 links

Hans Purrmann Archiv, München (Nachlaß Maria Geroe-Tobler): 368 links

Schweizerisches Literaturarchiv, Bern (Nachlaß Hermann Hesse): 104 links, 181 rechts (Nachlaß Emmy Hennings / Hugo Ball): 185, 192, 277, 305 rechts

Sibylle Siegenthaler-Hesse, Bottmingen: 11, 42, 330 rechts (Martin Hesse), 336 rechts, 337, 363, 376 links, 377

Umschlagfotos: Umschlagvorderseite: Ruth Wenger und Hermann Hesse, Carona, 1921; Umschlagrückseite: Ninon und Hermann Hesse, Montagnola, um 1932, Foto: Deutsches Literaturarchiv, Marbach / Nachlaß Hermann Hesse (oben); Mia und Hermann Hesse, Gaienhofen, um 1905, Foto: Sibylle Siegenthaler-Hesse, Bottmingen (unten)

Weitere Nachweise über das Bildarchiv des Insel Verlags

Inhalt